**Arquivos do mal-estar
e da resistência**

Joel Birman

Arquivos do mal-estar e da resistência

2ª edição

Rio de Janeiro
2017

COPYRIGHT © 2006, Joel Birman

CAPA
Evelyn Grumach e Carlos Alberto da Silva

PROJETO GRÁFICO
Evelyn Grumach e João de Souza Leite

IMAGEM DE CAPA
"Brasília – Policiais e manifestantes entram em confronto na Esplanada dos Ministérios durante protesto contra a aprovação da PEC do Teto dos Gastos Públicos." Marcello Casal Jr./Agência Brasil, adaptada. Esta obra está licenciada com uma licença Creative Commons Atribuição 4.0 Internacional, disponível em <https://creativecommons.org/licenses/by/4.0/>.

CIP-BRASIL. CATALOGAÇÃO NA FONTE
SINDICATO NACIONAL DOS EDITORES DE LIVROS, RJ.

B521a
2ª ed.

Birman, Joel, 1946-
Arquivos do mal-estar e da resistência / Joel Birman. – 2ª ed. – Rio de Janeiro: Civilização Brasileira, 2017.
(Sujeito e História)

Inclui bibliografia
ISBN 978-85-200-0737-2

1. Psicanálise. 2. Subjetividade. 3. Resistência (Psicanálise). I. Título. II. Série.

06-1831

CDD – 150.195
CDU – 159.964.2

Todos os direitos reservados. É proibido reproduzir, armazenar ou transmitir partes deste livro, através de quaisquer meios, sem prévia autorização por escrito.

Texto revisado segundo o novo Acordo Ortográfico da Língua Portuguesa.

Direitos desta tradução adquiridos pela
EDITORA CIVILIZAÇÃO BRASILEIRA
Um selo da
EDITORA JOSÉ OLYMPIO LTDA.
Rua Argentina, 171 – Rio de Janeiro, RJ – 20921-380 – Tel.: (21) 2585-2000

Seja um leitor preferencial Record.
Cadastre-se e receba informações sobre nossos lançamentos e nossas promoções.

Atendimento e venda direta ao leitor:
mdireto@record.com.br ou (21) 2585-2002

Impresso no Brasil
2017

*Para Thais, que me acompanhou em todo esse percurso.
Para Carolina, minha neta, pela afirmação da vida.*

Sumário

INTRODUÇÃO *9*

PARTE I
Da servidão à fraternidade *15*

1. A servidão *17*
2. A psicanálise e a crítica da modernidade *33*
3. Sobre o mal-estar, na modernidade e na brasilidade *59*
4. Nas fronteiras da barbárie *79*
5. Insuficientes, um esforço ainda para sermos irmãos *105*
6. Fraternidades: destinos e impasses da figura do pai na atualidade *143*

PARTE II
Poder e subjetivação *169*

1. Subjetividades contemporâneas *171*
2. Reviravoltas na soberania *197*
3. Genealogia do assédio *231*
4. Arquivo da biopolítica *253*
5. Saberes do psíquico e criminalidade *277*
6. Psicanálise e a tradição do patriarcado: o feminino e o sentido *297*

PARTE III
Desejo de resistência   *315*

1. Genealogia da resistência   *317*
2. Nas bordas da transgressão   *339*
3. Freud e a política, entre judaísmo e judeidade   *373*
4. Errância, invenção e melancolia: sobre a perda e seus destinos na cultura judaica   *391*

REFERÊNCIAS BIBLIOGRÁFICAS   *411*

Introdução

PROBLEMÁTICAS

Pretendo, neste livro, percorrer diferentes *problemáticas* que constituem o campo do *mal-estar na atualidade*. Este é multifacetado, não obstante os liames que se estabelecem entre aquelas, que se articulam de maneira íntima e precisa, configurando-se então como um mosaico e até mesmo como um bordado. O que se impõe, assim, é a indicação de como se conjugam as problemáticas aqui em questão, para que o campo do dito mal-estar se evidencie na sua formalidade.

Contudo, as diversas problemáticas que aqui destaquei, como objeto privilegiado de leitura, foram por mim selecionadas e colocadas em evidência em decorrência do paradigma teórico escolhido para a interpretação do dito mal-estar. É evidente então que, se um outro modelo teórico — diferente do que aqui escolhi — estivesse em causa, um outro recorte temático seria inevitavelmente traçado. Isso me parece óbvio, mas é importante que seja dito, para que não se naturalizem as problemáticas destacadas nesta leitura.

Portanto, as problemáticas aqui colocadas em evidência, assim como os fios estabelecidos entre estas e que definem o recorte do conjunto, se constituem como um *arquivo*. Esse conceito, enunciado por Derrida, em 1994, num colóquio internacional intitulado "Memória: a questão dos arquivos",[1] nos permite enunciar como as problemáticas em pauta são tanto uma construção teórica quanto algo que ordena o real enquanto tal, delineando o horizonte da contemporaneidade. É o campo da produção do sentido que se coloca assim em causa, evidenciando a conjugação existente entre o trabalho da interpretação e a configuração efetiva do real na atualidade.

No entanto, na leitura que empreendo aqui do mal-estar na atualidade indico, ao mesmo tempo, as *fendas* pelas quais já se descortinam cenários e movimentos de *resistência* diante do que se coloca como impossível na contemporaneidade. Impossível no sentido ético e político, evidentemente, pois colocam em questão os impasses do *sujeito* e das *formas de subjetivação*[2] que se impuseram no espaço social.

Estas fendas seriam então *frestas*, janelas que se abrem para o mundo. Delineia-se assim um espaço outro de visibilidade e de novas perspectivas, por onde se afirma de maneira vigorosa que um outro mundo seria efetivamente da ordem do possível. Descortina-se, enfim, um outro cenário para a emergência de *acontecimentos*,[3] pelos quais a descontinuidade se faz patente.

A existência da resistência nos obriga então a reconhecer que o sujeito se encontra ainda presente, não obstante a fragmentação ampla, geral e irrestrita promovida pela contemporaneidade. É a isso que temos de ficar bem atentos, atentos ao lance e de olhos bem abertos, pois a resistência indica a efetividade do *desejo* que circula entre os corpos. Desejo de resistência, enfim, pelo qual o contrapoder[4] se opõe às artimanhas da fragmentação e do poder.

Portanto, é sempre no fio da navalha entre os territórios do possível e do impossível, isto é, na linha sempre tênue entre os impasses e a abertura de novos horizontes para o futuro, que este livro convida o leitor a se aventurar. É sempre nessa borda íngreme, permanentemente redesenhada e relançada, na sua tensão e paradoxo, em cada um dos ensaios que compõem este livro, que estarei situado do começo ao fim deste percurso. Isso porque é por se inscrever no olho do furacão que o desejo de resistência pode se apresentar na sua efetividade e se enunciar com eloquência.

CARTOGRAFIA

Que problemáticas são essas, afinal das contas? Da *servidão* quase impossível de ser suportada pelo sujeito à *fraternidade* e à *amizade* que entreabrem seguramente uma janela para o futuro, passando pela *transgressão*, pelo *assédio*, pelo *patriarcado* e pelas *novas modalidades de subjetividade*, até anunciar as novas formas de filiação e de genealogia formuladas pelo discurso da *biopolítica*. Condensa-se assim a cartografia deste arquivo, no qual o mal-estar e a resistência se declinam na configuração do mal--estar na atualidade.

Nessa cartografia do mal-estar, a oposição entre os conceitos de *dor* e de *sofrimento* é crucial, na medida em que são instrumentos fundamentais de leitura para colocar em evidência novas formas de subjetivação. Seja de forma explícita, seja implícita, tal oposição estará norteando o campo das diferentes problemáticas, perpassando as suas articulações internas e costurando as relações de cada uma com as demais de maneira insistente. O solipsismo e a alteridade do sujeito, no registro ético, são os reguladores da oposição entre dor e sofrimento.

Além disso, é ainda essa mesma oposição que me lança numa interpretação pormenorizada das diferentes figuras do *masoquismo*, enunciadas por Freud no ensaio "O problema econômico do masoquismo".[5] É na descontinuidade existente entre o masoquismo erógeno, por um lado, e os masoquismos moral e feminino, pelo outro, que uma outra oposição se faz também patente com eloquência. Com efeito, entre os registros diferentes do *desamparo* e da *desolação* duas modalidades diversas de subjetivação estão em causa, delineando destinos opostos para o sujeito.

É na perspectiva ainda entreaberta pelo discurso freudiano, recolocado, contudo, numa outra fresta e relevo pelos caminhos e descaminhos do mal-estar na contemporaneidade, que pretendo esboçar algumas das formas de subjetivação hoje produzidas. Pode-se denominar a atualidade de *modernidade avançada*, *hipermodernidade* ou *pós-modernidade*, como se queira, aliás, pois é o objeto de polêmica e de debate entre diferentes tradições teóricas, como se verá ao longo desta obra. É crucial inscrever o discurso psicanalítico nesse contexto teórico, não apenas para avaliar a sua ressonância, mas principalmente para destacar seus impasses na leitura das subjetividades contemporâneas.

Entretanto, o discurso psicanalítico se articula aqui com outros discursos teóricos, oriundos do campo das ciências humanas e da filosofia, com a finalidade de empreender uma leitura *complexa* das diferentes problemáticas acima anunciadas. Trata-se, portanto, de um projeto teórico eminentemente *interdisciplinar*, no qual o discurso freudiano se conjuga com outros discursos teóricos. Essa é a única possibilidade de que dispomos para nos defrontar com a dimensão de complexidade que caracteriza as diferentes problemáticas.

ARQUIVO, ARQUEOLOGIA E GENEALOGIA

Porém, a oposição entre modernidade e modernidade avançada, ou hipermodernidade ou pós-modernidade, perpassa as diversas problemáticas aqui destacadas, de maneira a indicar as linhas de corte e de descontinuidade existentes entre aquelas. É nesse contexto que é preciso evocar novamente o conceito de arquivo, pois enuncia que este tem que ser permanentemente apagado para que possa ser renovado. Portanto, não existe nenhuma fixidez e imutabilidade no campo do arquivo, que tem que ser remanejado e reconstruído pelos imperativos do sujeito e do poder. É o que Derrida denomina de mal de arquivo,[6] no qual o conceito freudiano de pulsão de morte ocupa a posição estratégica de ser um operador fundamental.[7]

No entanto, é preciso aproximar-se do conceito de arquivo confrontando-o com os de *arqueologia*[8] e de *genealogia*[9] enunciados ao longo da obra filosófica de Foucault, numa leitura da "História dos sistemas do pensamento", realizada no tempo histórico da longa duração. Esse bordejamento e confrontação conceitual — entre arquivo, arqueologia e genealogia — atravessa a leitura aqui realizada, como um andaime teórico e metodológico. Destaca-se assim um traço fundamental, que costura tal percurso na sua totalidade.[10] Seria isso, enfim, que nas entrelinhas delineia a unidade conceitual deste livro.

INTRODUÇÃO

Notas

1. J. Derrida, *Mal d'archive. Une impression freudienne*, Paris, Galilée, 1995.
2. M. Foucault, *La volonté de savoir*, Paris, Gallimard, 1976.
3. M. Foucault, "Nietzsche, la généalogie, l'histoire" (1971), *in Dits et Écrits*, Paris, Gallimard, 1994, vol. II.
4. M. Foucault, *Microfísica do poder*, Rio de Janeiro, Graal, 1979.
5. S. Freud, "Le problème économique du masochisme" (1924), *in Névrose, psychose et perversion*, Paris, Press Universitaires de France, 1973.
6. J. Derrida, *Mal d'archive*, op. cit.
7. S. Freud, "Au-de-là du principe de plaisir" (1920), *in Essais de psychanalyse*. Paris, Payot, 1981.
8. M. Foucault, *L'archéologie du savoir*, Paris, Gallimard, 1969.
9. M. Foucault, *Surveiller et punir*, Paris, Gallimard, 1974.
10. Essa questão é justamente o objeto teórico da investigação que realizo atualmente, no Programa de Pós-graduação em Teoria Psicanalítica do Instituto de Psicologia da Universidade Federal do Rio de Janeiro e no Programa de Pós-graduação em Saúde Coletiva do Instituto de Medicina Social da Universidade do Estado do Rio de Janeiro, com financiamento do CNPq, do qual sou pesquisador. Este livro, portanto, é uma das produções dessa investigação. Aproveito a oportunidade para agradecer ao CNPq pelo apoio e financiamento que me permitiram a realização deste trabalho.

PARTE I Da servidão à fraternidade

1. A servidão

SERVIDÃO E MODERNIDADE

Desde que La Boétie inventou e lançou ao mundo a expressão *servidão voluntária*,¹ no século XVI, esta nunca mais nos abandonou e deixou em paz, funcionando como presença hierática e sempre enigmática que interpretava a condição humana. Dessa maneira, a expressão em pauta nos inquietava na existência diurna e nos acossava nos pesadelos noturnos, perturbando-nos sempre e definitivamente, de forma a exigir uma interpretação que pudesse dar conta de sua opacidade intrigante e de sua materialidade persecutória. Na sua rudeza provocante, que nos colocava em evidência, a expressão demandava uma leitura que pudesse explicitar não apenas o seu ser mas também as consequências para a existência humana da assunção de sua pertinência. Enfim, a assunção radical desse enunciado e de seus desdobramentos inevitáveis colocava em cena os pressupostos éticos da condição humana.

Apesar das diferentes e contínuas releituras de que foi objeto desde a sua emergência histórica, em diversos contextos sociais e culturais, aquela expressão revelou um fôlego gigantesco para perdurar, de maneira incólume, na nossa memória, tal como um corpo estranho que ainda não tinha sido absorvido. De qualquer maneira, aquela provocava uma ferida que não se costurava jamais, perfurando pois a carne pela sua violência insofismável. Servidão voluntária?! Se a materialidade bruta destas duas palavras tem o poder de nos revelar e evidenciar na nossa condição, isso se deve ao fato de que desde o Renascimento o Ocidente se forjou numa espécie de mistura inextricável da presença com a ameaça da servidão voluntária. Por isso nos envergonhamos ao sermos defrontados com esta expressão, já que revela efetivamente nossa condição antropológica.

Com efeito, aquilo que convencionamos denominar de primeira modernidade, que pela revolução astronômica centrou o universo no sistema solar e enterrou definitivamente a concepção geocêntrica do cosmo, se forjou pelo emblema da dita servidão. Assim, na medida em que o universo se tornou infinito, rompendo com o cosmo finito da Antiguidade,[2] descobrimo-nos marcados pela servidão voluntária. Além disso, se a construção do universo copernicano foi o correlato da emergência das revoluções científicas do século XVII e de seus desdobramentos tecnológicos,[3] a restauração que se produziu então do também antigo ideal de Prometeu[4] teria sido a contrapartida para que fosse inventada a categoria de servidão voluntária. Enfim, em vista de o homem se ter vislumbrado pela primeira vez como potência constituinte do mundo, pelo trabalho incansável da razão e da ciência, conseguindo se libertar da tutela divina e do aprisionamento teológico, aquele se representou então pela marca da servidão voluntária.

Assim, ao se deslocar do cosmo finito para o universo infinito e inscrever-se pois no centro do mundo, o homem se concebeu então no registro da servidão. Com efeito, ao realizar a crítica contundente da autoridade da *tradição* e ao formular o critério de existência como fundado no registro autoral do pensamento, conforme nos ensinou Descartes,[5] logo após La Boétie, pelo *cogito*, o homem se descobriu na sua condição de servidão. Não se trata, no entanto, de uma servidão qualquer, mas daquela na qual se evidencia a marca da vontade humana. Enfim, somos servos e assujeitados porque queremos, por algo decidido pela deliberação humana, já que é da servidão voluntária que se fala agora.

Tudo isso pode soar como um contrassenso, já que o sonho de Prometeu seria permeado pelo desafio e pela liberdade, possibilitado que seria este pela rebeldia contra os deuses e pela assunção da razão. Não foi justamente por isso que Prometeu se transformou no herói da primeira modernidade e foi alçado à condição de símbolo dos tempos modernos? Não foi a astúcia de Prometeu, ludibriando os senhores do destino, a condição de possibilidade da liberdade dos modernos, ao permitir o domínio do mundo pelo pensamento e a colocação do eu na cena originária da existência? Como puderam então todos esses signos libertários de Prometeu conviver com o atributo voluntário da servidão? Esta é a problemática fundamental que está em questão aqui.

VOLUNTÁRIO E INVOLUNTÁRIO

Contudo, ao examinarmos tudo isso mais de perto, podemos reconhecer que o que se revela por esse aparente contrassenso é algo do registro do *paradoxo* e não carente de consistência lógica. Além disso, é preciso evocar que um paradoxo não é um enunciado da ordem da contradição, isto é, de algo que pode ser solucionado e superado pela astúcia da razão dialética. Com efeito, no registro do paradoxo não existe a oposição entre a tese e a antítese que pode ser a condição de uma síntese pela operação lógica da superação (*Aufhebung*) dialética.

Seria em função mesmo do seu estatuto de paradoxo que o significante servidão voluntária permaneceu como brasão da modernidade. Além disso, seria a sua condição de paradoxo que indicaria a polissemia presente nessa expressão, impondo desde o século XVI um recomeço permanente do trabalho para a sua decifração, já que o enunciado da servidão voluntária não se coadunava com o sonho prometeico do homem moderno.

Para adentrarmos o assunto de forma esquemática, pode-se dizer que, com a constituição do significante em pauta, o sujeito moderno interpretou sua condição antropológica como sendo da ordem da servidão. Porém, enfatizou também que entre a Antiguidade e a modernidade se produziu uma transformação radical no registro daquela, que de involuntária se transmutou em voluntária. Tal transformação na raiz da servidão é plena de consequências, na sua densidade, para a condição do homem moderno. O que se processou então, afinal das contas?

Assim, no mundo regulado pela religião e pela teologia, a condição humana estava fundada na onipotência divina que a assujeitava de maneira involuntária, enquanto no mundo do homem empreendedor, centrado na razão e no discurso da ciência, a servidão seria essencialmente voluntária.

A construção do Estado moderno e do poder absoluto, revelando a nova ordem do mundo centrada no registro político, indicou que a dominação sobre os homens desceu do céu estrelado para o mundo sublunar, realizando-se agora pela mediação da vontade daqueles. A emergência do registro político, na sua autonomia e individuação em face do registro religioso, comprometeu necessariamente a vontade humana na sua produção e reprodução. O sujeito humano não pôde ficar mais alheio à sua maquinaria e às suas maquinações infernais. Enfim, na nova arquitetura do poder se inscreve o sujeito humano, que pela sua vontade transforma infalivelmente a antiga condição de servidão, de involuntária em voluntária.

Pode-se argumentar, como comentário crítico ao que foi enunciado, que o Estado absolutista e a emergência do poder monárquico então produzidos não davam lugar ao florescimento da vontade humana e ao sonho libertário do homem prometeico, na medida mesmo em que a figura do rei seria forjada pela sombra onipresente da onipotência divina. A ideia de *soberania* do poder traria pois, em si mesma, a presença insofismável do poder de Deus, que conferia legitimidade ao poder secular. Que seja, então, com reticências. Contudo, isso precisa ser relativizado. Com efeito, não obstante a construção do estado moderno sob a caução teológica, a dimensão da vontade humana foi colocada na cena do mundo, revelando, pois, a condição do homem moderno, figurado por Prometeu, como autocentrado nos registros do pensamento e da vontade.

Contudo, foi o reconhecimento de que a servidão humana tinha a marca da vontade dos sujeitos, isto é, que era produzida e reproduzida pela escolha dos homens, a condição de possibilidade para o desenvolvimento do projeto libertário, na medida mesmo em que a liberdade seria o operador da vontade do sujeito. Constituíram-se, assim, os sonhos e as utopias libertárias que permearam a modernidade. Estes se transformaram em movimentos sociais poderosos que abalaram o mundo, lançando por terra o Antigo Regime e as regalias do poder monárquico. A Revolução Francesa, marcada pelo símbolo eloquente da decapitação da cabeça do rei, foi a realização maior daquelas utopias, apostando as massas no desejo de liberdade contra o da servidão. Na sua *Crítica da razão prática*,[6] Kant foi o teórico desta liberdade, já que esta caracterizaria a condição humana em oposição ao estrito determinismo da natureza, através da qual o sujeito dialogaria com a lei moral e estaria submetido aos imperativos desta.

Com isso, pode-se supor que o suposto exercício da liberdade, que construiria o registro da história e fecharia definitivamente as portas da teodiceia, indicaria finalmente o fim da servidão, seja esta voluntária ou involuntária. No entanto, o que veio em seguida nos mostrou que as coisas tomaram outro rumo, indicando que as relações do sujeito com a liberdade e com a servidão eram muito mais complicadas e paradoxais do que se acreditava anteriormente.

DISCIPLINA E SERVIDÃO

Com efeito, a construção da democracia no século XIX nos revelou que as coisas não funcionaram bem assim, não existindo nenhuma linearidade entre os projetos utópicos dos filósofos e a assunção das liberdades pelos cidadãos no espaço social. Com efeito, a dita servidão voluntária continuou o seu galope triunfante sobre o mundo, ocupando novos territórios reais e imaginários no Ocidente, conquistando assim corações e mentes de maneira insofismável. Com isso, o filosofema de La Boétie ganhou franca atualidade, inscrevendo-se no mundo novamente de forma mordaz, desafiando a temporalidade e a história.

Ao afirmar isso, no entanto, não me refiro apenas aos totalitarismos que nos marcaram no século XX de maneira indelével, que com o nazismo e com o stalinismo esfregaram na nossa cara, de maneira impiedosa, a constatação de que a servidão voluntária continuava incólume. Além disso, seria o próprio funcionamento da democracia que estaria permeada pelas novas formas de servidão, não apenas pela sua dimensão de negatividade pelos grupos e segmentos sociais que exclui, mas também pela sua dimensão de positividade.

Com efeito, com o conceito de sociedade disciplinar Foucault procurou descrever como se constituiu no Ocidente a sociedade democrática na segunda modernidade, em oposição à sociedade soberana que foi hegemônica na modernidade anterior.[7, 8, 9] Naquela, os jogos de poder se realizam sobre os *corpos*, incidindo na superfície destes de maneira tal que o poder se materializa pela captura dos corpos. Estes se tornam dóceis e obedientes, assujeitados que são pelo confronto de forças. A servidão se produz, assim, em todas as suas dimensões, nos eixos voluntário e involuntário.

Nesse contexto, a *discursividade* é fundamental para a implementação dos jogos de poder, já que na democracia a retórica da persuasão é crucial, dada a *individualidade* dos agentes sociais ser considerada um *valor*.[10] Esta discursividade se funda num saber que cauciona aquela com critério de verdade. Daí por que o exercício do poder implica o saber e, reciprocamente, o saber funda as novas possibilidades de poder. Portanto, as ciências humanas legitimam as ditas práticas de poder. O saber como discursividade e como jogos de fala, pela mediação da vontade dos homens, articula-se com as estratégias de poder, de forma a se tecer as novas modalidades de servidão.

PSICANÁLISE E CRÍTICA DA MODERNIDADE

Não resta dúvida de que a psicanálise se constituiu sob o signo da liberdade, inscrevendo-se pois num projeto libertário. Ao pretender, com Freud, tornar consciente o inconsciente, o que estava em pauta era libertar o sujeito do determinismo e do jugo do inconsciente, para ampliar o campo de liberdade daquele e lhe possibilitar maior mobilidade.

Além disso, ao deslocar-se do registro estrito de clínica para o da cultura, o que se colocou sem dúvida desde os primórdios do pensamento freudiano,[11] o discurso psicanalítico pretendeu ser uma crítica contundente da modernidade. Por isso mesmo, referia-se constantemente aos seus malefícios. Estes incidiam sobre o campo da sexualidade, sublinhando então Freud a perda do erotismo do sujeito na modernidade. Com efeito, a dita "moral sexual civilizada" representava um pesado tributo para as individualidades, que as pagavam com a ampliação e a severidade das "doenças nervosas". Isso porque o modelo civilizatório desenvolvido na modernidade se contrapunha de maneira cerrada ao campo das pulsões.

No entanto, em *Mal-estar da civilização*[12] e nos seus ensaios tardios sobre a cultura, Freud radicalizou mais ainda a sua crítica da modernidade, explicitando com vigor as impossibilidades criadas por esta para as subjetividades. Com efeito, com o enunciado do conceito de *mal-estar na civilização*, forjou uma crítica sistemática da modernidade e não da civilização *lato sensu*, através da apresentação dos seus malefícios maiores e de seus impasses para a subjetividade. Elaborou, então, uma leitura crítica da modernidade fundada na psicanálise, que se contrapunha às interpretações de Weber e de Heidegger.

Assim, se os processos de racionalização científica e burocrática do espaço social, correlatos que seriam do desencantamento do mundo, caracterizariam a modernidade na perspectiva de Weber,[13] a morte de Deus condensaria como um filosofema a leitura de Heidegger,[14] que retomou então a interpretação de Nietzsche. Para Freud, o gozo e o erotismo humanos, impossibilitados que seriam pelo projeto da modernidade, transformariam radicalmente as individualidades e as comunidades, de forma que o empobrecimento simbólico daí resultante e a violência produzida abririam o horizonte para um mal-estar progressivo nas relações sociais. As diversas modalidades de violência que se constituiriam desde então, assim como a sofisticação destruidora assumida pelas novas tecnologias da guerra, seriam a revelação mais eloquente disso no espaço social.[15]

Em função mesmo do seu projeto libertário, a psicanálise pôde ser um discurso crítico sobre a degenerescência e a hereditariedade que permeavam a psiquiatria, a medicina social e a medicina legal no final do século XIX e nas primeiras décadas do século XX. Consequentemente, o discurso freudiano funcionou como instância crítica do processo de medicalização do social que passou a dominar as sociedades ocidentais desde o final do século XVIII. Portanto, a leitura psicanalítica do erotismo se chocou frontalmente com o projeto da eugenia e com as práticas de controle da sexualidade promovidos pela medicalização, como bem nos mostrou Foucault na sua arqueologia da psicanálise.[16]

Além disso, o discurso freudiano nos revelou algo de crucial sobre as formas de ser da servidão, seja esta voluntária ou involuntária, que não se pode esquecer. De acordo com essa leitura, o ser da servidão adquire uma outra perspectiva, permitindo apreender as suas formas de existência em estado nascente. A esse respeito, quero me referir ao *masoquismo*.

DESAMPARO E MASOQUISMO

Desde que o discurso freudiano forjou o conceito de pulsão de morte,[17] na aurora dos anos 1920, até formular a consequência maior disso na sua leitura da modernidade em o *Mal-estar na civilização*, a figura do masoquismo se destacou como sendo o paradigma maior da teoria e da clínica psicanalíticas. Assim, a figura do masoquismo passou a destacar-se como uma invariante maior a perpassar de forma monótona as diferentes modalidades de funcionalidades psicopatológicas, sejam estas as neuroses, as psicoses ou as perversões. Além disso, o masoquismo permitiria uma outra leitura da sexualidade feminina e da feminilidade.

Nesse contexto, a formulação de que o masoquismo seria primário e originário,[18] em decorrência do conceito de pulsão de morte, revela não apenas a inversão de sadismo em masoquismo no pensamento freudiano inicial, como principalmente a posição estratégica atribuída ao masoquismo no discurso freudiano tardio. Em decorrência disso, foram descritas diferentes modalidades de ser do masoquismo — *erógeno*, *feminino* e *moral*[19] —, através das quais se esboçou a metapsicologia daquele e sua operacionalidade ao registro da clínica.

O que nos indica tudo isso na arrojada aventura teórico-clínica do último Freud, afinal das contas? Quais são o alcance e o horizonte que se descortinam para nós nessa construção teórica? Que o masoquismo seria a forma privilegiada de ser da subjetividade, que se protege dessa maneira triste de um suposto malefício maior produzido pela modernidade, qual seja, o *desamparo*.[20] Vale dizer, para se protegerem do horror do desamparo, as individualidades se valem do masoquismo como *forma primordial de subjetivação*.[21] Por esse viés seria possível aquilatar a abrangência reveladora do masoquismo para a interpretação não apenas das novas modalidades de construção subjetiva, como principalmente de outras formas de servidão.

Antes de mais nada, é preciso reconhecer que a derrocada da sociedade tradicional demoliu com os meios sociais de produção de *identidade*, que constituíam as subjetividades por delegação antecipada. Com isso, estas devem forjar agora um projeto identitário que não é mais dado como anteriormente, mas produzido por um complexo processo de escolhas, aderências e adesões. A ruptura das formas antecipadas de produção identitária, promovidas como invariantes pela tradição, lança as subjetividades no abismo do desamparo. Este é o resíduo maior produzido pela quebra da tradição, a partir da qual o sujeito deve se constituir inapelavelmente com os seus próprios meios.

Parece-me que é nessa encruzilhada diabólica que se pode apreender a riqueza revelada pelo conceito de desamparo em Freud, na medida em que essa posição originária do sujeito indica o efeito maior do processo produzido pela modernidade. Seria desse patamar básico que se poderia melhor vislumbrar a matéria-prima do mal-estar existente na modernidade, resultante da falta de solo e de fundamento que acossa o sujeito. A nostalgia do pai pelo sujeito — repetidamente evocado pelo último Freud[22] — encontraria aqui a sua condição concreta de possibilidade, já que a ausência da figura do pai como referência fundamental condensaria a quebra dos pressupostos da sociedade tradicional produzida pela modernidade.

Seria pela consideração acurada do desamparo, como marca eloquente da falta de fundamento do sujeito na modernidade, que se poderia melhor apreender a emergência da figura do masoquismo na viragem freudiana dos anos 1920. Além disso, melhor seria a compreensão da posição estratégica ocupada pelo masoquismo na subjetividade e no discurso psicopatológico desde então. Finalmente, a indagação sobre isso nos permitiria também interpretar onde se ancoram as figuras da servidão, seja esta voluntária ou involuntária.

A SERVIDÃO E O PACTO MASOQUISTA

Porém, para que isso seja formulado na sua complexidade, é necessário, antes de mais nada, que se enuncie o que se compreende aqui como masoquismo. Assim, é preciso dizer literalmente que o masoquismo não é o simples deleite com o sofrimento, mesmo que tenha sido esta a representação maior que se constituiu no discurso psicopatológico desde a sexologia, na segunda metade do século XIX.[23] Não se trata pois, na experiência masoquista, para o sujeito, do simples usufruto do prazer e do gozo com a dor.

Com efeito, o que está no cerne da experiência masoquista é o evitamento do desamparo, na medida em que este é vivido como terror pelo sujeito. O masoquismo seria uma modalidade de subjetivação mediante a qual o sujeito se submete ao outro de maneira servil, seja de forma voluntária ou involuntária, pouco importa, para fugir do horror do desamparo. Para isso, o sujeito permite que o outro possa fazer o que quiser, com o seu corpo e o seu espírito, para se proteger do terror do desamparo. Além disso, o sujeito se oferece como tal ao outro, de maneira obscena, para escapulir da posição do desamparo. Nesse contexto, a dor é uma resultante e um desdobramento dessa posição obscena diante do outro, mas não é aquilo absolutamente que o sujeito busca e tem a intenção de obter.

"Goze com o meu corpo como quiser e me submeta, mas não me deixe sozinho com o meu desamparo", parece dizer nas entrelinhas o sujeito masoquista ao outro. Ou, então, "eu aceito qualquer coisa, faça comigo o que quiser, mas não me deixe desamparado", parece sussurrar o masoquista para o seu algoz protetor. Seria assim que se constituiria o pacto masoquista, numa aliança do sujeito contra o desamparo, que encontra eco num outro que se acredita autossuficiente e que se alimenta do terror do outro em relação ao desamparo, pois acredita assim poder dominar a sua condição de desamparo. Como se sabe, *eco é ego*, e é sempre o ego que está em pauta nos dois polos da relação masoquista. Pelo e com o ego, ambos os parceiros da cena obscena evitam a dispersão promovida pelo desamparo. Esta é a razão pela qual o outro do *pacto masoquista* é sempre uma figura perversa, que se acredita acima do bem e do mal, isto é, supõe poder triunfar da sua condição de desamparo. Constitui-se, assim, a experiência do assujeitamento, em que a servidão se constrói nas suas várias modalidades, entre as figuras do senhor e do servo.

Dessa maneira, o masoquismo é uma forma de subjetivação constituída na modernidade, pela qual os indivíduos se assujeitam aos outros para evitar a condição de desamparo, por um lado, e que encontram o eco disso num outro que precisa desafiar o mesmo desamparo pelo triunfo e com desdém pelo outro. Tudo isso ocorre assim, no entanto, pois na modernidade a identidade não é mais uma coisa desde sempre dada, como se passava nas sociedades tradicionais, mas uma construção complexa a ser forjada de maneira laboriosa pelo sujeito.

Freud se referiu a isso de maneira bem precisa, ao enunciar que não existiria identidade sem passar pela *perda* do outro e pelo processo de *identificação*.[24] Para isso, contudo, é preciso que as individualidades atravessem o território desértico do desamparo, mediante o qual essa construção se dará e se tornará possível, suportando a dor e talvez o horror que tal percurso pelo impossível promove. Isso porque, se é a perda a condição de possibilidade do desamparo, aquela é ao mesmo tempo o que permite ao sujeito o acesso ao desejo e à liberdade. Porém, pelo masoquismo o sujeito evita a perda que está no horizonte e no fundamento do desamparo, não podendo assim conquistar a sua liberdade e usufruir do seu desejo. Com isso, enfim, o sujeito entra no registro da servidão, já que não quer perder nada.

INSTITUIÇÕES PSICANALÍTICAS

Se a formulação teórica que enunciei até agora é consistente e articulada em diferentes dimensões, não deixa de ser um paradoxo que as associações de psicanálise sejam permeadas pela servidão. Por que um paradoxo? Os psicanalistas não seriam seres humanos como os demais, isto é, não sofreriam os mesmos impactos provocados pela experiência da modernidade, afinal das contas?

É evidente que os analistas são seres humanos como qualquer outro sujeito, e não seres excepcionais. Quanto a isso, não existe nenhuma dúvida. Eu diria mesmo, parodiando Nietzsche, que os psicanalistas *deveriam* ser *demasiadamente humanos*. O que quero dizer com isso? O analista deveria ser demasiadamente humano porque se lançou numa experiência pela qual sua identidade foi colocada em questão, tendo que rever suas alienações ao outro e seus pactos precocemente construídos com os outros para poder viver. Com isso, supõe-se que aquele tenha atravessado o abismo do desamparo para se enunciar como psicanalista. Contudo, não é nisso que devemos acreditar quando se constata a presença maciça de relações de servidão nas instituições psicanalíticas. Infelizmente, diga-se de passagem. Daí, pois, o paradoxo, que nos conduz de modo inequívoco ao questionamento não apenas da psicanálise mas principalmente das formas de associação dos analistas. Que modalidade de experiência intersubjetiva é promovida pela psicanálise, afinal de contas, para produzir com tanta frequência a servidão como efeito destacado?

Vocês poderiam se opor ao que estou afirmando dizendo que a servidão ocorre em alguns grupos analíticos e não em outros, que a servidão aconteceria apenas em algumas tendências do movimento psicanalítico e não em outras. Assim, existiria a "boa" psicanálise e a "má" psicanálise, isto é, a "verdadeira" e "falsa" psicanálise. Enfim, para esse argumento existiria a psicanálise politicamente correta e a politicamente incorreta, para usarmos o novo jargão da sociedade contemporânea norte-americana.

Contudo, é preciso verificar se as coisas se passam de fato dessa maneira. Ou, então, se isso não é uma brutal racionalização dos analistas para salvar a sua própria pele e face. Parece-me que a mais grosseira observação das relações institucionais nas mais diversas sociedades analíticas nos mostra que as coisas não se passam exatamente dessa forma. Quero me referir aqui ao conjunto do campo analítico, isto é, ao que se processa na Associação Internacional de Psicanálise e no movimento lacaniano, para indicar os dois polos constitutivos desse campo.

Com efeito, as associações analíticas das mais diferentes tendências teóricas se caracterizam pelo servilismo mais abjeto, sendo permeadas por relações brutais de assujeitamento que provocam engulhos e são horripilantes. Portanto, aquilo que verificamos com terror nas demais instituições sociais podemos reconhecer também sem muita argúcia nas associações de psicanalistas, infelizmente.

Assim, após cem anos de existência histórica da psicanálise e das instituições analíticas, depois de diversas reformas destas últimas nos mais diversos países e com tendências teóricas diferentes, devemos reconhecer de bom grado que o resultado é desastroso.[25] Tudo isso nos revela, talvez, o fundo do poço da crise da psicanálise na atualidade, no dito mundo da pós-modernidade, isto é, os impasses da psicanálise para conseguir não apenas dar conta, mas também superar o buraco abissal da servidão masoquista.

La Boétie certamente gargalha de maneira irônica diante dessa constatação mordaz, já que mesmo a psicanálise, que pôde destrinchar com Freud os mecanismos operatórios da servidão, produz analistas-clones engolidos pelas formas masoquistas de subjetivação.

Uma das finalidades deste livro, nesta primeira parte, é a de se defrontar radicalmente com tal questão, sem rodeios. Por meio destes escritos podemos nos aproximar de maneira vigorosa e rigorosa dos mecanismos operatórios que produzem este escândalo ético e este paradoxo, qual seja, a presença assustadora da servidão na contemporaneidade. Além disso, mediante essa modalidade de reflexão, espero que possa contribuir para a desconstrução da servidão e do pacto masoquista na atualidade. Essa é a minha aposta, pelo menos. É o meu desejo, certamente.

Notas

1. E. De La Boétie, *Discours de la servitude volontaire*, Paris, Flammarion, 1983.
2. A. Koyré, *Du monde clos à l'univers infini*, Paris, Gallimard, 1973.
3. A. Koyré, *Études d'Histoire de la pensée scientifique*, Paris, Gallimard, 1973.
4. D. Lecourt, *Prométhée, Faust, Frankenstein*, Paris, Institut Synthélabo, 1996.
5. Descartes, R. "Discours de la méthode" (1637), *in Oeuvres et Lettres de Descartes*, Paris, Gallimard (Pléiade), 1949.
6. E. Kant, *Critique de la raison pratique*, Paris, Presses Universitaires de France, 1943.

7. M. Foucault, *Surveiller et punir, op. cit.*
8. M. Foucault, *Microfísica do poder, op. cit.*
9. M. Foucault, *La volonté du savoir. Histoire de la sexualité, op. cit.*, vol. I.
10. L. Dumont, *O individualismo*, Rio de Janeiro, Rocco, 1983.
11. S. Freud, "La morale sexuelle 'civilisée' et la maladie nerveuse des temps modernes" (1908), *in La vie sexuelle*, Paris, Presses Universitaires de France, 1973.
12. S. Freud, *Malaise dans la civilisation* (1930), Paris, Presses Universitaires de France, 1971.
13. M. Weber, *Éthique protestante et l'esprit du capitalisme*, Paris, Plon, 1966.
14. M. Heidegger, *Chemins qui ne menènt nulle part*, Paris, Gallimard, 1962, p. 69.
15. S. Freud, *Malaise dans la civilisation, op. cit.*
16. M. Foucault, *La volonté du savoir, op. cit.*
17. S. Freud, "Au-delà du principe du plaisir" (1920), *in Essais de psychanalyse, op. cit.*
18. S. Freud, "Le problème économique du masochisme" (1924), *in Névrose, Psichose et perversion, op. cit.*
19. Ibidem.
20. S. Freud, *Malaise dans la civilisation, op. cit.*
21. M. Foucault, *L'usage des plaisirs*, Paris, Gallimard, 1984; M. Foucault, *Le souci de soi*, Paris, Gallimard, 1984.
22. S. Freud, *Malaise dans la civilisátion, op. cit.*
23. R. Krafft-Ebing, *Psychopathia sexualis*, Paris, Payot, 1958.
24. S. Freud, "Le moi et le ça" (1923), *in Essais de Psychanalyse, op. cit.*
25. J. Birman, "A invenção desejante da psicanálise", *in* D. Kupermam, *Transferências cruzadas*, Rio de Janeiro, 1996.

2. A psicanálise e a crítica da modernidade*

---

*Conferência realizada na mesa-redonda de abertura "Enjeux de la modernité", no I Congresso Internacional de Psicanálise do Espace Analytique, cujo tema geral era "Psychanalyse et figures de la modernité", realizado na Maison de la Chimie, de 19 a 22 de novembro de 1998, em Paris.

QUEM ESTÁ DIZENDO?

Na atualidade, fala-se muito sobre a *modernidade* e mais ainda sobre a *pós-modernidade*, seja tão somente como uma nova etapa na estrutura da modernidade, seja como ruptura radical no interior do projeto da modernidade e a consequente assunção de novos rumos nas sociedades do Ocidente. É bom que se diga desde o início que são duas leituras diferentes, até mesmo opostas. De qualquer maneira, a inflação desses dois significantes na atualidade, tanto no registro da cultura erudita quanto no da cultura popular, devidamente ressoados pela mídia, indica, por meio dessas indagações, a constituição de uma problemática fundamental. Mas o que é a *modernidade*, afinal de contas?

Antes de mais nada, deve-se saber qual é o debate substantivo que se tece no real através desses jogos de linguagem[1] e, principalmente, como a psicanálise se inscreve hoje no campo dessa interrogação. Para encaminhar devidamente, é preciso, em primeiro lugar, considerar algumas formulações existentes sobre essa questão, destacando aquelas mais significativas para esse campo intelectual. Além disso, é necessário enfatizar a sua proveniência tanto do ponto de vista histórico como social, pois tais enunciados se inscrevem em projetos políticos e culturais bem mais amplos que devem ser surpreendidos e revelados. Assim, é para isso que me voltarei inicialmente, para a circunscrição do campo de pertinência desses significantes.

Sabe-se da existência de múltiplas definições e caracterizações da modernidade, enunciadas nos últimos anos como uma problemática de ordem histórica, filosófica, política, social e estética. As formulações são tantas que inicialmente podem nos deixar confusos; contudo, se considerarmos alguns signos norteadores que nos auxiliem no traçado dessa cartografia, a circulação nessa selva de enunciados torna-se mais fácil. Deve-se, portanto, assinalar que a problemática em pauta se delineia em uma forma pluridimensional, inscrevendo-se em diferentes níveis de realidade e exigindo diversos eixos de leitura.

A pluralidade discursiva salta aos olhos na maneira pela qual esse campo intelectual está construído, revelando-nos de imediato, pela multiplicidade e complexidade de sua estrutura, que é um projeto de *cultura* o que está em seu cerne. Caso contrário, não existiria, apesar do fato de os estudos interdisciplinares estarem na moda, a necessidade de tal empreendimento teórico para se defrontar com a polissemia da palavra modernidade. Ao mesmo tempo, enunciar que é um projeto de cultura o que está em pauta aqui significa afirmar que se trata de um projeto *identitário*.

Essas leituras provêm de pesquisas realizadas nos Estados Unidos e na Europa, em particular na França. As investigações iniciaram-se nos Estados Unidos, sendo ainda hoje as universidades norte-americanas os locais onde há mais produção a esse respeito. Em seguida, há o papel de destaque ocupado pela França nesse vasto empreendimento, buscando caracterizar a dimensão não apenas teórica, como também ética e política da modernidade.

Como interpretar a antecipação norte-americana nessa linha de pesquisa? Isso quer dizer alguma coisa? Pode-se compreender adequadamente a pequena diferença existente entre norte-americanos e europeus se considerarmos não apenas as origens históricas da modernidade, como também seus destinos e desdobramentos atuais. Com efeito, se a modernidade foi construída na Europa, é óbvio que a consideração de seus desdobramentos atuais assume uma extensão muito maior, pois, em razão da própria influência europeia, eles se inscrevem em escala mundial. A preocupação maior dos estudos sobre a modernidade está intimamente ligada aos destinos que esta pode tomar. Bifurcam-se aqui duas modalidades de solução, quais sejam, a que aposta no fim da modernidade na atualidade em razão da construção do mundo pós-moderno e a que supõe que exista hoje uma radicalização do projeto da modernidade, sem alteração de seus pressupostos. Enquanto a primeira solução é mais presente nos estudos norte-americanos, a segunda se destaca nas pesquisas europeias.

Assim, os norte-americanos em geral preferem referir-se à pós-modernidade para descrever os novos tempos em oposição à modernidade. Não se deve, contudo, ser esquemático em relação a isso, já que encontramos entre os europeus não apenas o acento incidindo sobre a ruptura, como também a caracterização desta ruptura como algo positivo. Esse é o caso, por exemplo, de Zygmunt Bauman,[2] cientista social polonês que é professor nas universidades de Varsóvia e de Leeds, na Inglaterra. De outro ponto de vista, o filósofo francês Jean-François Lyotard[3] também reconhece a existência da ruptura e o fim da modernidade, sublinhando a impossibilidade teórica atual de as grandes narrativas serem realizadas. O italiano Gianni Vattimo[4] não apenas insiste na ruptura radical, como é um entusiasta dos tempos pós-modernos, baseando-se para isso em outros critérios filosóficos. Em contrapartida, o cientista social francês Gilles Lipovetsky[5] destaca a ruptura, mas de maneira negativa, referindo-se à pós-modernidade como o império do vazio e do efêmero, posição não muito distante da expressa pelo sociólogo Jean Baudrillard,[6] que também a considera de maneira negativa.

Por sua vez, os europeus ainda insistem na existência da modernidade hoje, sublinhando a radicalização de seus pressupostos. Assim, Anthony Giddens,[7] na Inglaterra, prefere referir-se à existência de uma "modernidade tardia", estando próximo do caminho do cientista social alemão Ulrich Beck,[8] que destaca a ideia de uma "modernidade reflexiva". Da mesma forma, o cientista social francês Georges Balandier[9] insiste na existência de uma "supermodernidade", na qual ainda permanecem os fundamentos da modernidade. O filósofo alemão Jurgen Habermas[10] destaca-se como um defensor implacável do projeto da modernidade, tudo isso se nos referirmos apenas aos campos das ciências sociais e da filosofia, deixando de lado o da estética,[11] nos quais a presença viva do ideário da modernidade sempre se destaca.

A que podemos atribuir essa marcante diferença entre as interpretações da atualidade? Podemos supor que a preocupação dos norte-

-americanos em enfatizar a ruptura crucial no projeto da modernidade e a construção da dita pós-modernidade estejam ligadas de maneira orgânica a outra forma e mesmo a um novo estilo de vida da atualidade, em que a *hegemonia* norte-americana é absoluta não apenas dos pontos de vista econômico e político, pois estes já existem há muito tempo, mas principalmente a partir da perspectiva do modelo de cultura que se enuncia. Vale dizer, a insistência no discurso da pós-modernidade como ruptura com a modernidade seria, no registro das ideias, o correlato da proposição do modelo da cultura norte-americana como um novo começo da história do Ocidente. Consequentemente, o *american way of life* se inscreveria na origem de um novo tempo histórico das sociedades ocidentais.

Em contrapartida, como afirmamos, os europeus preferem destacar a inexistência da ruptura e enfatizar um desdobramento no projeto da modernidade em que se manteriam incólumes os seus pressupostos, uma vez que a modernidade como tal foi um projeto europeu, iniciado entre o Renascimento e o século XVII. É bom que nos lembremos disso, pois a modernidade é constitutiva da identidade europeia. Por isso mesmo, os europeus não podem formular com facilidade algo sobre o fim da modernidade sem ao mesmo tempo pôr em questão os seus pressupostos identitários. Eles podem formular, com mais precaução, que estaríamos agora em um momento tardio da modernidade, ou em um período marcado pela reflexividade desta, ou ainda na supermodernidade.

No entanto, apesar das evidentes diferenças de interpretação que marcam tais tradições, as *descrições* apresentadas pelos diversos autores sobre a atualidade e o novo espaço social que se ordena são semelhantes. Não obstante as pequenas diferenças evidentes, que marcam as ênfases presentes nessas descrições sobre a atualidade, estas se mantêm similares dos dois lados do Atlântico. Não podemos perder isso de vista, sob o risco de deixarmos escapulir de nossas mãos uma parte dessas descrições. Portanto, entre o continuísmo relativo e a descontinuidade radical, entre a identidade europeia e a nova hegemonia cultural norte-

-americana, as boas descrições sobre a sociedade atual permanecem. É fundamental, contudo, que saibamos *quem* está dizendo o *quê*, e com *qual* propósito.

MODERNIDADE

Para que possamos captar adequadamente essas descrições, devemos sublinhar em um primeiro momento a diferença existente entre a modernidade e o *modernismo*. Suponho que o nosso debate de hoje tem íntima relação tanto com a modernidade quanto com o modernismo, ou, melhor dizendo, o que está em pauta aqui é a relação entre modernismo e modernidade, que não apenas caracteriza um dos eixos cruciais da história do século XX, como também possibilita a delimitação do lócus da psicanálise nesse cenário. Por que afirmo isso?

Caracterizemos a modernidade de maneira esquemática. A constituição da modernidade representou o autocentramento do sujeito no eu e na consciência, fundamentado no discurso metafísico com a filosofia de Descartes[12,13] e com a tradição que a este se seguiu. Com isso, realizou-se a fundação ontológica do eu, esboçado por Montaigne,[14] e então localizado no centro do mundo. Mesmo que a tradição filosófica inglesa desse momento histórico fosse marcada pelo empirismo, e não pelo racionalismo, a constituição do eu, da consciência e da razão soberana estavam no centro do percurso filosófico. Não obstante o fato de que Copérnico e Kepler tivessem empreendido uma revolução astronômica através do descentramento da Terra do sistema planetário, rompendo assim com a hipótese da Antiguidade,[15] o homem foi posto no centro do mundo em um diálogo com Deus.

A modernidade é autocentrada no *indivíduo*. A individualidade é a categoria fundamental que define o ideário da modernidade, sem a qual esta é impensável. Vale dizer, o projeto da modernidade é *antropológico* e *antropocêntrico*, justamente porque o homem na qualidade de indivíduo foi alçado à condição primordial de medida de todas as coisas. Não é certamente um acaso que a filosofia kantiana tenha sido considerada durante muito tempo, e ainda hoje, como estando no fundamento do projeto da modernidade, posto que o desejo antropocêntrico se inscreve como uma das dimensões cruciais do discurso filosófico de Kant.[16,17]

Podemos caracterizar a modernidade pela construção do indivíduo como tal. Se é óbvio que antes da modernidade este era reconhecido em sua existência empírica, isso não implicava, contudo, nem uma ontologia nem uma antropologia. Ao contrário, o indivíduo estava inscrito em uma concepção holística do mundo, subsumido à totalidade do cosmos, tanto nas tradições da Antiguidade grega e romana como no cristianismo. Em contrapartida, com a modernidade, é o indivíduo que está em questão, rompendo com as amarras limitadoras do holismo e do cosmos e se expandindo em sua existência. Portanto, é o indivíduo como *valor* que funda a modernidade. De acordo com a leitura de Louis Dumont,[18] com a emergência do individualismo, a sociedade passou a ser representada e construída a partir da categoria de indivíduo, como se pode facilmente depreender desde os tópicos iniciais das Constituições francesa e norte-americana promovidas por suas revoluções no final do século XVIII. Enfim, em oposição ao holismo do mundo antigo, a modernidade forjou uma concepção atomística da sociedade, tecida pela reunião de indivíduos.[19]

A produção do indivíduo como valor, como elemento constitutivo do social, implicou também, ao longo dos séculos XVII e XVIII, a constituição original de uma teoria dos sentimentos e de uma estética.[20] Nessa teoria dos sentimentos, o eu ocupa uma posição cardinal, residindo aí sua originalidade. Assim, são as extensões e as retrações do eu na cena do mundo que sempre estão em pauta nesses discursos sobre os sentimentos. Além disso, é o incremento do campo do eu em relação ao outro ou o estreitamento daquele em função deste que passam a se impor, regulando as operações que traçam a cartografia do indivíduo no espaço social.

Pode-se destacar adequadamente o estado nascente dessa construção teórica entre os moralistas desse período histórico, dentre os quais se destaca a figura de La Rochefoucauld. Com efeito, para este, a individualidade se apresenta como uma massa de sentimentos centrada no eu, tendo que realizar permanentemente a gestão destes por meio de uma distribuição acurada entre si mesmo e o outro. Em outras palavras, o indivíduo deve definir de maneira ininterrupta a expansão e a retração das fronteiras do eu em suas relações com o outro.[21] Em consequência, a individualidade se cadenciaria pela oscilação contínua entre o *amor de si* e o *amor do outro*, em um jogo de atrações e de repulsões permanentes, em que o amor e o ódio se imporiam como defensores do território sagrado do eu. Em resumo, podemos dizer que a construção da individualidade na modernidade assume uma direção eminentemente narcísica.

Se considerarmos os efeitos desse modelo antropológico nos registros da economia e da política, podemos entrever como tal construção atomística do social, isto é, centrada no indivíduo como mônada, delineia entre estes um espaço essencialmente *liberal*. Foi o liberalismo que se impôs como a doutrina por excelência dos tempos da modernidade, definindo em termos concretos os ganhos e as perdas das individualidades nas relações com os outros, nas simpatias e antipatias, na paz e na guerra. Enfim, o universo dos sentimentos centrados no eu, ao demarcar as fronteiras e os territórios entre o indivíduo e os outros, se desdobra em lucros, direitos e poder no espaço social.

Em tudo isso, é o discurso da ciência que passa a ocupar a posição estratégica de produção e de agenciamento da verdade, substituindo progressivamente os discursos filosófico e teológico. A *razão científica* torna-se a marca distintiva do homem, o que lhe confere *soberania* e *autonomia* não apenas diante da natureza, como também em face do mundo divino. Portanto, é apenas a racionalidade científica que pode arguir sobre a veracidade dos enunciados e dos juízos. Em decorrência disso, a *tecnologia* se transforma no instrumento por excelência do exercício da sabedoria humana, uma vez que a técnica verifica na prática a verdade formulada pela razão científica, isto é, por seu impacto e pelas transformações que possibilita na natureza e na sociedade.

Foi nesse contexto que a modernidade forjou dois diferentes mitos e retomou ativamente da Antiguidade pelo menos um. Em todos eles, o sujeito desafia o criador e se põe de maneira soberana na cena do mundo. São mitos que tecem a problemática da emancipação humana do jugo do divino, nos quais a sedução prometida pela racionalidade científica define a marca do homem nos tempos da modernidade. Refiro-me aqui ao mito de Fausto, antes de mais nada, formulado no século XVI. Nele, o sujeito faz um pacto com o diabo em nome da promessa de verdade da ciência. O bom Deus criador é desafiado pela ânsia de verdade tornada possível pela ciência, que alimentaria a autonomia do indivíduo no pacto com o diabo.[22] Em seguida, refiro-me ao mito de Frankenstein, construído por Mary Shelley[23] na aurora do século XIX. Neste, o homem tornar-se-ia capaz de ser a fonte da vida nos laboratórios científicos, não sendo isso, pois, uma dádiva divina, e sim fruto da razão científica. Por fim, sublinho o mito de Prometeu, tecido nos primórdios da cultura grega, em que a astúcia deste desafia Zeus.[24] No contexto da modernidade, este mito recebe novas interpretações e versões.[25] Assim, o que se revela em todos esses mitos é a ênfase posta sobre a razão científica e sobre o indivíduo, que não vacilam em se associar ao *mal* e se contrapor à ordem do sagrado em nome da autonomia e da soberania sobre o mundo. Pela mediação desses mitos a modernidade procura fazer valer a onipotência humana em face do mundo, contrapondo-se à cultura da Antiguidade e ao cristianismo, e afirmando uma outra moral.

MODERNISMO

No modernismo, em contrapartida, há um outro cenário, delineado por outras coordenadas. Uma transformação fundamental se produz, rearticulando de maneira diversa e radical o campo dos signos. Nele existe uma inversão dos eixos que norteavam a modernidade. Com efeito, com o modernismo os reinos do eu e da razão são postos em questão. Sua soberania e sua autonomia caem por terra, atingidas mortalmente em sua soberba. Além disso, inicia-se um movimento de suspeita sobre a consciência,[26] indicando-se de maneira recorrente as refrações a que as verdades são submetidas em seu campo.

Assim, o eu e a consciência passam a ser considerados os pontos de chegada de um longo e tortuoso processo iniciado em outro lugar, isto é, não são considerados *origem*, porém *destino*. Tal processo, plural e marcado pela polissemia, reenvia a individualidade para as forças que a perpassam e que regulam as suas relações com os outros e com o mundo.

Nietzsche, Marx e Freud foram os três grandes profetas da ruptura que se realizou e anunciou o modernismo. No registro econômico, essas forças foram representadas por Marx, que sublinhou a inscrição da consciência no campo imantado pelas forças produtivas e as relações de produção reguladoras das sociedades humanas, ou seja, o descentramento da consciência e do eu em relação aos registros da economia e da política, sendo este representado pela luta de classes.[27] Com Freud, houve o descentramento da consciência em relação à sexualidade e às pulsões, inscrevendo o eu em uma encruzilhada de forças provenientes do inconsciente.[28] Por fim, com Nietzsche ressaltou-se a dimensão do poder no processo de produção de verdade, indicando-se que as verdades são produzidas pelas relações de forças existentes entre os homens, esvaziando assim a pretensa soberania do eu e da razão como os seus fundamentos.[29]

Portanto, se, por um lado, o eu perde a soberania que até então detinha e a consciência passa a se constituir a partir de um jogo de forças que a ultrapassa, por outro, o sujeito é atraído por tudo aquilo que se apresenta a ele como *novidade* e que lhe abre outros horizontes no mundo. Existe aqui, portanto, uma ênfase sobre o novo como tal, sendo por essa mediação que se daria a revelação do mundo. Enfim, descentramento do sujeito em relação ao mundo, que transcenderia aquele.

A postura permanentemente curiosa do *flâneur* de Baudelaire nos revela isso de maneira eloquente e encarnada. A personagem que habita a grande metrópole quer tudo saber com seu olhar perscrutador e fascinado.[30, 31] Além disso, Baudelaire enfatizou o que caracterizaria este novo mundo e seus efeitos sobre a arte sublinhando constantemente a ideia de novidade. Da mesma forma, em sua concepção de uma estética da existência, o último Foucault retomou a inspiração de Baudelaire para enfatizar a inquietação que este revela pelo atual, isto é, pela *atualidade* como tal, sem que se importe com os modelos do passado. Com isso, Foucault pôde propor uma outra leitura da filosofia de Kant, em uma direção diferente daquela estabelecida pela interpretação antropológica, quando, voltado para a atualidade, empreendeu o seu comentário sobre a *Anfklärung*.[32, 33]

Pode-se delinear assim, então, uma segunda marca do modernismo em que é a atualidade o que interessa. Não se pode esquecer que a preocupação com a atualidade é o correlato, no sujeito, de um mundo em permanente processo de transformação, ou seja, é a descrição das mudanças contínuas que acontecem no mundo o que define a postura curiosa do sujeito em relação à atualidade. Em outras palavras, saber disso passa a ser vital para este. Com efeito, nessa postura o sujeito deve apreender os signos mutantes do real para compreender em estado nascente os eixos que traçam a cartografia do mundo, no aqui e no agora. São esses signos da atualidade que possibilitarão ao sujeito encontrar as direções para que se movimente no campo social. Finalmente, é essa rápida transformação do mundo o que impõe ao sujeito a postura de se voltar para a atualidade, revelando ainda, pela mediação da tecnologia, os efeitos do discurso da ciência sobre o espaço social.

Deve-se destacar aqui a *decalagem* existente entre a emergência e o desenvolvimento histórico do discurso da ciência no século XVII e os efeitos tecnológicos deste discurso sobre as formas de existência na aurora do século XIX. Nesse sentido, é preciso destacar ainda outra decalagem, que se articula com a anterior, qual seja, a que existe entre a constituição do discurso científico e a emergência da psicanálise no final do século XIX.

O que isso nos indica? Se o discurso da ciência é fundante da modernidade, como nos foi bem demonstrado pela história das ciências,[34] a psicanálise é uma produção do modernismo. Isso significa dizer que o modernismo é a consciência *crítica* da modernidade e até mesmo a sua autoconsciência. Com efeito, o imaginário do modernismo utiliza muito, e inclusive de maneira excessiva, as figuras da modernidade, sobretudo as imagens da tecnologia e as metáforas da ciência, realizando de tal maneira a crítica destas. Dito de outro modo, é por meio da consideração desses rastros que se podem circunscrever adequadamente a descoberta do inconsciente e a invenção da psicanálise.

DESCENTRAMENTO, DESEJO E DESAMPARO

A descoberta do inconsciente tem íntima relação com o descentramento do sujeito, que é a sua condição de possibilidade, o seu *a priori* concreto. Como dissemos acima, pode-se sublinhar a crítica da psicanálise ao discurso da modernidade, uma vez que as figuras do centramento do indivíduo no eu e o descentramento do eu em relação ao inconsciente se opõem.

Num célebre ensaio, Freud enunciou que a psicanálise teria representado a terceira ferida narcísica na história da humanidade, já que teria mostrado a falsa soberania do eu e da consciência, marcados pelo dinamismo das forças pulsionais e sobredeterminados pelos efeitos do inconsciente. Se a revolução copernicana retirara a Terra do centro do sistema planetário ao situar o Sol nessa posição cardinal, e a revolução darwinista definira o homem como o ponto de chegada de um longo processo evolutivo do mundo animal, a invenção do inconsciente teria desfeito a ilusão de que o eu e a consciência são soberanos e de que determinam as ações do indivíduo.[35]

É preciso evocar, no entanto, que a tese do descentramento do sujeito teve um longo desenvolvimento no discurso freudiano, não se restringindo à perda de autonomia do eu e da consciência em relação ao inconsciente.[36] Em Freud, a figura do descentramento é marcada pela polissemia, indicando, além daquela já referida, uma pluralidade de possibilidades. Tal pluralidade se constituiu em direção de uma crescente radicalidade, proposta pelo discurso freudiano para indicar a existência de outros limiares de descentramento no psiquismo. Nesse sentido, a pluralidade do psiquismo revela a pregnância da crítica freudiana da modernidade, fundada na soberania do sujeito.

Após o descentramento inaugural da consciência em relação ao inconsciente, Freud delineou uma outra perspectiva ao deslocar a construção do eu sobre o outro, em especial na tese sobre o narcisismo[37] e na fundação da segunda tópica.[38] Além disso, Freud enunciaria outra figura do descentramento com o conceito de pulsão de morte,[39] porquanto com isso ocorreria o descentramento da totalidade do sistema de representações em relação às pulsões. Vale dizer, o ponto de chegada de Freud a respeito do descentramento se condensou no enunciado da pulsão de morte, já que nesse contexto a totalidade do psiquismo seria regulada pela economia das pulsões e, em particular, pela economia da pulsão de morte.

Além disso, do lugar estratégico do descentramento o modernismo se enuncia no discurso freudiano por meio do lugar atribuído à categoria de *desejo*. Com efeito, pelo descentramento do eu, o que se inscreve na outra cena do psiquismo que passa a se impor, como aquilo que enuncia o sujeito, é o desejo.[40] Na condição de movente do psiquismo, o desejo revela a direção insondável do sujeito em relação a algo que lhe ultrapassa e lhe transcende, algo que ele quer capturar mas que ao mesmo tempo lhe é inapreensível, ou seja, o objeto do desejo. Em relação a este objeto que não pode capturar, os movimentos do sujeito constituem uma curva assintótica em face de algo que sempre lhe escapa. Em contrapartida, é o movimento desejante que possibilita ao sujeito, além do erotismo que perpassa a sua existência, um trabalho de criação sempre recomeçado.

Não se pode esquecer, contudo, que o desejo define o valor fundamental do modernismo, aquilo que em última instância é o seu aguilhão. É sempre pelo desejo que se pode reconhecer não só a fascinação do sujeito pela atualidade, como também sua irresistível atração pela novidade. Por exemplo, a estética da existência proposta por Foucault para a interpretação do modernismo encontraria no desejo a sua matéria-prima. Além disso, seria a partir do lugar estratégico conferido ao desejo que se poderia reencontrar a posição crucial atribuída pelo modernismo às duas figuras que lhe são exemplares. Refiro-me aqui à *vanguarda*, no registro da arte e da estética, por um lado, e à *revolução*, no registro da política, por outro.

Com efeito, o desejo está no fundamento dos processos de criação das vanguardas artísticas, uma vez que no modernismo sempre se acreditou que era possível a invenção permanente de outras linguagens que implicassem reconstituição do mundo, tanto no registro literário como nos registros plástico e cinematográfico. A permanente renovação dos estilos e das formas de criação é o que existe de mais tangível nas materialidades que revelam a inquietação do desejo imanente ao projeto modernista. Nesse sentido, é a permanente reinvenção do mundo, por meio da criação incessante de novas gramáticas e semânticas que explodem com os códigos estéticos estabelecidos, o que caracteriza a vanguarda.

A crença de que isso era sempre possível se fundou no desejo. Foi o desejo que consubstanciou os projetos revolucionários que marcaram a primeira metade do século XX. Em outras palavras, foi o desejo como potência inquieta de invenção de um outro espaço social, mediante o qual o mundo seria totalmente reconstruído nos seus menores detalhes, o que possibilitou a substância encarnada nos projetos de transformação social que balançaram o século XX.

Contudo, a fascinação do sujeito pela atualidade e pela transformação contínua do real que marcam o modernismo, regulados, como disse, pelo desejo e pelo descentramento, tem como correlato o enunciado de que a produção fundamental da modernidade é o *desamparo*. Por isso mesmo, o modernismo é a autoconsciência da modernidade, pois revelou aquilo que estava oculto no projeto desta, mas que ao mesmo tempo lhe era imanente. Vale dizer, o modernismo, na qualidade de crítica da modernidade, revela a dimensão problemática desta para a subjetividade.

Portanto, o modernismo é um *sintoma* da modernidade, o que faz retornar de forma trágica o que esta quis recusar com as pretensões do sujeito de ser autônomo e soberano, isto é, autocentrado nos registros do eu e da consciência. É nesses termos que os significantes *autoconsciência* e *crítica* devem ser considerados: entrelaçados na tessitura do sintoma, ou seja, daquilo que se impõe e que retorna de maneira inapelável para a cena do mundo.

A MORTE DE DEUS E A HUMILHAÇÃO DO PAI

Como se sabe, Freud sublinhou a pertinência do conceito de desamparo a partir do enunciado do conceito de pulsão de morte. Foi em *Mal-estar na civilização*,[41] no entanto, que, pela mediação do conceito de desamparo, ele demonstrou de maneira sistemática tudo aquilo que a modernidade produzia de nefasto nas subjetividades. Vale dizer, o desamparo crescente seria o preço que o sujeito teve e tem de pagar pela aposta que fez no projeto da modernidade. Nesse sentido, o desamparo seria a outra face da modernidade, a sua face escandalosa e desgrenhada, aquela que esta não gosta de reconhecer e que recusa exibir pela vergonha que suscita, isto é, a sua face negra e perigosa.

Por isso mesmo, o desamparo se impõe como sintoma e como fonte permanente da produção de perturbações psíquicas, uma vez que a dor por ele revelada contraria todas as pretensões da modernidade de que o sujeito prometeico poderia dominar o mundo de forma absoluta e inquestionável. Além disso, a dolorosa experiência do desamparo se evidencia em um *estilo trágico*, pois, consubstancial com todas as coordenadas constitutivas da modernidade, não é algo que possa ser eliminado por um gesto volitivo do sujeito. É nesse sentido que o desamparo é imanente à modernidade, sendo a resultante estrutural na subjetividade de um processo histórico que transformou radicalmente a forma de ser do sujeito no mundo.

Nesse sentido, Lacan sem dúvida tem razão ao dizer que a psicanálise é um desdobramento e um efeito do discurso da ciência, uma vez que este esqueceu o sujeito e que aquela o retomou. Todavia, de minha parte, prefiro uma outra formulação de Lacan, que parece circunscrever melhor as relações de tensão existentes entre a psicanálise e a modernidade. Eu assim a considero porque esta outra formulação nos permite retomar a problemática do desamparo.

Com efeito, em um de seus ensaios iniciais chamado "Os complexos familiares na formação do indivíduo",[42] Lacan enunciou que a emergência da psicanálise como discurso seria o correlato da *humilhação* que havia sido infligida à figura do *pai* no Ocidente. Se na modernidade a figura do pai foi severamente humilhada, a constituição do discurso psicanalítico é a sua contrapartida, pois visa não só à sinalização dos efeitos dessa desordenação simbólica, como também a reorientar o sujeito em direção ao pai. Dito de outro modo, se a psicanálise não pode ter a pretensão de fazer a restauração da figura aviltada do pai, pode ao menos realizar a gestão de seus efeitos terrificantes sobre a subjetividade. Por isso mesmo, a psicanálise tem também uma marca trágica, sendo tecida pela mesma lógica e pela mesma ética que atravessam o sintoma, condição de possibilidade de sua existência; em outras palavras, o desamparo produzido no sujeito pela modernidade.

Nesses termos, é possível articular a proposição de Freud, de que a modernidade produziria o desamparo da subjetividade com a tese de Lacan, que pontua a emergência da psicanálise ligada à humilhação infligida ao pai. Vale dizer, o dito desamparo, que se encontra no fundamento da subjetividade moderna, é a resultante maior da humilhação imposta à figura do pai na economia psíquica do sujeito.

Entretanto, para que possa ficar evidente a ligação aqui sugerida, é preciso circunscrever adequadamente o que Lacan quis dizer ao se referir ao pai e à sua humilhação, uma vez que o significado disso não é evidente em seu texto. É necessário, pois, enunciar algo sobre isso, já que Lacan não é claro sobre tal ponto, permanecendo apenas a sua afirmação peremptória.

Quem é o pai em questão, afinal de contas? Antes de mais nada, a figura do pai da sociedade tradicional, não apenas é balançada como destroçada pela modernidade do Ocidente. A evidência empírica mais eloquente desse fato se liga à transformação da estrutura familiar ocorrida nos séculos XVII e XVIII, que se desloca do quadro de uma família extensa para o de uma família nuclear,[43] e evidentemente restringe o poder paterno.

Por outro lado, a figura do pai em questão tinha uma face teológica e sagrada, já que o poder que detinha se fundava na figura de Deus. Com a morte da figura de Deus na modernidade, retira-se o fundamento simbólico do poder paterno. Porém, para que essa segunda dimensão interpretativa fique evidente, é preciso evocar o fato de que a marca do sagrado funcionou na tradição ocidental como o que conferia suporte aos registros da significação e do sentido.[44] Na Antiguidade e antes do advento da modernidade, o mundo estava integramente construído pela palavra divina. A concepção de cosmos, presente no imaginário filosófico e mítico ocidental até a modernidade, fundava-se no poder totalizante do verbo divino. Com isso, os mistérios fundamentais da existência eram bem interpretados pela palavra sagrada e transmitidos pela memória da tradição. Nessa tradição hermenêutica, portanto, a questão da morte, que sempre obcecou o homem e que sempre se ligou à questão da escrita, estava bem delineada.

Ora, o reconhecimento e o significado da morte de Deus, enunciados como um filosofema desde Nietzsche, implicaram o enunciado pelo modernismo a respeito do que a modernidade realizara a partir da inscrição do homem no fundamento do mundo. Foi essa postura prometeica atribuída ao homem o que desalojou a palavra sagrada da posição de fundamento da significação e do sentido. Portanto, o desamparo do sujeito e o modernismo são as resultantes não apenas da morte de Deus e de seu reconhecimento, ou seja, do oráculo de uma palavra reveladora sobre a fixidez da ordem do mundo, como também do que foi produzido pela modernidade, em outras palavras, a condição de possibilidade dessas transformações.

Portanto, se essa leitura é consistente e bem articulada, pode-se dizer que a maneira mais interessante de interpretar o enunciado de Lacan sobre a figura do pai e sobre a sua humilhação significa aproximá-lo do esfacelamento subjetivo produzido no Ocidente pela morte de Deus. Não é um acaso que em seu percurso posterior Lacan tenha insistido tanto no registro simbólico e na relação deste com a figura do pai:[45] dessa forma, ele dava uma sequência lógica à sua hipótese inicial de trabalho, qual seja, a de que, com a psicanálise, o Ocidente visaria a restaurar pelo Édipo algo da figura humilhada do pai. Como procuramos mostrar, na modernidade o homem soberano foi lançado sem qualquer proteção às agruras do mundo, sendo deixado à própria sorte. As ditas doenças nervosas que se incrementam e inclusive mudam de natureza com a modernidade são a outra face do desamparo, da nostalgia pelo pai tantas vezes referida por Freud.[46] Em suma, com a morte de Deus o desamparo se impõe como base existencial da condição humana.

É por causa disso que se podem aproximar, sem com isso violentar, as diferentes interpretações sobre a modernidade, a leitura freudiana do mal-estar na civilização com as leituras de Weber,⁴⁷ Nietzsche e Heidegger⁴⁸ a respeito da modernidade. Com efeito, se Weber define a modernidade pelo processo de desencantamento do mundo decorrente da racionalização das práticas sociais e do discurso da ciência, Nietzsche e Heidegger se referem diretamente à morte de Deus. Nessas diferentes interpretações sobre a modernidade, oriundas de horizontes teóricos tão diversos como a psicanálise, a sociologia das religiões e a filosofia, enuncia-se sempre a condição trágica do sujeito na modernidade, ou seja, isso tudo nos revela que a construção da modernidade implicou a produção do desamparo, sendo este o mal-estar fundamental sublinhado pelo discurso freudiano. Nesse sentido, foi o modernismo como crítica da modernidade que pôde enunciar a condição de orfandade da subjetividade produzida pela modernidade. Vale dizer, foi a pretensão de soberania do sujeito enunciada pela modernidade que tornou possível a oferta de *destinos* para o desamparo, seja com a psicanálise, seja com as vanguardas estéticas e os movimentos emancipatórios que marcaram o século XX.

OS HORRORES DA ATUALIDADE

É preciso mostrar, contudo, como uma leitura acurada do desamparo pode evidenciar as diversas figuras que ordenam as múltiplas modalidades de sofrimento psíquico na atualidade. É esta a grande herança freudiana para uma leitura das desventuras e das errâncias da subjetividade de hoje. Como recusas e denegações do sujeito que não pode conviver com o seu desamparo, podemos destacar as diferentes construções subjetivas que visam evitar a dor produzida por este. Do masoquismo à violência, passando pelas diversas formas de servidão e de despossessão subjetiva, é sempre como evitação do desamparo que essas construções subjetivas se tecem na atualidade. Se o desamparo revela a fragilidade da subjetividade num mundo onde Deus está morto e que não se pode mais confiar na proteção do pai, já que este foi humilhado, as diversas modalidades assumidas pelo masoquismo e pela violência são os meios privilegiados na atualidade para que o sujeito possa dominar, custe o que custar, o seu desamparo.

Como se sabe, para o último Freud, o *erotismo* e a *sublimação* são as formas por excelência pelas quais o sujeito pode constituir destinos para o desamparo, ou seja, é por essas trilhas que o mal-estar produzido pelo desamparo pode encontrar desdobramentos estruturantes para a subjetividade. Pela mediação de Eros os efeitos mortíferos da pulsão de morte são barrados, o que permite que os destinos erótico e sublimatório para as exigências pulsionais possam ter lugar. Vale dizer, é nesse contexto teórico que se pode interpretar adequadamente a proposição de Freud de que a psicanálise pretende constituir no sujeito a possibilidade de *amar*, *trabalhar* e *criar* como desdobramentos para o desamparo.[49]

Diante da impossibilidade do sujeito de afrontar a dor produzida pelo desamparo, surge como solução imediata e, de maneira submissa, a colagem ao outro, considerado poderoso e do qual espera proteção para os seus infortúnios. O sujeito oferece ao outro o seu corpo e o seu psiquismo para que aquele possa gozar como queira, desde que, em contrapartida, ele lhe ofereça proteção para o desamparo. Não obstante a humilhação que tal posição possa implicar para o sujeito, este prefere isso a permanecer entregue ao seu desamparo. Pode-se entrever, por esse viés, por que as *depressões* assumem tal importância na atualidade, resultantes que são do *pacto masoquista*, realizado à custa de uma imensa humilhação da autoestima.

O masoquismo nos indica ainda outros rastros para apreender outras figurações do mal-estar hoje. Antes de mais nada, as diferentes formas de *servidão* que nos assolam atualmente, em suas versões voluntária e involuntária. A escolha de figuras e de instituições supostamente poderosas, capazes de proteger o sujeito nas relações de trabalho e em outras modalidades de relação social na atualidade, tem o impacto de produzir e de reproduzir no sujeito as mais terríveis formas de servidão. Além disso, a *despossessão* subjetiva se apresenta hoje de forma vertiginosa, materializando-se tanto nas perturbações de *múltipla personalidade*,⁵⁰ tão em moda nos Estados Unidos, como nas inibições psíquicas devastadoras encontradas nos *estados-limite* e nas *perturbações psicossomáticas*.

Nessas diferentes figurações do pacto masoquista evidencia-se, portanto, uma relação sadomasoquista entre as personagens envolvidas na cena em questão. É essa a marca que caracteriza tais figurações no registro intersubjetivo. Como decorrência, a violência se revela em sua modalidade originária de existência, pela qual a figura onipotente do protetor violenta e goza com a fragilidade do outro, alimentando-se disso e engrandecendo a sua imagem narcísica. Essas figuras e instituições podem ainda agenciar outras formas de violência a partir desse patamar de base. Com efeito, como líderes carismáticos dessa massa humilhada de indivíduos sem face e sem espinha dorsal, tais figuras podem catalisar o potencial de violência de tal massa para direcioná-lo para outros, postos na posição de bode expiatório de suas misérias. Em uma palavra, trata-se de uma violência alimentada pelo ressentimento e pela humilhação da posição servil.

Nesse contexto, organiza-se o que Reich denominou nos anos 1930 de "psicologia de massas do fascismo", um texto de grande atualidade, se considerarmos o retorno maciço do neonazismo hoje, tanto na Europa quanto nos Estados Unidos. Com efeito, pelo desmantelamento do Estado do bem-estar social, com a hegemonia do modelo neoliberal na economia e a mundialização do mercado, o desamparo das pessoas tem atingido limiares inimagináveis. Com isso, a busca de bodes expiatórios pela violência neonazista se funda nessa acoplagem metapsicológica esboçada acima, na qual as diferenças étnicas e sexuais se transformam em alvos fáceis de massas desesperadas que se oferecem ao domínio de líderes carismáticos.

Podemos constatar facilmente, pelo que dissemos acima, que o mal-estar na atualidade assume uma direção marcadamente perversa.

Com efeito, se considerarmos a dimensão *traumática* que o desamparo do sujeito assume nas condições atuais do mal-estar na civilização, as modalidades perversas de construção psíquica são as formas por excelência pelas quais o sujeito recusa a sua condição de desamparo, uma vez que não consegue constituir destinos eróticos e sublimatórios para este.

Na época de trevas que vivemos hoje, o discurso modernista entra em crise. O seu potencial crítico se evapora. As vanguardas estéticas são criticadas pelos próprios artistas, assim como os projetos revolucionários são engavetados e varridos da cena social e do cenário político. Com isso, aumenta-se o desamparo das subjetividades, deixadas sem rumo, à deriva, e lançadas aos seus próprios destinos.

Nesse contexto, as drogas são ofertadas em larga escala pela medicina e pela psiquiatria para apaziguar a desesperança e os gritos de terror que solapam as subjetividades. Com a psicofarmacologia e as neurociências, a maciça *medicalização* do sofrimento no Ocidente, que caracterizou a modernidade, atinge níveis de barbárie. Além disso, as drogas pesadas circulam pela rede internacional de narcotráfico, oferecendo formas de excitabilidade e de gozo para as subjetividades paralisadas pela violência do desamparo. De qualquer forma, são as duas faces da mesma moeda, as ditas drogas medicinais ofertadas pela psiquiatria e as drogas pesadas comercializadas a preço de ouro pelo narcotráfico; pela mediação de ambas alimenta-se a ilusão de que a dor do desamparo pode ser recusada pela transformação da alquimia dos humores.

Em contrapartida, organizam-se outras modalidades de regulação do mal-estar no campo social. Destacam-se aqui as novas formas de salvação oferecidas pelo fundamentalismo e pelas práticas, ao mesmo tempo religiosas e terapêuticas, de autoajuda. Com isso, um novo processo de evangelização do mundo está em franca marcha, procurando oferecer paliativos ao sofrimento promovido pela escalada do desamparo.

No contexto escatológico da atualidade, a psicanálise entra em crise porque não pode oferecer a rápida tranquilização das drogas, nem as ilusões do fundamentalismo e da autoajuda. Ao menos a psicanálise que não pretende se constituir segundo o modelo da seita e do messianismo, ou inscrever-se no processo de medicalização do Ocidente. Como se sabe, tais possibilidades se materializam também no movimento psicanalítico da atualidade a partir do estabelecimento de estranhas bricolagens com a psicofarmacologia e as neurociências, assumindo também feições marcadamente fundamentalistas. Porém, não é sobre essas psicanálises que falo aqui. O que entra em crise na atualidade é a psicanálise que se mantém à altura de seu compromisso ético e político com o modernismo, isto é, com o discurso crítico sobre a modernidade, tal como Freud nos transmitiu com *Mal-estar na civilização*. É este o nosso desafio na atualidade: a manutenção do discurso modernista da psicanálise, no tempo de trevas da pós-modernidade ou de um novo recomeço da modernidade, como vocês preferirem.

Notas

1. L. Wittgenstein, "Investigations philosophiques", *in Tractatus logico-philosophicus suivi de investigations philosophiques*, Paris, Gallimard, 1961.
2. Z. Bauman, *O mal-estar da pós-modernidade*, Rio de Janeiro, Jorge Zahar, 1998.
3. J.F. Lyotard, *La condition postmoderne*, Paris, Minuit, 1979.
4. G. Vattimo, *La fin de la modernité*, Paris, Seuil, 1987.
5. G. Lipovetsky, *L'ère du vide*, Paris, Gallimard, 1983.
6. J. Baudrillard, *Amérique*, Paris, Grasset, 1986.
7. A. Giddens, *As consequências da modernidade*, São Paulo, Unesp, 1991.
8. U. Beck, *Risk Society: Towards a New Modernity*, Londres, Stage Publications, 1992.
9. Z. Bauman, *O mal-estar da pós-modernidade*, op. cit.
10. J. Habermas, *Le discours philosophique de la modernité*, Paris, Gallimard, 1988.
11. M. Meschomic, *Modernité, Modernité*, Paris, Gallimard, 1983.
12. R. Descartes, "Discours de la méthode", *in Oeuvres et Lettres de Descartes*, op. cit.
13. R. Descartes, "Méditations", *idem*.
14. M. E. Montaigne, "Essais", *in Oeuvres complètes*, Paris, Pléiade, 1962.
15. A. Koyré, *Du monde clos à l'univers infini*, op. cit.

16. I. Kant, *Critique de la raison pure*, Paris, PUF, 1971.
17. *Ibidem.*
18. L. Dumont, *Essais sur l'individualisme, op. cit.*
19. *Ibidem.*
20. C. Taylor, *Le malaise de la modernité*, Paris, Cerf, 1994.
21. La Rochefoucauld, "Réflexions ou sentences et maximes morales", *in* Laffont, R. *Moralistes au XVIIeme siècle,* Paris, R. Laffont, 1992.
22. D. Lecourt, *Prométhée, Faust, Frankenstein: fondements imaginaries de l'éthique,* Paris, Synthélabo, 1996.
23. M. Shelley, *Frankenstein,* London, Penguin Books, 1992.
24. Hesíodo, *Teogonia — A origem dos deuses,* São Paulo, Iluminuras, 1991.
25. D. Lecourt, *Prométhée, Faust, Frankenstein: fondements imaginaries de l'éthique, op. cit.*
26. P. Ricoeur, *Le conflit des interprétations. Essais d'herméneutique,* Paris, Seuil, 1969.
27. K. Marx, & F. Engels, *L'ideologie allemande,* Paris, Sociales, 1968.
28. S. Freud, "L'inconscient", *in Metapsychologie,* Paris, Gallimard, 1968.
29. M. Foucault, "Nietzsche, Freud, Marx", *in Nietzsche,* Paris, Minuit, 1967.
30. C. Baudelaire, "As flores do mal", *in Poesia e prosa,* Rio de Janeiro, Nova Aguilar, 1995.
31. C. Baudelaire, "Pequenos poemas em prosa (O *spleen* de Paris)", *in Poesia e prosa, op. cit.*
32. M. Foucault, "The ethic of the care for the self as a practice of freedom", *in Philosophy and social criticism,* vol. 2-3, 1987.
33. M. Foucault, "Qu'est-ce que les Lumières?", *in Dits et écrits, op. cit,* vol. IV.
34. A. Koyré, *Du monde clos à l'univers infini, op. cit.*
35. S. Freud, "Une difficulté de la psychanalyse", *in Essais de psychanalyse appliquée,* Paris, Gallimard, 1983.
36. S. Freud, "L'inconscient", in *Metapsychologie, op. cit.*
37. S. Freud, "Pour introduire le narcissisme", *in La vie sexuelle,* Paris, PUF, 1973.
38. S. Freud, "Le moi et le ça", *in Essais de psychanalyse, op. cit.*
39. S. Freud, "Au-delà du principe du plaisir", *in Essais de psychanalyse appliquée, op. cit.*
40. S. Freud, *L'interprétation des rêves,* Paris, PUF, 1976.
41. S. Freud, *Malaise dans la civilization, op. cit.*
42. J. Lacan, "Les complexes familiaux dans la formation de l'individu", *in Encyclopédie française sur la vie mentale,* Paris, 1936, vol. VII .
43. E. Shorter, *The making of the modern family,* Nova York, Basic Books, 1975.
44. M. Foucault, "Le langage à l'infini", *in Dits et écrits, op. cit.,* vol. I.
45. J. Lacan, "Fonction et champ de la parole et du langage em psychanalyse" (1953), *in Écrits,* Paris, Seuil, 1966.

46. S. Freud, *Malaise dans la civilisation*, op. cit.
47. M. Weber, *L'ethique prostestant et l'esprit de capitalisme*, op. cit.
48. M. Heidegger, *Chemins qui ne mènent nulle part*, op. cit.
49. S. Freud, *Malaise dans la civilization*, op. cit.
50. M. Borch-Jacobsen, "Pour introduire la personalité multiple", *in* I. Stengers (org.), *L'importance de l'hypnose*, Paris, Les Empêcheurs de Penser en Rond, 1993.

3. Sobre o mal-estar, na modernidade e na brasilidade*

---
*Conferência realizada na Assembleia Legislativa do Estado do Rio de Janeiro, em 2003.

HISTÓRIA E TRANSDISCIPLINARIDADE

Uma das dimensões do título escolhido para este ensaio tem a virtude de apontar para a contextualização do mal-estar em questão. Brasileiro, é claro, no caso. Define, assim, de maneira explícita a particularidade do referido mal-estar, isto é, a sua presença numa dada formação social e as marcas da tradição que a constituíram. Não se trata então do mal-estar em geral, mas de algo que tem a marca da *singularidade*, conferida aqui pela brasilidade.

A direção teórica assim imprimida, para a leitura da problemática em pauta, articula-se diretamente com a teoria freudiana do mal-estar na civilização. Essa categoria, com efeito, exige também uma interpretação contextualizada, não podendo ser considerada de maneira abstrata, sem nenhuma referência histórica. Vale dizer, as dimensões política e social são aqui fundamentais para a devida compreensão da economia do dito mal-estar, no registro da subjetividade.

Esse será o meu ponto de partida e marcará todo o desenvolvimento que pretendo aqui empreender, de maneira a destacar uma leitura polêmica desse conceito para a comunidade psicanalítica. Isso me permitirá, no entanto, uma interpretação *transdisciplinar* do conceito, assim como um diálogo estimulante com outros discursos teóricos, de forma a trazer a psicanálise para a cena pública, sem que isso absolutamente silencie a sua especificidade.

Com efeito, não obstante o fato de uma parcela substantiva da comunidade analítica se referir a esse conceito de maneira atemporal e, portanto, a-histórica, não será nessa perspectiva teórica que o abordaremos aqui. Isso porque, considerado nessa vertente de leitura, o conceito em questão perde a sua densidade e fulgurância, conferidos que esses são pelos registros ético, estético e político. Assim, a subjetividade será sempre concebida aqui como uma construção eminentemente histórica, perpassada que é sempre por valores, articulados nos registros acima referidos.

Evidentemente, tudo isso indica uma concepção também histórica da própria psicanálise. Esse é um dos pressupostos deste ensaio. Considerar, assim, uma interpretação contextual do conceito de mal-estar na civilização no discurso freudiano implica retomar esse discurso e a subjetividade que descreve numa perspectiva também histórica. Delimita-se então, dessa maneira, o horizonte antropológico para a sua produção e reprodução sociais, enquanto discurso teórico e clínico sobre o mal-estar.

Por isso mesmo, vou iniciar esse percurso pela crítica da leitura a-histórica do conceito de mal-estar na civilização. Pretendo, em seguida, sustentar e desenvolver uma interpretação histórica deste na modernidade; para sublinhar então, finalmente, a presença de algumas de suas marcas no mal-estar brasileiro.

NATUREZA E CIVILIZAÇÃO

A interpretação atemporal do conceito de mal-estar concebe sempre este como a resultante infalível do processo de socialização da espécie humana, que, obrigada que foi a desenraizar-se da ordem da natureza e inscrever-se na ordem da cultura, pagou um preço bastante alto por isso. Com isso, as angústias e sofrimentos humanos, sempre decorrentes das insatisfações eróticas resultantes dos imperativos sociais, seriam a matéria-prima recorrente das perturbações do espírito. As adaptações para isso necessárias, que seriam sempre consequentes ao processo evolutivo da espécie, deixariam, contudo, marcas traumáticas e cicatrizes, que se consubstanciariam então como dores psíquicas.

A ontogênese, no entanto, repetiria sempre a filogênese, conforme enunciou Heckel no seu postulado evolucionista. Com efeito, o processo de aculturação da espécie humana teria ocorrido na passagem imemorial do registro da natureza para o da civilização, deixando sequelas na constituição do psiquismo, mas que se repetiria insistentemente no percurso de qualquer infante para se tornar adulto. Isso porque aquele teria também que se deslocar obrigatoriamente da ordem da natureza para a da civilização, para poder se inscrever então na comunidade humana.

Tal leitura foi sempre sustentada na psicanálise, fundando-se seja numa antropologia evolucionista, nos seus primórdios, seja estruturalista, mais recentemente. Pode-se encontrar nos primeiros analistas, Freud inclusive, uma referência insistente ao paradigma evolucionista. Este continuou a ser reapropriado pelo pensamento psicanalítico posterior, estando principalmente presente na tradição anglo-saxônica.

O paradigma estrutural, em contrapartida, se desenvolveu na tradição francesa da psicanálise, fundando-se na leitura de Freud promovida por Lacan.[1] Essa, baseada na antropologia estrutural de Lévi-Strauss,[2] se despojou certamente do naturalismo evolucionista, ao enunciar o lugar crucial da linguagem e do registro simbólico na passagem da ordem da natureza para a da cultura, que seria assim constitutiva da condição humana.[3] Em decorrência disso, a estrutura edipiana e o seu correlato, isto é, a interdição do incesto, marcariam essa passagem fundamental, constitutiva que seriam da ordem humana propriamente dita.[4]

Não obstante a riqueza teórica maior presente nesse paradigma, decantado que foi do naturalismo, a "a-historicidade" anterior se manteve, contudo, incólume e irresoluta. O mal-estar na civilização seria agora sempre produzido pelos efeitos nefastos, mas inevitáveis, dessa passagem crucial, isto é, o sofrimento insofismável a ser pago pelo sujeito pela sua condição humana.

Contudo, essas leituras produzem um verdadeiro impasse, na medida em que o mal-estar em pauta é sempre considerado numa perspectiva não apenas abrangente como também abstrata, que não o considera nas suas nuances. Para que essas possam ser efetivamente destacadas, necessário seria uma interpretação histórica do dito mal-estar na civilização, de maneira a poder promover uma *genealogia* deste e, consequentemente, do discurso freudiano, ao mesmo tempo. É o que vou formular esquematicamente no que se segue.

JOGOS DE LINGUAGEM E DE VERDADE

O que as interpretações anteriormente destacadas não consideram devidamente é a novidade da palavra *civilização* na tradição do Ocidente. A emergência histórica desta palavra assim como a sua inscrição no nosso vocabulário e a sua circulação social corrente evidenciam a produção de processos sociais e políticos que lhe são fundamentalmente correlatos.

Sendo então relativamente recente na tradição ocidental, inexistente que era na Antiguidade e também no mundo medieval, a palavra civilização constituiu-se apenas no Renascimento e se disseminou progressivamente pela Europa desde os primórdios do século XVII.[5,6] Foi nesse contexto que se constituíram os jogos de linguagem[7] iniciais para o seu uso, assim como os seus correlatos jogos de verdade.[8] No século XVIII, os discursos antropológico, político e ético, fundados todos no Iluminismo, fixaram outras regras de linguagem e de verdade[9] para o seu uso. Em decorrência disso, a categoria de civilização passou a ser oposta à de *barbárie*, sendo ambas assim incorporados fartamente pela retórica e pelo imaginário social no século XIX.

Foi certamente desse solo arqueológico, no qual foram opostas as categorias de civilização e de barbárie, que se constituiu certamente o paradigma evolucionista na antropologia. Ao lado disso, no registro estritamente político, foi ainda do campo dessa oposição que se legitimou o colonialismo europeu no século XIX.

Assim, quando Freud se valeu da palavra civilização para cunhar o conceito de mal-estar na civilização, estava inscrito efetivamente nesse solo arqueológico. Em decorrência disso, utilizou-se então dos jogos de linguagem e de verdade que foram aí produzidos, e apenas recentemente sedimentados. Estaria bastante distante, assim, do uso atemporal dessa palavra. Vale dizer, o discurso freudiano estava sempre referido ao discurso do Iluminismo francês, assim como o do Romantismo alemão, ao enunciar o citado conceito.

Com isso, a categoria de civilização se identificava decididamente com a de *modernidade*, declinando-se então de maneira orgânica com essa. Portanto, o conceito de mal-estar na civilização implicava sempre o enunciado da existência do mal-estar na modernidade. Seria essa, assim, a condição concreta de possibilidade para a produção do dito mal-estar, tal como foi finalmente formulado pelo discurso freudiano.

Contudo, ao articular a palavra mal-estar com a palavra civilização, acoplando intimamente agora uma na outra, o discurso freudiano provocava então uma evidente dissonância na concepção de civilização, implodindo com o sentido original dessa. Revela-se, assim, no discurso freudiano, uma *crítica* da modernidade e de seus pressupostos, pelo mal-estar subjetivo que essa seria capaz de engendrar. Com efeito, as perturbações do espírito seriam disso resultantes, em decorrência das interdições eróticas que a modernidade constituiu para se fundar enquanto tal.

Seria justamente esta crítica da modernidade que estaria então no fundamento do discurso freudiano e no enunciado do conceito de mal--estar. O que implica afirmar que este discurso é a contraface do mal--estar presente na modernidade e a denúncia de sua dimensão grotesca, sendo a modernidade, pois, sua condição histórica de possibilidade. Portanto, a psicanálise, como saber constituído no final do século XIX, foi uma tentativa de resposta e de solução para o mal-estar existente na modernidade.

MAL-ESTAR

Assim, em "A moral sexual 'civilizada' e a doença nervosa dos tempos modernos",[10] ensaio publicado em 1908, Freud indica justamente que o que estava em questão, na leitura psicanalítica, era a moral presente na modernidade, que seria decididamente a condição de possibilidade das enfermidades nervosas. Isso porque a dita moral incidiria sobre a economia erótica das individualidades, impondo restrições e imperativos tão insuportáveis que seriam capazes de perturbar, de maneira indelével, o funcionamento do espírito.

Inaugurando, então, a sua crítica sistemática da modernidade, o discurso freudiano retomou os pressupostos enunciados nos *Três ensaios sobre a teoria da sexualidade*,[11] segundo os quais a sexualidade humana seria originariamente perverso-polimorfa, tendo que ser recalcada em nome do imperativo da reprodução da espécie.[12] Além disso, a bissexualidade originária da condição humana seria também recalcada, em função do estabelecimento da ordem familiar.[13] Esta, com efeito, assumiu uma versão não apenas nuclear mas sobretudo monogâmica, que teria afetado psiquicamente homens e mulheres,[14] com nítida desvantagem para estas, certamente em decorrência dos valores do patriarcado, que as submetiam aos homens.[15]

A racionalidade científica e tecnológica do Ocidente, que se encontrava presente na fundação histórica da modernidade, não era certamente alheia a tudo isso, tendo também efeitos decisivos no registro ético. O estilo presente aqui no discurso freudiano é sempre de crítica, seguramente, nunca o da elegia, não obstante os compromissos sempre renovados deste discurso teórico com a tradição da racionalidade ocidental.[16] É preciso ficar sempre atento a isso, para que não percamos de vista o horizonte ético e político que está em pauta na crítica do discurso freudiano da modernidade.

Por isso mesmo, em "Considerações atuais sobre a guerra e a morte", ensaio escrito em 1915, no calor sangrento da Primeira Grande Guerra, Freud revela sua perplexidade diante dos efeitos devastadores produzidos pela civilidade ocidental.[17] Isso porque os representantes maiores desta, isto é, a Alemanha, a França e a Inglaterra, que deveriam justamente se regular pela razão científica, utilizavam-na, em contrapartida, para finalidades destrutivas e, no limite, anticivilizatórias.[18]

As então denominadas sociedades primitivas mostravam-se assim ser bem mais civilizadas que as do Ocidente, não obstante serem por essas consideradas como não evoluídas e até mesmo próximas da barbárie.[19] Isso porque revelavam um respeito ético pela vida e a pela morte, no qual a *alteridade*, como valor fundamental, estaria sempre no centro de suas práticas sociais, mesmo na experiência-limite da guerra.[20] A alteridade, como valor fundante do discurso ético, teria sido silenciada e entrado em franco eclipse na modernidade ocidental.

O célebre ensaio sobre o mal-estar na civilização,[21] escrito na aurora dos anos 1930, foi o desaguadouro crítico a que conduziram esses comentários anteriores. O discurso freudiano sistematizou aqui os impasses do projeto da modernidade, indicando como o narcisismo solapava por dentro a máxima ética do Iluminismo, centrada na felicidade, pelo culto do eu e do prazer.[22] Seria o narcisismo ainda que implodia com o pressuposto ético do cristianismo, tornando este então insustentável, na medida em que, segundo a lógica daquele, seria impossível "amar o próximo como a si mesmo", conforme o preceito fundamental de São Paulo.

Porém, a tese fundamental sobre o mal-estar na modernidade se condensou agora em torno da experiência psíquica do *desamparo*.[23] A presença trágica dessa experiência na subjetividade moderna e os destinos terroríficos construídos por esta subjetividade para lidar com o desamparo conduziram as individualidades insofismavelmente para o narcisismo, a violência, a crueldade e a destruição.[24]

O desamparo, no entanto, foi articulado precisamente aqui à nostalgia da figura do pai,[25] que como *ausência*, nos registros simbólico e real, se fazia *presença* aterrorizante pela severidade implacável do supereu. Seria isso então o que conduziria a subjetividade na modernidade às diferentes perturbações do espírito, articuladas que seriam sempre pelo narcisismo, pela violência, pela crueldade e pela destruição.[26]

Como delinear essa ausência/presença fundada na figura do pai é o que veremos no capítulo 4.

RESSONÂNCIAS

A leitura freudiana da modernidade se aproxima certamente de outras, empreendidas por outros saberes. A diferença das linguagens enunciativas desses diferentes discursos não deve nos fazer perder a perspectiva, no entanto, da similaridade das leituras em pauta.

Assim, o conceito de morte do pai no discurso freudiano é bastante próximo da morte de Deus, formulada por Nietzsche, como fundante da modernidade.[27] Essa mesma leitura foi ainda retomada posteriormente por Heidegger, no campo do discurso filosófico.[28] Na sociologia de Weber, uma interpretação similar foi realizada, pela qual a ética protestante estaria no fundamento do capitalismo, isto é, o desencantamento do mundo e a construção correlata da razão científica estariam no fundamento da modernidade ocidental.[29]

Na arqueologia filosófica de Foucault, o fim da semiologia e a instauração da hermenêutica, com a infinitude das interpretações e dos intérpretes, enunciam justamente o desaparecimento do legislador absoluto e a multiplicidade de interpretantes existentes na modernidade.[30] Freud, Marx e Nietzsche seriam aqui os profetas da dita modernidade, precisamente porque enunciaram a nova economia simbólica da interpretação, perpassada que seria essa sempre agora pela interminabilidade presente na hermenêutica.[31]

As mortes do narrador e da narrativa, em Walter Benjamin, enunciam o mesmo processo, ainda similar, do desaparecimento do legislador absoluto.[32] Estamos lançados agora no campo da teoria da cultura e da arte, num autor que era não apenas sensível à psicanálise como também, o que é mais importante, ao que existia de trágico na modernidade.

Freud, na sua leitura crítica da modernidade ocidental, enunciou assim um discurso que se aproxima bastante de outras formulações enunciadas por diferentes disciplinas e por diversos discursos. O que se destacou sempre foi a inexistência naquela de um legislador absoluto, que produzia então um conjunto de efeitos nos diferentes registros da ética, da estética e da política na modernidade.

No que tange especificamente agora ao discurso freudiano, o mal-estar presente na modernidade, assim como os seus efeitos devastadores sobre a subjetividade, constituiu o fundamento da crítica em questão. É para sublinhar ainda um pouco mais tais efeitos, nas coordenadas delineadas pelo discurso freudiano, que me deterei agora na questão.

GOZO PRÓPRIO E GOZO DO OUTRO

Assim, se a modernidade é a fonte permanente de mal-estar para as subjetividades, em decorrência da ausência de um legislador absoluto que pudesse regular as relações entre estas e diante da presença de uma infinidade de intérpretes, isso se deve ao imperativo daquelas de ter que delinear agora o campo de possibilidades para o seu *gozo próprio* e de ter que reconhecer também a pertinência do *gozo do outro*. É a dificuldade de estabelecer devidamente essa *fronteira* que está permanentemente em pauta aqui, na medida em que inexiste qualquer *lei* que possa estabelecê-la, de maneira sempre segura e inquestionável. Isso porque é o arbítrio do intérprete que está em jogo aqui, isto é, seria este quem enuncia e age ao mesmo tempo, contando apenas, como seu limite, com a *resistência* do outro ao seu querer gozar.

Todos os impasses éticos e políticos colocados pelo imperativo universal de liberdade, igualdade e fraternidade se condensam no estabelecimento dessa operação de fronteiras entre as subjetividades. Quanto ofereço para mim? Quanto concedo para os outros? É sempre diante dessas difíceis interrogações que aquelas se colocam, de maneira perplexa, sem ter o que responder de maneira definitiva. Em cada ato e gesto daquelas, as mesmas indagações se repõem, sem trégua e sem nenhum repouso para aquelas. A angústia se produz então como afeto primordial, produzida que é no campo movente dessa perplexidade, na medida em que esta indica a inexistência de fronteiras, que seja por todos reconhecidas como inequívocas, seguras e legítimas.

Portanto, entre o gozo próprio e o gozo do outro, a subjetividade se situa sempre numa *borda*, caracterizada pela indefinição, pela abertura e pela não fixidez, contrariamente à ideia de uma fronteira inequívoca. É exatamente a existência dessa abertura e mobilidade da borda a condição de possibilidade para a angústia, já que agora a liberdade do intérprete é a única coisa que deve enunciar o limite entre os registros do gozo em questão. Estaria justamente aqui a fonte do mal-estar, a condição de possibilidade permanentemente presente para a sua produção e reprodução enquanto tal.

Como seria então possível uma repartição efetiva do gozo? Como seria viável aqui a existência de uma democratização e até mesmo de uma república do gozo, nas quais cada sujeito possa seguramente abrir mão de determinadas formas de gozar, isto é, do gozo próprio, desde que o espaço social possa lhe oferecer algo em contrapartida, que o faça acreditar que se encontra em condição de igualdade com as demais subjetividades? Seriam essas indagações, sempre repetidas e intermináveis, que se encontram no fundamento do mal-estar na modernidade.

Digamos que o que instigava Freud aqui eram essas interrogações sobre a liberdade, a igualdade e a fraternidade, lançadas que foram essas desde as Revoluções Francesa, Inglesa e Norte-Americana, na aurora da modernidade, e que se mantiveram ainda posteriormente, não obstante a impossível realização do que prometeram. Com efeito, as demais revoluções, que atravessaram o século passado de fio a pavio, perseguiram todas o mesmo ideário, de forma ainda mais radical. Isso porque as ditas revoluções burguesas não puderam realizar efetivamente aquilo que prometeram. Era preciso então relançar os dados do destino, fazendo novas apostas. A começar pela Revolução Russa e continuada que esta foi por todas as demais revoluções socialistas, que procuraram sacudir e subverter a ordem burguesa. Assim, o que estava sempre em questão aqui era a democratização do gozo, a igualdade republicana de seu usufruto para todos, sem que pudesse existir qualquer hierarquia quanto a isso na sociedade dos cidadãos. Enfim, da quebra da soberania absoluta à instauração da soberania popular — era sempre isso que se colocava, de forma ao mesmo tempo repetida e renovada.

Porém, os impasses se colocavam justamente pela restauração repetitiva das hierarquias, isto é, das desigualdades, o que impossibilitava a democratização, ampla, geral e irrestrita, do gozo. A leitura freudiana da Revolução Russa se fundou justamente nisso, como gostaria de evocar aqui.[33]

Freud não era anticomunista, tampouco antissocialista, como alguns comentadores apressados disseram, considerando a leitura freudiana daquela Revolução. Nutrindo, ao contrário, franca simpatia pelos ideários socialista e comunista, Freud evocava a difícil partilha entre o gozo próprio e o gozo do outro, que a Revolução Russa colocou radicalmente no primeiro plano, como imperativo social e político.[34] No que tange a isso, seu argumento era bastante preciso, não existindo aqui nenhuma ingenuidade.

O que estava em questão, aqui, era pura e simplesmente o impasse no que se refere à abolição da propriedade privada, na medida em que essa era concebida por Freud como condensação e concentração do gozo. Como democratizar e poder realizar a socialização da propriedade, quando isso implicaria de fato uma outra partilha, isto é, a redistribuição entre o gozo próprio e o gozo do outro? Como confiar então no Estado como legislador imparcial, que pudesse realizar efetivamente tal distribuição de gozo, sem que aquele pudesse pender para um dos polos no confronto mortal entre os gozos?

Assim, na ausência de um legislador único e imparcial, a quem qualquer cidadão pudesse confiar para a alocação e distribuição justa dos gozos, numa ordem social que manteve as hierarquias, o mal-estar disseminou-se no tecido social. Isso porque o que fundou aquela ordem foi o ideário da igualdade e da fraternidade, implicando então o uso correto da liberdade pelos cidadãos, pela qual a partilha entre o gozo próprio e o gozo do outro pudesse se fazer de maneira justa e pacífica.

Infelizmente, tudo isso se mostrou de impossível realização. A desigualdade de gozos se manteve na modernidade. Com isso, o narcisismo foi incrementado, pois cada um pensava apenas no próprio gozo, à custa da extorsão do gozo dos outros. Tudo isso se articulou nos registros individual e coletivo, na medida em que neste também como naquele se disseminou aquilo que Freud denominou de *narcisismo das pequenas diferenças*.[35] Com efeito, povos, nações e etnias se confrontavam brutalmente em nome da preservação e da expansão do gozo próprio, procurando apropriar-se ostensivamente do gozo do outro.

O desdobramento foi a disseminação e diversificação da violência em todos os registros da existência, regulada sempre que foi pela busca do gozo próprio e para retirar todos os entraves à sua expansão. Com isso, a destruição humana e a crueldade passaram a ganhar cada vez mais corpo e espaço na subjetividade, sendo sempre autorizadas e legitimadas pelo gozo sem limites.

Não nos esqueçamos, porém, de que tudo isso são formas de a subjetividade lidar com o desamparo produzido pela ausência de um legislador absoluto, que pudesse fazer a partilha dos gozos possíveis. O mal-estar seria a sua resultante maior, que se materializaria seja pelas perturbações do espírito estudadas pela psiquiatria e pela psicanálise, seja pelas patologias sociais, estudadas pelas ciências sociais desde o século XIX. A sociologia, com Durkheim, cunhou o conceito de anomia[36] para se referir justamente a essas patologias sociais. No entanto, a anomia como ausência e como fragilidade do sistema de normas remete precisamente à ausência do legislador absoluto, enunciado por Freud para formular o conceito de mal-estar na modernidade.

Nesse contexto, a modernidade se caracterizou também por repetidas tentativas de restabelecer o referido legislador absoluto desaparecido, para eliminar, assim, ilusoriamente, o desamparo presente nas subjetividades. Não nos esqueçamos disso também. Com efeito, os Estados totalitários modernos foram formas de restauração daquele legislador ausente, diante dos quais as massas se submetiam de bom grado, sempre de maneira servil, em nome da segurança. O nazismo, o fascismo e o stalinismo foram todos variantes daqueles Estados, nos quais os cidadãos outorgavam cegamente aos governantes o direito de decidir sobre os próprios destinos e não terem, assim, que conviver com o desamparo produzido pela modernidade.

Pode-se depreender disso tudo que o *masoquismo* é o que se encontra psiquicamente subjacente no mal-estar na modernidade, indicando os impasses da subjetividade de lidar tanto com o desamparo quanto com a liberdade. Com efeito, os sujeitos se submetem servilmente aos outros na busca frenética que fazem de segurança e de proteção, em nome do evitamento do desamparo, custe o que custar. As perturbações psíquicas encontram aqui de fato o seu solo fundador, na medida em que o masoquismo é a posição subjetiva que, em última instância, as perpassa e as costura como um todo. Ao lado disso, a violência e a crueldade do outro, suposto protetor do cidadão servil, se autoriza e se legitima, disseminando então a destrutividade moderna de maneira ilimitada.

Procurei indicar até aqui, de forma sempre sumária, os efeitos produzidos pelo mal-estar na modernidade, nos registros individual e coletivo. É preciso agora destacar algumas de suas marcas no Brasil, para concluir então estes comentários.

CULPA E VERGONHA

A ostensiva desigualdade na distribuição do gozo e a ausência correlata de um Estado que pudesse regular minimamente a repartição justa daquela estão certamente na base do mal-estar presente na tradição brasileira. Se essas marcas sempre caracterizaram a sociedade brasileira desde a Proclamação da República, não resta dúvida de que a recente inserção do país no modelo do neoliberalismo intensificou bastante aquelas marcas fundadoras. Isso porque a desconstrução do Estado do bem-estar social — que já era bastante precário entre nós — lançou no mais completo abandono parcelas significativas da população brasileira. Essas parcelas populacionais foram simplesmente fadadas à morte, pela impossibilidade que já tinham antes de qualquer inserção social, pelo precário estatuto da cidadania instituído.

Como consequência do neoliberalismo, o que nos países capitalistas aconteceu de forma mais branda, em função da presença mais poderosa do Estado do bem-estar social e da força das instituições sociais, no Brasil se transformou numa verdadeira catástrofe. Isso porque aqui a fragilidade das instituições e o descaso das autoridades políticas num país secularmente miserável, permeado pelas desigualdades terrificantes do gozo, levou à destruição completa milhares de pessoas.

Em tudo isso, a marca patrimonialista do Estado brasileiro assumiu signos ainda mais agressivos e ostensivos, conduzindo ao que se pode denominar de um verdadeiro *genocídio* praticado pelo Estado brasileiro, centrado principalmente, é claro, nas classes populares. No entanto, as classes médias também se proletarizaram a olhos vistos, como se sabe, segundo todas as informações confiáveis, divulgadas pelos órgãos governamentais e de pesquisa acadêmica.

O campo da saúde pública se desorganizou por completo, impedindo que a assistência médica pudesse efetivamente se realizar. A educação foi também destruída, nos diferentes níveis de escolaridade. A universidade pública se deteriorou, na política neoliberal para a promoção das universidades privadas, tal como havia ocorrido no ensino médio. Com isso, o tecido social foi devastado, pela retirada do Estado do bem-estar no campo da saúde e da educação.

Com isso, grassam as epidemias, retornando a disseminação de doenças há muito controladas, como o escândalo da dengue no Rio de Janeiro. Retornam assim, nesse cenário terrorífico, males já controlados no início do século passado, que dizimam sobretudo as populações pobres, abandonadas ao seu próprio destino. O desamparo atinge então níveis espetaculares, diante da ausência do Estado e do genocídio de suas políticas econômicas, voltadas para o capital financeiro internacional.

Os efeitos mais espetaculares disso são o gigantesco incremento da *violência*, da *criminalidade* e da *delinquência*. Essas caracterizam hoje o mal-estar da brasilidade, ocupando diariamente todas as manchetes de nossos jornais e revistas. São Paulo é considerada, hoje, a cidade mais perigosa do mundo, ultrapassando mesmo Bogotá, com sequestros quase diários, que já se naturalizaram no seu cotidiano. Há constantes rebeliões em presídios, indicando de forma escandalosa a quebra total do sistema de segurança pública e social, efeitos marcantes que são do esvaziamento do Estado do bem-estar social e da minimização do Estado brasileiro promovidos pelo modelo neoliberal dominante.

Isso tudo indica tragicamente que o genocídio implementado pelo Estado brasileiro produziu uma verdadeira guerra civil desorganizada, na qual a criminalidade, a delinquência e a violência são os signos mais ostensivos. Contudo, estes signos são certamente a indicação mais segura da completa ausência de formulações políticas consistentes, que pudessem canalizar simbolicamente a busca pelo gozo próprio nas populações marginalizadas, sem que estas tenham que apelar apenas à brutal destrutividade para manter minimamente o seu gozo próprio.

Porém, a desigualdade ostensiva na distribuição do gozo conduziu também à proletarização das classes médias, como já disse. A violência, a delinquência e a criminalidade assolam essas também de forma crescente, não se restringindo apenas às classes populares. O querer gozar a qualquer custo, com os signos ofertados pelo corpo e pelo consumo, dissemina-se agora indiscriminadamente em todas as classes e segmentos sociais, diante da incapacidade das elites de redistribuir o gozo que acumularam. Como isso se mostra impossível, a violência, a criminalidade e a delinquência se constroem e se movimentam infinitamente como patologias sociais, diante das quais não existem soluções tangíveis. Por isso mesmo, tudo converge e se condensa simbolicamente na cena social brasileira na questão da segurança, pública ou privada, pouco importa.

Assim, como os ditos crimes de colarinho branco e a corrupção cresceram nas elites, ficando essas quase sempre impunes, as classes médias e populares repetem o mesmo padrão ético, promovendo também a violência, a delinquência e a criminalidade. Com efeito, se a distribuição justa do gozo é impossível, é preciso arrancá-lo custe o que custar, com as mesmas armas usadas pelos acumuladores do gozo coletivo, parecem dizer em uníssono todos os miseráveis das condições mínimas do gozar.

Porém, ao lado disso, o messianismo se dissemina largamente no imaginário social brasileiro. O desamparo, convertido agora em *desolação* e masoquismo, leva as subjetividades irresistivelmente para a busca frenética de quem os salve das misérias do mal-estar e que possa lhes oferecer alguma forma de proteção possível diante da ausência de um efetivo legislador. A *religiosidade* se desenvolve com tanta intensidade no Brasil de hoje em função dessa busca espiritual de proteção, diante da escandalosa incapacidade das instâncias terrenas de a promoverem minimamente.

Isso indica que a nostalgia do pai seguramente continua ainda presente no nosso imaginário coletivo. A cinematografia brasileira recente nos evidencia isso de diferentes maneiras, de forma que, ao nos sentirmos desolados e órfãos de um legislador real que possa partilhar devidamente o gozo, procuramos sofregamente por este ainda no registro do imaginário. Filmes como *Terra estrangeira* e *Central do Brasil*, de Walter Moreira Salles Jr., entre outros, evidenciam isso de maneira óbvia, na medida em que é a procura do pai protetor que está sempre em pauta nessas narrativas fílmicas, na errância evidenciada de seus personagens pelas suas origens.

Não obstante, o mal-estar da brasilidade hoje não se materializa mais em torno da *culpa*, como afeto primordial, mas se configura decididamente no registro da *vergonha*. Infelizmente, aliás. Com efeito, a presença da culpa nos remete ainda como sujeito à crença na existência da figura do pai e ao reconhecimento da transcendência de uma lei simbólica, que possa com justiça possibilitar a distribuição do gozo. Porém, quando não se pode acreditar mais nisso, o que importa para a subjetividade é salvar a própria pele, isto é, garantir algum gozo próprio para si e ligar o "dane-se" geral para o gozo dos outros.

Os níveis de violência, de delinquência e de criminalidade existentes na sociedade brasileira atual indicam seguramente que já atravessamos a fronteira sagrada da culpa e que estamos mergulhados no território desértico da vergonha. É em torno disso que gira hoje tragicamente o maior impasse, ético e político, da brasilidade. É no território da vergonha que se condensa o mal-estar presente hoje no Brasil. O destino da civilidade brasileira depende certamente das soluções que seremos capazes de formular. Este é o nosso maior desafio hoje.

Notas

1. J. Lacan, "Fonction et champ de la parole et du langage en psychanalyse" (1953), *in Écrits, op. cit.*
2. C. Lévi-Strauss, *Les structures elémentaires de la parenté* (1949), Paris, Mouton, 1967.
3. J. Lacan, "Fonction et champ de la parole et du langage en psychanalyse", *in Écrits, op. cit.*
4. *Ibidem.*
5. N. Elias, *La civilisation des moeurs*, Paris, Fayard, 1995.
6. J. Starobinski, "Le mot civilisation", *in Le remède dans le mal*, Paris, Gallimard, 1989.
7. L. Wittgenstein, "Investigations philosophiques", *in Tractatus logica-philosophicus suivi de Investigatioins philosophiques, op. cit.*
8. M. Foucault, "Les technologies de soi-même", *in Dits et écrits, op. cit.*, vol. IV.
9. M. Duchet, *Anthropologie et histoire au siècle des Lumières*, Paris, Albin Michel, 1995.
10. S. Freud, "La morale sexuelle 'civilisée' et les maladies nerveuses des temps modernes" (1908), *in La vie sexuelle*, Paris, Presses Universitaires de France, 1973.
11. S. Freud, *Trois essais sur la théorie de la sexualité* (1905), Paris, Gallimard, 1962.
12. S. Freud, "La morale sexuelle 'civilisée' et les maladies nerveuses des temps modernes", *in La vie sexuelle, op. cit.*
13. *Ibidem.*
14. *Ibidem.*
15. *Ibidem.*
16. S. Freud, *L'avenir d'une illusion* (1927), Paris, Presses Universitaires de France, 1973.
17. S. Freud, "Considérations actuelles sur la guerre et sur la mort" (1915), *in Essais de psychanalyse*, Paris, Payot, 1981.
18. *Ibidem.*
19. *Ibidem.*
20. *Ibidem.*
21. S. Freud, *Malaise dans la civilisation* (1929), *op. cit.*
22. *Ibidem.*
23. *Ibidem.*
24. *Ibidem.*
25. *Ibidem.*
26. *Ibidem.*
27. F. Nietzsche, *Généalogie de la morale*, Paris, Flammarion, 1996.
28. M. Heidegger, *Chémins qui ne mènent nulle part, op. cit.*
29. M. Weber, *L'éthique protestante et l'esprit du capitalisme, op. cit.*
30. M. Foucault, "Nietzsche, Freud, Marx", *in Dits et écrits, op. cit.*, vol. I.
31. *Ibidem.*

32. W. Benjamin, "O narrador", *in Obras escolhidas*, São Paulo, Brasiliense, 1986, vol. I.
33. S. Freud, *Nouvelles conférences sur la psychanalyse* (1932), Paris, Gallimard, 1936.
34. *Ibidem*.
35. S. Freud, "Psychologie des foules et analyse du moi" (1921), *in Essais de psychanalyse, op. cit.*
36. Sobre isso, vide: E. Durkheim, *Les règles de la méthode sociologique*, Paris, Presses Universitaires de France, 1966; E. Durkheim, *Le suicide*, Paris, Presses Universitaires de France, 1967.

4. Nas fronteiras da barbárie*

---

* Conferência realizada em Porto Alegre, em 2002, na Universidade Federal do Rio Grande do Sul, no colóquio franco-brasileiro, cujo tema era "Civilização e barbárie".

BORDAS E DOBRAS

A ideia de barbárie se enuncia, de maneira corrente, como o oposto da ideia de civilização. É essa acepção que se encontra presente no imaginário coletivo há pelo menos dois séculos. A contrapartida é que a promoção do processo civilizatório implicaria sempre a conquista de territórios e posições ocupados pela barbárie, num movimento insistente e sempre recomeçado. Existiriam, assim, sempre dobras e franjas de barbárie, que deveriam ser permanentemente recuperadas para que a civilidade pudesse se desdobrar de maneira efetiva. Estaríamos aqui sempre num processo infinito, operando nas bordas.

O processo civilizatório pode enunciar-se numa linguagem bélica ou pacifista, dependendo, é claro, das circunstâncias em causa. Pouco importa, aliás. Isso porque a barbárie se inscreve sempre, no projeto civilizatório, no registro da guerra, mesmo quando o processo civilizatório não assume de forma ostensiva nenhuma ofensiva propriamente militar. No entanto, é como se aquela pudesse a qualquer momento iniciar os combates contra a civilidade, na medida em que a barbárie é sempre concebida como o oposto dessa. Por isso mesmo, o mundo civilizado está sempre à espreita, suscitando as bordas daquilo que pode fazer emergência no território perigoso da barbárie. Em decorrência disso, o combate à barbárie é feito de diferentes maneiras, seja sob a forma da guerra de posição seja sob a da guerra de movimento.[1]

Pode-se depreender disso que os registros da civilização e da barbárie são referidos a territórios que se inscrevem certamente em espaços diferentes do mundo, separados, no entanto, por uma mesma *fronteira*. Esta, contudo, é sempre variável, sujeita que é a oscilações permanentes. Não existe aqui nenhuma fixidez nessa linha, pois a mobilidade é a sua marca inconfundível e insofismável. Como uma coluna flutuante de mercúrio, essa fronteira assume direções e posições inesperadas, dependendo do gesto e da direção de quem a manipula, mas mantém-se sempre incólume, demarcando a diferença desses espaços de maneira perene.

Isso implica dizer que civilização e barbárie não se referem efetivamente a substancialidades. Longe disso, aliás. O absoluto não é a marca que as caracteriza enquanto tal. O que está sempre em pauta entre aquelas é a *relação*, de forma que é esta e apenas esta o que define a lógica da oposição em causa. Daí por que a ideia de borda é tão fundamental aqui, já que a sua mobilidade e oscilação delineiam as infinitas configurações e reconfigurações dos territórios em questão. É justamente isso que precisa ser não apenas bem entendido, mas também reconhecido, para começo de conversa.

Porém, se barbárie e civilização não são concepções que se referem a algo de absoluto, mas a um campo dinâmico, demarcado por relações que as enunciam sempre como opostas, é preciso considerar ainda que aquelas foram historicamente constituídas. Existiu aqui certamente um *gesto instituinte*, que construiu a oposição entre civilização e barbárie, com todas as consequências — *política*, *ética* e *estética* — decorrentes. É para a consideração de alguns desses desdobramentos que quero me voltar agora.

JOGOS DE LINGUAGEM E JOGOS DE VERDADE

Não obstante a presença do significante bárbaro na Antiguidade, identificado comumente com a ideia de estrangeiro, não há dúvida de que a oposição entre civilização e barbárie foi constitutiva da modernidade no Ocidente. Foi apenas nesse contexto histórico que tal relação foi estabelecida como oposição, não existindo antes como tal.

Assim, a modernidade ocidental identificou-se com a promoção do processo civilizatório, considerando sempre a barbárie como o seu oposto.

Dito de outra maneira, a barbárie foi sempre enunciada como sendo o *Outro* do ideário da civilização, sendo forjados aqui jogos de linguagem[2] que foram constitutivos da tradição do Ocidente desde o século XVI. Estes *jogos de linguagem* foram a condição de possibilidade para a construção de certos *jogos de verdade*[3] balizados em torno desta oposição, de forma a serem efetivamente produzidas certas *formas de subjetivação*[4] fundadas sempre nos valores da civilização e da barbárie.

Essas formas de subjetivação foram sempre delineadas de maneira *hierárquica*, com as marcas ética e estética que as caracterizavam. As oposições entre o Bem e o Mal, assim como a do belo e do feio, passaram a regular a hierarquia em pauta, de maneira que certas afetações passaram a inscrever-se positiva e negativamente nessas formas de subjetivação. Da atração à repulsão, passando sempre pelo cheiro, pelo nojo e pelo asco, nos quais o limpo e o sujo como marcas diferenciais estavam sempre presentes, certas afetações passaram a marcar profundamente tais formas de subjetivação.

Desde o século XVI esse gesto instituinte foi então estabelecido, produzindo tal partição do mundo, acompanhado que era pelo cortejo correlato de oposições acima referidas, direcionando decisivamente as incursões europeias no Novo Mundo, na Ásia e na África, e norteando assim o colonialismo. Em contrapartida, o processo civilizatório se realizava igualmente nos territórios europeus, enunciando as oposições acima destacadas.[5,6] Em tudo isso, a barbárie era concebida como tudo aquilo capaz de destruir e de ameaçar a então recente tradição civilizatória. Para que isso não ocorresse, a barbárie deveria ser devidamente dominada e transformada, para inscrevê-la decisivamente no campo da civilização. O que estava em pauta, portanto, era o *adestramento* daquela, para promover sua conversão radical ao registro da civilidade.

No século XVIII, a oposição em questão foi inscrita no imaginário teórico, estando sempre presente nos discursos inaugurais da antropologia e das ciências sociais,[7] de diferentes maneiras. O Iluminismo, como matriz de pensamento, trabalhou fartamente sobre o terreno fértil desta oposição, enunciando diversas teorias sobre a sociedade e propondo soluções pedagógicas para o adestramento da barbárie.

No século XIX, a barbárie foi reconfigurada em torno da figura do *primitivo*, passando esse a ser vivamente considerado como uma modalidade privilegiada de barbárie, na medida em que a sua forma de ser não se coadunava com os pressupostos da civilização europeia. As outras tradições culturais passaram a ser então interpretadas como primitivas, sendo todas subsumidas, assim, no registro da barbárie. O que estava sempre aqui em questão eram as diferentes modalidades de racionalidade e de projetos culturais, mas que a presença ostensiva da leitura hierarquizante da civilização conduzia de forma inevitável, a uma interpretação inferiorizante da *diferença* e do outro, enunciado então triunfantemente como sendo primitivo. Legitimava-se então o seu adestramento, em nome sempre da razão civilizatória.

Porém, a figura do primitivo foi também deslocada para o campo da civilização, passando a ser igualmente recenseada em outros personagens cruciais dessa. Isso porque todos esses seriam marcados pelo *excesso* afetivo e que não eram racionalmente regulados como deveriam pelos padrões da civilização. Com efeito, as figuras da *mulher*, da *criança* e do *louco* foram comparadas com a do primitivo. Todos teriam uma impulsividade desmesurada e pequeno controle racional dos afetos, de forma a estarem bem mais próximos do registro da *natureza* que do registro da *cultura*.

A equivalência dessas diversas figuras foi então estabelecida, fundada nos critérios acima enunciados. Com isso, a barbárie como primitivismo foi formulada pela retórica da razão, mas sendo agora referida ao registro da natureza numa oposição cerrada ao registro da cultura. Com isso, o ideário do adestramento foi ainda mais reforçado, sendo consolidado e legitimado pela então triunfante racionalidade científica.

Na virada do século XIX para o século XX, o discurso freudiano reconheceu a existência dessa equivalência no registro psíquico do inconsciente, conferindo-lhe o sentido de uma equivalência simbólica. Assim, as figuras da mulher, da criança, do louco e do primitivo eram intercambiáveis, como símbolos e metáforas, no campo das formações do inconsciente.[8] Registrava decididamente, assim, os efeitos produzidos na subjetividade por uma produção social de longa duração histórica, engendrada desde os primórdios da modernidade.

Anteriormente à constituição da psicanálise, no entanto, a articulação entre as figuras do bárbaro e do primitivo, com os desdobramentos que indicamos há pouco foi fundada no paradigma *evolucionista* da civilização e na teoria psiquiátrica da *degeneração*. Evoco isso aqui apenas porque ambas são fundamentais para a leitura genealógica da ideia de barbárie na psicanálise, que se constituiu *contra* tais interpretações. É o que se verá no que se segue.

NATUREZA E CIVILIZAÇÃO

A concepção evolucionista da civilização foi o paradigma dominante da antropologia desde que essa se constituiu no século XIX, durante décadas, estando ainda presente no século XX por um longo tempo. Fundada na teoria da evolução das espécies de Darwin, como se sabe, tal concepção foi estendida às sociedades humanas, que passaram a ser então interpretadas como um contínuo que se polarizava, de um lado, na natureza, e de outro, na civilização.

Nessa perspectiva, o homem como ser natural e permeado por certas necessidades era o seu objeto teórico de estudo, que se transformava de acordo com as condições do meio ambiente. Este imprimia certas mudanças naquele, num processo sempre marcado pela seleção e pela competição, que restringia, assim, o campo de sobrevivência para os mal-adaptados e alargava então o daqueles bem-adaptados às condições do meio. A restrição da sobrevivência para os inadaptados, resultante da seleção natural, podia até mesmo conduzir à eliminação destes e à dominação daqueles que conseguissem melhores condições de adaptação.

Em tal contexto, a civilização seria tanto a resultante dessa melhor adaptação ao meio ambiente quanto a constituinte de um outro meio mais condizente com as condições da espécie humana, isto é, que responderiam melhor às necessidades dessas. A civilização seria então a construção de um meio especificamente humano, obra imemorial do processo evolutivo, que assimilou assim alguns bem-sucedidos e descartou os malsucedidos.

Esse mesmo esquema foi transposto para as diversas sociedades humanas, que passaram a ser também consideradas num contínuo, que se polarizava sempre entre as inferiores e as superiores, isto é, entre as que não puderam desenvolver os seus potenciais civilizatórios e as que o fizeram. As primeiras passaram a ser concebidas como bárbaras e primitivas, enquanto as segundas eram consideradas civilizadas. A hierarquia assim estabelecida traçava então uma fronteira segura, que legitimava o processo de adestramento dos bárbaros e primitivos, para transformá-los em seres civilizados. Legitimava-se, dessa forma, a tradição europeia — o colonialismo, em nome sempre do ideário civilizatório.

Esse mesmo paradigma foi também inscrito nos campos da medicina somática e mental, sendo agora retomada no campo da teoria da *degeneração*. Tal conceito foi constituído para poder explicar um conjunto de anomalias, seja de ordem somática seja psíquica, que não seriam elucidadas segundo o modelo da anatomopatologia. Como se sabe, a medicina moderna, constituída na passagem do século XVIII para o século XIX, se fundou como anatomoclínica. Isso implica dizer que o conjunto de sintomas e sinais apresentados pelos doentes eram explicados pela referência material ao corpo anatômico, que teria na lesão a razão de ser, em última instância, da enfermidade.[9]

Contudo, uma série significativa de anomalias, somáticas e morais, não conseguiam ser elucidadas pelo modelo teórico da anatomopatologia. A teoria da degeneração, enunciada por Morel no início da segunda metade do século XIX,[10] procurou então dar conta desse impasse presente na concepção anatomopatológica da enfermidade. Essas anomalias passaram então a ser consideradas como signos de degeneração do corpo, marcas atávicas inconfundíveis de involução da espécie. Essas marcas degenerativas do corpo tinham também efeitos sobre a moralidade, nos registros individual e coletivo.

A *hereditariedade* passou então a ocupar um lugar privilegiado nas retóricas da medicina somática e da medicina mental, justamente porque seria pela mediação teórica daquela que a degeneração poderia ser devidamente circunscrita a certas condições patológicas específicas. O imaginário médico passou a ficar obcecado pelas degenerações e pela hereditariedade maligna, que produziam involuções contundentes da espécie humana no campo da civilização.

Contudo, se as anomalias somáticas e psíquicas foram ambas incorporadas pela retórica da degeneração, pelos vazios explicativos deixados pelo discurso da anatomopatologia, não resta dúvida de que as anomalias mentais foram privilegiadas pela leitura degenerativa. Isso porque, se no campo do somático apenas *algumas* das anomalias não poderiam ser explicadas pelo modelo da anatomopatologia, no campo do mental, em contrapartida, *todas* as anomalias não tiveram nenhuma possibilidade de leitura pela concepção da anatomoclínica. Não foi por acaso, por certo, que a teoria da degeneração de Morel foi originariamente uma concepção psiquiátrica, que apenas depois se disseminou para a medicina somática, justamente para preencher os vazios deixados pela concepção médica então dominante.

Os loucos passaram então a ser concebidos como seres marcados pela degeneração, trazendo no corpo os estigmas da involução e da hereditariedade negativamente comprometida. A alienação mental que os caracterizava seria um signo irrefutável dessa degeneração, que evidenciava certamente a terrível involução do espírito humano.[11] As taras da hereditariedade seriam então as responsáveis por tal perda da razão, que por fim degenerava em loucura.

Porém, não apenas os ditos loucos alienados foram assim interpretados pelo discurso teórico da degeneração. Da mesma forma, os nervosos em geral foram também considerados nessa mesma perspectiva teórica, marcados que também seriam pela hereditariedade nefasta e pelas marcas da involução. Com efeito, no final do século XIX, Charcot e seus discípulos utilizaram ainda fartamente o discurso da degeneração para explicar as perturbações nervosas em geral e a histeria em particular.[12] Janet se valeu muito da teoria da degeneração para explicar os transtornos da vontade presentes na neurastenia, que,[13] ao lado da histeria, se destacava então como novidade no campo das perturbações do espírito.

Evidentemente, a ideia de degeneração como involução da espécie tem uma conotação moral. Evoca a perda das marcas civilizatórias e o retorno à natureza animal no homem. Na mediação entre os registros do somático e do mental, a degeneração enuncia então a presença da barbárie no campo da civilização, de maneira eloquente. Contudo, a barbárie, como signo que é do primitivismo no campo da civilização, indica apenas a involução dessa, isto é, o seu lado negro e nefasto. Vale dizer, tais signos da barbárie tinham apenas uma conotação *negativa*, evidenciados ainda pelas ideias de primitivismo e de involução. Daí a significação moral imediatamente presente na concepção de degeneração.

O desdobramento disso é que os degenerados deveriam ser excluídos do campo social, seja de maneira provisória seja definitiva, dependendo da possibilidade de regulação terapêutica de reversão do processo em causa. Isso porque não existiria neles nenhuma positividade, mas apenas negatividade. Poderiam, assim, comprometer seriamente o futuro da espécie humana. O adestramento terapêutico deveria ser a proposição inicial para esses seres. Se não funcionasse como se esperava, em função das máculas irreversíveis da degeneração, deveriam ser pura e simplesmente excluídos em definitivo do espaço social.

O discurso freudiano foi uma ruptura crucial com toda essa concepção, na medida em que desconstruiu não apenas a concepção de degeneração, como também a sua mediação operacional, isto é, a concepção de hereditariedade, para interpretar as perturbações do espírito. Para isso, teve então que reconhecer o que existia de *positividade* nessas e não apenas negatividade, como até então se supunha, o que implicou uma outra leitura da civilização, da barbárie e do primitivo no campo da subjetividade. É o que veremos agora.

DESCENTRAMENTO E POSITIVIDADE

A positividade que estaria presente nas diversas perturbações do espírito foi enunciada muito precocemente no discurso freudiano pela mediação do conceito de sexualidade. Seriam as impossibilidades colocadas para o pleno usufruto desta que conduziriam inequivocamente a subjetividade à divisão psíquica, mediante a qual a interdição erótica continuaria ainda a subsistir de maneira secreta, numa outra cena, e não desapareceria.

Como um corpo estranho inscrito no campo psíquico, o erotismo interdito buscava sempre retornar aos registros da consciência e do eu, pelas sendas transversas e oblíquas dos sintomas.[14] Esses seriam sempre uma formação de compromisso que se estabelecia entre a potência erótica que não abria mão de retornar à cena psíquica principal e as forças interditoras nesta presente.[15]

O que estou descrevendo aqui, de maneira bastante sumária, é a dinâmica do psiquismo enunciada pelo discurso freudiano. Nessa subjetividade, os registros do eu e da consciência não mais seriam a totalidade do psiquismo, mas tão só uma parcela deste, na medida em que existiria agora uma outra cena, além dessas, principais, que foi enunciada como sendo o registro do inconsciente.[16] A subjetividade foi então radicalmente descentrada dos registros do eu e da consciência, redistribuída em outros territórios, como o pré-consciente e o inconsciente. Existia, contudo, uma dinâmica nesse *descentramento*, produzido que era pelo confronto permanente que entre a potência erótica e a potência interditória. Tal dinâmica foi denominada de recalque pelo discurso freudiano,[17] que atribuiu a este, posteriormente, uma posição fundante da subjetividade,[18] isto é, para sempre dividida e descentrada.

Tal esquema aqui descrito, centrado na leitura do sintoma, foi estendido, contudo, pelo discurso freudiano para uma série de produções mentais, tais como o sonho,[19] o lapso,[20] o ato falho[21] e a piada.[22] Essa série de produções psíquicas podem ser propriamente denominadas de *formações do inconsciente*, na medida em que em todas elas existiria igualmente uma formação de compromisso entre a potência erótica e a potência interditória. Portanto, em todas essas existiria sempre uma significação, que se enunciaria então por caminhos sempre transversos e inesperados. Estava sendo reconhecido aqui, finalmente, uma dimensão de positividade dessas produções mentais aparentemente desbaratadas, já que anunciam não apenas a presença de algo erótico que retorna de modo imperativo, mas que, além disso, se enuncia como pleno de sentido.

Dessa maneira, o discurso freudiano passou a reconhecer como provido de *sentido* um conjunto de produções mentais a que a psiquiatria e a psicologia clássica, no século XIX, não atribuíam nenhum significado.

Com efeito, para esses discursos teóricos a subjetividade não dizia absolutamente nada mediante tais produções, sendo estas efeitos sem sentido da desregulação neurofuncional.[23] Para esses discursos, centrados que eram numa leitura consciencialista do psiquismo, aquelas produções não significavam nada, isto é, eram pura negatividade. Para o discurso freudiano, em contrapartida, fundado no descentramento do psiquismo dos registros do eu e da consciência, tais produções seriam ordenadas e enunciavam a existência de formas outras de pensamento.

Portanto, a subjetividade também falava, de maneira corriqueira, sob a forma de disfunções e de disparates. A disfunção seria, assim, uma outra modalidade de funcionalidade, uma maneira transversa de dizer. Daí por que o discurso freudiano ter enunciado a existência de uma verdadeira *psicopatologia da vida cotidiana*,[24] que existia lado a lado com o funcionamento psíquico dito normal. Com isso, as figuras da barbárie e do primitivo foram sendo agora recuperadas como modalidades outras de pensamento e de enunciação, que existiam de maneira regular na subjetividade e não apenas nas perturbações do espírito.

Porém, isso tudo pressupunha que o psiquismo, permeado pelo descentramento, oscilava sempre entre os polos do inconsciente e da consciência, não estando colado em nenhum dos dois. A subjetividade teria um movimento progrediente, em direção à consciência e no eu, e um movimento regrediente, em direção ao inconsciente. Dessa maneira, o psiquismo poderia realizar progressões para os registros mais ordenados da subjetividade, assim como regressões para o registro fragmentar do inconsciente e das pulsões. Portanto, o psiquismo se movimentaria entre progressão e regressão, isto é, em direção à civilização e em direção à barbárie, num processo sempre sincopado e permeado pela conflitualidade.[25]

No entanto, a regressão à barbárie e o progresso para a civilização não seriam mais agora movimentos excludentes, mas se inscreveriam num mesmo processo, sempre permeado pelo conflito. Seria, assim, preciso regredir à barbárie para poder então progredir para a civilização, na medida em que o primeiro movimento seria a condição de possibilidade para que o sujeito pudesse promover o retorno das potências eróticas e de certas modalidades de enunciação.

Seria possível contrapor, ao que estou dizendo, que as metáforas de barbárie e de civilização que procuro destacar no discurso freudiano são impróprias e até mesmo excessivas, não se coadunando com as suas outras referências teóricas. Contudo, não se trata disso, de modo algum. O discurso freudiano nos oferece essas metáforas o tempo todo, indicando, assim, que é sobre o solo dessas que está efetivamente trabalhando.

Com efeito, a descoberta do inconsciente foi comparada, desde o início do percurso freudiano, com a descoberta arqueológica da existência da civilização grega arcaica, que seria anterior à civilização grega clássica, isto é, como uma forma de barbárie originária que já seria uma civilização.[26] Da mesma forma, as linguagens dos sonhos e das demais formações do inconsciente foram comparadas aos hieróglifos do Egito antigo, indicando, assim, a existência de uma civilização arcaica que estaria subjacente à linguagem da civilização atual, apesar de apresentar-se sob uma forma aparentemente sem sentido.[27] Além disso, a psicanálise como método de investigação, da subjetividade descentrada, foi aproximada literalmente da arqueologia, isto é, da pesquisa sistemática de outras civilizações que estariam submersas, consideradas bárbaras e estariam subjacentes à civilização moderna.[28]

Tudo isso nos conduz a reconhecer, no discurso freudiano, a concepção de que a barbárie é uma modalidade de civilização desaparecida, mas que a civilização moderna se inscreve profundamente no terreno permeado pela barbárie. Estaria justamente aqui a novidade teórica efetiva que o discurso freudiano trouxe para a leitura das relações conflituais entre barbárie e civilização.

Isso se desdobra na aproximação, antes evocada, entre o infantil e o primitivo, na medida em que ambos remeteriam para o registro do inconsciente e das pulsões. Assim, a barbárie, como metáfora, remete às figuras do infantil e do primitivo, que se condensariam e seriam equivalentes no registro do inconsciente. Estaríamos lançados aqui diretamente no território do prazer, regulado pelo fantasma e pelo jogo, que se contraporia ao mundo da civilização, regulado pelo princípio da realidade.[29] Destaca-se, assim, a pregnância assumida pelo imperativo do *desejo*, motor da potência erótica, que, como já disse, pretende sempre retornar da outra cena para a cena psíquica principal, mas que por isso mesmo se choca conflitualmente com a potência interditória do eu e da consciência.

Portanto, no discurso freudiano o psiquismo seria sempre movido pelo desejo, estando esse no fundamento de todas as formações do inconsciente. Se inicialmente foi enunciada para os sonhos,[30] essa fórmula se estendeu em seguida para as demais formações do inconsciente, já que estaria na base da realidade psíquica.[31] Isso implica reconhecer que, para o discurso freudiano, a subjetividade dificilmente abre mão de seu desejo, mesmo que o preço a pagar por isso seja muito alto. As potências interditórias vão a isso se opor terminantemente, sempre em nome dos imperativos da realidade, disso resultando os insistentes retornos que se materializam nas ditas formações do inconsciente.

A centralidade atribuída ao desejo no psiquismo se desdobrou evidentemente numa teoria da sexualidade, desenvolvida em correlação a isso.[32] Com efeito, a sexualidade originária foi concebida como sendo perverso-polimorfa, permeada por pulsões parciais e pelo autoerotismo, positivando aquilo que foi denominado por Freud de sexualidade infantil.[33] Estaria, pois, aqui o fundamento do infantil, enunciado como o equivalente do primitivo e da barbárie, mas que evidenciaria também a existência de uma outra civilização, arcaica, movida pelo desejo.

Porém, se toda essa construção teórica foi realizada pelo discurso freudiano, articulando de uma outra maneira as relações entre barbárie e civilização, isso só foi possível porque houve uma desconstrução prévia da estigmatizante teoria da degeneração, assim como do conceito que a tornava operatória, isto é, a hereditariedade. Com efeito, desde os seus ensaios iniciais Freud já indicava os impasses presentes no conceito da hereditariedade, nas reiteradas tentativas feitas para explicar as perturbações do espírito.[34] Ao lado disso, indicou como alguns dos personagens descritos pela psiquiatria como degenerados eram capazes de realizar as mais reconhecidas produções do espírito. Nos vazios introduzidos assim pela sua crítica, o discurso freudiano foi enunciado a partir da positividade do desejo e da sexualidade infantil, fundamentos das formações do inconsciente.

Se o desejo e a sexualidade infantil são os moventes do psíquico, chocando-se então com os imperativos das interdições, a resultante disso é a permanente conflitualidade do sujeito. Com efeito, a condição subjetiva no campo da civilização seria sempre marcada pelo *mal-estar*, em decorrência do que acabou de ser dito. Por isso mesmo, as relações conflituais sempre existentes entre barbárie e civilização, no discurso freudiano, se condensam numa problemática fundamental desse discurso, qual seja, o mal-estar na civilização. É o que veremos agora.

MAL-ESTAR NA MODERNIDADE

O desenvolvimento realizado pelo discurso freudiano do conceito de mal-estar na civilização não considera essa última de uma forma abrangente e abstrata, como foi equivocadamente interpretada por algumas tradições do pensamento psicanalítico. Isso porque se encontra presente no conceito em pauta a historicidade do mal-estar em questão, que se inscreve decididamente na modernidade ocidental.

Como disse acima, a palavra civilização é relativamente nova no vocabulário do Ocidente, constituindo-se no Renascimento e que se disseminou na Europa desde os primórdios do século XVII, que forjaram os primeiros jogos de linguagem para o seu uso. No século XVIII, o discurso antropológico, no contexto do Iluminismo, enunciou algumas novas regras para esses jogos de linguagem, opondo então as categorias de civilização e barbárie. Essas foram então incorporadas nos discursos filosófico, político e social no século XIX, e constituíram o solo epistemológico para a formulação do paradigma evolucionista da antropologia.

Assim, quando Freud se valeu da palavra civilização para cunhar o conceito de mal-estar na civilização, utilizou na construção deste os diversos jogos de linguagem recentemente instituídos. Vale dizer, o discurso freudiano estava referido ao Iluminismo francês, assim como ao romantismo alemão, ao formular o conceito de mal-estar na civilização. Porém, um outro jogo de linguagem também foi enunciado aqui pelo discurso freudiano, na medida em que o reconhecimento da existência de mal-estar na civilização implicava uma *crítica* da modernidade. Isso porque a forma pela qual esta se constituiu produziu as mais diversas perturbações do espírito, em função das interdições eróticas que construiu para se fundar enquanto tal. Enfim, enunciar o conceito de mal-estar na civilização implica uma crítica sistemática da modernidade, de maneira que aquela pode ser mais bem enunciada como mal-estar na modernidade.

Não foi certamente um acaso o fato de, ao se aproximar da problemática pela primeira vez, em 1908, Freud ter intitulado seu ensaio de "A moral sexual 'civilizada' e as doenças nervosas dos tempos modernos".[35] Enunciava, assim, que o que estava em pauta era justamente a moral da modernidade, que seria a condição de possibilidade das ditas doenças nervosas. O que estava em questão, aqui, não era propriamente a modernidade, mas a moral que construiu como condição de sua fundação histórica. Isso porque esta moral incidia de maneira mortífera na economia sexual das individualidades, impondo-lhes progressivamente restrições severas, que perturbavam bastante o funcionamento do espírito.

Freud retomou aqui os pressupostos enunciados nos *Três ensaios sobre a teoria da sexualidade*,[36] em que formulou que a sexualidade humana seria originariamente perverso-polimorfa, tendo esta, contudo, que ser recalcada em nome dos imperativos da reprodução sexual. Em decorrência disso, a bissexualidade originária da condição humana seria igualmente recalcada,[37] em nome da constituição da família, mediação fundamental que seria essa para a reprodução sexual.

Porém, o destaque nessa crítica não era a ordem familiar em sentido amplo, mas a modalidade de família constituída na modernidade, que teria consequências importantes sobre a economia sexual das individualidades. Aquela não seria apenas nuclear, com efeito, mas também monogâmica, o que seria problemático na moral sexual moderna. Isso porque o imperativo da monogamia provocava devastações psíquicas incalculáveis nos homens e nas mulheres.[38]

O discurso freudiano indicava, assim, que os imperativos da modernidade implicavam danos psíquicos cruciais, em decorrência do modelo civilizatório que construiu, tendo nos discursos da ciência e da técnica os seus pressupostos. Tal modelo tinha consequências morais que não podiam ser silenciadas, desdobrando-se em insatisfações crescentes nas individualidades, efeitos das exigências morais sobre a economia erótica.

O tom aqui é de crítica, não de elegia, bem entendido. É preciso então estar bem alerta para isso.

Em "Considerações atuais sobre a guerra e a morte", escrito em 1915, no calor dos acontecimentos da Primeira Grande Guerra, a perplexidade de Freud é ainda maior que no ensaio anterior. Isso porque a violência e a destruição humanas, possibilitadas pela modernidade, revelam-se em toda a sua amplitude, evidenciando agora a dimensão terrorífica da barbárie presente na civilidade moderna. Com efeito, o que chocava e desnorteava Freud era o fato de os principais beligerantes do confronto serem os representantes maiores do paradigma moderno da civilização. Não eram os povos primitivos que faziam toda aquela matança sangrenta, considerados como bárbaros pelos europeus, mas aqueles que se diziam civilizados e herdeiros da tradição ocidental da civilidade.[39]

Com efeito, Freud reconhece tristemente aqui que os supostos primitivos têm um respeito sobre a vida e a morte que não ocorre com os ditos civilizados, que funcionam de maneira bárbara, sem cultivar mais nenhum respeito aos valores éticos fundamentais. Existia aqui, portanto, uma inversão crucial na avaliação da barbárie e da civilização no discurso freudiano, qual seja, os que se acreditam civilizados é que são efetivamente bárbaros. Os ditos primitivos teriam regras de civilidade, mas a barbárie inscreve-se agora no coração da suposta civilização, fazendo parte desta de maneira orgânica.[40]

As insatisfações eróticas das individualidades, destacadas no ensaio de 1908 sobre a moral sexual civilizada, se desdobrariam agora em formas inéditas de violência e de crueldade, pelas quais se evidencia que o *reconhecimento do outro* enquanto tal deixaria de existir na dita modernidade. A *alteridade*, como valor fundamental do discurso ético, teria sido silenciada pelo projeto moderno do Ocidente, de forma que as matanças sangrentas seriam uma consequência disso. Daí por que os supostos primitivos serem civilizados, no registro do direito, porque cultivavam a alteridade como valor, mesmo no paroxismo da guerra, o que não acontecia, repito, entre os ditos civilizados.[41]

O célebre ensaio sobre o *Mal-estar na civilização*,[42] escrito em 1929, foi o desaguadouro para onde foram conduzidos todos os comentários anteriores. O discurso freudiano sistematizou aqui todos os impasses éticos presentes na modernidade, que teve na razão científica e tecnológica os seus fundamentos. A moral centrada agora no narcisismo, isto é, na exaltação desmesurada do eu, não admitia mais nenhum reconhecimento do outro enquanto tal. Isso porque as impossibilidades de satisfação erótica, que conduziam aos impasses do desejo, produziam tal violência e crueldade que os indivíduos seriam capazes das mais terroríficas matanças.

Estaria aqui, então, o efeito mais paradoxal do moderno modelo de civilização, que, em nome da interdição do erotismo, de promover o progresso social e a suposta moral, engendrou monstruosidades, pelas rivalidades narcísicas que produziu entre os homens. Assim, o supereu interditou certamente o erotismo, mas o custo disso para os indivíduos foi a violência e a crueldade bestiais, decorrentes da severidade do supereu.

Além disso, o discurso freudiano destacou a presença do *desamparo* no fundamento da subjetividade moderna. Entre os impasses do desejo e a severidade do supereu, a subjetividade ficaria numa condição de desamparo, que lhe conduzia inevitavelmente ao mal-estar.[43] Este podia assumir seja a forma das perturbações do espírito, seja a da violência e da destrutividade crescentes. Essas seriam, portanto, defesas da subjetividade moderna em face do desamparo progressivo que a caracterizava.

Porém, tal desamparo fundante da subjetividade moderna evidenciava a presença de uma nostalgia, qual seja, a ausência da figura do pai enquanto instância de proteção para o sujeito.[44] Seria então a *ausência* da figura do pai que estaria no fundamento do mal-estar na modernidade, razão pela qual a barbárie se produzia e se reproduzia no campo da civilização, revelando a outra face desta, isto é, sua face negra, grotesca e terrível.

Contudo, é preciso que nos indaguemos agora sobre o que o discurso freudiano quer dizer com isso, pois tais enunciados não são evidentes. Portanto, é preciso que nos perguntemos agora sobre o sentido da articulação entre o mal-estar na modernidade e a ausência do pai. É o que se verá a seguir.

MORTE DO LEGISLADOR ABSOLUTO

Em *Totem e tabu* o discurso freudiano procurou conceber a constituição da civilização moderna pela construção de um mito de origem, tecido em torno das relações do pai da horda primitiva e de seus filhos. As referências biológicas concernentes à tal horda, Freud as retirou de Darwin, sobre as quais forjou o mito psicanalítico das origens.[45]

Teria existido outrora, nos diz Freud, nos primórdios da humanidade, a figura de um pai todo-poderoso que submetia a prole ao seu desejo. Assim, todas as fêmeas estavam a serviço do seu gozo, enquanto os machos deveriam servi-lo de maneira dócil, sem nenhum direito ao usufruto sexual das fêmeas. Como a figura do pai era mais poderosa que a dos demais machos, estes temiam combatê-lo para usufruir dos mesmos direitos pelo temor da morte, como tinha já ocorrido inúmeras vezes. Portanto, a figura do pai originário tinha o domínio absoluto do gozo na horda, sendo este representado pela riqueza e pelo acesso exclusivo aos prazeres eróticos.[46]

Para sair da posição de servidão e fazer frente a essa situação humilhante, os filhos decidiram fazer um pacto para assassinar o pai feroz. Assim, conceberam que, pela associação de suas parcas forças, poderiam construir uma resultante poderosa e sobrepujar a brutal força do pai. Com isso, conseguiram matar a figura onipotente do pai e constituíram então a sociedade humana. Organizou-se, dessa maneira, uma comunidade de irmãos, na qual o poder estaria agora igualmente distribuído entre todos. Nenhum deles, no entanto, poderia ocupar a anterior posição da figura do pai, sob o risco de ter o mesmo destino que este.[47]

Entretanto, a culpa provocada pelo assassinato conduziu a comunidade fraterna a produzir um totem como forma de evocação de sua filiação. Assim, o pai morto seria reverenciado durante todo o ano, pela mediação do símbolo totêmico. Porém, uma vez por ano ocorreria uma ruptura crucial dessa reverência sagrada, na medida em que existia a repetição ritual do assassinato coletivo para refundar então a associação fraterna. Repetia-se simbolicamente, portanto, o mesmo ato originário, para dizer novamente, a todos os homens da comunidade, que qualquer um dos irmãos que ousasse ocupar a posição onipotente do pai teria o mesmo destino que este, isto é, a morte.[48]

A partir desse mito de origem é que o discurso freudiano considerou que existiria uma culpa primordial na cultura humana, que seria transmitida pela memória inconsciente. Tal culpa primordial seria fundante do complexo de Édipo e do seu herdeiro, isto é, o supereu, que se transmitiria através das gerações posteriores.[49] Com efeito, cada infante repetiria, mas agora no registro do fantasma, o mesmo desejo de morte do pai originário, mas seria disso impedido pelo supereu.[50]

Isso implica dizer que a ordem humana se fundaria num limite que seria imposto ao gozo absoluto, para qualquer um que pretendesse deste usufruir. Tal limite, colocado pelos demais membros da comunidade fraterna, seria a castração simbólica constitutiva da condição humana, na medida em que a subjetividade apenas se ordenaria mediante isso.

Evidentemente, estamos aqui diante de um mito de origem, pelo qual o discurso freudiano evoca a figura do pai originário, gerador que seria então da nostalgia dos filhos, pela culpa resultante ao assassinato e da severidade interditiva do supereu. Teria assim se constituído a filiação e a sociedade. No entanto, fica evidente nessa narrativa que a civilização humana se fundaria contra a barbárie originária, mas que no ato de fundação a barbárie reaparece de forma oblíqua mediante a figura do assassinato. Com isso, a barbárie se inscreve no centro do pacto civilizatório, seja como ato, seja como fantasma.

Porém, isso não é ainda tudo. Considerando então essa narrativa freudiana como um mito, podemos concebê-la agora não mais numa dimensão atemporal, mas como o mito fundador da modernidade. A alusão à morte violenta do pai tem ressonâncias bastante próximas a Freud, na realidade histórica, qual seja, a decapitação do rei realizada pela Revolução Francesa. Além disso, repetiu-se nesta o mesmo que ocorreu anteriormente na Revolução Inglesa, no século XVIII, na qual o rei foi também dizimado, tendo sido constituído depois um poder compartilhado entre as figuras do rei e do parlamento.

Vale dizer, o que estaria em pauta no mito freudiano das origens seria a constituição da modernidade ocidental mediante um ato de morte inaugural, pelo qual a soberania absoluta do rei, legitimada por Deus, foi colocada em questão de maneira violenta. Constituiu-se, assim, uma associação fraterna de cidadãos, denominada justamente de sociedade, na qual a igualdade, a fraternidade e a liberdade estariam no seu fundamento. A soberania do povo passa então a ocupar agora o lugar antes designado à soberania absoluta do rei. Enfim, o Estado republicano e a moderna democracia seriam as formações políticas que materializariam tal soberania do povo.

Portanto, no discurso freudiano a modernidade ocidental se fundaria pelo desaparecimento de um *legislador absoluto*, isto é, a figura do *um*, e sua substituição pelo *múltiplo*. A multiplicidade dos cidadãos constituiria uma associação fraterna e a soberania popular, centrados no voto e no governo representativo. Além disso, o desaparecimento da figura do legislador único se realizou pela morte, de maneira que o gesto inaugural da civilização foi um ato de barbárie, que se transmitiria inconscientemente como culpa e que inscreveria esta no coração da civilização. Por isso mesmo, o desaparecimento se transforma aqui em perda, sendo a figura do pai reverenciada sempre de maneira nostálgica pelos filhos.

Seria justamente tal perda e a sua resultante, isto é, a ausência de uma autoridade inquestionável, que estariam no fundamento do mal-estar da modernidade, o qual evidencia a perda de um único intérprete para os acontecimentos do mundo e a emergência correlata de uma multiplicidade de interpretações. Em decorrência disso, as subjetividades ficariam agora diante do imperativo de produzir a sua história diante da impossibilidade de se ter uma interpretação única, com o coeficiente da *incerteza* que isso necessariamente acarreta. Em função disso a subjetividade ficaria numa posição de desamparo.

Ao lado disso, a morte como ato fundador seria a condição de possibilidade para a produção e a reprodução da culpa, que conduziria à severidade do supereu em face do erotismo e da servidão provocada pela nostalgia do pai. Porém, o assassinato como gesto de barbárie, mesmo realizado contra a barbárie do legislador único, inscreveu inevitavelmente a barbárie no ato de fundação da modernidade.

TRAGICIDADE

É preciso evocar agora como a leitura freudiana do mal-estar na modernidade se encontra com as interpretações de outros teóricos, mesmo que isso seja feito com a retórica de disciplinas diferentes e tenha alcances também diversos. Da filosofia às ciências sociais, inúmeros discursos pretenderam interpretar a emergência da modernidade, numa evidente proximidade com o discurso freudiano.

Assim, para Foucault, a modernidade se caracterizaria pela passagem de um sistema interpretativo fundado na semiologia para outro centrado na hermenêutica.[51] Com efeito, enquanto na Idade Clássica os signos remeteriam para um referente seguro e inquestionável, na modernidade existiria justamente a perda deste referente originário.[52] A presença e a ausência da palavra divina estariam no fundamento dessa transformação radical. Com isso, na modernidade estaríamos sempre diante de interpretações infinitas, isto é, de novas interpretações que remeteriam a antigas interpretações, na medida em que não existiria mais um ponto absoluto de origem.

Os discursos teóricos de Freud, Marx e Nietzsche evidenciariam, em diferentes campos teóricos, a emergência da hermenêutica. A morte do legislador único estaria no fundamento da multiplicação dos sistemas de interpretação e na marca de infinitude que caracterizariam esta. Isso porque não existiria mais, na modernidade, a presença de uma *mathesis* universal capaz de fundar a harmonia do mundo.[53]

A episteme da história passaria a ocupar o lugar antes ocupado pela episteme da representação na arqueologia do saber de Foucault, como correlato da perda do legislador único e pela perda absoluta do referente. Estaríamos, assim, lançados inequivocamente na Babel das hermenêuticas, que se desdobraria na tessitura de múltiplas histórias como o seu correlato.[54] Com isso, desaparece também a teodiceia anterior, fundada que seria essa no único intérprete e no referente absoluto.

Porém, a leitura da modernidade empreendida por Nietzsche,[55] retomada por Heidegger,[56] fundada na morte de Deus, tangencia também a interpretação de Freud. Evidencia-se igualmente aqui a ausência naquela de um legislador absoluto que regularia o curso dos acontecimentos. Ao lado disso, o discurso da sociologia, com Weber, indica que a constituição da modernidade implicou o desencantamento do mundo e a emergência do discurso científico, que passaria agora a regular a sociedade no lugar do discurso religioso.[57]

A leitura de Freud é evidentemente próxima da empreendida por esses outros discursos. Todos esses indicam a transformação profunda implicada na perda do legislador único (Deus, Pai), assim como sua substituição pelas múltiplas interpretações. Ao lado disso, insistem ainda na emergência dos discursos científico e tecnológico, com a consequente multiplicação das hermenêuticas.

Porém, em Freud existe ainda uma outra dimensão disso tudo, isto é, a morte e o assassinato. Se Nietzsche se aproximou disso ao referir-se à morte de Deus, Freud transformou a morte num assassinato.

Com isso, a proposição se radicaliza, evidenciando sua dimensão trágica. Portanto, a barbárie seria fundante da civilização, disseminando-se no interior desta como um rastilho sempre explosivo, provocando as mais diversas perturbações do espírito, a violência e a destruição. A crueldade, sempre presente nessas, seria então a marca de barbárie inscrita no fundamento da modernidade, que se caracteriza pela tragicidade.

Notas

1. A. Gramsci, *Maquiavel, a política e o Estado moderno*, Rio de Janeiro, Civilização Brasileira, 1968.
2. L. Wittgenstein, "Investigations philosophiques", *in Tractatus logico-philosophicus suivi de Investigations philosophiques, op. cit.*
3. M. Foucault, "Les technologies de soi-même", *in Dits et écrits, op. cit.*, vol. II.
4. M. Foucault, *Volonté de savoir, op. cit.*
5. J. Starobinski, "Le mot civilisation", *in Le reméde dans le mal, op. cit.*
6. M. Elias, *La civilisation des moeurs, op. cit.*
7. M. Duchet, *Anthropologie et histoire au siècle des lumières, op. cit.*
8. S. Freud, *L'interprétation des rêves, op. cit.*

9. M. Foucault, *Naissance de la clinique*, Paris, Presses Universitaire de France, 1963.
10. B.A. Morel, *Traité de dégénérescences physiques, intellectuelles et morales de l'espècie humaine et des causes qui produisent ces variétés maladives*, Paris, J. B. Baillière, 1857.
11. J. Birman, *A psiquiatria como discurso da moralidade*, Rio de Janeiro, Graal, 1978.
12. M., Gauchet, G. Swain, *Le vrai Charcot. Les chemins imprévus de l'inconscient*, Paris, Calmann-Lévy, 1999.
13. S. Freud, "Les psychonévroses de défense" (1984), *in Névrose, psychose et perversion*, Paris, Presses Universitaires de France, 1973.
14. S. Freud, J. Breuer, *Études sur l'hystérie* (1895), Paris, Presses Universitaires de France.
15. *Ibidem*.
16. S. Freud, *L'interprétation des rêves, op. cit.*, cap. VII.
17. S. Freud, "Le refoulement" (1915), *in Métapsychologie, op. cit.*
18. *Ibidem*.
19. S. Freud, *L'interprétation des rêves, op. cit.*
20. S. Freud, *Psychopathologie de la vie quotidienne* (1901), Paris, Payot, 1973.
21. *Ibidem*.
22. S. Freud, "Jokes and their relation to the unconscious" (1905), *in The Standard Edition of the Complete Psychological Works of Sigmund Freud*, Londres, Hogarth Press, 1978, vol VIII.
23. S. Freud, *L'interprétation des rêves, op. cit.*, cap. I.
24. S. Freud, *Psychopathologie de la vie quotidienne, op. cit.*
25. S. Freud, *L'interprétation des rêves, op. cit.*, cap. VII.
26. S. Freud, "Lettres à Wilhelm Fliess", *in La naissance de la psychanalyse*, Paris, Presses Universitaires de France, 1973.
27. S. Freud, *L'interprétation des rêves, op. cit.*
28. S. Freud, J. Breuer, *Études sur l'hystérie* (1895), *op. cit.*; S. Freud, *Malaise dans la civilisation* (1929), *op. cit.*
29. S. Freud, "Formulations sur les deux principes du cours des évènements psychiques" (1911), in *Résultats, Idées, Problèmes. 1890-1920*, Paris, Presses Universitaires de France, 1984, vol. I.
30. S. Freud, *L'interprétation des rêves, op. cit.*, cap. II.
31. S. Freud, *L'interprétation des rêves, op. cit.*, cap. VII.
32. S. Freud, *Trois essais sur la théorie de la sexualité* (1905), 1º Ensaio, *op. cit.*
33. *Ibidem*.
34. S. Freud, "L'hérédite et l'étiologie des névroses" (1896), *in Névrose, psychose et perversion, op. cit.*; S. Freud, "L'étiologie de l'hystérie" (1896), *in Névrose, psychose et perversion, op. cit.*
35. S. Freud, "La moral sexuelle 'civilisée' et la maladie nerveuse des temps modernes" (1909), *in La vie sexuelle, op. cit.*

36. S. Freud, *Trois essais sur la théorie sexuelle*, *op. cit.*
37. S. Freud, "La morale sexuelle civilisée et la maladie nerveuse des temps modernes", *in La vie sexuelle*, *op. cit.*
38. *Ibidem.*
39. S. Freud, "Considérations actuelles sur la guerre et sur la mort" (1915), *in Essais de psychanalyse*, Paris, Payot, 1981.
40. *Ibidem.*
41. *Ibidem.*
42. S. Freud, *Malaise dans la civilisation*, *op. cit.*
43. *Ibidem.*
44. *Ibidem.*
45. S. Freud, *Totem et tabou* (1913), *op. cit.*
46. *Ibidem.*
47. *Ibidem.*
48. *Ibidem.*
49. *Ibidem.*
50. *Ibidem.*
51. M. Foucault, "Nietzsche, Freud, Marx", *in Nietzsche,* Cahiers de Royaumont, *op. cit.*
52. *Ibidem.*
53. M. Foucault, *Les mots et les choses*, Paris, Gallimard, 1966.
54. *Ibidem.*
55. F. Nietzsche, *Généalogie de la morale*, *op. cit.*
56. M. Heidegger, *Chémins qui ne ménent nulle part*, *op. cit.*
57. M. Weber, *L'éthique protestante et l'esprit du capitalisme*, *op. cit.*

5. Insuficientes, um esforço ainda para sermos irmãos

ACREDITEM SE QUISEREM

Um ancião resolve visitar o irmão logo após ter recebido a notícia de uma terrível doença deste, que o deixara semiparalisado. Os dois irmãos tiveram uma séria briga no passado e não mais se falaram desde então. Muitos anos já tinham se passado — dez anos, talvez. Ao ser informado da enfermidade do irmão e de sua gravidade, o velho homem reflete durante algum tempo. Poucos dias depois decide que quer vê-lo, visitá-lo. Isso se impõe de maneira imperiosa e irrevogável, porém tranquila, em seu espírito, apesar de todas as dificuldades que teria que enfrentar com a decisão.

Viúvo, mora há muito tempo com uma filha, numa pequena cidade do Oeste norte-americano. Foi morar com a filha após o divórcio dela, para dividirem a solidão de ambos e se ajudarem mutuamente nos afazeres do cotidiano. A filha tenta dissuadi-lo do intento, demovê-lo da decisão, alegando a idade avançada. Porém, o ancião não desiste do que decidira. Mantém a decisão, de maneira imperturbável, não considerando as ponderações razoáveis da filha. Decide então viajar, em condições precárias, já que essa é sua condição real de existência. A imposição da exigência, como um imperativo categórico, impedia qualquer outra consideração. Não existia, pois, nenhuma tergiversação possível quanto a isso.

Para a realização de seu projeto, toma então as providências devidas. Compra um pequeno trator, antigo, é verdade, mas que ainda tinha uma boa máquina, para empreender seu percurso. Este consistia em atravessar quase a metade do território norte-americano, percorrendo diversos estados. Isso tudo para espanto de todos, seguramente. Não apenas da filha, mas de seus amigos de vizinhança e de lazer. Coisa de velho cabeça-dura, pensam e dizem todos. Tudo não passaria de teimosia, de querer realizar uma viagem nessas difíceis condições. Um médico foi colocado na gincana, para avaliar as suas possíveis débeis condições de saúde. Porém, nada disso abala o ancião, há muito decidido sobre o que queria fazer. Apesar de todas as admoestações e críticas, o velho mantém a decisão, o desejo de encontrar o irmão doente e quem sabe ameaçado de morte.

Assim, trator comprado, o ancião realiza ainda neste alguns retoques mecânicos. Além disso, compra uma quantidade razoável de mantimentos, que julga necessários para a viagem, já que não teria outros recursos para se alimentar. Os alimentos tinham que ser duráveis, não perecíveis, caso contrário poderiam se deteriorar durante a colossal travessia. Coloca tudo numa pequena carroceria, ligada ao trator precário, e decide partir.

A sua partida foi objeto de críticas acerbas dos velhos amigos, que consideravam aquilo tudo uma grande e louca aventura, de um velho desmiolado e teimoso. Outros riam, debochavam do velho, com uma certa ternura, é verdade. Porém, ninguém acreditava que o velho conseguiria realizar seu intento, isto é, chegar à casa do irmão no outro lado dos Estados Unidos. Pensavam que desistiria no meio do caminho, pela precariedade das condições de viagem. Ou, quem sabe, o trator não aguentaria o rojão, quebraria, e o velho desistiria de tudo. Enfim, o projeto do velho era tão inesperado e inquietante, que não seria de realização possível.

Porém, fazendo ouvido de mercador para tudo isso, o velho resolve dar a partida. Coloca, então, o pé na estrada, percorrendo quilômetros infindáveis de asfalto, cruzando com carros e ônibus que se divertiam com sua esdrúxula maneira de viajar. Nada disso, no entanto, demolia o bom velho do desejo de reencontrar o irmão, para restabelecer os laços rompidos antes que a morte se impusesse. Mesmo o sol violento, que castigava seu corpo cansado pelos anos, não o demovia do projeto. As poucas chuvas que caíram tornaram momentaneamente a viagem impossível, pelo impedimento de dirigir um trator frágil nessas condições.

Dirigia sempre de dia por horas a fio e repousava à noite. Alimentava-se então com o que trouxera, quase sempre sozinho. Às vezes sua solidão de viajante era interrompida por algum encontro fortuito. Assim, deparou-se com um carro enguiçado e a motorista irritada, a quem quis prestar a sua ajuda. Ou, então, numa noite, encontrou uma jovem desolada, a quem ofereceu sua pouca comida e o calor de sua fogueira. Sem considerar, é claro, a delicadeza de seus sábios conselhos, que alentaram a jovem desesperada. Seguia, então, estrada após estrada, com a finalidade de atingir seu objetivo em tempo hábil, que era encontrar o irmão ainda vivo. Prosseguia, sempre.

Num certo momento, ocorre o que seria previsível. De tanto viajar de maneira ininterrupta, por semanas a fio, o trator quebra de maneira perigosa, colocando a vida do ancião em risco. Foi um verdadeiro milagre nada ter acontecido. Acolhido por pessoas de bem, o velho pôde ficar no apêndice de uma casa de fazenda, ao ar livre, enquanto o trator era consertado. Telefonou para a filha, pedindo que lhe enviasse algum dinheiro, que ainda lhe restava de suas parcas economias, para pagar o conserto. Isso porque o ancião dignamente não aceitava os favores que lhe ofereciam, como se isso fosse uma ferida para a sua autoestima. Retomou ainda a estrada, viajando por um bom tempo.

Em todo o percurso, a ideia que lhe martelava a cabeça era a de ainda poder falar com o irmão, trocarem impressões sobre os últimos anos de suas vidas. A memória de conversas antigas, sempre animadas, lhe vinha permanentemente ao espírito, como aquilo que perdera com o afastamento. Como seria bom recuperar e resgatar aquilo tudo que se perdeu no turbilhão de duas vidas desencontradas, dizia para si o velho homem de maneira insistente.

Finalmente chegou, são e salvo. Encontra o irmão estropiado pela doença, meio cambaleante, mas profundamente emocionado com o seu gesto generoso e desarmado. Abraçam-se então, choram discretamente e enfim conversam, como sempre faziam no alpendre da casa dos pais.

UMA VERDADEIRA HISTÓRIA?

Do que trata esta história, afinal das contas? O que está em questão aqui é a *fraternidade*, evidentemente, a relação de amor, de cumplicidade e de amizade entre dois irmãos, que eram muito ligados, apesar de uma longa briga que os afastara por mais de uma década. O laço fraternal entre ambos permaneceu vivo e pulsante, mas em estado latente, até que uma situação excepcional o fez emergir e se fazer presente.

A fraternidade seria aquilo que perpassa toda a narrativa, do começo ao fim. Porém, isso não se restringe à relação do velho com o irmão, mas também daquele com todas as pessoas que cruzam com ele ao longo da viagem. Além disso, da fraternidade com que foi tratado também pelos outros nos seus momentos de apuro. Existem, na narrativa em pauta, diferentes ramificações da experiência fraternal, construindo-se todas a partir do eixo central fundado na relação do velho com o irmão, na qual aquela se materializa de forma literal. Enfim, existem aqui círculos concêntricos e superpostos de *solidariedade*, espraiando-se a partir da saga do velho homem.

A beleza da narrativa em questão encontrasse justamente no impacto de seu contraste com o que vemos, ouvimos e falamos cotidianamente. Com efeito, existe da parte do autor da história uma delicada busca da experiência da fraternidade no mundo da atualidade, de onde esta parece ter desertado para sempre. Daí por que o diretor do filme a intitulou de *Uma história verdadeira*, para ressaltar que devemos acreditar no que nos apresenta, porque se trata de uma *verdadeira história* e não de uma fábula, apesar da incredulidade que o filme pode provocar numa parcela dos espectadores. Como se quisesse nos dizer, em alto e bom som, que isso ainda existe no nosso mundo, apesar de todos os pesares. Pasmem, se quiserem, mas não é apenas uma parábola.

O mais curioso é que seu criador, o reconhecido e primoroso diretor David Lynch, é realizador de outros filmes nos quais a miséria afetiva e o desencanto da pós-modernidade se colocaram sempre no cenário fundamental de suas narrativas. Portanto, a curiosidade é significativa, na medida em que o contraste é indicativo de que algo do sabor amargo que vivemos há muito tempo, na sombria atualidade, provoca um mal-estar de tal ordem que começa a ser respondido pela positividade conferida aos bons sentimentos, como o da fraternidade.

Algo bem próximo a isso, aliás, foi dito sobre uma boa leva de filmes que participaram do festival de Cannes de 1999, no qual realizadores marcados por um tom amargo e sempre árido na pintura fílmica da atualidade faziam um retorno significativo ao cultivo dos bons sentimentos, tal como no filme de Lynch. Esse foi o caso também de Almodóvar, que, em *Tudo sobre minha mãe*, enfatizou algo se não idêntico pelo menos bastante próximo da busca de Lynch. A fraternidade foi também a problemática fundamental do último filme de Almodóvar, mas inscrita agora num outro contexto e centrada em outros personagens, as mulheres e travestis, e não mais os velhos.

VELHICE E LAÇO FRATERNAL

Contudo, é preciso que nos perguntemos agora o que significa aqui a palavra fraternidade. É óbvio que no filme de Lynch implica muitas coisas, sendo ao mesmo tempo algo muito simples e bastante complexo. Digo muito simples, na medida em que a fraternidade indica diretamente seu sentido etimológico originário, isto é, o *frater*, o irmão. É da relação de uma pessoa com seu irmão de sangue que a narrativa trata, no seu plano mais imediato. Dizer que isso se depreende na imediatez da história não implica enunciar que seja algo superficial ou desprezível. Longe disso, pelo contrário, aliás, já que toda a densidade humana do personagem principal se funda justamente nisso.

A fraternidade não se restringe ao campo da família, mas o ultrapassa em muito. Tampouco se confina a laços de sangue. Longe disso. Estes podem ser efetivamente a condição de possibilidade de uma história, ou não. Existem irmãos que não compartilham nenhum sentimento fraternal e que se odeiam com todas as forças, da mesma forma que existem estranhos que têm laços fraternais. É essa história possível, construída sempre, que o filme valoriza, como patamar básico para que se pense na fraternidade. Com efeito, trata-se da relação de dois irmãos que se amaram muito, que tiveram uma vida em comum e que se afastaram a partir de um desentendimento. Tal relação deixou traços na memória do personagem, como sulcos ao mesmo tempo dolorosos e saudosos. Foi a doença do irmão, como signo infalível da possibilidade da morte, que orientou tais sulcos para a direção da *falta* e da *saudade*. Seria, pois, a *perda* como possibilidade, identificada aqui com a morte, que atualiza a falta.

Por isso mesmo, era imperioso o desejo do velho de reencontrar o irmão, não obstante a demanda que a filha tinha sobre a sua presença afetiva. O laço fraterno ultrapassa aqui em muito o laço filial, pelo menos no momento pontual da experiência, marcado que esse era pela sombra da morte. Daí advém a energia que comanda o ancião, o imperativo de sua decisão.

Alguém poderia interromper o que disse com uma interpelação curta e grossa: o velho foi levado a tudo isso pela *culpa*, por ter rompido os laços com o irmão por muito tempo e de repente, com a ameaça de morte, procura reparar o dano causado. Que seja, digamos assim. E daí, pergunto eu agora? Se a culpa foi o catalisador fundamental da ação do ancião, palmas para a culpa, então.

Com efeito, ser alguém ainda empurrado para ações amorosas e altruístas pela culpa é um signo alentador de que algo da ordem do possível pode ainda nos acontecer. Vale dizer, ser ainda um sujeito capaz de *reparação* das faltas em relação às figuras amadas é um signo crucial de que o mundo na atualidade ainda é eticamente habitável, na medida em que traz de volta para a existência a problemática da *responsabilidade* e o cuidado com o outro. O que está em pauta aqui, enfim, é a questão da *dívida simbólica*.

A dívida indica pois, aqui, o imperativo da responsabilidade na relação do sujeito com o outro, a dimensão *alteritária* da existência, que nos dias que correm tem sido desqualificada pela moral do hedonismo, pela exigência do gozo imediato. Assim, uma certa concepção trivial do *desejo*, sem que se considerasse devidamente a dimensão da dívida simbólica, foi colocada no cenário da atualidade em nome da liberdade. Isso se mostrou francamente problemático, me parece. Tudo isso nos conduziu lamentavelmente a uma modalidade de relação com o outro na qual a alteridade foi esvaziada no limite e o outro foi reduzido a um objeto de gozo para o sujeito.

A consequência imediata disso foi a construção daquilo que nas ciências sociais se denomina *cultura do narcisismo*,[1] isto é, uma modalidade de cultura na qual a subjetividade se concebe apenas de maneira autocentrada, sem atentar devidamente para a densidade da existência do outro. O sujeito não se emocionaria mais com o outro, não se tocando com o desejo do outro. Com isso, o que importa para aquele é o engrandecimento do eu à custa do outro, que se amesquinha então, ocupando a posição de objeto do gozo daquele. Além disso, são apenas as *performances* o que importa de fato para o sujeito, já que mediante essas o eu se incha de maneira desmesurada e goza com a sua própria grandeza.

Podemos, portanto, aproximar a modalidade de subjetividade descrita na cultura do narcisismo daquela descrita também na interpretação da atualidade como uma *sociedade do espetáculo*.[2] Isso porque as *performances* voltadas para o engrandecimento do eu teriam sempre a finalidade de promover uma cena construída para o olhar, pela produção do espetacular. Assim, pela promoção do narcisismo e pelo engendramento da cena fosforescente, o que está sempre em questão é uma concepção do desejo fora da referência alteritária, pelo qual se esvazia a relação de responsabilidade do sujeito com o outro.

Nesses termos, podemos dizer que a ênfase recentemente colocada na experiência da fraternidade é uma espécie de antídoto em face dos imperativos da cultura do narcisismo e da sociedade do espetáculo, na medida em que a categoria ética de fraternidade enuncia uma outra concepção possível de subjetividade. Nessa, com efeito, o outro importa para o sujeito e muito até, estando ambos no mesmo barco da existência. Daí a relevância atribuída tanto à experiência da culpa quanto à da responsabilidade, justamente porque a alteridade é um valor fundamental.

Entretanto, se no soberbo filme de Lynch é a *velhice* o que provoca a emergência da fraternidade como experiência, no filme de Almodóvar esta se impõe pelas *mulheres*. É o que se verá em seguida.

FEMININO E CUIDADO

Em *Tudo sobre minha mãe*, Almodóvar transforma as mulheres nas suas grandes heroínas. Aquelas podem ser heterossexuais ou homossexuais, pouco importa, mas são sempre magníficas, eticamente falando. Ou, então, podem ser apenas simulacros de mulheres, como os travestis, evidenciando uma riqueza afetiva fantástica, como no personagem Agrado. Esta é tão altruísta nos menores detalhes de sua existência, pautando-se pelo cânone de agradar ao outro, que encanta a todos indistintamente, aos homens e às mulheres. Finalmente, as mulheres podem ser até mesmo prostitutas, mas mesmo assim manifestam uma preocupação com o outro digna de ser registrada.

Porém, o eixo da narrativa é conduzido por uma enfermeira, isto é, alguém que dedica a sua vida ao cuidado do outro. Trabalha num serviço médico de ponta, dedicado ao transplante de órgãos, tendo a incumbência de convencer os familiares dos mortos a cederem os órgãos destes para a cirurgia de transplantes em pacientes condenados a morrer. Leva uma existência recatada e tranquila, dedicando-se ao trabalho e à educação de um filho que desconhece quem é o pai. A mãe não revela a identidade deste, apesar de suas insistentes demandas; no final do filme se revelará que o pai é um travesti.

A enfermeira sofre um severo revés do destino. O filho morre acidentado no dia de seu aniversário, após terem ido ao teatro para comemorar o acontecimento. Fascinado pela atriz, o adolescente quer falar com ela custe o que custar, e um carro o atropela. O coração do filho é doado para um outro, no mesmo serviço médico de transplante em que ela trabalha. Desiste de tudo. Abandona o trabalho e Madri, voltando então para Barcelona, de onde viera grávida do filho e abandonada pelo pai do menino.

Reencontra-se então com o mundo que deixara, principalmente com Agrado. Começa a constituir-se em torno dela uma rede de mulheres que compartilham seus desencantos com a vida, mas sem nenhum traço melancólico. Pelo contrário, foi a constituição dessa rede de ajuda mútua que as retirou de uma tonalidade depressiva e queixosa de existir, dando a todas alento para desfrutar a vida sem queixumes. As trocas promovem um conforto recíproco e uma certa tolerância com o mal-estar da existência, que se transforma até mesmo numa experiência de alegria.

Em contrapartida, as figuras dos homens presentes na narrativa deixam muito a desejar, ficando marcados pela fraqueza e ausência de espinha dorsal. Como por exemplo o rapaz que morre logo no início do filme. Além disso, um outro homem, pai de uma das personagens — uma jovem freira, aliás, que engravidara de um travesti, pai do filho da enfermeira, que foi cuidada por esta e que morre de Aids no final — é cego. Finalmente, os homens que desistem do seu gênero sexual e se transformam em travestis.

A figura do pai cego está no centro do desencanto das mulheres. Não do ponto de vista real, é claro, mas simbólico. Com efeito, a figura do cego é uma metáfora da condição masculina na atualidade, já que esta não consegue enxergar nada, incapaz de reconhecer o óbvio que se impõe no campo imediato de sua visão, de seu tato e mesmo do seu olfato. Trata-se de um zero à esquerda, potência absoluta do negativo, que nada discrimina no mundo. Nesse não reconhecimento total, das coisas e das pessoas, por parte dos homens, as mulheres se destacam como sendo aquilo que primordialmente a figura masculina não conseguiria mais reconhecer de maneira absoluta. A começar pela esposa megera que o controla e continuando pela filha que não enxerga e não discrimina nem mais pelo tato nem pelo olfato, coisa que o cachorro que o acompanha nas ruas como guia consegue fazer.

Porém, isso tudo quer dizer que os homens não conseguiriam mais enxergar as mulheres, que não se sentem reconhecidas por eles, em contrapartida. O desencanto feminino advém justamente dessa impossibilidade de serem olhadas, reconhecidas pelos homens na sua singularidade. Por isso mesmo, passam a cuidar-se mutuamente, buscando através disso um reconhecimento que a fraqueza dos homens não conseguiria mais realizar.

Além disso, o travestismo do filme aparece também como algo da ordem do heroico, na medida em que os travestis querem ser mulheres porque a identificação com a figura masculina se faz impossível. Isso se destaca principalmente com a personagem de Agrado, que prefere ser mulher para cuidar do outro, prodigalizando-o com agrados infinitos. Enfim, seriam as dimensões do cuidado e da fraternidade o que se destaca com vigor nessa personagem exemplar da narrativa, uma metáfora poderosa daquilo que marcaria as mulheres em oposição à figura do homem.

Tudo isso nos é apresentado numa narrativa leve e doce, marcada pelo colorido e pelo toque de humor encantador. Numa paródia instigante da condição dos gêneros sexuais na atualidade, Almodóvar nos oferece um filme deslumbrante para o nosso deleite e que nos incita a pensar, pois desvenda os impasses da masculinidade e da feminilidade hoje.

O que tudo isso nos mostra, além do que já foi dito? Antes de mais nada, que o *feminino* é um dos polos possíveis na atualidade para algo da ordem da fraternidade propriamente dita, na medida mesmo em que a feminilidade implica cuidado com o outro. Reencontra-se aqui a dimensão alteritária a que aludi acima, como sendo um traço fundamental do laço fraterno, já que para existir cuidado com o outro é necessário reconhecer o que lhe falta. Por isso mesmo, a masculinidade estaria cega e decadente, marcada que seria aquela identidade pela impossibilidade de olhar para os outros e de reconhecê-los devidamente. A fraqueza da figura do homem se revela onde menos se espera, isto é, na pretensão de ser absolutamente forte e insensível, aquela figura se emascula e perde a potência do cuidado e do reconhecimento das mulheres.

Assim, a fraternidade aqui se apresenta como eminentemente feminina, materializando-se pois como possibilidade de olhar para o outro, reconhecê-lo no que precisa e o faz singular. A fraternidade seria então a possibilidade de se voltar para o outro e de se inclinar sobre este. Estaria aqui a sua grandeza.

Contudo, se em Lynch a fraternidade emerge na figura da velhice e em Almodóvar na da mulher, em Sören Jakobsen aquela se faz presente através da figura da *loucura*. A figura da prostituta, no entanto, também é o suporte para o laço fraternal, como no filme de Almodóvar.

LOUCURA

Mifune é o signo de um jogo estabelecido entre dois irmãos para um confronto corpo a corpo, que foi a forma que encontraram para se falar e brincar. Parece uma luta de verdade, mas não é. Trata-se do simulacro de uma luta, através do qual os irmãos se comunicam. O nome alude ao célebre ator japonês que foi o protagonista do filme *Os sete samurais*, de Kurosawa. O jogo entre os irmãos é o simulacro de uma luta de samurais, com os seus gestos e ruídos, retirado do famoso filme japonês. Condensa em si mesmo o laço fraternal entre os dois irmãos, com toda a carga afetiva que circula entre ambos, que não poderia circular inteiramente pelo discurso, dado que um dos irmãos tem uma séria perturbação mental, oscilando entre a psicose e a debilidade mental. Daí por que é preciso realizar o diálogo pelos gestos de uma luta entre samurais, única forma de viabilizar o contato com o irmão perturbado.

Desaparecendo de casa e fugindo para Copenhague, um jovem homem escapole da casa paterna, procurando sobreviver à desagregação da família. Casa-se então com uma jovem, que nada sabia sobre o seu passado e de sua família, mas na noite de núpcias recebe um telefonema informando-lhe da morte do pai. A jovem esposa se surpreende que ele ainda tenha pai, já que o marido teria falado que tinha falecido. A existência do irmão doente obriga-o a se retirar por alguns dias, para colocar as coisas em ordem e retornar então para a nova vida que escolheu. Porém, foi uma viagem sem volta, já que não conseguiu abandonar o irmão à própria sorte e voltar para junto da família da esposa, tal como fizera antes.

Diante da casa paterna em completa desordem e do irmão doente vivendo no limite da animalidade, o jovem resolve colocar ordem no espaço, contratando uma governanta para organizar a casa e cuidar do irmão. A governanta, em contrapartida, era uma ex-prostituta, que fazia de tudo também para cuidar de um irmão jovem e rebelde, com sérios problemas escolares. Apesar de instituir minimamente as coisas em casa, o jovem não consegue deixar o irmão, que precisava dele para existir. Acaba por divorciar-se da esposa, já que esta pensaria que o marido tinha um caso de amor com a bela governanta.

Ainda não tivera, é verdade, mas veio a ter depois. O filme vai perdendo progressivamente o tom do drama e se transforma numa comédia rasgada, centrada no laço fraterno do jovem e da governanta com seus respectivos irmãos. O irmão traquinas dela e o irmão louco dele acabam por se entenderem muito bem, já que o primeiro falava a linguagem limitada do segundo, sem nenhum esforço, e aprenderam rapidamente a se amar.

O que se depreende aqui é a nova constituição da família, executada pelos dois jovens personagens, a partir do laço filial de cada um com os seus irmãos problemáticos, a quem não podiam abandonar e seguir as suas próprias escolhas como se isso não existisse. Acabaram por tecer um laço amoroso poderoso, que tinha no cuidado dos irmãos o seu contexto.

Em *Mifune*, portanto, Sören Jakobsen traz para a cena novamente os bons sentimentos da fraternidade e da exigência de cuidados que dois irmãos realizam com os irmãos complicados, levando-os a mudar uma forma de existência autocentrada para outra na qual o lugar do outro tinha que ser reconhecido. O jovem fez o caminho de volta para casa para cuidar do irmão louco e desamparado, assim como a jovem mulher desiste de ser prostituta para ser governanta a fim de cuidar do irmão, que, aliás, não suportava que esta se prostituísse para sustentá-lo. Enfim, a família enquanto metáfora da fraternidade se reconstitui aqui a partir do poderoso laço fraterno dos dois jovens com os irmãos desamparados.

Pode-se dizer que nas diferentes narrativas apresentadas aqui existe um esforço efetivo de recolocar em cena o laço fraternal, como forma fundamental de existência. O agenciamento dessas diversas histórias se centra em três figuras paradigmáticas: o velho, a mulher e o louco. É preciso sublinhar com insistência como o laço fraternal aqui se ordena e se catalisa a partir de figuras marcadas pela precariedade e pelo parco poder, como se essas marcas fossem a condição de possibilidade da fraternidade.

Porém, o que funda tudo isso? A que remete a fraternidade como ética, afinal de contas?

INCOMPLETUDE E AUTOSSUFICIÊNCIA

Essa ética supõe a existência de um sujeito *incompleto* e *precário*, antes de mais nada. Isso implica dizer que a fraternidade só é possível se o sujeito puder reconhecer que não é autossuficiente. Seria assim a *autossuficiência* daquele que caracterizaria o modelo de subjetivação contemporânea, promovido pela cultura do narcisismo e pela sociedade do espetáculo. Pelo reconhecimento de sua não-suficiência o sujeito poderia reconhecer o outro como um igual.

O ideário igualitário, que marcou a modernidade, fundou-se no pressuposto dessa insuficiência subjetiva, criticando mesmo a noção de plenitude. A autossuficiência, como princípio, implica uma hierarquia de base, segundo a qual alguém pode afirmar que pode prescindir dos outros, pois se bastaria. O que significa dizer que tal sujeito se coloca numa posição de superioridade ontológica em relação aos demais, tendo seu valor incrementado. Não existiria nenhum igualitarismo possível, enfim, fundando-se nesse princípio, já que a lógica da onipotência se imporia desde a origem do sistema em questão.

Sabemos perfeitamente o quanto é ilusória a perspectiva dessa superioridade ontológica fundada na autossuficiência, já que esta não existe enquanto tal. Com efeito, a autossuficiência é uma pretensão com a marca do absurdo, já que supõe um sujeito estritamente autocentrado que, na verdade, se alimenta na sua pretensão pela colocação do outro numa posição abjeta de coisa, já que diferente do primeiro. Existiria aqui uma moral fundada no *canibalismo*, na medida mesmo em que a subjetividade poderia devorar o outro e colocá-lo na posição de repasto.

Entretanto, enunciar que a autossuficiência é uma formação ilusória não quer dizer que aquela se volatilize enquanto formação, perdendo então sua consistência. Pelo contrário, trata-se de uma formação poderosa que se encontra permanentemente presente no imaginário, contra a qual é necessária a realização de um *trabalho* constante e insistente do sujeito para denunciar firmemente o que há de gasoso e vazio nessa pretensão. A fraternidade seria a resultante final deste trabalho, já que a condição de precariedade do sujeito e a sua demanda inequívoca do outro se evidenciariam.

É óbvio que a autossuficiência como critério esteve sempre presente nos sistemas morais que fundavam a aristocracia, assim como continuam ainda presentes nos grupos e segmentos sociais que imaginariamente se supõem e se intitulam aristocratas. Estes, no entanto, canibalizam e até mesmo escravizam os outros para tecerem tal pretensão, mas isso seria recusado pelo sujeito que acredita firmemente que os outros existem apenas para servi-los. O fato de que alguém sirva o outro, mesmo que não seja reconhecido pelo sujeito da autossuficiência, evidencia a pretensão vazia desta de forma imediata. Não obstante, a pretensão existe enquanto tal, já que se ancora no registro do imaginário e encontra neste suas condições concretas de possibilidade.

Pode-se entrever, de tudo o que já foi dito, que a fraternidade implica a igualdade dos sujeitos na cena do mundo, fundada na precariedade. Portanto, a solidariedade é a consequência imediata da ética do laço fraterno. A solidariedade entre as pessoas é o que se manifesta, no registro tangível das relações humanas, como o desdobramento da fraternidade. Por isso mesmo, esta como ética implica necessariamente uma política, uma ação coletiva mediante a qual os laços sociais são tecidos, pressupondo a mútua precariedade dos agentes, e que visa justamente a impedir que a usurpação da igualdade possa de fato efetivar-se.

Enunciar, portanto, que a ética da fraternidade implica uma política significa dizer que o ideário daquela não é e não pode ser absolutamente contemplativo. Isso porque a possibilidade de usurpação do outro como valor se coloca sempre no horizonte imaginário do sujeito, estando este permanentemente na espreita, podendo efetivar-se a qualquer momento. Vale dizer que a fraternidade não é absolutamente uma substância permanente e consistente, mas um estado que pode, contudo, prolongar-se ou dissolver-se, de acordo com o desejo dos sujeitos que participam dessa rede de laços inter-humanos. Isso porque a qualquer momento alguém ou um grupo de pessoas pode acreditar-se superior aos demais, pretendendo sair dessa rede e ocupar uma posição de absoluta soberania.

Como indiquei acima, a formação ilusória da autossuficiência é um dispositivo poderoso do imaginário humano, que está sempre lá, à espreita e em surdina, disposto sempre que estaria o sujeito a assumir a posição de superioridade em relação aos demais, desde que isso lhe fosse possível. Por isso mesmo, destaquei acima que um trabalho permanente do sujeito é necessário para *esvaziar* tal pretensão de seu imaginário. Posso concluir dizendo que esse trabalho se realiza em dois eixos concomitantes: cada um em relação a si próprio e cada um em relação aos demais. Isso porque é o laço *entre* os sujeitos que está aqui em pauta, devendo o esvaziamento da pretensão à superioridade ser tocada no registro do corpo a corpo. Seriam essas estratégias de trabalho que permitiriam o prolongamento dos laços fraternais, impedindo a dissolução desses. A regulação dessa rede de laços implicaria essa dupla entrada, que realizaria a gestão propriamente política daquela.

Porém, se tal descrição e comentários se mostram pertinentes, é preciso que nos indaguemos agora sobre o que funda a pertinência de tais enunciados, isto é, o que torna tão poderosa para a subjetividade a formação ilusória da autossuficiência, em face da qual é preciso que se realize um trabalho incansável? É o que tentarei esboçar no que se segue.

HUMANISMO E MODERNIDADE

A formação ilusória da autossuficiência é um dispositivo fundamental do imaginário na modernidade. Enunciado polêmico, já que formula que essa disposição autossuficiente do imaginário não é um traço absoluto do espírito humano, mas tem a marca do *relativismo*. Nem sempre os homens funcionaram dessa maneira, mas apenas a partir de certo momento histórico que se tornou permanente. O que faz acreditar, por isso mesmo, na sua eternidade, considerando-se a naturalização do dispositivo provocado pelo longo tempo histórico de sua duração.

Isso implica afirmar, logo de início, que o imaginário em pauta está sendo considerado aqui, na sua consistência, como marcado pela história. Vale dizer, tal imaginário se constituiu como um dispositivo antropológico numa temporalidade histórica. Esta é circunscrita aqui como o tempo da *modernidade*, não necessariamente existindo antes. Significa também enunciar que tal dispositivo pode ser transformado, desde que as condições de possibilidade de sua instauração possam ser modificadas.

Afirmar tudo isso como hipótese de trabalho não implica dizer, no entanto, que tal formação imaginária seja volátil. Nem de fácil dissolução. Isso porque existem condições históricas para a sua produção e reprodução, que agenciam tal formação imaginária. Vale dizer, não seria apenas por um ato de vontade que se poderia transformar esse agenciamento em causa, na medida mesmo em que estamos inscritos aqui num campo de forças que se declina no plural e não no singular.

A modernidade à qual me refiro aqui se constituiu com a emergência do mundo moderno, na virada do século XVI para o século XVII. Podemos chamá-la primeira modernidade para diferenciá-la de uma segunda, que se constituiu apenas no século XIX. Num outro ensaio, publicado neste livro, intitulei esta segunda modernidade de *modernismo*, considerando que nesse discurso existiria efetivamente uma crítica sistemática dos pressupostos da primeira modernidade.[3] Não vou retomar aqui o argumento que fundamenta tal distinção de maneira direta, mas apenas de forma indireta.

Assim, indo diretamente ao ponto crucial que me interessa aqui, pode-se dizer que a formação ilusória da autossuficiência se constituiu com o *humanismo*, quando a figura do homem foi alçada à condição de centro do mundo e medida de todas as coisas. A metafísica cartesiana, ao colocar o eu como o fundamento do ser, enunciou a posição estratégica ocupada pela razão humana e o seu empreendimento na criação do mundo.[4] Mesmo que tal enunciado em Descartes não implicasse a inexistência de Deus, contando até mesmo com a presença de um Deus benevolente, esse princípio constitutivo da metafísica moderna acabou por desdobrar-se na *morte de Deus*, no século XIX, com a filosofia de Nietzsche,[5] devidamente secundada pelo pensamento de Heidegger,[6] no século XX. Em contrapartida, a figura do homem passou a querer ocupar a posição de Deus, sendo esta a sua máxima pretensão.

Não por acaso, certamente, o mito grego de Prometeu foi reatualizado com vigor na aurora dos tempos modernos, por ter sido a figura que desafiou os deuses com a sua argúcia, isto é, pela sua razão.[7] A modernidade foi a realização concreta do projeto prometeico, sua retirada do registro mítico e sua materialização no espaço social. Além disso, o mito de Fausto se constituiu nesse mesmo contexto histórico, na tradição alemã, com a figura do homem que fazia um pacto com o Diabo — contra Deus, portanto — em nome da aquisição do saber científico.[8] O projeto de domínio científico do homem sobre a natureza implicou uma insubordinação humana contra Deus, numa aliança com a figura do Diabo. Esses mitos revelam, enfim, como no imaginário do humanismo a figura do homem desafia e desaloja o poder divino pela mediação da razão e da ciência, iniciando o processo de racionalização do mundo, com a constituição progressiva daquilo que Weber denominou de desencantamento do mundo.[9]

A moderna ideologia do *individualismo* se forjou também neste mesmo contexto histórico, de acordo com a leitura acurada de Dumont.[10] Com efeito, pelos pressupostos da moderna visão de mundo, o indivíduo passou a ser não apenas a medida de todas as coisas, mas também o elemento fundamental para que a sociedade fosse concebida como uma *associação*. Delineada, pois, como uma *societas*, a sociedade humana seria uma montagem associativa de indivíduos, considerados como suas partículas elementares. A totalidade seria então uma construção segunda, advinda sempre da junção das individualidades.

Nessa construção antropológica, portanto, a figura da subjetividade foi concebida pela proeminência atribuída ao *eu*. Este passou então a ocupar a centralidade da cena do sujeito, transformando-se então no seu fundamento, em última instância. Com isso, a modernidade representou uma ruptura absoluta com as tradições da Antiguidade e da Idade Média, nas quais o eu não ocupara jamais tal posição de fundamento. O mundo foi então subvertido nos seus menores detalhes, passando o eu ocupar a posição estratégica anteriormente atribuída à natureza e a Deus.

Nesse novo recorte antropológico, realizou-se uma transformação da categoria do *pensamento* e a emergência da categoria de *sentimento*.

Com efeito, se com a filosofia de Descartes a *reflexão* transformou-se no pensamento propriamente dito, constituindo a tradição da filosofia do sujeito, os moralistas do século XVII e XVIII passaram a conceber o sujeito como marcado pelas ressonâncias afetivas, referidas sempre ao registro do eu. Descartes delimitou inicialmente o terreno com a sua obra sobre as paixões da alma,[11] mas foi a tradição posterior que formalizou e retirou as consequências da ruptura realizada.

Assim, foi entre as potências do *amor de si* e do *amor do outro* que se pode inscrever a forma de ser do eu concebida por Le Rochefoucauld,[12] pela qual a *oscilação* entre tais polos seria definidora do próprio ser do homem. A divinização deste se realizaria pela exaltação do eu, que apenas abriria mão de qualquer amor de si, em nome do amor do outro, caso isso não implicasse uma perda substancial para a subjetividade. Com efeito, o sujeito não poderia mais abrir mão de si em função do outro, mas deveria sempre *calcular* meticulosamente o quanto poderia despossuir de si próprio em nome do outro. O cânone ético que se estabeleceu desde então foi que esta despossessão seria possível para o sujeito desde que o outro também lhe devolvesse o que lhe foi cedido.

Essa concepção antropológica dos sentimentos centrados no eu, foi a condição de possibilidade para a constituição da estética como teoria dos sentimentos. Além disso, pode-se depreender dessa moral do egoísmo — o eu como fundamento do mundo — a construção do *liberalismo* como doutrina econômica e política. O ganho econômico e a acumulação de capital como valores inscrevem-se nessa estratégia fundamental da razão calculadora do eu, segundo a qual o amor de si prevalece sobre o amor do outro, decorrendo daí que a riqueza econômica e os sentimentos estariam conjugados na centralidade atribuída ao eu. Acumular bens e exaltar o eu seriam as duas faces da mesma moeda, nessa nova ciranda antropológica.

Portanto, a formação antropológica da autossuficiência se constituiu como um dispositivo imaginário desse contexto histórico, com esses pressupostos destacados, pelos quais o homem inscreveu-se no fundamento da cena do mundo, caracterizado que seria pela *consciência*, o *eu* e a *razão calculadora*. A ciência e a tecnologia são as marcas fundamentais desse humanismo, as produções por excelência da soberania do homem sobre o mundo, os traços prometeico e fáustico da condição humana na modernidade.

O modernismo realizou a crítica sistemática dos pressupostos da filosofia do sujeito, desde a segunda metade do século XIX, constituindo-se assim um outro dispositivo marcado pela *suspeita da consciência e do eu*.[13] Com Freud, Nietzsche e Marx, a consciência humana foi esvaziada como lugar crucial de produção da verdade, deslocando-se agora o centro dessa produção para o inconsciente, as relações de força entre os homens e as relações de produção no registro econômico.[14] Constituiu-se, aqui, o *descentramento do sujeito*, marca maior da crítica da modernidade realizada pelo modernismo. Crítica permanente e insistente sobre as pretensões desmesuradas do eu, justamente porque este sempre retornava para impor sua soberania sobre o sujeito.

Vale dizer, o dispositivo imaginário da autossuficiência permaneceu ainda incólume, a dominar o sujeito, não obstante a formulação do descentramento deste. Com isso, o ideário da fraternidade se via obstaculizado, de maneira tangível, pelas pretensões da autossuficiência.

IMPASSES

A constituição da psicanálise como discurso se funda na crítica sistemática do ideário da autossuficiência do sujeito, matriz do pensamento moderno, como indiquei acima. É nesse sentido que aquela é uma *crítica* da modernidade, apesar de sublinhar os impasses vigentes para se desenraizar o sujeito de suas referências antropocêntricas. Seria então o paradoxo presente no discurso psicanalítico, realizando pelos pressupostos do modernismo a crítica da pretensão da autossuficiência, ao lado de indicar sua ancoragem no imaginário da modernidade.

Com efeito, com o conceito de inconsciente o discurso freudiano descentrou o sujeito dos registros da consciência e do eu. Com a pregnância assumida desde a origem daquele com a sexualidade, além disso, o inconsciente seria perpassado pelo sexual no seu fundamento. Portanto, as exigências adaptativas e cognitivas da consciência e do eu seriam sempre balançadas pelo inconsciente e pelo sexual, implicando uma outra dimensão do descentramento que os regula, isto é, o *desejo*. Seria este que definiria o descentramento mais radical descoberto pela psicanálise na sua crítica da modernidade.[15]

Porém, a problemática do descentramento assume duas novas direções ao longo do discurso freudiano, promovendo seu desdobramento. Numa dessas direções o descentramento foi radicalizado, enquanto na outra foram indicados os seus impasses e seu maior obstáculo. Refiro-me aqui ao enunciado do conceito de *pulsão de morte* e à leitura do *narcisismo* empreendidos no discurso freudiano.

Para começar desejo aludir ao enunciado da pulsão como pura *força*, como exigência de trabalho imposta ao psiquismo pela sua vinculação ao corporal.[16] Enquanto ser de fronteira e de passagem, entre os registros do corpo e do psiquismo,[17] a força pulsional seria constitutiva de ambos, recortando suas superfícies e territórios. Portanto, a força pulsional não teria nenhuma relação inaugural com o registro da representação, como pensara Freud inicialmente nos *Três ensaios sobre a teoria sexual*,[18] sendo o representante-representação da pulsão algo que se acopla a seu ser apenas a *posteriori*. Por isso mesmo, aquele representante não poderia jamais ser vinculado ao ser da força da pulsão, permanecendo aquela como flutuação e impacto difuso.

Essa formulação desdobrou-se no conceito de pulsão de morte dos anos 1920, isto é, de uma modalidade de pulsão sem representação,[19] na qual existiria ruído e barulho, mas que não se inscreveria no registro da linguagem. Pela mediação disso, existiria uma concepção mais radical ainda de descentramento do sujeito, ultrapassando a formulação freudiana inicial, já que a força se torna autônoma do sistema de representação. Existiria aqui, então, uma modalidade de sujeito concebida como *fluxo pulsional* e *pura pulsionalidade*, completamente descentrado, pois, em relação aos representantes. Fica evidente que por esse viés, enfim, existiria uma radicalização freudiana da problemática do descentramento.

Contudo, pela tópica do narcisismo se indica o descentramento do sujeito em relação ao outro, por um lado, mas o *recentramento* daquele como eu na economia narcísica, pelo outro. Assim, se, para se forjar, a subjetividade aliena-se no outro, condição de possibilidade para sua constituição a partir da difração autoerótica, o sujeito voltaria a centrar-se também no eu, para se proteger da angústia do despedaçamento.[20] O discurso freudiano indica aqui a constituição da autossuficiência humana, investido que seria o eu do infante pela onipotência das figuras parentais, considerado aquele sempre por estes como uma majestade e marcado pela soberania.[21] Isso porque aquelas figuras esperam que o infante realize todas as suas pretensões sarando as feridas indeléveis provocadas pela vida, ao lado de investir no eu da criança para que o infante possa dominar a dispersão autoerótica originária e proteger-se do abismo do desamparo.

Assim, entre desamparo e onipotência oscila a subjetividade humana de acordo com a leitura freudiana do eu e do narcisismo, indicando ao mesmo tempo a fragilidade daquela e a sua pretensão divinizante. Pode-se depreender daí o que disse sobre a formação ilusória da autossuficiência, na medida em que seria sempre pelo recentramento narcísico no eu que o sujeito se hipertrofia, insuflando sua crença ilusória na autossuficiência. Aquele esquece com isso de sua *dependência* originária do outro, sem o qual não teria nenhuma possibilidade de constituir-se enquanto tal e até mesmo de sobreviver. Estaria aqui a dimensão ilusória da autossuficiência do eu, a sua maior pretensão, já que sem o outro não poderia nem ser produzido, tampouco reproduzido.

O eu seria então a construção sólida pela qual o sujeito procura proteger-se do descentramento radical em todas as suas dimensões, isto é, o inconsciente, o desejo, a pulsão e o outro. Como o descentramento revela o desamparo radical e a absoluta demanda do outro pelo sujeito, o recentramento no eu evidencia a recusa do sujeito em reconhecer-se na sua fragilidade e dependência do outro.

Portanto, o que a leitura freudiana da subjetividade nos revela é a permanente oscilação do sujeito entre o descentramento e o centramento, entre o fluxo pulsional e o eu, entre o inconsciente desejante e a consciência. Vale dizer, aquela leitura indica a oscilação insistente da subjetividade entre os polos da precariedade e da autossuficiência. Por isso afirmei acima que a formação ilusória da autossuficiência seria um dos eixos fundamentais do sujeito, que se oporia à presença insistente do descentramento e do desamparo.²²

Assim, a interpretação psicanalítica da subjetividade evidenciou a *divisão* desta, retomando criticamente, ao seu modo e na sua linguagem, o que o discurso da modernidade constituiu enquanto tal, sem tematizar os pressupostos antropológicos sobre o qual se fundava. Vale dizer, o centramento do mundo no eu, na consciência e na razão implicou o desencantamento do mundo e a morte de Deus. A racionalização do mundo pela ciência e pela técnica conduziu a subjetividade progressivamente para um desamparo radical. Seria isso que produziria na modernidade um mal-estar insistente e corrosivo, sendo esta a leitura realizada pelo discurso freudiano.²³

O abissal desamparo da condição humana nesse contexto conduziu o sujeito a um impasse marcado pela tragicidade: precisar do outro como um igual e um irmão para realizar a *gestão* do mal-estar produzido pelo descentramento e pelo desamparo, contrapartidas da morte de Deus no nível antropológico; ou, então, acreditar na sua divinização narcísica centrada no eu, agarrando-se ilusoriamente na sua autossuficiência. Aqui estaria o paradoxo entre autossuficiência e precariedade, que marcaria o sujeito na modernidade e na pós-modernidade, indicando ao mesmo tempo seus impasses.

Pode-se reconhecer, portanto, no discurso freudiano uma crítica da modernidade, na qual se evidencia ao mesmo tempo os impasses que os pressupostos antropológicos desta constituíram para o sujeito. O preço a pagar por isso foi o mal-estar na civilização,²⁴ que deve ser devidamente interpretado como o mal-estar na modernidade. Além disso, o discurso freudiano indicou como o sujeito deve criticar a si e aos outros para manter a precariedade de todos, maneira única para a realização da gestão dos laços sociais, para assim evitar a instauração da figura da autossuficiência no espaço social.

Contudo, o discurso freudiano trabalhou ainda a problemática do laço fraternal nos registros político e social, lançando-nos vertiginosamente na leitura do mal-estar em outras dimensões. É o que se verá em seguida.

REBELDIA, HUMILHADOS E OFENDIDOS

O laço fraterno encontrasse no centro da leitura freudiana da constituição da sociedade a partir da horda primitiva, empreendida em *Totem e tabu*.[25] O limite imposto à pretensa autossuficiência encontrasse aqui como condição de possibilidade concreta para o estabelecimento do laço social. A sociedade e a fraternidade seriam as duas faces da mesma moeda, identificadas que seriam nessa formulação psicanalítica.

Retomando uma hipótese de trabalho sugerida por Darwin, Freud enuncia a existência de uma horda primitiva que teria antecedido a constituição da sociedade humana. Naquela teria existido um macho todo-poderoso que mantinha para si o usufruto da totalidade da riqueza e do poder, contra os filhos encarados como mais fracos do que o pai. O poder paterno se materializava pela posse absoluta das mulheres, com a exclusão dos filhos. Apenas a figura do pai poderia desfrutar sexualmente das mulheres, colocadas todas na condição de suas esposas, apesar de muitas serem de fato suas descendentes, nessa organização marcada pela promiscuidade.

O emblema do poder aqui se materializava então pela posse exclusiva das mulheres e pelo domínio do exercício sexual. Tal poder baseava-se na força efetiva do pai sobre os filhos, que se desdobrava na possibilidade de morte. Assim, os filhos eram mortos imediatamente pelo pai, caso lhe desobedecessem, estando aqui a rebeldia sexual como o signo maior de desafio ao poder paterno. Com efeito, todo aquele que buscasse uma das fêmeas da horda para o usufruto sexual seria imediatamente morto pela violência bestial da figura do pai, que não admitia nenhum concorrente no campo de sua soberania.

Sentindo-se fisicamente bem mais fracos que o pai, os filhos se submetiam ao poder do primeiro pelo terror da morte. A submissão não era dócil, mas se impunha aos filhos, dado que não existia dúvida de que o pai trucidaria os rebeldes, como sempre o fizera nas escaramuças anteriores. Existiria, portanto, uma *assimetria* de poder entre as figuras do pai e dos filhos, fundada no diferencial de força em questão. A morte como terror, como aquilo que deveria ser evitado a qualquer custo, estaria, enfim, no horizonte dessa confrontação possível entre os desiguais.

    Humilhados e ofendidos pelo poder paterno, frustrados nas suas demandas de poder, riqueza e erotismo, os filhos decidiram finalmente se unir para desafiar a figura onipotente do pai, única maneira que encontraram para se libertar da eterna submissão. Imaginaram então que, em conjunto, teriam uma força maior que a do pai, o que não tinham individualmente. Os filhos se uniram então, na sua precariedade e fraqueza, constituindo uma força bem maior que a do pai, e o mataram de forma impiedosa. Livraram-se, portanto, da subjugação ao pai tirânico, podendo finalmente ter acesso ao usufruto sexual e ao poder. Passaram, pois, a existir, constituindo uma associação de irmãos, fundada na igualdade de todos.

    Entretanto, o assassinato da figura do pai não provocou apenas alívio, como seria de se esperar dada a subjugação dos filhos à sua força, mas também *culpa* nos filhos. Pelo sentimento de amor que nutriam por aquele, ao lado do evidente ódio, o assassinato do tirano deixou um rastro poderoso de culpa nos filhos, que não os abandonou mais. Com o passar do tempo a figura do pai foi se tornando cada vez mais poderosa, não mais no registro real mas no imaginário. Em consequência disso, aquela figura foi sendo reverenciada pelos filhos como um Deus, sendo, portanto, sacralizada.

    Assim, a figura do pai foi transformada num *totem*, signo da origem daquela tradição fraternal. Enquanto totem, a tal figura pairava sobre a associação fraternal, operador fundamental da fraternidade constitutiva da sociedade humana propriamente dita, que se constituiu em ruptura com a tirania imperante na horda primitiva. Enquanto ausente/presente, como qualquer símbolo, a figura do pai representada pelo totem seria o eixo constitutivo da sociedade humana, aquilo a que esta estaria referida permanentemente.

    Na sociedade humana, à diferença da horda primitiva, não mais poderia existir a promiscuidade sexual presente nesta. Nenhum homem poderia usufruir mais de todas as mulheres, estando todos agora numa posição de igualdade. Além disso, foram interditadas as relações sexuais dos pais com os filhos, sendo instituída a lei da interdição do incesto. Isso implicou a constituição de regras de trocas sexuais, com códigos sexuais estritos. Finalmente, assombrados com a violência do pai e da realizada por eles na morte deste, o assassinato foi também interdito, passando a ser regulado de maneira rigorosa.

Como se pode interpretar a leitura freudiana da transformação da horda primitiva em sociedade, centrada na morte do pai todo-poderoso perpetrada pelos seus filhos?

FRATERNIDADE EM ATO

É evidente que o discurso freudiano inventou um *mito* constitutivo da sociedade, pensando na transformação do estatuto do homem do estado de natureza para o estado de sociedade. Foram descritos os signos dessa transformação, assim como suposição dos seus operadores e de seus agentes. Além disso, foram evocados os resultantes simbólicos dessa ruptura, como os limites instituídos para o estabelecimento da sociedade propriamente dita.

O discurso freudiano realizou aqui, ao seu modo e com a retórica psicanalítica, o que fizeram todos os contratualistas do século XVIII, que pensaram também, bem antes de Freud, como teria se originado a sociedade humana de um estado originário de natureza. Em Locke,[26] Hobbes[27] e Rousseau,[28] encontramos descrições e interpretações dessa transformação, fundadas na filosofia política e nos pressupostos da antropologia filosófica, que orientaram suas leituras da política e da constituição da sociedade. Vale dizer, o discurso freudiano trabalhou sobre um arquivo discursivo instituído há quase dois séculos, quando concebeu sua versão psicanalítica da origem da sociedade humana.

Não voltarei a insistir nas identidades e diferenças dessas diversas leituras sobre a constituição da sociedade humana, que são múltiplas.[29] Porém, em todas essas leituras, o que estava em jogo, nesses mitos de fundação, não era absolutamente a constituição da sociedade num sentido genérico, mas a constituição da sociedade moderna no sentido estrito. Esta foi concebida a partir da existência do indivíduo enquanto tal, como se perfilou no Ocidente desde o século XVII e XVIII com a emergência do individualismo. Consequentemente, a própria sociedade foi concebida sempre como uma associação de indivíduos, regulados por certas interdições e permissões, impedidos de realizar certas transgressões.

Na leitura freudiana da emergência da sociedade moderna, certos traços foram sublinhados, destacando a particularidade dessa leitura. Assim, a emergência da sociedade moderna implicaria a instauração do igualitarismo dos agentes sociais, que se conjugariam, pois, numa associação de iguais. Tal igualitarismo foi concebido a partir da figura do irmão, de forma que a ordem social seria necessariamente uma ordem fraternal, na modernidade, bem entendido. Essa seria a diferença maior entre as sociedades pré-modernas e a moderna, já que naquelas a fraternidade não se identificaria com o laço social, existindo hierarquias de diversas ordens em ação. A fraternidade implica, pois, a igualdade dos agentes sociais, representada pelo valor idêntico e permutável entre as figuras dos irmãos.

Contudo, para a instalação da ordem fraternal e da associação social, necessário é que os diversos agentes de uma comunidade se reconheçam como precários e insuficientes. Isso é bastante evidente na leitura freudiana, já que foi a condição de fragilidade diante do pai todo-poderoso que os conduziu a uma associação e a desafiar a onipotência paterna. Isso estaria inscrito no ato de fundação do social: a conjugação de forças daqueles que se consideram mais fracos, para que a força de cada um possa multiplicar-se, para se confrontar com o mais forte e vencê-lo no seu próprio terreno.

A figura do pai da horda seria, em contrapartida, a representação caricata da autossuficiência, a figuração da onipotência enquanto tal, em estado bruto. A sua superioridade hierárquica em relação aos demais era evidente. Poderia usufruir de toda a riqueza e de todo o poder como bem lhe entendesse, possuindo a totalidade do gozo para seu desfrute. Aquele poderia ser a figuração de Deus, no registro eminentemente teológico. Ou, ainda, a figuração do soberano, no registro político, possuidor hereditário de todas as prerrogativas. Trata-se, portanto, da figura do soberano-Deus no registro teológico-político, considerando-se que no Antigo Regime e no absolutismo político o direito do rei tinha uma legitimidade divina. O poder absoluto do soberano rei era autorizado por Deus. A Revolução Francesa, ao cortar violentamente a cabeça do rei, num movimento de massas dos oprimidos, instaurou finalmente a República, isto é, o regime político dos iguais e dos precários.

Contudo, é preciso não esquecer que a figura onipotente do pai da horda continua sempre presente no imaginário social, não obstante o assassinato do pai onipotente. Não apenas pela culpa dos filhos, pela morte que perpetraram de maneira sangrenta, resultando disso que aquele passou a ser reverenciado como totem e sacralizado, sendo permanentemente evocado nos rituais comunitários como signo da origem de uma tradição. Além disso, a evocação da figura do pai se presentifica regularmente no imaginário coletivo, para recordar a todos os membros da sociedade humana que todos que tiverem a pretensão de ser e funcionar como o pai primordial terá infalivelmente o mesmo fim deste, isto é, a destruição e a morte.

Isso implica dizer que o perigo de que alguém se atreva a ocupar a posição onipotente em relação aos demais e que se retire da rede de igualdade está sempre presente. De outra forma, por que a imperiosa necessidade desse funesto destino ser evocada permanentemente no imaginário coletivo? O perigo estaria assim sempre presente, em estado latente e potencial, podendo tornar-se ato a qualquer momento, caso o sistema fraternal de alianças não o impeça na gestão do social. Não mais existiria, na moderna sociedade, como nas sociedades pré-modernas, nenhuma instância absoluta e transcendente para regular os laços sociais, tendo estes de ser mantidos pela gestão dos agentes sociais irmanados.

Porém, se o perigo existe, estando sempre em estado latente e virtual, isso se deve à formação imaginária da autossuficiência que constituiu a moderna subjetividade. Se a modernidade implicou a ruptura radical dos homens com a tutela e com o poder patriarcal do pai legitimado por Deus, atribuindo aos homens um poder e uma liberdade antes inexistentes, aquela também nutriu no imaginário de todos a pretensão de que seriam agora deuses, ocupando o lugar daqueles da Antiguidade e da Idade Média.

Com isso, alguns não querem ser tão iguais como os outros, acreditando-se melhores e superiores que os demais, e tensionam sempre os laços sociais. Portanto, a igualdade conquistada é mais uma finalidade a ser sempre relançada e gerida do que uma substância definitivamente instituída, devendo ser evocada nas suas origens sangrentas para ser de novo conquistada nos seus menores detalhes.

Portanto, a leitura freudiana da sociedade moderna, concebida sempre como republicana e democrática, fundada na associação de iguais, tem como pressuposto a *castração simbólica* de todos os seus membros, isto é, o reconhecimento de cada um da própria precariedade e insuficiência. A castração aqui implica, pois, o limite imposto ritualmente à autossuficiência de todos, o destronamento da onipotência de cada um e um "chega pra lá" na economia do narcisismo. Porém, estes retornam sempre na figura do eu, no recentramento do sujeito diante do descentramento, pela angústia provocada pela perda de prestígio. A fraternidade encontraria então seu obstáculo maior, já que pelo eu a autossuficiência e a prepotência buscam impor seus direitos sagrados, ilusórios, é verdade, mas sempre operantes e poderosos.

Assim, como a formação ilusória da autossuficiência está sempre lá, à espreita do melhor momento para colocar-se em cena, ameaçando apagar o incômodo da precariedade humana e a dependência do sujeito ao outro, a figuração do totem está sempre lá também, como uma sombra implacável, evocando a todos o perigo de se deixar tomar completamente pela autossuficiência. A morte, destituição máxima que pode ocorrer com o poder humano, é o alto preço a ser pago por isso, como ocorreu tanto com a figura de Deus quanto com a do rei.

ANIMALIDADES IMAGINÁRIAS?

Nas ditas sociedades complexas nas quais vivemos hoje, os totens deixaram há muito de existir, perdendo a visibilidade que tinham nas ditas sociedades arcaicas. Os seus rastros continuam, no entanto, presentes, nos registros da memória e do inconsciente. A figura do supereu seria o traço mais eloquente disso, representando a interdição paterna advinda do complexo de Édipo, que seria uma reatualização da tragédia do pai da horda e de seus filhos.[30] Com efeito, a construção de cada subjetividade implicaria necessariamente, no discurso freudiano, a incorporação do traço do pai da horda primitiva, sua metabolização e seu erguimento como símbolo. Esse traço constituiria mesmo a *identificação primordial*, isto é, a condição de possibilidade para as demais identificações, advindas da perda de objetos de satisfação.[31]

Assim, a perda dos diferentes objetos parciais — seio, fezes, pênis, bebê e corpo da mãe[32] — só seria possível de se efetivar pela presença da marca do *pai morto*.[33] Este como um signo eloquente e destino trágico legisla negativamente os laços fraternos, evocando a ameaça de morte para quem ousar funcionar como o pai da horda e desafiar o pacto dos irmãos, arvorando-se em exercício da onipotência absoluta e da autossuficiência. Por esse viés invisível é que o totem impõe a sua presença poderosa, numa ausência trágica que provoca positivamente efeitos simbólicos fundamentais.

É claro que, apesar de tudo, a autossuficiência ensaia sempre sua retirada das sombras, como um morto sem sepultura que sempre reaparece para aterrorizar os vivos. Isso porque o horror provocado pelos múltiplos descentramentos estaria também sempre lá, atualizando-se de formas diversas, realocando com força o recentramento narcísico do eu. Assim, a sociedade fraterna seria atravessada sempre pela tensão permanente, marcada pelo retorno do imaginário da autossuficiência, que produziria mal-estar insistente. Este seria produzido por todos aqueles que não suportam a experiência da precariedade e do seu reconhecimento à dependência do outro para existirem.

Foi ainda nesses termos que o discurso freudiano pôde enunciar que os homens não são *animais de rebanho* mas *animais de horda*, de maneira que a horda estaria sempre querendo impor suas prerrogativas sobre o rebanho.[34] Assim, evocando a metáfora do porco-espinho de Schopenhauer, Freud pôde enunciar que, quando os pretensos autossuficientes se aproximam demais, os pelos se eriçam e os seus espinhos machucam os próximos, provocando a repulsão geral na horda. Isso implica dizer que a pretensão de autossuficiência do sujeito na modernidade, sua pretensão à divinização, seria a marca de sua condição de horda. O que o discurso freudiano enunciou com a linguagem biológica — animal de rebanho *versus* animal de horda — pode ser mais bem interpretado se considerarmos a construção do imaginário na modernidade, pelo qual, com a morte de Deus e com a aposta do homem em substituí-lo, o desamparo humano foi a sua resultante maior. Portanto, quanto mais desamparado se sente o sujeito, quanto mais se rebela contra isso, pretende ser Deus e superior aos demais.

Portanto, esse traço de onipotência, fundante do imaginário moderno, seria o obstáculo maior da sociedade fraterna e igualitária, dissolvendo por dentro o imperativo da solidariedade. Vale dizer, a horda é uma constante ameaça de horror e destruição para a ordem social, da mesma maneira como a figura da autossuficiência corrói internamente no sujeito a figura da precariedade.

Assim, as categorias de animal de rebanho e de animal de horda não passam de figurações do imaginário, metáforas biológicas de animalidades imaginárias, que se constituíram com a modernidade. O discurso freudiano quis insistir aqui naquilo que no sujeito se contrapõe permanentemente à fraternidade como ética, mas que, ao mesmo tempo, colocou esta como sendo a finalidade maior do modernismo, seu objetivo maior. O laço social como laço fraterno seria a materialização maior desse projeto modernista, que como utopia nos encantou desde a segunda metade do século XIX, catalisando corações e mentes nas suas propostas igualitárias, incendiando estados, territórios e palácios em nome da igualdade de todos como valor ético.

FEMINILIDADE

No mundo pós-moderno, a economia do desamparo humano em muito se incrementou, advindo daí novas formas de mal-estar.[35] A intensificação do desamparo se deve à perda de algumas das utopias que fundavam o projeto modernista. Não apenas da utopia revolucionária, mas também dos projetos estéticos de vanguarda. Em tudo isso foi o desejo, enquanto operador maior do modernismo, que deixou de nortear o imaginário coletivo. Com isso, o ideário fundado na igualdade e no laço fraternal foi balançado nas suas proposições, aparecendo hoje como uma espécie de sonho do passado sem mais nenhum lugar na atualidade.

Contudo, o preço a pagar por tudo isso é estratosférico. A constituição da sociedade de risco, de acordo com o conceito do sociólogo Beck,[36] implica perdas e sofrimentos incalculáveis para as subjetividades. A perda de certos parâmetros de estabilidade no social, que dignificavam os sujeitos na construção de suas existências, tem um custo humano muito alto.[37,38] O neoliberalismo provocou um estrago nas redes sociais de solidariedade, cuja amplidão não foi ainda bem avaliada. De qualquer maneira, a ruptura de antigas formas de institucionalidade provocou perturbações subjetivas em diferentes estados de grandeza, que não podem ser subestimadas.

Não me cabe aqui fazer o inventário disso, que realizei já de forma preliminar em outros contextos. Porém, cabe sublinhar que o afluxo de filmes novos e de diferentes origens que destacam a fraternidade como imperativo seria uma modalidade de oposição e de resistência que começa a impor-se no campo do imaginário estético. A partir do campo da arte começa a afluir uma nova energia criativa para se contrapor ao universo macabro do mundo neoliberal.

Evidentemente, os vetores e operadores dos laços fraternos, tal como se pode depreender das narrativas cinematográficas acima aludidas, são as figuras que se reconhecem na sua precariedade e fragilidade. Seria assim com os velhos, mas também com os loucos e as mulheres. É desse universo de desprivilegiados que provêm hoje o *capital simbólico* para relançar a fraternidade como projeto ético e político. Estaria aqui o incalculável manancial de energia e de inventividade que seria ainda capaz de recriar, dos fragmentos que nos restaram do turbilhão neoliberal, o projeto modernista da fraternidade.

Porém, não sejamos ingênuos. A reconstrução dos laços fraternais não passa mais hoje, apenas e fundamentalmente, pelos antigos atores desse projeto. Os agentes sociais deste são hoje os novos fragilizados pelo destino, sejam os velhos, as mulheres e os loucos. É dessa precariedade que algo vai advir, pois são os mais sensíveis ao imperativo do desamparo que se impõem na atualidade com outras cores. Se estes representam hoje, ao lado de outras figuras sociais não transformadas ainda em heróis de cinema, o capital simbólico para relançar os laços fraternais, isso se deve ao fato de que são eles que sentem na pele os espinhos da arrogância e da pretensão da autossuficiência. É dessa nova legião de precarizados que podemos esperar algo e apostar as nossas fichas na roleta do destino.

Além disso, o que deve catalisar hoje as novas formas de laços fraternais é a feminilidade como modalidade de construção do sujeito, dado que a *feminilidade* seria a forma de ordenação erótica pela qual existiria uma positividade conferida ao desamparo e à precariedade.[39] Valorizar a não falicidade, como fio de prumo da constituição do sujeito, seria enfatizar justo o oposto do que sempre foi sublinhado pela autossuficiência na modernidade. O falo, como máximo valor e como instrumento de disputa rivalitária, fundaria o eu na sua exigência de autossuficiência. A feminilidade, no reconhecimento do que existe de precário e de frágil na constituição do sujeito, seria a forma de conferir ao desamparo a sua fulgurância e a sua potencialidade de inventividade intersubjetiva. A feminilidade seria o reconhecimento cabal pelo sujeito de que não se basta e de que é feito da matéria-prima da insuficiência, fadado que seria aquele a buscar no outro não apenas o que não é mas também o que não poderia jamais ser. Por isso mesmo, a feminilidade é exercício do cuidado e da delicadeza com o outro, dada a precariedade de todos. Enfim, os laços fraternais poderiam ser catalisados na atualidade pela mediação da feminilidade, na medida em que aquela se contrapõe em tudo ao ideal pretensioso da autossuficiência.

Assim, o que perpassa as diferentes figuras do feminino, da loucura e da velhice é o eixo fundante da feminilidade, que costura suas diferenças em torno de uma marca de identificação. Seria a feminilidade como insistência do *mesmo* o que se repete no que existe de *outro* na velhice, na loucura e no feminino. Entretanto, a feminilidade é o outro diante do mesmo da autossuficiência, aquilo que faz ainda cintilar o brilho negativo da *alteridade* e de *heterogeneidade* no mundo desértico da mesmidade e da homogeneidade da atualidade. Enfim, é do desamparo de feminilidade que os laços fraternais podem ser ainda forjados e tecidos de maneira inventiva.

É desse limiar e nesse contexto que podemos ainda evocar Sade hoje, na medida em que este se mostra ainda de grande atualidade. Assim, no panfleto intitulado "Franceses, ainda um esforço se vocês querem ser republicanos",[40] Sade enfatiza que, se é o sujeito a única força real e orgânica que importa nas sociedades humanas, seria preciso realizar a crítica implacável de todas as imposições sociais. Nessa perspectiva, não é o *contrato* o que deve regular as relações entre os indivíduos, mas um efetivo *compromisso social* destes, que pode ser sempre denunciado e renovado, de acordo com as circunstâncias. Portanto, no contexto histórico da França pós-revolucionária, Sade enuncia um postulado *ético* e não *moral*, que nos remete a todos os insuficientes da atualidade. Estes indicam hoje, com efeito, as novas linhas de força para a recomposição da fraternidade, da solidariedade e da alteridade, porque são marcados no seu corpo pela insuficiência, pelo desamparo e pela feminilidade. Por isso mesmo, enfim, é preciso recordar ainda Sade hoje e mesmo plagiá-lo no seu título que é uma conclamação: "Insuficientes, um esforço ainda para sermos irmãos."

Notas

1. C. Lasch, *The culture of narcissism*, Nova York, Warner Barnes Books, 1979.
2. G. Debord, *La société du spectacle*, Paris, Gallimard, 1992.
3. J. Birman, "A psicanálise e a crítica da modernidade", primeira parte, 2º capítulo neste volume.
4. R. Descartes, "Méditations", *in Oeuvres et lettres, op. cit.*
5. F. Nietzsche, *La généalogie de la morale, op. cit.*
6. M. Heidegger, *Chemins qui ne mènent nulle part, op. cit.*
7. D. Lecourt, *Prométhée, Faust, Frankenstein. Fondements imaginaires de l'éthique, op. cit.*
8. *Ibidem.*
9. M. Weber, *L'éthique protestante et l'esprit du capitalisme, op. cit.*

10. L. Dumont, *Essais sur l'individualisme*, op. cit.
11. R. Descartes, "Les passions de l'âme", *in Oeuvres et lettres*, op. cit.
12. Le Rochefoucauld, "Réflexions ou sentences et maximes morales", *in* R. Laffont, *Moralistes du XVIIe siècle*, op. cit.
13. P. Ricoeur, *De l'interprétation. Essais sur Freud*, Paris, Le Seuil, 1965.
14. M. Foucault, "Nietzsche, Freud, Marx", *in Nietzsche*, op. cit.
15. S. Freud, *L'interprétation des rêves* (1900), op. cit., cap. II.
16. S. Freud, "Pulsions et destins des pulsions" (1915), *in Métapsychologie*, op. cit.
17. *Ibidem*.
18. S. Freud, *Trois essais sur la théorie de la sexualité* (1905), primeiro ensaio, op. cit.
19. S. Freud, "Au-delà du principe du plaisir" (1920), *in Essais de Psychanalyse*, op. cit.
20. S. Freud, "Pour introduire le narcissisme" (1914), 1º capítulo, *in La vie sexuelle*, op. cit.
21. S. Freud, "Pour introduire le narcissisme" (1944), 2º capítulo, *in La vie sexuelle*, op. cit.
22. S. Freud, *Malaise dans la civilisation* (1930), op. cit.
23. *Ibidem*.
24. *Ibidem*.
25. S. Freud, *Totem et Tabou* (1913), op. cit., cap. IV.
26. J. Locke, "Segundo tratado sobre o governo", *in Os pensadores*, São Paulo, Abril, 1973, vol. XVIII.
27. T. Hobbes, *Léviathan*, Paris, Sirey, 1971.
28. J. J. Rousseau, *Discours sur l'origine et les fondements de l'inegalité parmi les hommes*, Paris, Aubier Montaigne, 1971.
29. Sobre isso, ver J. Birman, "Sujeito freudiano e poder: tragicidade e paradoxo", *in Psicanálise, ciência e cultura*, Rio de Janeiro, Jorge Zahar, 1994; J. Birman, "O sujeito na diferença e o poder impossível", *in Psicanálise, ciência e cultura*, op. cit.
30. S. Freud, "Psychologie des foules et analyse du moi" (1921), *in Essais de psychanalyse*, op. cit.
31. S. Freud, "Le moi et le ça", *in Essais de psychanalyse*, op. cit., caps. II e III.
32. S. Freud, "Sur les transpositions des pulsions plus particulièrement dans l'érotisme anal" (1917), *in La vie sexuelle*, op. cit.
33. S. Freud, *Totem et tabou*, op. cit.
34. S. Freud, "Psychologie des foules et analyse du moi", *in Essais de psychanalyse*, op. cit.
35. J. Birman, *Mal-estar na atualidade*, 1ª edição, Rio de Janeiro, Civilização Brasileira, 1999.
36. U. Beck, *Risk society: Towards a new modernity*, Londres, Stage Publications, 1992.

37. Z. Bauman, *O mal-estar na pós-modernidade*, op. cit.
38. P. Bourdieu, *Contrafogos*, Rio de Janeiro, Jorge Zahar, 1998.
39. J. Birman, *Cartografias do feminino*, São Paulo, Editora 34, 1999.
40. Marquês de Sade, *La philosophie dans le boudoir* (Les instituteurs immoraux). 5ème. Paris, 10/18/1972.

6. Fraternidades: destinos e impasses da figura do pai na atualidade*

---
*Conferência realizada em Paris, na Université Paris XIII, no colóquio sobre "Fraternités", em setembro de 2002.

UMA PROBLEMÁTICA MULTIDIMENSIONAL

A *fraternidade* é uma questão teórica bastante presente na atualidade, tanto na tradição intelectual brasileira quanto na francesa. Não resta dúvida quanto a isso. As publicações no campo das ciências humanas nos evidenciam isso de diferentes maneiras. Um número crescente de artigos, ensaios e livros já se voltam para a exploração desse campo. A simples consideração e evocação disso já nos evidencia uma novidade importante para ser destacada por si mesma, na medida em que nos revela a emergência de um outro horizonte conceitual para o trabalho do pensamento.

Parece-me, no entanto, que a questão não se restringe a isso. Estamos aqui diante de algo bem mais abrangente, que se tece em surdina na nossa conjuntura histórica, no qual os pesquisadores farejam a magnitude e procuram apreendê-la no registro do pensamento. Com efeito, suponho que se revele aqui, no campo estritamente intelectual e da pesquisa científica, um conjunto de transformações agudas que se processam nos registros social e político da contemporaneidade. A construção de uma ideologia dita humanitária assim como, em contrapartida, o vazio em torno daquilo que se denomina comumente de solidariedade são indicadores seguros destes processos mais amplos.

Vale dizer, tudo isso seriam signos evidentes dos destinos funestos pelos quais se perfila a problemática da *soberania* hoje,[1] no mundo globalizado e desregulado em que vivemos, que nos lança todos de maneira inevitável numa certa desproteção. Ao lado da crítica sistemática desse processo de mundialização,[2] começam já a se esboçar, de forma ainda balbuciante mas certamente resoluta, novas modalidades de cosmopolitismo[3] e de internacionalismo.[4]

No que concerne à psicanálise, a mesma coisa começa também a acontecer e a se forjar, se bem que de maneira ainda tímida e tateante. Bastante tímida, aliás. É preciso que se reconheça logo isso, para começo de conversa. Por que isso? Qual a razão para que exista essa evidente *decalagem* entre o discurso psicanalítico e os das demais ciências humanas, no que se refere a tal problemática?

Pode-se afirmar que isso seria um dos signos, dentre outros, em que se evidenciaria o conservadorismo presente hoje no campo psicanalítico. Talvez. Que seja isso. Porém, não estou certo. Estamos aqui diante de algo bem mais fundamental, que precisa ser devidamente enunciado e reconhecido como tal. Com efeito, a psicanálise deve afrontar o peso de seus fantasmas teóricos e das injunções transferenciais presentes no seu campo para poder aproximar-se de maneira decisiva da problemática da fraternidade, na medida em que essa ocupa um estatuto de *resto* no discurso psicanalítico. Tanto nas obras de Freud e de Lacan quanto nas de Melanie Klein e Winnicott, o *laço fraterno* ocupa uma evidente posição de resto, não obstante o fato de ter sido objeto de teorização e de desenvolvimento temáticos ao longo da história da psicanálise.

Como se pode teorizar sobre isso? Qual a sua condição de possibilidade? Parece-me que a questão do laço fraterno foi não apenas negligenciada na tradição psicanalítica, mas também colocada como secundária e até mesmo, no limite, considerada desprezível na economia psíquica, como consequência e desdobramento inevitáveis da *prevalência* atribuída nesta, seja à figura paterna (Freud, Lacan), seja à figura materna (escola inglesa). Estaria aqui o obstáculo teórico maior do campo psicanalítico para que se possa atribuir à fraternidade uma positividade maior na economia subjetiva. Seria preciso atravessar, pois, esses fantasmas teóricos, nas suas devidas injunções transferenciais, para que possamos nos aproximar efetivamente disso e retirar a função fraterna no discurso psicanalítico desse limiar de resto.

Impõe-se hoje, com certa urgência, que se empreenda tal caminho teórico. Trata-se de um imperativo. Isso porque as novas condições de mal-estar na atualidade se colocam como um imperativo no registro da experiência psicanalítica. É a clínica, portanto, que nos exige isso, se considerarmos o descompasso existente entre os nossos instrumentos de escuta e as novas modalidades de sofrimento que se apresentam na contemporaneidade. É justamente isso que estará sempre em pauta aqui, ao longo deste ensaio.

RIVALIDADE E FRATERNIDADE

Para realizar tal percurso teórico e atravessar o campo transferencialmente marcado pelos nossos fantasmas teóricos, é necessário que nos indaguemos inicialmente sobre as linhas de força capazes de delinear o laço fraterno, mesmo que isso se faça aqui e agora de maneira introdutória e, portanto, esquemática. Assim, a fraternidade não é um conceito simples e unívoco, como poderia talvez pensar um espírito apressado e que pretendesse ir direto ao ponto. É preciso realizar aqui um pequeno desvio, mesmo que tortuoso, para que não se conclua logo sobre algo tão controvertido como o laço fraterno. Este é o meu ponto de partida aqui. É a univocidade sempre presente na leitura desse conceito que pretendo colocar em pauta, antes de mais nada. Daí por que o *plural* colocado imediatamente no título deste ensaio, pelo qual quero aludir à existência de diferentes modalidades de fraternidade.

Isso porque a fraternidade não pode ser restringida a uma dimensão estritamente familiar, apesar de essa estar sempre implícita nas leituras psicanalíticas sobre isso. É claro que na melhor tradição psicanalítica a ordem familiar é sempre apreendida e difratada pela *lógica edipiana*, sendo as posições e as figuras inscritas na estrutura edipiana, nas suas diversas valências afetivas, que tornam a família uma configuração pregnante na realidade psíquica. A novidade introduzida pelo discurso psicanalítico, no campo das ciências humanas, se fundaria justamente aqui, isto é, nessa *transversalidade* operada pelo Édipo, que inscreve na realidade psíquica a dinâmica da ordem familiar. As *identificações* psíquicas seriam as resultantes desse processo.

Ao lado disso, no entanto, a fraternidade se delineia ainda no registro do *fantasma*. Se a lógica deste não é incompatível com o cenário edipiano, como se sabe, insinua, em contrapartida, uma outra dimensão sempre presente no laço fraterno. Foi essa indubitavelmente a outra inovação trazida pela psicanálise para a leitura do laço fraterno, que se, por um lado, oferece materialidade psíquica à dinâmica edipiana, pelo outro desenha uma outra abrangência para tal laço no psiquismo. Pela sua dimensão fantasmática, a problemática da fraternidade exige teoricamente que se considere a presença da economia libidinal nos laços sociais. Quanto a isso, não há também nenhuma dúvida, creio eu. Isso porque é a indicação da presença dos signos contraditórios sempre evidenciados por essa economia o que define a especificidade teórica e metodológica da psicanálise.

Como decorrência disso, pode-se dizer então que a leitura psicanalítica do laço fraterno implica também que se considere devidamente as suas dimensões *ética* e *política*. Essa leitura nos autoriza a isso, seja restringindo ao registro edipiano seja abrindo para o registro do fantasma.

Para isso, contudo, é preciso apreender também a fraternidade fora do registro da *rivalidade*, para depreender nesta uma outra positividade. Estaria aqui, ao que tudo indica, o obstáculo teórico maior para que o discurso psicanalítico possa aproximar-se da fraternidade de uma outra maneira, para poder atribuir a esta um outro destino.

Com efeito, a fraternidade tem sido considerada apenas, na nossa tradição teórica, pelo seu traço rivalitário e no limite destruidor, sem que se enfatize devidamente que tal leitura é historicamente marcada. A cuidadosa interpretação do discurso freudiano nos possibilitará indicar isso, de maneira concisa, nos seus efeitos sintomáticos. Porém, o que a leitura desse discurso nos permitirá entrever, nas suas linhas e entrelinhas, é como a interpretação dos laços fraternos supõe também uma consideração crítica sobre os destinos da paternidade na subjetividade moderna. Vale dizer, a fraternidade rivalitária e mortífera está essencialmente ligada a uma disputa encarniçada dos irmãos pelo amor do pai. Não se pode considerar, portanto, o destino rivalitário da fraternidade sem que se sublinhe enfaticamente, ao mesmo tempo, o lugar estratégico ocupado pela figura do pai na disputa fraternal. Uma outra interpretação do laço fraterno, revelando outra positividade, pressupõe a superação desse obstáculo, ao mesmo tempo teórico e fantasmático.

Pode-se indicar ainda que a rivalidade, enfatizada ainda como decorrência única da fraternidade, está igualmente presente na tradição da escola inglesa. Mesmo que essa tenha empreendido o deslocamento crucial da figura paterna para a materna, como operador fundamental na realidade psíquica, o que estaria em jogo aqui seria sempre a disputa mortal dos irmãos pelo amor materno. O mesmo obstáculo teórico se repete, pois, aqui, sem que ocorra qualquer modificação substantiva da problemática em pauta. Não tenho a intenção de examinar isso neste ensaio, mantendo-me apenas nas tradições freudiana e lacaniana. Porém, gostaria de indicar com isso que, mesmo me atendo a essas tradições teóricas, a mesma demonstração continuaria sendo igualmente válida para a escola inglesa da psicanálise.

Dito isso é preciso avançar então na leitura da figura paterna na psicanálise, para que se esbocem devidamente os obstáculos presentes para um outro discurso sobre a fraternidade. A esse respeito, é preciso evocar que os destinos da *imago paterna*[5] e do *nome do pai*[6] se superpõem cada vez mais no nosso horizonte teórico e histórico. Não obstante as suas diferenças conceituais, bem fundamentadas por Lacan, suas diversidades se apagam cada vez mais no imaginário contemporâneo, se considerarmos os novos desdobramentos do mal-estar na pós-modernidade. As novas modalidades de sofrimento psíquico evidenciam bem a impossibilidade de se separar na subjetividade atual os registros teóricos da imago paterna e do nome do pai.

Minha intenção neste ensaio será a de demonstrar, a partir de uma leitura crítica do discurso freudiano, como é possível conceber diferentes modalidades de fraternidade, desde que sejam consideradas em estrita relação com os destinos da figura paterna na subjetividade. Para isso, no entanto, temos que destacar sempre em surdina os efeitos incisivos da desregulação produzidos pela mundialização. As novas formas de sofrimento psíquico, da atualidade são a bússola e o leme que me orientaram aqui nesta incursão crítica sobre a fraternidade.

Comecemos, pois.

DA PROTEÇÃO À FALHA DO PAI

Como se sabe, Freud retomou em 1920, no célebre ensaio "Além do princípio do prazer", a teoria traumática das perturbações psíquicas que tinha deixado de lado em 1897. Tal abandono foi até mesmo considerado a condição teórica de possibilidade para a constituição da psicanálise, como saber e como modalidade outra de experiência clínica. Para que se delineie bem o que significa essa retomada, é preciso que se defina devidamente não apenas o que é o trauma nesses dois momentos cruciais do discurso freudiano, mas o que está em jogo na leitura daquilo que é o traumático. No que concerne a isso, é fundamental que se considere devidamente o lugar estratégico atribuído à figura do pai no discurso freudiano. É justamente isso que está aqui em pauta, no cerne dessa problemática, no fundamento das transformações do pensamento freudiano a esse respeito.

Assim, quando Freud disse a Fliess, na sua correspondência, que "não acreditava mais na sua neurótica",[7] queria com isso afirmar que perdera a convicção na teoria do trauma centrada na sedução,[8] na medida em que todas as narrativas de seus pacientes não tinham o estatuto de *acontecimento* como concebera até então. As seduções que esses teriam sofrido, na tenra infância, não passariam de fantasmas, isto é, não seriam produzidos pela realidade material, mas pela realidade psíquica.[9] Com isso, o discurso freudiano fundou então a psicanálise como discurso na dita realidade psíquica, tendo no registro do inconsciente o seu campo primordial de escuta.[10]

Para enunciar as coisas assim, no entanto, o discurso freudiano realizou uma verdadeira operação de *salvação* da figura do pai. Isso porque, para deslocar o lugar da sedução como trauma, do registro do acontecimento para o do fantasma, Freud teria afirmado literalmente que não poderia aceitar que o pai pudesse ser uma figura perversa, já que sedutor do infante.[11] Enquanto personagem perverso engendrado pelo imaginário infantil, a sedução paterna poderia ser perfeitamente aceitável. Tudo isso se constituiria no cenário perverso-polimorfo da realidade psíquica, mas não comprometeria a figura paterna no real, de forma que este foi forjado então como quem daria *proteção* ao infante e ao sujeito em geral.

Em 1920, contudo, caiu por terra a operação de salvação do pai empreendida por Freud, na medida em que, na nova descrição da experiência psíquica proposta, aquele não podia mais proteger o sujeito da experiência traumática. Desde então, portanto, a figura do pai foi delineada numa posição de *falha* no discurso freudiano, não porque fosse sedutor, mas porque não poderia mais prever os acontecimentos que pudessem ter um efeito traumático na subjetividade. Pode-se enunciar, então, que a nova configuração da figura do pai indica, ao lado da sua posição de falha a sua condição de *falta*, não podendo por isso mesmo o pai proteger a subjetividade do que pudesse ocorrer de pior, como o pensamento freudiano acreditara firmemente nos seus primórdios.

Foi nesse contexto teórico que o discurso freudiano formulou o conceito de pulsão de morte.[12] Assim, ao lado de Eros, no qual se incluiriam as pulsões sexuais, existiria também a pulsão de morte. Esta foi caracterizada pela sua dimensão de *silêncio* e pela ausência dos representantes da pulsão. Existiriam aqui, assim, as intensidades, mas com suspensão dos representantes. A resultante disso é a presença estridente do *ruído* num campo imantado pelo silêncio. Vale dizer, a pulsão de morte indicaria a presença do *excesso* e da *intensidade* na subjetividade, justamente porque existiria uma falha na articulação representacional da pulsão.[13,14,15] Estariam reunidas assim as condições para a experiência traumática no sujeito, na medida mesmo em que seria este excesso ruidoso da pulsão, na falta da articulação representacional produzida pela figura paterna, a condição de possibilidade para o trauma.

O que se desenha então é uma outra configuração da subjetividade, na qual o trauma enquanto tal é uma possibilidade sempre presente e virtual. Isso indicaria uma fragilidade inerente ao psiquismo, entreaberto por suas fissuras diante do traumático. Por isso mesmo, o discurso freudiano forjou uma outra teoria da angústia, em 1926, em *Inibição, sintoma e angústia*,[16] na qual a maior preocupação do sujeito seria a de se antecipar a qualquer acontecimento que pudesse ter um efeito traumático. Com efeito, o psiquismo produziria antecipadamente a angústia-sinal para evitar custe o que custar a desastrosa angústia traumática. Tudo isso porque o trauma seria agora uma possibilidade potencial sempre colocada no horizonte do sujeito, como decorrência da falta paterna. Vale dizer, a falha do pai se materializaria na sua impossibilidade de antecipação infalível, expondo então a subjetividade ao trauma.

A totalidade dessa reestruturação teórica na leitura do psiquismo teve como efeito fundamental um lugar outro atribuído ao registro econômico na metapsicologia freudiana. Passando a ocupar uma posição cada vez mais importante em face dos registros tópico e dinâmico,[17] o registro econômico, indicando o excesso e a pura pulsionalidade, seria a contrapartida agora da falha na articulação representacional da figura paterna.[18] Ao registro econômico foi conferida uma posição estratégica na metapsicologia freudiana.

A compulsão de repetição seria a forma como o psiquismo poderia então estruturar-se, pela qual o sujeito buscaria ostensivamente ocupar uma posição ativa nos cenários do trauma e do excesso pulsional, procurando pelo desprazer da repetição antecipar-se a dor e a qualquer ameaça de morte psíquicas. Tudo isso, enfim, porque a subjetividade não poderia mais contar com a presença do pai protetor, na medida mesmo em que desde então a figura paterna teria a marca insofismável da falha.

REPETIÇÃO E FORMAS DE SUBJETIVAÇÃO

Essa viragem crucial no discurso freudiano já se antecipava antes dos anos 1920, o que se evidenciava pela presença de signos esparsos mas sempre eloquentes. Pode-se revelar isso não apenas nos escritos sobre a técnica psicanalítica mas nos relacionados à cultura.

Vou percorrer aqui, esquematicamente, esses arquivos, iniciando pelo da técnica.

Assim em "Rememorar, repetir e elaborar", de 1914, o discurso freudiano indicava já os limites existentes no processo de rememoração na experiência analítica, evidenciando a presença, em contrapartida, da repetição. Esta já se impunha progressivamente na cena psicanalítica com toda a sua eloquência e ruído, tal como será instituída posteriormente nos anos 1920, passando a ocupar a posição estratégica atribuída até então à rememoração desde os primórdios da psicanálise.[19]

É claro que o discurso freudiano procurou discriminar conceitualmente aqui rememoração representacional e rememoração em ato, para afirmar sempre o primado do rememorar na cura analítica.[20] Porém, pode-se depreender disso tudo que já era os limites do registro de representação que estava aqui em questão, que então silenciava e era substituído pela ruidosa repetição em ato. Articulava-se já aqui, nesse contexto, os signos inaugurais que serão reunidos posteriormente numa totalidade, por Freud, no conceito de compulsão à repetição e de pulsão de morte, logo em seguida.[21]

Rememorar em palavras e em atos não é exatamente a mesma coisa, como se sabe. Não obstante as suas óbvias similaridades, evidenciam diferenças fundamentais. Isso porque uma concepção diversa da memória toma corpo aqui, na qual se contrapõe uma perspectiva linear do tempo, fundada na relação sujeito/verbo/predicado, a uma outra na qual a linearidade temporal implode em prol da fragmentação sintática do enunciado verbal. Com efeito, seria agora o *verbo*, como ato e gesto, no apelo irruptivo da compulsão, que domina a totalidade da cena. O sujeito e o predicado se forjariam apenas em seguida, como desdobramentos da ação gestual do verbo.

Em "As pulsões e seus destinos", de 1915, o discurso freudiano procurou evidenciar tudo isso na configuração esboçada para a construção do circuito pulsional, ao propor as operações primordiais na constituição desse. Com efeito, na inversão da força da pulsão da posição de atividade para a de passividade, assim como na operação descrita como de retorno sobre a própria pessoa, seria a força como ato e gesto que estaria sempre em pauta.[22] Vale dizer, seria o verbo, na sua ruidosa compulsão, o agente sintático primordial da ação, que se desdobraria posteriormente nos enunciados proposicionais, que estariam presentes nas operações de recalque e da sublimação.[23]

Isso implica dizer que o discurso freudiano procurou esboçar aqui a constituição das enunciações inconscientes a partir da oposição da força (*Drang*) da pulsão e do Outro.[24] Com efeito, seriam as torções, retorções e derivações daquela no campo deste que constituiriam o circuito completo da pulsão e os enunciados constituídos pela conjugação do sujeito, do verbo e do predicado. Vale dizer, o discurso freudiano não concebe mais aqui o circuito da pulsão como formalmente construído, no qual a força da pulsão estaria já desde sempre inscrita no registro da representação — como imaginara nos *Três ensaios sobre a teoria sexual*[25] —, mas como algo que se constituiria em ato pela compulsão, como gesto e verbo, no interstício constituído pela polaridade entre a força da pulsão e o Outro.

A falha e a falta da figura do pai estariam representadas justamente nessa fissura crucial, materializadas que seriam aqui nesse *intervalo* existente entre a força constituinte da pulsão e o circuito pulsional constituído. Seria agora o abismo sempre presente entre essas construções metapsicológicas que evidenciariam a falta da proteção paterna, expondo então o sujeito à experiência traumática. Isso porque a pura força da pulsão, destituída que é de qualquer articulação pelos objetos de satisfação e sem contar com a hegemonia reguladora do princípio do prazer, se evidenciaria pelas figuras eloquentes do excesso e da intensidade. Estamos já lançados aqui, enfim, naquilo que o discurso freudiano enunciará posteriormente, em 1920, como sendo o território regulado pelo além do princípio do prazer e pela presença da pulsão de morte.[26]

Dito de outra maneira, a concepção de que existiria agora uma autonomia do registro da força em face dos futuros representantes pulsionais seria fundante do que o discurso freudiano formalizará logo em seguida com os conceitos de pulsão de morte e da existência de um além do princípio do prazer.[27] Seria apenas nesse contexto que a formulação freudiana já estabelecida desde os *Três ensaios sobre a teoria da sexualidade*, de que o objeto seria aquilo que é o mais variável na pulsão,[28] ganha pleno sentido. Com efeito, o objeto da força pulsional é variável e potencialmente infinito na medida mesmo em que a figura do pai, como articulador e regulador do circuito da pulsão, é falho, expondo então o sujeito ao *acaso* dos encontros e dos desencontros objetais. Foi justamente pelo viés do acaso que o discurso freudiano trouxe de volta a importância crucial da *contingência* e do acontecimento para o psiquismo. O trauma, portanto, estaria delineado pelo horizonte possível e virtual do sujeito exposto ao acaso e à contingência.

MAL-ESTAR E MODERNIDADE

Essas transformações fundamentais dos conceitos metapsicológicos, com as inevitáveis implicações que produziram na teoria da experiência psicanalítica, foram o correlato daquilo que o discurso freudiano procurou estabelecer simultaneamente na sua leitura sobre a cultura. Assim, as referidas falha e falta da figura do pai podem ser também encontradas nos escritos sobre a cultura, fundantes que foram dos ensaios metapsicológicos e técnicos. Os vazios presentes nestes podem agora ser preenchidos num percurso crítico pelos textos no qual Freud interpela a cultura pelos efeitos dessa na subjetividade.

Pode-se enunciar que a morte realizou sua entrada triunfal na psicanálise pela figura bastante eloquente, para meu propósito aqui, da *morte do pai*. Num discurso dominado até então pela pregnância da sexualidade, Freud nos lançou agora não apenas na pregnância da morte na realidade psíquica, mas também no lugar estratégico ocupado pela morte do pai na subjetividade. Como se sabe, apenas posteriormente a figura da morte se fará então presente sob a forma da existência da pulsão de morte, sendo antecedida conceitualmente pela afirmação do intervalo estabelecido entre a força e o circuito pulsional, no qual a repetição como compulsão passou a ocupar o lugar até então atribuído à rememoração na cura psicanalítica. É bastante importante sublinhar, enfim, que foi a ficção histórica do pai morto que não apenas introduziu a figura da morte no discurso freudiano, como também que seria isso que fundaria as transformações metapsicológicas e técnicas ocorridas precisamente neste contexto.

Assim, em *Totem e Tabu*, o discurso freudiano nos apresenta a cena terrorífica do assassinato do pai da horda primitiva realizado por seus filhos.[29] Estes, sentindo-se mais fragilizados que o pai na sua força física e sempre ameaçados de morte por este caso ansiassem desfrutar do gozo com as fêmeas da dita horda originária, decidiram reunir suas parcas forças e matar o pai todo-poderoso. Constituíram desde então uma associação fraternal, baseada na solidariedade dos irmãos, tendo sempre como imperativo a presença da figura do pai como sombra, na qual todo aquele que pretendesse ocupar a posição originária do pai teria o mesmo destino funesto que este, isto é, a morte. No lugar do pai, agora morto e ausente, foi erigido um totem, como marca da origem de uma linhagem. Ao lado disso, como ausência, a figura assassinada do pai seria sempre evocada como destino possível para todo aquele que pretendesse o monopólio do gozo e o poder absoluto na sociedade dos irmãos.

Não obstante o discurso freudiano ter pretendido destacar a constituição da ordem humana como sempre inscrita na ordem simbólica, pela passagem imemorial do registro da natureza ao da cultura pelo limite inesquecível imposto à onipotência do pai primordial,[30] é evidente também que aquele descreve a emergência e a constituição da modernidade na tradição ocidental. A sociedade moderna se teceu, com efeito, pela derrocada definitiva do poder absoluto e monárquico, que teve na decapitação do rei no contexto da Revolução Francesa, o seu símbolo maior e a sua ritualização efetiva, rememorada desde então na nossa tradição.

A soberania absolutista foi definitivamente substituída pela soberania do povo. Como se sabe, tudo isso foi antecedido pela Revolução Inglesa, na qual o rei também foi morto, de forma que a soberania passou a ser dividida desde então entre as figuras do rei e a do parlamento.[31]

O que me interessa destacar nisso tudo é sobretudo que a descrição freudiana procurou empreender aqui a narrativa épica do advento da modernidade, na qual uma modalidade de sociedade fundada nos laços fraternos substitui outra centrada na figura do soberano como *um*. Desde então este se inscreveria apenas no registro do fantasma e da realidade psíquica, como fonte permanente para os filhos da culpa pelo assassinato realizado e também com o apelo de proteção, pelo signo imemorial da tradição.

Retomarei esse ponto adiante, para aproximar o discurso freudiano de outras tradições intelectuais na leitura da modernidade. Por ora me interessa apenas insistir nessa transformação radical daquele discurso, no qual a figura do pai se desloca de uma posição de proteção da subjetividade para outra na qual, como fantasma, passa a caracterizar-se pelos atributos da falta e da falha. Em tudo isso, a soberania se desloca do polo do poder absoluto para o do poder relativo, no qual a sociedade fraterna é a sua materialização eloquente e a marca maior na modernidade.

A concepção de que a sociedade moderna seria *individualista* e não mais *holista*, na qual o indivíduo como *valor* estaria no fundamento da modernidade e na base dos direitos humanos,[32,33] evocado sempre nos preâmbulos das constituições francesa e norte-americana,[34] seria outra maneira de dizer que a moderna sociedade no Ocidente se fundaria nos laços fraternais sem mais contar com a presença da soberania absoluta. Seria então a morte por assassinato da figura do pai nessa tradição que indicaria a desconstrução do holismo e a emergência histórica do individualismo. Estaria também aqui a fonte daquilo que o discurso freudiano enunciou depois como o *mal-estar* na civilização,[35] que prefiro denominar propriamente de mal-estar na modernidade,[36] pelas razões já enunciadas.

Com efeito, em "A moral sexual 'civilizada' e a doença nervosa dos tempos modernos",[37] o discurso freudiano já indicava que o mal-estar que se plasmava na forma das perturbações do espírito era uma produção estrita da modernidade. Seriam as disfunções no registro moral, incidindo sobre a sexualidade, que produziriam as perturbações psíquicas. Trata-se aqui da modernidade histórica no discurso freudiano, e não de uma pretensa transformação imemorial, que indicaria a passagem indelével do registro da natureza para o da cultura, no qual se contraporiam para sempre civilização e barbárie.

Para que isso fique mais claro ainda, é preciso considerar que o significante civilização foi eminentemente produzido pela modernidade no Ocidente, assim como a oposição civilização e barbárie. Considerando não apenas a leitura acurada da constituição da palavra civilização desde o Renascimento até o século XIX,[38] como também dos processos históricos e sociais que o constituíram, pode-se depreender facilmente sua modernidade.[39] Em decorrência disso, o conceito de civilização foi inscrito no fundamento do discurso antropológico dos séculos XVIII e XIX,[40] assim como a sua oposição ao de barbárie, como a história da antropologia social nos indica.

Vale dizer, o discurso freudiano utiliza sempre os conceitos da civilização e de mal-estar na civilização no campo desses jogos de linguagem,[41] no qual todos foram constituídos na modernidade. É disso então que se trata, não apenas para compreendermos devidamente o sentido semântico desses termos no discurso freudiano, mas sobretudo para interpretarmos a crucial transformação que se processa no pensamento psicanalítico nesse contexto, que procuro balizar deste o início deste ensaio.

Portanto, ao substituir a figura do pai protetor pela do pai falho e faltante, o discurso freudiano deslocou-se de uma concepção pré-moderna de cultura para outra que seria propriamente moderna. A transformação de sentido da categoria pai seria o signo revelador disso na economia simbólica do pensamento freudiano. Apenas nesse contexto o discurso freudiano seria propriamente marcado pela modernidade, com as consequências metapsicológicas e técnicas acima indicadas.

Tal afirmação pode talvez surpreender alguns leitores deste ensaio. Porém, para encaminhar a demonstração disso, basta evocar a perplexidade de Freud com os efeitos destruidores revelados pela Primeira Grande Guerra. A fonte maior do aturdimento daquele é a constatação de como a civilização é a fonte permanente da barbárie, não estando esta então no polo oposto daquela, como pensara antes. A ausência da figura do pai protetor seria a condição da barbárie e do mal-estar na modernidade. A falha e a falta na figura do pai seriam então as condições de possibilidade da barbárie, lançando, pois, as figuras dos filhos numa rivalidade infinita e destruidora.

Em "Considerações atuais sobre a guerra e a morte", ensaio escrito em 1915 e que testemunha com vigor os efeitos destruidores até então inéditos da violência humana, Freud não pôde mais compreender os descaminhos da civilização moderna e a derrocada da razão.[42] Pergunta-se, sempre inquieto e aturdido, como é que os maiores representantes da civilização ocidental poderiam perpetrar tal banho de sangue, como se o domínio da razão nada pudesse fazer diante do imperativo passional da rivalidade guerreira. Essa perplexidade seria justamente o signo maior da quebra definitiva do pai protetor, concebido até então como fundamento da civilização e da racionalidade. Enuncia-se agora, pois, uma nova figura do pai, com os atributos da falha e da falta, acompanhado do seu trágico cortejo de morte, destruição e violência, como marca inconfundível da modernidade.

Seria tudo isso, então, que estaria em pauta nessa transformação radical do pensamento freudiano.

Consideremos agora outras consequências metapsicológicas dessa leitura nos seus efeitos sobre as formas de subjetivação no discurso freudiano. As figuras do *desamparo* e do *masoquismo* passaram a ocupar agora as posições estratégicas no campo da subjetividade descrita nesse discurso. É o que veremos no que se segue.

DESAMPARO E MASOQUISMO

O enunciado do conceito de pulsão de morte na viragem crucial dos anos 1920,[43] como consequência que foi da desarticulação dos registros de força e dos representantes da pulsão na metapsicologia de 1915,[44] teve como desdobramento fundamental uma concepção outra da subjetividade pela qual o desamparo estaria na base do psiquismo. A condição desamparada do sujeito, descrito pelo discurso freudiano, seria ainda a contrapartida da nova forma na qual o pai passara a ser representado neste, isto é, a sua figuração como falha e faltante. Seria, pois, pela consideração básica da condição psíquica do desamparo que as formas de subjetivação se constituiriam para produzir o sujeito enquanto tal.

Na metapsicologia de 1915 o Outro seria o polo crucial para a estruturação da força pulsional, delineando então o horizonte para as formas de subjetivação. Os diferentes destinos da pulsão enunciados no discurso freudiano — transformação da atividade em passividade, retorno à própria pessoa, recalque e sublimação[45] —, seriam então os diversos percursos constitutivos das formas de subjetivação. Com a nova dualidade pulsional dos anos 1920, a pulsão de vida se inscreveria agora no polo do Outro, estruturante que seria das formas de subjetivação e que se contraporia à dissolução silenciosa promovida pela pulsão de morte.[46]

Nesse contexto teórico, um outro conceito de sublimação foi então forjado,[47] pelo qual não existiria mais oposição entre erotismo e sublimação, tal como fora enunciado no início do percurso freudiano.[48] Com efeito, concebida agora como operações destinadas à articulação dos registros da força, do objeto e da representação da pulsão, a sublimação como o erotismo seria uma forma diversa de a pulsão de vida se contrapor à pulsão de morte. Consequentemente, erotizar e sublimar seriam agora gramáticas diversas das formas de subjetivação, pelos quais o psiquismo se defrontaria criativamente com a sua condição de desamparo.

Porém, a trágica convivência com a condição desamparada transformou-se na problemática fundamental da subjetividade. Por isso mesmo, diante da dor que isso implica, o sujeito buscaria sempre defender-se dessa condição, custe o que custasse, mediante a denegação, a recusa e a rejeição daquela. Assim, passa a fazer apelo às figuras do *pai ideal* e do *supereu* como defesas em face do desamparo. Com isso, portanto, a *tragicidade* da condição desamparada do sujeito, delineada no percurso final do discurso freudiano, transformou-se em *drama* pelo apelo desesperado de proteção que passa a ser feito pelo sujeito à figura do pai falho e faltante, que se inscreve no psiquismo pelos registros do pai ideal e do supereu. É nessa perspectiva teórica que deve ser interpretada a afirmação recorrente de Freud, nesse contexto teórico, de que na neurose existiria sempre a "nostalgia do pai", que se materializaria psiquicamente pela presença gigantesca daquelas formações psíquicas enunciadas.[49]

Como consequência disso tudo, o *masoquismo* se destaca como a cena psíquica fundamental no discurso freudiano, passando a dominar desde então toda a psicopatologia decorrente deste. Sempre presente nas modalidades neurótica, perversa e psicótica de funcionamento psíquico, de maneiras diferentes, o masoquismo seria desde então a figura-chave da psicopatologia freudiana. Tudo passaria agora pela cena do masoquismo, *prima donna* que seria da realidade psíquica propriamente dita.

Como se sabe, em "O problema econômico do masoquismo", de 1924, o discurso freudiano não apenas enunciou que o masoquismo seria primário e o sadismo sempre secundário,[50] invertendo assim as suas formulações anteriores,[51] mas também formulou uma cartografia do masoquismo até então inexistente. Com efeito, entre os masoquismos *erógeno, moral* e *feminino*, essa cartografia foi traçada de maneira precisa e inequívoca,⁵² configurando as novas formas de relação da subjetividade no trágico contexto do desamparo e das defesas dramáticas constituídas contra esse.

Assim, se o dito masoquismo erógeno evidencia com eloquência a condição desamparada do sujeito na inexistência da figura do pai protetor, os masoquismos moral e feminino visariam a um apagamento da condição de desamparo daquele, pela busca desesperada e sempre recomeçada da proteção pela mediação da figura do pai. Com efeito, através destes o sujeito se assujeitaria sempre a um outro, numa posição degradante de *servidão*, para evitar dessa maneira a condição fundamental do desamparo. Com isso, as figuras do supereu e do *eu ideal* se agigantariam no psiquismo, formas que seriam da presença do pai ideal e protetor. É o *assujeitamento* do sujeito ao pai como outro, enfim, que estaria aqui sempre em questão, no evitamento daquele de sua condição de desamparo.

Pode-se empreender ainda a mesma demonstração disso tudo se nos deslocarmos agora do registro da *estrutura psíquica* para o do *fantasma* no discurso freudiano. Com efeito, em "Bate-se numa criança", esse discurso procurou articular no registro estritamente fantasmático o apelo do infante à figura do pai ideal, no contexto marcado pela mortífera rivalidade fraterna, em nome do amor do pai.⁵³ A condição masoquista foi enunciada então no centro da cena psíquica, tendo o sujeito agora nas figuras do pai e dos irmãos os personagens centrais para traçar e fixar seu lugar degradado naquela condição.

O que se pode depreender então da leitura desse ensaio seminal, para o que nos interessa aqui e avançarmos no desenvolvimento da problemática em pauta?

Antes de mais nada, a fraternidade fundada tanto na figura do pai ideal quanto no supereu seria uma defesa crucial contra a condição de desamparo do sujeito, constituindo apenas uma das modalidades daquela. Foi apenas essa forma mortífera de laço fraternal que a comunidade psicanalítica destacou até hoje, tanto na tradição inglesa como francesa, como já sublinhei inicialmente. Seria, assim, a busca pelo amor exclusivo do pai, na condição fundamental de desamparo do sujeito e da inexistência da figura do pai protetor, que produziria como consequência a competição mortal entre os irmãos.

Em seguida, pode-se destacar ainda, nas entrelinhas deste ensaio, que a *perda da autoridade do pai* seria a contrapartida dessa rivalidade fraterna fundada na defesa do sujeito contra o desamparo. Pode-se sublinhar pois, aqui, na narrativa freudiana desse cenário fantasmático, uma outra versão da figura enfraquecida do pai na modernidade. Isso porque aqui a figura paterna se faz presença pelo registro exclusivo da *força* e não pelo da *palavra* e da *linguagem*. Com efeito, nos registros psíquicos do pai ideal e do supereu, a figura do pai se apresenta como marcada pela ferocidade e implicando sempre a submissão do sujeito. Tudo isso nos remete, enfim, aos masoquismos feminino e moral a que me referi há pouco, como modalidades privilegiadas de defesa contra a condição de desamparo do sujeito na modernidade.

Podemos dizer que estaríamos aqui confrontados com uma e apenas uma modalidade de fraternidade produzida pela modernidade. O laço fraterno seria bastante bem descrito no discurso freudiano, como marca eloquente da nostalgia do sujeito pela figura paterna. Isso não implica dizer, no entanto, que essa seria a única forma possível de existência do laço fraterno, já que esse poderia ser engendrado de outra maneira pelo sujeito desde que este possa reconhecer efetivamente sua condição de desamparo, tendo na figura do pai falho o seu correlato estrutural e funcional. A constituição dessas novas modalidades de laço fraterno é agora exigida pela atualidade, como um imperativo ético e político, nos registros ao mesmo tempo individual e coletivo. Para isso, no entanto, é preciso que reconheçamos plenamente nossa condição básica da *insuficiência*,[54,55] outra maneira de enunciar o conceito freudiano de desamparo e da figura faltante do pai na modernidade. O que se impõe para nós hoje, enfim, é a *desconstrução* da figura da *servidão voluntária* que nos persegue e obceca desde a aurora dos tempos modernos, no século XVI.

MORTE DO PAI, MORTE DE DEUS E DESENCANTAMENTO DO MUNDO

A servidão voluntária já era descrita por La Boétie no Renascimento, na emergência do mundo moderno, de maneira sempre espantosa e inquietante.[56] Indicava como, na inauguração da modernidade, a figura do pai já estaria esvaziada simbolicamente e restabelecida como um fantasma, fundada sempre nos registros da força e da submissão. Por esse viés, a condição de desamparo era então silenciada pelo sujeito, pelo apelo recorrente que fazia ao poder soberano para que o protegesse disso. Esta estrutura, inscrita ao mesmo tempo nos registros antropológico, psíquico e político, manteve-se com variações durante séculos na tradição do Ocidente, sobrevivendo até mesmo aos imperativos de fraternidade e de solidariedade forjados pelas Revoluções Francesa e Russa.[57] Esses mesmos servidão e assujeitamento foram reencontrados no discurso freudiano, sob a forma dos masoquismos, nas pessoas sofrentes, que evitavam a todo custo, na modernidade, a trágica convivência com a sua condição de desamparo.

É preciso considerar enfaticamente aqui que o desamparo, como paradigma da subjetividade na modernidade, foi o efeito crucial e o preço que pagamos por termos assumido o *poder* de desafiar o pai, tanto no registro simbólico quanto no político. Construímos assim uma civilidade fundada na ciência e na racionalidade, em oposição radical à tradição teológica fundada na figura de Deus, desde que o ceticismo de Montaigne[58] e a filosofia de Descartes[59] nos lançou propriamente num outro mundo no qual a condição de desamparo seria constitutiva do sujeito.[60] Foi tudo isso que o discurso freudiano pôde teorizar efetivamente com a psicanálise, formulando a tese sobre o mal-estar na modernidade, considerando justamente o fim da linha, isto é, os desastrosos efeitos disso tudo no sujeito moderno.

Assim, é preciso considerar devidamente aqui que a assunção já tardia, pelo discurso freudiano, da figura do pai assassinado pelos filhos foi a versão psicanalítica dos fundamentos da modernidade. Porém, o que Freud descreveu dessa maneira encontrou sua contrapartida também em outras disciplinas, no contexto histórico de constituição da psicanálise, como já indiquei em outros ensaios deste livro. Com efeito, o discurso filosófico, com Nietzsche, enunciara que a modernidade tinha na *morte de Deus* o seu fundamento,[61] assim como Weber sublinhava que o *desencantamento do mundo* estava na base do mundo moderno.[62] A tese de Nietzsche foi desenvolvida por Heidegger na sua crítica da tradição ontoteológica da filosofia do Ocidente, procurando destacar assim a emergência dos discursos da ciência e da técnica.[63] Enfim, seria também à morte de Deus que o discurso freudiano estava aludindo sob a forma do assassinato do pai primordial, como fundamento antropológico do desamparo no sujeito moderno.

Dito de outra maneira, o mal-estar descrito no discurso freudiano, como marca que seria do sujeito na modernidade, encontra nessas diferentes leituras o seu fundamento e reconhecimento. Assim, em face de sua condição de desamparo, o sujeito apela dramaticamente para a proteção das figuras do pai ideal e do supereu. Porém, com isso também, o sujeito passa a colocar-se numa posição degradante de submissão e de servidão voluntária. Os fantasmas presentes na narrativa freudiana intitulada "Bate-se numa criança" passam a habitar o seu imaginário, pois os masoquismos feminino e moral seriam os efeitos mortíferos de seu assujeitamento. Ao lado disso, o laço fraterno se amesquinha e se degrada, assumindo apenas a forma da ferocidade rivalitária, na qual a figura paterna também se esvazia de qualquer autoridade simbólica, reduzindo-se ao registro brutal da força.

Estamos, pois, aqui no fundamento daquilo que La Boétie enunciou como servidão voluntária, na medida em que os masoquismos feminino e moral seriam as versões freudianas daquele. Com efeito, a entrega degradante do sujeito ao outro para que este possa gozar como quiser do seu corpo e espírito, para que assim possa não conviver com o seu desamparo e ser protegido, é o que caracteriza a condição masoquista propriamente dita. Com isso, as figuras do pai ideal e de supereu se agigantam no psiquismo, assujeitando o sujeito aos seus imperativos mortíferos.

Tudo isso se inscreveu devidamente no discurso político da modernidade, marcando a ferro e fogo a nossa história. Os *totalitarismos* foram as construções disso no registro político. Com efeito, tanto no stalinismo quanto no nazismo e no fascismo o sujeito, nos registros individual e coletivo, buscou restaurar a figura do pai ideal e do supereu, para proteger-se do mal-estar e das incertezas provocadas pelo desamparo. Com isso, restaurou de maneira terrorífica a figura do pai protetor, promovendo então as tiranias conhecidas de nossa triste modernidade. Como desdobramento disso, a fraternidade construída no contexto da servidão voluntária perdeu qualquer marca de solidariedade e configurou-se de forma ferozmente genocida, nos nacionalismos, etnocentrismos e imperialismos que permearam também a modernidade.

AMIZADE E SOLIDARIEDADE

Pode-se então depreender disso tudo que a problemática freudiana do mal-estar na modernidade exige de todos nós, de maneira imperativa, uma solução que se inscreve em diferentes registros, quais sejam, o da *singularidade psíquica*, o dos *laços sociais* e o propriamente *político*. Uma leitura *ética* do mal-estar perpassa esses diferentes registros. É justamente isso que se destaca de forma pregnante no horizonte interpretativo do discurso freudiano, tal como enunciei aqui neste ensaio. Uma outra leitura da fraternidade seria então possível, enfim, deslocando-nos decididamente de uma versão rivalitária e mortífera dessa.

A contrapartida disso, no entanto, é o reconhecimento de que o desamparo estaria no fundamento da condição humana na modernidade. Isso constituiria a matéria-prima dos novos laços fraternais, em que a solidariedade e a amizade poderiam ser os eixos para a reconstituição dos laços sociais. Para isso, contudo, seria necessário reconhecermos também que a *feminilidade* foi uma outra maneira de o discurso freudiano enunciar o conceito de desamparo.

Assim, no ensaio "Análise com fim e análise sem fim", de 1937, Freud procurou indicar a existência da feminilidade como fundamento do psiquismo, que produziria horror nos homens e mulheres,[64] justamente porque, no registro do desamparo e da feminilidade, estes não poderiam proteger-se mais com o falo, seja sob a forma do supereu seja sob a do pai ideal.

Por esse viés, poderíamos agora, numa perspectiva genealógica da subjetividade moderna, fundada na pesquisa teórica de Foucault,[65] retomar outra leitura crítica do discurso freudiano. Dessa maneira, novos laços fraternais seriam agora possíveis de serem tecidos, nos quais a amizade e a solidariedade se destacariam agora como suas marcas fundamentais. Com isso, a trágica condição da *vida nua* na subjetividade contemporânea, descrita com agudeza por Agamben na pós-modernidade,[66] poderia ser então reinterpretada pelos conceitos freudianos de desamparo e feminilidade, indicando radicalmente, enfim, a posição descentrada do sujeito, enunciada por Freud no contexto do esgarçamento da soberania na atualidade.

Notas

1. Sobre isso, ver: *Les temps modernes*, n° 610; *Le théâtre de la mondialisation: acteurs, victimes, laissez-pour-compte*, Paris, jan.-fev., 2000; *Les temps modernes*, n° 610. *La souveraineté. Horizons et figures de la politique*, n° 610, Paris, set.-out.-nov. 2000.
2. Z. Bauman, *Globalisation: The human consequences*, Cambridge/Oxford, Polity Press-Blackwell Publishers, 1998.
3. M. Hardt, A. Negri, *Empire*, Paris, Exils, 2000.
4. Sobre isso, ver: J. Derrida, *Politiques de l'amitié*, Paris, Galilée, 1994.
5. Lacan, J. "Les complexes familiaux dans la formation de l'individu", *in Encyclopédie française sur la vie mentale*, Paris, 1937, vol. VII.
6. J. Lacan, "Fonction et champ de la parole et du langage en psychanalyse" (1953), *in Écrits, op. cit.*; J. Lacan, *Les psychoses. Le Séminaire de Jacques Lacan*, Paris, Seuil, 1981, vol. III. .
7. S. Freud, "Lettres à Wilhem Fliess, Notes et Plans (1887-1902)", *in La naissance de la psychanalyse, op. cit.*
8. S. Freud, "L'étiologie de l'hystérie" (1896), *in Névrose, psychose et perversion, op. cit.*
9. S. Freud, *L'interprétations des rêves* (1900), *op. cit.*
10. Ibidem.
11. S. Freud, "Lettres à Wilhem Fliess, Notes et Plans", *in La naissance de la psychanalyse, op. cit.*
12. S. Freud, "Au-delà du principe de plaisir" (1920), *in Essais de psychanalyse, op. cit.*

13. *Ibidem.*
14. S. Freud, "Le moi et le ça" (1923), capítulos II e III, *in Essais de psychanalyse, op. cit.*
15. J. Birman, *Les enjeux de l'interprétation en psychanalyse. Un essai sur Freud.* Paris, L'Harmattan, 1999.
16. S. Freud, *Inhibition, symptôme et angoisse* (1926), Paris, PUF, 1973.
17. S. Freud, "Pulsions et destins des pulsions" (1915), *in Metapsychologie, op. cit.*
18. S. Freud, "Au-delà du principe de plaisir", *in Essais de psychanalyse, op. cit.*
19. S. Freud, "Remémoration, répétition et élaboration" (1914), *in Les écrits techniques,* Paris, PUF, 1972.
20. *Ibidem.*
21. S. Freud, "Au-delà du principe de plaisir", *in Essais de psychanalyse, op. cit.*
22. S. Freud, "Pulsions et destins des pulsions", *in Métapsychologie, op. cit.*
23. *Ibidem.*
24. *Ibidem.*
25. S. Freud, *Trois essais sur la théorie de la sexualité* (1905), *op. cit.*
26. S. Freud, "Au-delà du principe de plaisir", *in Essais de psychanalyse, op. cit.*
27. *Ibidem.*
28. S. Freud, *Trois essais sur la théorie de la sexualité,* primeiro ensaio, *op. cit.*
29. S. Freud, *Totem et tabou* (1913), *op. cit.,* cap. IV.
30. *Ibidem.*
31. C. Hill, *God's Englishman. Oliver Cromwell and the English revolution*, Londres, Penguin Books, 1970.
32. L. Dumont, *Homo aequalis I*, Paris, Gallimard, 1977.
33. L. Dumont, *Essais sur l'individualisme, op. cit.*
34. *Ibidem.*
35. S. Freud, *Malaise dans la civilization* (1929), *op. cit.*
36. J. Birman, *Mal-estar na atualidade, op. cit.*
37. S. Freud, "La morale sexuelle 'civilisée' et la maladie nerveuse des temps modernes" (1908), *in La vie sexuelle, op. cit.*
38. J. Starobinski, "Le mot civilisation", *in Le remède dans le mal, op. cit.*
39. M. Elias, La civilisation des moeurs, *op. cit.*
40. M. Duchet, *Anthropologie et histoire au siècle des Lumières, op. cit.*
41. L. Wittgenstein, "Investigations philosophiques", *in Tractatus logico-philosophicus suivi de Investigations philosophiques, op. cit.*
42. S. Freud, Considérations actuelles sur la guerre et sur la mort" (1915), *in Essais de psychanalyse, op. cit.*
43. S. Freud, "Au-delà du principe de plaisir", *in Essais de psychanalyse, op. cit.*
44. S. Freud, "Pulsions et destins des pulsions", *in Métapsychologie, op. cit.*

45. S. Freud, "Au-delà de principe de plaisir", *in Essais de psychanalyse, op. cit.*
46. *Ibidem.*
47. S. Freud, *Nouvelles conférences sur la psychanalyse*, Paris, Gallimard, 1936.
48. S. Freud, *Trois essais sur la théorie de la sexualité, op. cit.*
49. S. Freud, *Malaise dans la civilisation, op. cit.*
50. S. Freud, "Le problème économique du masochisme" (1924), *in Névrose, psychose et perversion, op. cit.*
51. S. Freud, "Pulsions et destins des pulsions", *in Métapsychologie, op. cit.*
52. S. Freud, "Le problème économique du masochisme", *in Névrose, psychose et perversion, op. cit.*
53. S. Freud, "Un enfant est battu: Contribution à la connaissance de la genèse des perversions sexuelles" (1919), *in Névrose, psychose et perversion, op. cit.*
54. J. Birman, "Insuficientes, um esforço ainda para sermos irmãos", Capítulo V, neste volume.
55. J. Birman, "Servidão, fidelidade, ancestralidade", Capítulo I, neste volume.
56. E. La Boétie, Discours de la servitude voluntaires, *op. cit.*
57. J. Birman, "A servidão na psicanálise", *in* G. Vaz Rodrigues, (coord.), *Fascínio e servidão*, Belo Horizonte, Autêntica, 1999.
58. Montaigne, "Essais", *in Oeuvres complètes, op. cit.*
59. R. Descartes, "Discours de la méthode" (1637), *in Oeuvres et lettres de Descartes, op. cit.*; R. Descartes, "Méditations" (1641), *in Oeuvres et lettres de Descartes, op. cit.*
60. S. Freud, *Malaise dans la civilisation, op. cit.*
61. M. Nietzsche, *Genéalogie de la morale, op. cit.*
62. M. Weber, *L'éthique protestante et l'esprit du capitalisme, op. cit.*
63. M. Heidegger, *Chémins qui ne menènt nulle part, op. cit.*
64. S. Freud, "L'analyse avec fin et l'analyse sans fin" (1937), *in Résultats, idées, problèmes*, Paris, PUF, 1986, vol. II.
65. M. Foucault, *La volonté de savoir, op. cit.*
66. G. Agamben, *Homo Saccer*, Paris, Seuil, 1997.

PARTE II Poder e subjetivação

1. Subjetividades contemporâneas*

---
* Este ensaio foi escrito a partir das notas que me orientaram na conferência pronunciada em Paris, na Espace Analytique, em janeiro de 2003.

TRANSFORMAÇÕES

Não existem mais dúvidas sobre as mudanças nas formas de mal-estar na contemporaneidade. Todos estão de acordo quanto a isso. Existe, com efeito, uma transformação nas formas de mal-estar, que é reconhecida pelos discursos psiquiátrico e psicanalítico. No entanto, as divergências existem. Estas, contudo, não concernem ao reconhecimento da mudança, mas à sua interpretação, pelas implicações que disso decorrem.

Assim, a psicanálise foi certamente surpreendida pelas transformações em pauta, não sabendo ainda como se confrontar com o que existe aqui de inédito. Com isso, seu discurso derrapa nas múltiplas tentativas para pontuar as transformações, com as consequências que isso provoca na escuta clínica. A psiquiatria, em contrapartida, se vangloria de tudo isso, acreditando orientar-se por discursos científicos que poderiam melhor explicar as novas formas de mal-estar. Baseando-se nas neurociências, a psiquiatria supõe dominar os instrumentos para regular com mais eficácia o dito mal-estar. Em decorrência disso, a psiquiatria se enuncia como estando num outro limiar discursivo, pois poderia tornar-se agora autônoma da referência à psicanálise, que marcou sua história durante décadas. Enfim, fundada nas neurociências, a psiquiatria seria finalmente biológica, inscrevendo-se no campo da racionalidade e da institucionalidade médicas.

Não se pode perder de vista, no entanto, que as novas formas de mal--estar foram a condição histórica de possibilidade dessa oposição entre psicanálise e psiquiatria. Foi pela mediação daquelas que se processou uma outra partilha do campo psi, opondo os discursos psicanalítico e psiquiátrico. Se as novas modalidades de mal-estar começavam já a indicar sua diferença nos anos 1970 e 80, foi nos anos 1990 que se exibiram com todos os seus signos. Como uma verdadeira *prima donna* da sociedade pós-moderna, as novas formas de mal-estar se apresentaram então com todo o barulho a que têm direito. Com efeito, no lugar das antigas modalidades de sofrimento centradas no conflito psíquico, nas quais se opunham os imperativos dos impulsos e os das interdições morais, o mal-estar se evidencia agora nos registros do *corpo*, da *ação* e do *sentimento*. Foi em decorrência dessa viragem no ser da subjetividade que a nova partilha do campo psi se fundou. Em decorrência disso, o horizonte dos poderes foi redistribuído, em torno das valências outorgadas pelo campo dos saberes.[1]

Sem querer desmerecer os esforços teóricos de uns e de outros, é preciso reconhecer, como uma questão preliminar, que a problemática em pauta não se restringe ao registro da clínica. Ao contrário, o que se processa hoje nesse registro é o ponto de chegada de um longo processo de mudança da subjetividade, que é preciso reconhecer devidamente. Seria essa a condição para não se debruçar sobre a clínica de maneira ingênua. Tal transformação histórica se funda em operadores políticos, sociais e simbólicos, que subverteram o campo dos saberes e dos valores de ponta-cabeça. De tudo isso resulta uma outra problemática ética, que se impõe na leitura do mal-estar. É por esse viés, que o mal-estar se transformou numa indagação ética para a leitura das subjetividades contemporâneas. Estamos aqui diante de uma verdadeira caixa-preta que deve ser cuidadosamente aberta, para que se possam decifrar as surpresas que nos revelam sobre a atualidade.

CARTOGRAFIA DO PERCURSO

Nessa perspectiva, minha intenção aqui é partir daquilo que se apresenta no registro clínico — isto é, as queixas e as maneiras pelas quais o mal--estar é descrito nos discursos psicanalítico e psiquiátrico — para me indagar, em seguida, sobre os registros antropológicos nos quais o mal-estar se inscreve. É necessário, no entanto, uma leitura crítica desses registros para avaliar as escolhas realizadas. Isso implica a sinalização das mudanças apresentadas pelas subjetividades contemporâneas em relação às do passado recente. Ao lado disso, é preciso sustentar algumas interpretações que nos permitam caminhar na sua leitura.

Para começar a desenovelar esses enunciados, pode-se formular que o mal-estar contemporâneo se inscreve em três registros psíquicos, quais sejam, do corpo, da ação e do sentimento. Foi pela mediação desses que o mal-estar foi classificado e hierarquizado. Evidentemente, tais registros podem aparecer de forma combinada numa mesma individualidade. Ou, então, enunciam-se de maneira independente na descrição do mal-estar. A combinação é a forma mais comum de apresentação. Porém, na descrição, um dos registros pode assumir maior pregnância que os demais, que ficam então numa posição subalterna. De qualquer maneira, é na prevalência dos registros do corpo, da ação e do sentimento que o mal-estar se faz patente na atualidade, sendo estes que orientam suas descrições, nos quais se particularizam as muitas narrativas clínicas.

CORPO E EXCESSO

O corpo é o registro mais eminente no qual se enuncia o mal-estar. Todo mundo se queixa de que o corpo não funciona a contento. Imagina-se sempre que algo deve ser feito para que a *performance* corpórea possa melhorar. Sentimo-nos sempre faltosos, deixando de fazer tudo que deveríamos, considerando as possibilidades oferecidas para o cuidado do corpo. Enfim, estamos sempre numa posição de dívida em relação a isso.

As queixas corporais se inscrevem numa discursividade ao mesmo tempo *naturalista* e *naturista*, que constitui nossa atmosfera cultural. Vale dizer, não é possível separar as queixas que temos em relação a nosso corpo das estratégias publicitárias que nos envolvem, que, sob a forma do naturismo e do naturalismo, nos enviam às práticas exóticas e à medicina. Pode-se dizer que estas, na sua diversidade, constituem as duas faces da mesma moeda. Isso porque o corpo, para os cidadãos do mundo pós-moderno, é o nosso único bem. Numa inversão em relação à Antiguidade, pode-se afirmar que o corpo se transformou no bem supremo, de maneira que este se aloja no corpo e tem na saúde o seu ideal.

Estamos, assim, num estado de estresse permanente. Este é o fundo presente nas narrativas sobre o mal-estar. Em última instância, o estresse é designado como o maior mal-estar permanente na contemporaneidade, que pode manifestar-se de infinitas maneiras. Das dores difusas às tonteiras, passando pela elevação da pressão arterial e da aceleração cardíaca, tudo é passível de lhe ser atribuído.

O conceito de estresse, formulado por Seyle, pretendia circunscrever os perigos para a ordem vital, no qual estes seriam reconhecidos no registro da totalidade psicossomática, pela mediação do medo. Em decorrência disso, seriam produzidas defesas para manter aquela. Trata-se de uma concepção holística das relações entre o organismo, o psiquismo e o meio ambiente, de maneira que o estresse é o efeito no organismo de uma descarga neurovegetativa. Vale dizer, aquele conceito evidencia uma leitura *sistêmica* do indivíduo, que através do psiquismo inscreve o organismo no meio ambiente.[2]

Não foi um acaso o fato de Lévi-Strauss ter se referido à reação do estresse para interpretar os possíveis efeitos mortais da feitiçaria, quando os presumidos alvos dessa acreditam nos imperativos maléficos de seus enunciados, isto é, quando se inscrevem nos pressupostos simbólicos que caucionam estes.[3] As reações neurovegetativas seriam então disparadas pelos terrores promovidos numa subjetividade que acredita nos imperativos da feitiçaria.[4] A cura xamanista consistiria então, neste contexto, em contrapor o poder simbólico do xamã ao poder mágico do feiticeiro, para suspender os efeitos mortais da reação neurovegetativa.[5]

Tudo isso para enunciar que o discurso sobre o estresse está no centro do mal-estar atual, produzindo sintomas psicossomáticos. Já mencionei uma série desses sintomas, mas cabe ressaltar que a psicossomática como especialidade se expandiu bastante desde os anos 1980, apesar de os seus primórdios se superporem aos da psicanálise, tendo em Groddeck e Ferenczi seus fundadores.[6] Porém, foi apenas no contexto atual, de transformação do mal-estar, que a psicossomática como disciplina se consolidou na nossa tradição.

Porém, isso não é tudo. Além dos sintomas destacados, é preciso evocar alguns outros. Antes de mais nada, a síndrome de fadiga crônica, mediante a qual os indivíduos se referem a um cansaço absoluto que se manifesta pela ausência de impulso vital e pela imobilidade corporal. A medicina clínica atribui isso a certas viroses e à falta de alguns ingredientes vitamínicos. A psiquiatria, em contrapartida, atribui isso a processos depressivos, supondo uma disfunção dos neuro-hormônios.

Em seguida, é preciso evocar o pânico, que se transformou numa modalidade destacada de mal-estar. Na síndrome do pânico, as pessoas se queixam de uma angústia iminente de morte que as paralisa, já que são incapazes de reação. Os indivíduos, com efeito, são enredados num ataque de angústia que os impossibilita de agir. A taquicardia se conjuga com a dispneia e o aumento da pressão arterial, na qual a sudorese excessiva se faz também presente. Nesse contexto, o fantasma da morte se impõe.

Ainda no final do século XIX, Freud descreveu a síndrome do pânico sob o nome de neurose de angústia. Esta seria uma neurose atual, causada pela disfunção libidinal, na qual o psiquismo não conseguiria inscrever a excitabilidade sexual numa série simbólica capaz de interpretar o incremento da excitação. Por isso mesmo, esta se descarregaria sobre o corpo e provocaria a neurose de angústia. Freud enunciou que esta, como as demais neuroses atuais, não seriam passíveis de serem psicanalisadas, justamente porque, à diferença das neuroses de transferência, não constituíam liames simbólicos capazes de tornar possível a interpretação.[7] Enfim, Freud indicava aqui a fragilidade das formações simbólicas, as únicas que poderiam articular o registro da pulsionalidade com o da simbolização.

Portanto, de forma diferente da fobia, na qual o psiquismo se protegeria da disseminação da angústia pela construção de signos de evitamento que são os objetos fóbicos, na neurose de angústia o psiquismo não constituiria tal proteção.[8] Depreende-se disso que um excesso de excitação se instala então no psiquismo, ao qual este fica submetido. Em decorrência disso, o trauma se institui. O trauma seria então a contrapartida do excesso, que paralisa o psiquismo na sua mobilidade. Isso porque o eu não consegue precaver-se dos perigos, materializados por acontecimentos imprevisíveis, pela sua antecipação sob a forma de angústia-sinal. Portanto, os acontecimentos não pressentidos se impõem com violência, provocando a angústia do real, isto é, o excesso de excitação e a experiência traumática consequente.[9] Seria isso, enfim, que estaria em pauta na síndrome do pânico.

Isso nos indica que a pregnância assumida hoje pelo registro do corpo revela a falha no mecanismo de angústia-sinal no psiquismo e a fragilidade simbólica na antecipação do perigo. Isso porque seriam tais mecanismos que constituiriam a angústia-sinal e que protegeriam o psiquismo do imprevisível. Vale dizer, se os sintomas referidos dominam a experiência contemporânea do mal-estar, algo de crucial se produziu na subjetividade que a tornou incapaz de antecipar o perigo e de regular suas relações com o mundo. Dito de outra maneira, parece que tal ruptura indica que os feitiços do mundo ganharam muita maledicência, em decorrência da perda de eficácia dos mecanismos de proteção simbólica, culturalmente constituídos. Consequentemente, a figura do xamã perde autoridade em face à do feiticeiro, na medida em que suas interpretações perdem prestígio diante do mal.

Pode-se entrever aqui por que a psicanálise está em crise, perdendo terreno para a magia das drogas psicofarmacológicas. Com efeito, o código simbólico daquela não consegue mais fazer obstáculo à disseminação do mal, como aconteceu historicamente do final do século XIX aos anos 1990 do século XX. Uma transformação crucial, na economia política dos signos, produziu-se no Ocidente, incidindo sobre o discurso psicanalítico, que se inscrevia nessa economia política. Em decorrência disso, os discursos naturista e naturalista se disseminam, impondo sua hegemonia numa outra economia dos signos. Nesse contexto, os tratamentos corporais assumem um lugar cada vez mais importante. Com efeito, das massagens ao *spa*, passando pelos exercícios orientais e ginásticas, tais tratamentos disparam na preferência dos usuários, sem esquecer, é claro, dos suplementos vitamínicos e dos sais minerais que têm virtudes antioxidantes e rejuvenescedoras.

O *risco*, como sensação polivalente, está sempre presente no imaginário contemporâneo. Com isso, o envelhecimento se transforma numa enfermidade, e a morte deve ser exorcizada. Nesse contexto, a medicina ortomolecular ganha notoriedade científica, pelas promessas que realiza para a longevidade. As fórmulas que inventa são personalizadas, baseadas nas idiossincrasias de cada um. Daí o fascínio e a eficácia imaginária que promovem. De qualquer maneira, é a longevidade que está sempre em pauta. As caminhadas diárias visam à mesma coisa. Evita-se, assim, o estresse e seus efeitos sobre o sistema cardiovascular. Além disso, as gorduras são queimadas e os perigos mortais do colesterol, exorcizados. Em decorrência disso, as academias de ginástica se transformam em um dos templos seculares da atualidade, onde os fiéis vão comungar em nome da longevidade e da beleza.

Não se podem separar tais práticas do amplo processo social de medicalização do Ocidente, iniciado no século XIX.[10] Uma separação dessa ordem implicaria um equívoco interpretativo desse imaginário corporal. O que se empreende na atualidade é já uma frente avançada do processo de medicalização iniciado há duzentos anos. A genética médica e as pesquisas sobre o genoma inscrevem-se nesse imaginário, fazendo crer que a longevidade e a imortalidade poderiam ser conseguidas mediante as clonagens terapêutica e reprodutiva. Mesmo que a segunda ainda seja repudiada pela comunidade científica e que se aposte agora apenas na primeira, isso não quer dizer que não se busque no futuro a imortalidade pela clonagem reprodutiva, desde que a tecnologia para isso se torne possível. Ao lado disso, o discurso psiquiátrico se vangloria de poder manejar drogas que poderiam regular o mal-estar corpóreo, estando na vanguarda da pesquisa médica. Isso porque os medicamentos oferecidos pela psiquiatria seriam capazes de incidir no metabolismo dos neuro-hormônios, não ficando mais aquela restrita à imprecisão das psicoterapias. O naturismo, o orientalismo e as novas modalidades de terapias exóticas, que estão na moda, convivem bastante bem com a medicalização em pauta, não existindo, pois, nenhuma oposição fundamental entre esta e aquelas. Isso porque todos têm no mal-estar do corpo o ponto de apoio para as suas estratégias de cuidados.

AÇÃO E COMPULSÃO

É preciso considerar que o mal-estar incide também no registro da ação. Encontramos aqui alguns dos ingredientes presentes no registro do corpo. Entretanto, suas especificidades se destacam, não obstante suas complementaridades. Assim, é preciso reconhecer que as individualidades contemporâneas ultrapassam um certo limiar, vigente anteriormente, no registro da ação. A hiperatividade se impõe. Com efeito, age-se frequentemente sem que se pense naquilo a que se visa com a ação, de forma que os indivíduos nem sempre sabem dizer o que os leva a agir. Age-se, afinal das contas, tendo o sujeito da ação a marca da indeterminação. Retomando o que enunciei, pode-se dizer que as individualidades seriam possuídas pelo *excesso*, que as impele para a ação. Isso porque esta seria a única forma para eliminar aquele. Caso não façam isso, aquelas seriam possuídas pelo excesso que as inundaria pela angústia.[11]

É desse fundo difuso que se pode depreender algumas das modalidades de ação nas subjetividades contemporâneas. A explosividade, antes de tudo. Tudo se passa, com efeito, como se essas não conseguissem conter o excesso no seu território, para em seguida simbolizá-lo e transformá-lo naquilo que Freud denominou de ação específica,[12] isto é, numa ação adequada ao contexto em que uma dada afetação foi colocada para o psiquismo. Diante disso, a descarga da excitabilidade se impõe, manifestando-se como explosões emocionais incontroláveis. Decorre daí o que se reconhece como uma das nossas problemáticas sociopolíticas, qual seja, a violência. Esta se impõe hoje como uma invariante sempre presente nas subjetividades, que se mostram cada vez mais violentas, se as compararmos com as de décadas atrás. Com efeito, a violência sem causa aparente e a violência gratuita se banalizaram no nosso mundo de forma inquietante e já se transformaram num lugar-comum.[13] Uma das consequências da violência é o incremento da delinquência. A criminalidade se intensifica, assumindo a cada dia novas modalidades de ser, como se pode constatar pelas publicações sociológicas e criminológicas. Não se pode esquecer também do refinamento da crueldade nos crimes da atualidade, nos quais se ultrapassam limiares impensáveis no gesto de matar.

A possibilidade de retirar a vida do outro se dissemina, naturalizando-se o assassinato e o genocídio.

É preciso evocar, em seguida, a compulsão. A compulsão, com efeito, é uma modalidade de agir caracterizada pela *repetição do mesmo*, que é permanentemente relançada, já que o alvo da ação não é alcançado. Daí sua repetição incansável, que assume o caráter de imperativo, isto é, impõe-se ao psiquismo sem que o eu possa deliberar sobre o impulso.

É necessário destacar algumas das modalidades de compulsão que se banalizaram na contemporaneidade. Antes de mais nada, a compulsão presente no uso de drogas. As toxicomanias constituem uma das formas comuns de mal-estar, inscrevendo-se em diferentes faixas etárias e classes sociais, impondo-se no cenário social e nas políticas de saúde pública. É preciso não ser ingênuo na leitura dessas compulsões. As toxicomanias, com efeito, não se restringem ao uso das drogas ilegais, produzidas e comercializadas pelo narcotráfico, mas incluem também as drogas legais, legitimadas cientificamente pela medicina e pela psiquiatria. Refiro-me, assim, aos medicamentos psicotrópicos, que são receitados pelos médicos e psiquiatras, para regular o mal-estar dos indivíduos, além, é claro, dos analgésicos de potência variável. Dos ansiolíticos aos antidepressivos, passando pelos estimulantes, a farmacopeia médica oferece um vasto cardápio de possibilidades.

Por que estas últimas são também drogas, poderia alguém me interpelar. Tais medicamentos são drogas porque podem engendrar dependências física e psíquica. Deve-se reconhecer que vivemos numa cultura das drogas, da qual não se podem excluir as bebidas alcoólicas e o fumo. Enfim, vivemos intoxicados mesmo que não saibamos disso, pois esses fármacos se inscrevem nos estilos contemporâneos de existência.

Isso não é tudo. A comida se destaca também nas compulsões atuais, impondo-se como algo fascinante e mortífero, já que é atraente e repelida num mesmo movimento pelas pessoas. Os efeitos e destinos dessa polaridade são opostos, mas a comida como fetiche está sempre presente nessa experiência compulsiva. Assim, nunca se comeu tanto e tão bem como hoje no Ocidente, tal a oferta de bens comestíveis. Tudo isso contrasta com uma longa história anterior, marcada pela carência, como ocorre ainda hoje em amplas regiões do planeta. Nesse contexto, a voracidade atinge níveis espetaculares, engendrando uma cultura do preenchimento e do gosto. As compulsões alimentares inscrevem-se nesse quadro de referência.

As bulimias são um dos monumentos sintomáticos disso. Come-se de maneira excessiva e mesmo obscena, predominando aqui a dimensão do preenchimento corporal, advindo deste o prazer alimentar. O gosto polivalente, sempre presente na comida, se apaga, destacando-se apenas a devoração para preencher o *vazio* dos interstícios do corpo. A subjetividade contemporânea não consegue suportar o vazio, a começar pelo que se impõe no corpo, tendo que se preencher com a comida. É claro que o preenchimento do vazio se realiza também com outras compulsões, como com as drogas e o consumo. Porém, no que concerne às bulimias, a obesidade se transformou hoje num problema maior de saúde pública nos países desenvolvidos, já que aí a impossibilidade do vazio se colocou de maneira dramática, sendo a obesidade a encruzilhada para diversas enfermidades.

No entanto, como a magreza é um dos nossos códigos de beleza, já que quem é gordo não tem sensualidade, a voracidade tem que ser controlada. É preciso então evitar a comida. Surgem assim modalidades grotescas de relação com esta. Existem pessoas que comem vorazmente a boa comida, mas que a vomitam imediatamente, antes de digerir, para que possam manter a bela magreza. O paroxismo disso é a anorexia, na qual o indivíduo recusa o alimento, que se transforma de objeto fascinante em nojento, capaz de envenenar o corpo e destruir a beleza. Tudo isso convive com os regimes e as dietas, nos quais as individualidades ingerem apenas os nutrientes essenciais, para não ingerir calorias excessivas que perturbam a saúde e a beleza.

Não se pode esquecer do consumo, que também se transformou numa compulsão. Com efeito, os mais diversos objetos da indumentária, passando pelo perfume e a maquiagem, são objetos de verdadeiras compulsões. Ao lado disso, os livros e os CDs são consumidos compulsivamente, comprados pela notoriedade dos autores e músicos.[14] Tudo isso é amealhado, mesmo que as pessoas não tenham tempo para lê-los e escutá-los. Porém, possuí-los é fundamental, inscrevendo-se isso na nova economia política dos signos. Nesta, a posse de bens é um signo de poder, na medida em que define o *status* do indivíduo. Assim, qualquer mercadoria é passível de inscrever-se no circuito do consumo, sendo, pois, a condição de possibilidade para o engendramento da compulsão. Isso porque o *ter*, para preencher o vazio, é um signo que confere segurança ao indivíduo, pois o faz acreditar que é detentor de algum poder pelo *status* que pode exibir. Nesse contexto, o *shopping center* transformou-se num dos templos da sociedade pós-moderna, onde peregrinações ocorrem todos os dias. É nesse espaço antissagrado, saturado de mercadorias — nos quais os objetos são sofisticadamente revestidos pelos *designers*, requintadamente empacotados e exibidos em vitrines luxuosas —, que a compulsão do ter se evidencia e revela a face mortífera da sedução.

O TEMPO VAI PARA O ESPAÇO

Podemos afirmar que, nisso tudo, é o excesso que se encontra subjacente. Ao promover a hiperatividade, com efeito, este é a condição de possibilidade da explosividade, da violência e da compulsão. Isso porque o excesso está no fundamento do mal-estar contemporâneo. Assim, em face do excesso, o psiquismo procura dele se livrar pela ação, para não correr o risco de ficar paralisado pela angústia. Isso porque, se esta não for descarregada pela ação, o psiquismo procura se livrar daquele pelas vias corpóreas. Com efeito, o estresse, o pânico e as perturbações psicossomáticas seriam as resultantes, no corpo, da incidência do excesso, quando este não é descarregado pela ação. Seria então o excesso no psiquismo o que poderia conduzir a essas duas séries sintomáticas, isto é, as que incidem nos registros do corpo e da ação, na medida em que aquele ficaria retido no corpo quando não pudesse ser eliminado pela ação.

Por que tal hierarquia entre os registros do corpo e da ação poderia ser colocada como indagação? O que estaria aqui em pauta é a economia do narcisismo.[15] Com efeito, para a preservação deste, o eu prefere explodir do que implodir, mantendo então a autoconservação e a homeostasia do prazer. Porém, diante da impossibilidade da explosão, a implosão se impõe, colocando em risco a ordem da vida.

Para compreendermos melhor as modalidades de ação presentes nas formações sintomáticas, podemos enunciar, valendo-nos da metapsicologia psicanalítica, que o psiquismo lança mão cada vez mais, hoje, da *passagem ao ato* e não do *acting-out*. Como se sabe, essa distinção conceitual se refere à fragilidade e à ausência de processos de simbolização na passagem ao ato, enquanto estes estariam presentes no *acting-out*. Vale dizer, neste a simbolização se inscreve na ação, que se manifesta como uma *mise-en-scène*, enquanto naquela a ação não revela nenhum rastro de simbolização.[16] Pode-se reconhecer a presença da mesma problemática na corporeidade. Enquanto na conversão histérica, com efeito, existe a presença das formas psíquicas de simbolização, no estresse, nas produções psicossomáticas e no pânico nos defrontamos com a ausência destas, de forma que o excesso implode no organismo.[17]

Porém, a analogia existente entre o excesso que incide sobre o corpo e a ação indica como ambos são equivalentes na sua dinâmica. Assim, age-se igualmente sobre o corpo e o mundo, na medida em que estes são tomados apenas na dimensão espacial para a descarga das intensidades. Isso porque existe aqui um impasse, que se refere ao registro da temporalidade no psiquismo, que seria o que possibilitaria a simbolização e a antecipação das afetações. O mal-estar, assim, se apresenta hoje, tanto no corpo quanto na ação, pela pregnância assumida pela categoria de *espaço* no psiquismo e pelo esvaziamento da categoria do *tempo*. Tudo isso nos revela como é a ação coartada o que está sempre em pauta no mal-estar contemporâneo, mesmo quando o corpo é o alvo da descarga do excesso. Isso porque é a ação o vetor crucial para a eliminação das intensidades psíquicas.

O VAZIO NO SENTIR

É preciso considerar agora o terceiro registro do mal-estar contemporâneo, qual seja, o do sentimento. A articulação entre os diferentes registros é realizada pelo excesso. Pode-se compreender facilmente, no registro do sentimento, a incidência imediata deste, que se apresenta como afetação e se expressa como sentimento. A equação aqui em questão é simples, pois é possível reconhecer como o excesso transborda no psiquismo como humor e *pathos*, antes de se deslocar para os registros do corpo e da ação. Dito de outra maneira, o excesso é imediatamente sentimento, antes de mais nada. Seria o excesso o regulador dos sentimentos, delineando a valência de suas intensidades. O colorido destas estaria na dependência daquele, de forma a modulá-las na sua expressividade. Da exaltação à depressão, todas as matizações das intensidades são aqui possíveis de se plasmar como sentimento. A despeito de tais matizações, no entanto, o excesso é sempre irrupção de algo que escapa à regulação da vontade e que se impõe no psiquismo. Seria isso, pois, a marca do excesso, que se caracteriza por ser incontrolável.

É fundamental considerar aqui, porém, a questão do limiar, no que concerne às dimensões da irrupção e do incontrolável no excesso, para que se possa compreender o que está em causa nas subjetividades contemporâneas. Pode-se afirmar que os limiares de irrupção e de falta de controle da vontade diminuíram sensivelmente nas subjetividades, que ficam assim cada vez mais assujeitadas e à deriva das imposições dos excessos. Com isso, o psiquismo não regula estes, que se presentificam então de maneira incoercível. Algumas resultantes disso nós já destacamos. Antes de mais nada, a presença da angústia do real e do seu corolário, isto é, o efeito traumático. Isso porque o eu não tem o poder de antecipação dos acontecimentos, para poder circunscrever o impacto das intensidades.[18] Por isso mesmo, o limiar de irrupção do excesso diminuiu de maneira significativa, e decresce assim a possibilidade de regulação das intensidades. A subjetividade fica diante de algo que a ultrapassa. E uma das consequências-limite disso é a paralisia psíquica.

Para tentar circunscrever a experiência traumática, o psiquismo lança mão da *compulsão à repetição*, como Freud a descreveu, para isolar a irrupção inesperada.[19] A repetição pretende realizar ativamente a recriação do trauma, para que o psiquismo possa antecipar-se ao que não pôde fazer quando este se produziu.[20] Deslocamo-nos assim do registro do sentimento para o da ação, como se viu com as diferentes modalidades de compulsão. Tais compulsões são, contudo, fadadas ao fracasso. Isso porque são ações coartadas, isto é, que não conseguem remodelar o contexto intensivo que as colocou em funcionamento. Ao lado disso, é preciso considerar que a compulsão à repetição não é efetiva, pela ampliação assumida hoje pelo campo do traumático. Vale dizer, o trabalho psíquico da compulsão à repetição não pode operar em tantas frentes ao mesmo tempo, limitando, então, as possibilidades de simbolização do psiquismo. Constitui-se, dessa maneira, um círculo vicioso, pois a limitação das possibilidades psíquicas de simbolização provoca uma diminuição da possibilidade de antecipação dos acontecimentos.

Ao lado disso, depreende-se como o pânico se inscreve nesse contexto, na medida em que a subjetividade fica impotente em face dos acontecimentos irruptivos. A subjetividade é possuída pelo sentimento do horror. O que se impõe aqui é a iminência da morte, já que, incapacitado de agir, o eu entra em estado de suspensão, pois como instância psíquica não pode mais regular as relações entre o corpo e o mundo. O estresse inscreve-se nesse contexto de colapso do psiquismo. Nessa cena catastrófica, a autoestima se dissolve. O sentimento de segurança psíquica, isto é, de que o eu pode dar conta das relações entre o corpo e o mundo, se esvazia. O eu e o psiquismo perdem a sua potência. O terror de se perder apodera-se do eu, que agarra a si mesmo para não se desprender definitivamente. A *despossessão de si* se anuncia assim como uma problemática crucial no mal-estar contemporâneo. Da corporificação, passando pelas desregulações da ação e atingindo a suspensão do eu, a despossessão de si se apresenta sob diferentes figuras. A variabilidade destas não deve silenciar a invariância que as perpassa.

No que concerne ao registro do sentimento, a despossessão de si se apresenta como depressão. Pode-se afirmar como as depressões se transformaram num dos males da atualidade, na medida em que evidenciam as tormentas da despossessão de si no seu limite máximo. Fala-se daquelas hoje como nunca se falou antes, transformadas, ao lado das toxicomanias e do pânico, num dos maiores males da atualidade. Porém, se as depressões de hoje têm algumas das marcas apresentadas no passado, outras são evidentemente novas. Com efeito, se a culpa era a marca maior da depressão descrita inicialmente por Kraepelin[21] e retomada por Abraham[22] e Freud[23] numa perspectiva metapsicológica, o vazio[24] é o signo por excelência da depressão hoje. Tal vazio pode ser articulado diretamente com o violento desmapeamento do mercado de trabalho produzido pela mundialização e que se materializa naquilo que Sennett denominou de "corrosão do caráter", presente na sociedade pós-moderna.[25] Ou, então, de maneira ainda mais trágica, com aquilo que Ehrenberg descreveu como a "fadiga de si mesmo",[26] que dominaria o cenário das subjetividades contemporâneas. Enfim, pode-se depreender disso como a despossessão subjetiva é o processo fundamental na produção do sentimento de vazio, marca paradigmática das depressões contemporâneas.

O PENSAMENTO EM DERROCADA

Porém, uma ausência se destaca aqui. Quero me referir ao registro do pensamento. Não deixa de ser surpreendente como este registro nobre do psiquismo é quase inexistente. A questão fundamental que se coloca aqui é a razão de tal ausência. Para se indagar sobre isso, é preciso situar o que está em pauta.

O comentário inicial a ser realizado é o da inversão, no psíquico, entre o registro do pensamento, por um lado, e os registros do corpo, da ação e do sentimento, por outro. Digo inversão porque, na Idade Clássica[27] e na psicologia do século XIX,[28,29] numa tradição inaugurada por Descartes,[30] o pensamento definia o ser do homem. A psicologia moderna se construiu numa operação teórica de limitação do lugar oferecido até então ao registro do pensamento.[31,32] Nesse contexto, a imaginação foi positivada, quando se sabe que tinha um estatuto negativo na psicologia clássica, exatamente porque desviava a razão do caminho reto para o conhecimento. Portanto, a imaginação foi transformada numa encruzilhada crucial para que se pudesse melhor compreender o pensamento. A filosofia kantiana, principalmente com a *Crítica da razão pura*[33] e com a *Crítica do juízo*,[34] foi a condição histórica de possibilidade para essa positivação da imaginação na filosofia moderna.[35] Em decorrência disso, seria fundamental delinear a dimensão afetiva do psiquismo para que se pudesse circunscrever as figuras do pensamento. Pela mediação da imaginação a afetividade incidiria sobre o pensamento e a vontade. Estes passariam a ser imantados por aqueles nas suas operações. O pensamento, enfim, perdeu a autonomia que desfrutava na Idade Clássica, ficando agora numa relação de dependência dos registros da imaginação e da afetividade.

A psicanálise ocupou uma posição crucial nessa transformação epistemológica, fundando uma nova leitura do psiquismo. Ao atribuir à pulsão,[36] ao inconsciente[37] e ao fantasma[38] um lugar fundamental no psiquismo, o discurso freudiano colocou os registros do pensamento e da vontade subsumidos a esses outros registros. Não apenas a psicanálise, é claro. A psicologia moderna foi refundada, retirando a autonomia do pensamento. Para me referir a outros discursos, as psicologias existencial e fenomenológica realizaram o mesmo movimento teórico. As contribuições de Sartre para a psicologia, com efeito, centraram-se nesses tópicos, de maneira que os registros da imaginação[39] e do afeto[40] passaram a ser destacados.

Porém, considerando isso, não se pode depreender que o pensamento tenha perdido sua importância na modernidade. Não obstante sua inscrição num campo psíquico bem mais complexo do que o existente na Idade Clássica, o pensamento continuava a ocupar um lugar crucial na descrição da subjetividade. Através dele é que o psiquismo poderia não apenas colocar questões, mas também encontrar soluções. Podemos enunciar que, na passagem da Idade Clássica para a Modernidade, a razão foi certamente limitada na sua onipotência, mas o pensamento, imantado agora pela imaginação e pela afetividade, era ainda fundamental no psiquismo.

Este, na modernidade, passou a ser marcado pela divisão e pela fragmentação, nos quais a conflitualidade constituía o seu ser. O discurso freudiano indica isso, tanto no enunciado da primeira tópica (inconsciente, pré-consciente e consciência)[41] quanto da segunda (isso, eu e supereu).[42] Da mesma forma, nas duas teorias da pulsão — sexual *versus* pulsão do eu[43] e pulsão de vida *versus* pulsão de morte[44] — Freud manteve-se dualista, evidenciando a exigência da conflitualidade no psiquismo. O pensamento se inscrevia numa lógica da conflitualidade, sem perder a posição estratégica.

Desaparecem, no entanto, as referências ao pensamento no mal-estar na atualidade. Isso não quer dizer, é claro, que as teorias psicológicas e psicopatológicas contemporâneas tenham abolido o pensamento. Porém, sua suspensão se revela no campo clínico do mal-estar. Isso nos evidencia algo fundamental na caracterização atual da subjetividade. Trata-se de algo surpreendente, qual seja, a suspensão do pensamento. Vale dizer, se o mal-estar se apresenta nos registros do corpo, da ação e do sentimento, isso evidencia a anulação do pensamento. Tudo se passa como se a incidência do excesso sobre tais registros produzisse um curto-circuito no pensamento que não pode mais funcionar. Pode-se afirmar que, no mal-estar atual, tende ao desaparecimento o modelo conflitual da subjetividade. Isso porque este teria no pensamento um polo ativo, capaz de superar o mal-estar produzido pela conflitualidade. Com efeito, a fragmentação psíquica foi tão incrementada hoje, em decorrência do excesso intensivo, que a conflitualidade como possibilidade simbólica não mais se sustenta. Nesse contexto, o pensamento se suspende e os registros do corpo, da ação e do sentimento passam a avolumar-se no psiquismo, impossibilitando as simbolizações.

POIESIS E RETÓRICA INSTRUMENTAL

Disso decorrem diversas consequências. Antes de mais nada, o empobrecimento da linguagem que marca as subjetividades contemporâneas. A linguagem perde seu poder metafórico, sendo permeada cada vez mais por imagens. Estas se consubstanciam no corpo e na ação. A discursividade assume uma direção *horizontal*, sem os cortes que poderiam lançá-la na *verticalidade*. Vale dizer, a linguagem e o discurso assumem uma feição *metonímica* e não mais *metafórica*, em que a metonímia indica um desejo à deriva e sem cortes significativos. Por isso mesmo, tende à descarga e se evapora, não se constituindo como polo conflitual, como ocorria na modernidade. Tudo isso se passa com pessoas que têm um domínio razoável da língua e que foram bem escolarizadas. Não obstante, a linguagem perde seu poder simbólico.

Em seguida, é preciso destacar os efeitos sobre a temporalidade. Isso porque as mudanças dos registros do pensamento e da linguagem implicam uma transformação daquela. Com efeito, tais registros estão articulados, de maneira que cada um destes remete aos demais. Pode-se melhor compreender agora a impossibilidade de antecipação dos acontecimentos nas subjetividades contemporâneas. O excesso toma aqui consistência, assim como suas derivações e efeitos traumáticos. Isso porque a angústia-sinal pressupõe a presença no psiquismo não apenas de riqueza simbólica mas também de temporalização. Na fragilização desses, o psiquismo fica restrito à espacialização. Em decorrência disso, a linguagem se transforma, perdendo suas marcas simbólicas e transmutando-se em retórica instrumental. Vale dizer, a linguagem se esvazia como *poiesis*. Daí a pregnância assumida pelas imagens. A linguagem instrumental domina a cena psíquica e não pode, enfim, regular os impulsos e os excessos.

DO SOFRIMENTO À DOR

Dito tudo isso, é preciso alinhavar a multiplicidade de enunciados formulados. De que maneira é possível costurar todos esses signos do mal-estar? É claro que algumas interpretações parciais já foram aqui empreendidas, mas impõe-se agora uma leitura de conjunto, que possa englobar as interpretações já realizadas. Para definir as posições metodológica e teórica por mim assumidas, é preciso dizer que todos esses signos podem ser interpretados de diferentes maneiras. Em seguida, é possível afirmar que tais interpretações não seriam excludentes, mas poderiam conjugar-se nas suas linhas de fuga. Vale dizer, tais interpretações seriam complementares, na medida em que operariam em diferentes escalas de grandeza. Por isso mesmo, prefiro insistir aqui numa direção interpretativa, mas que seja ampla o bastante para inscrever no seu campo outras leituras suplementares. Vou aludir à possibilidade dessas na formulação que se segue.

Assim, sem querer tergiversar e indo direto ao ponto, gostaria de dizer que o mal-estar contemporâneo se caracteriza principalmente como *dor* e não como *sofrimento*. Vale dizer, a subjetividade contemporânea não consegue mais transformar dor em sofrimento, estando aqui a sua marca diferencial. Ao lado disso, formularia que, se o sofrimento era a marca específica pela qual a subjetividade metabolizava o mal-estar na modernidade, a dor passou a ser o traço inconfundível pelo qual aquela se confronta com o mal-estar na pós-modernidade.

Os leitores podem ficar espantados com o que estou afirmando, na medida em que não reconhecem nenhuma diferença entre dor e sofrimento. Com efeito, no vocabulário cotidiano, as pessoas costumam usar tais palavras como sinônimos, como se não existisse diferença. Porém, é justamente isso que estou formulando aqui. O que quero dizer com isso? Qual é a diferença, para a subjetividade, entre ter dor e sofrer? Além disso, os leitores podem ficar perplexos com a articulação da oposição acima com os mundos da modernidade e da pós-modernidade. Poderiam argumentar que ter dor e sofrer são modalidades de mal-estar que marcam a experiência humana desde sempre, sendo formas "a--históricas" de sentir. Entretanto, a interpretação que estou propondo inscreve-se numa tradição teórica na qual as marcas antropológicas da subjetividade são históricas. Não existiria, portanto, a natureza humana como uma invariante que ficaria incólume aos valores produzidos ao longo da história.

Dito isso, podemos retomar a leitura do mal-estar que estou propondo. Para isso, contudo, é preciso diferenciar dor e sofrimento. É preciso reconhecer que a dor é uma experiência em que a subjetividade se fecha sobre si mesma, não existindo lugar para o outro no seu mal-estar. Assim, a dor é uma experiência *solipsista*, restringindo-se o indivíduo a si mesmo, não revelando nenhuma dimensão alteritária. A interlocução com o outro fica assim coartada na dor, que se restringe ao murmúrio e lamento, por mais intensa que seja. Daí a passividade que sempre domina o indivíduo quando algo dói, esperando que alguém tome uma atitude por ele. Se isso não ocorre, a dor pode mortificar o corpo do indivíduo, minando o somático e forjando o vazio da autoestima. Ou, então, a dor pode fomentar as compulsões e a violência, formas de descarga daquilo que dói. Enfim, a dor é uma maneira de se falar do ressentimento que perpassa hoje os humilhados e ofendidos dos quatro quadrantes do planeta.

Imersa que fica na dor e no ressentimento, portanto, a subjetividade contemporânea se evidencia como essencialmente narcísica, não se abrindo para o outro, de forma a fazer um apelo. Isso porque pega mal precisar do outro, pois isso revelaria as falhas do demandante. Na cultura do narcisismo,[45] as insuficiências não podem existir, já que essas desqualificam a subjetividade, que deve ser autossuficiente.

Em contrapartida, o sofrimento é uma experiência alteritária. O outro está sempre presente para a subjetividade sofrente, que se dirige a ele com o seu apelo. Daí sua dimensão de alteridade, na qual se inscreve a interlocução na experiência do sofrimento. Isso porque a subjetividade reconhece aqui que não é autossuficiente, como na dor.

Depreende-se disso que, se o corpo, a ação e o sentimento são os registros do mal-estar hoje, isso é o correlato da condição solipsista da subjetividade, coartada da interlocução com o mundo. Este se restringe cada vez mais ao registro pragmático, perdendo a dimensão simbólica. Daí por que a linguagem como *poiesis* se empobrece, perdendo sua potência metafórica. O desejo fica então à deriva, nas cadeias metonímicas do discurso, não sendo relançado pelas rupturas promovidas pela simbolização metaforizante. A instrumentalização do corpo pela medicalização e pelo naturismo encontra então o seu canteiro de obras, na medida em que se inscreve aqui a matéria-prima para a disseminação dos discursos sobre a saúde. Pode-se compreender como a psicanálise se encontra num impasse quando se pressupõe um modelo alteritário de subjetividade, no qual os indivíduos sofrentes possam dirigir ao outro a sua demanda. Em contrapartida, a psiquiatria biológica pode florescer, já que com os psicofármacos pode fazer o curto-circuito do sofrimento e atender diretamente aos reclamos da dor, sem qualquer apelo. A animalidade dolorida pode ser atendida sem pedir nada, no jardim das delícias promovido pela medicalização da dor.

Em decorrência disso, alguns autores enunciam que assistimos hoje ao retorno da barbárie, no contexto triunfante da sociedade pós-industrial. Todos formulam isso sem alardes dramáticos, mas com a radicalidade que a tragicidade da situação exige. Assim, numa leitura criativa do conceito foucaultiano de biopoder e de bio-história,[46, 47] Agamben indica como estes são os operadores primordiais para a promoção da vida nua (*zoe*), que apaga progressivamente as marcas da vida qualificada (*bios*).[48] A biologização da vida é a sua resultante maior. Com isso, a medicalização da vida produz consequências imprevisíveis na sociedade contemporânea, ao autorizar efetivamente uma biologia sem limites. Os laboratórios eugênicos promovidos pelo nazismo, correlatos da experiência concentracionária, foram as condições históricas de possibilidade dessa viragem crucial.[49] Outros teóricos, na linhagem filosófica de Heidegger, enunciam que existimos hoje num *imundo* e não mais num *mundo*, pelas impossibilidades em que nos encontramos de produzir sentido. Nancy[50] e Mattei[51] não tematizam isso da mesma maneira, mas a problemática da mundialização está presente nos seus horizontes teóricos. Esta, com efeito, promoveu desmapeamentos ostensivos do mundo, não nos oferecendo até agora outras cartografias de sentido para orientar-nos num planeta sem fronteiras. De qualquer forma, se a subjetividade contemporânea não consegue mais transformar dor em sofrimento, isso se deve à impossibilidade de interlocução, já que, lançada na vida nua e no mundo sem sentido, chafurda na depressão. Isso porque a interlocução pressupõe a existência do outro para que se possa fazer um apelo e ser o suporte para a produção do sentido. Enfim, o vazio da subjetividade atual é o correlato do mundo que perdeu o sentido.

Porém, nos registros sociológico e político pode-se caracterizar esse solipsismo e a perda de alteridade pela quebra da *mediação* no espaço social. Seria apenas pela presença neste de mediadores, com efeito, que a linguagem poderia fluir como discurso, marcada pela *negatividade*.[52] Isso porque esta seria a condição de possibilidade da simbolização. Sem a presença da mediação, a subjetividade pós-moderna se restringe à pura negação, afirmando-se simplesmente pelos murmúrios do *negacionismo* impotente. Com isso, a dor de existir não se transforma em sofrimento, não podendo ser endereçada ao outro como demanda, de maneira a constituir um mundo de iguais. Em decorrência de todos esses impasses, ficamos, enfim, amesquinhados como sujeitos, mas nos exercitando nas ginásticas e massagens exóticas, atribuindo valores mágicos às dietas, quando não francamente intoxicados por drogas, incapazes de criar mediações no mundo.

Notas

1. Sobre isso, vide: M. Foucault, *Surveiller et punir, op. cit.*; M. Foucault, *Microfísica do poder, op. cit.*
2. Sobre isso, ver: F. Alexander, T. French, *Studies in psychossomatic medicin*, Nova York, Ronald Press, 1948; P. Lain Entralgo, *Historia de la medicina moderna y contemporánea*, 2ª edição, Madri, Científico-Médica, 1963; J. Southerland, *Evolution of psychosomatic concepts*, Londres, Hogart Press, 1965; E. Weiss, O. English, *Psychosomatic medicine*, Filadélfia, W.B. Saunders, 1949.
3. C. Lévi-Strauss, "L'efficacité symbolique", *in Anthropologie structurale*, Paris, Plon, 1958.
4. *Ibidem.*
5. *Ibidem.*
6. J. Birman, *Enfermidade e loucura. Sobre a medicina das inter-relações*, Rio de Janeiro, Campus, 1980, 2ª parte.
7. Sobre isso, ver: S. Freud, "Qu'il est justifié de séparer de la neurasthénie um certain complexe symptomatique sous le non de 'névrose d'angoisse'" (1895), *in Névrose, psychose et perversion*, Paris, Presses Universitaires de France, 1973; S. Freud, "Obsessions et phobies" (1895), *in Névrose, psychose et perversion op. cit.*; S. Freud, "Psychothérapie de l'hystérie", *in* S. Freud, J. Breuer, *Études sur l'hystérie* (1895), Paris, Presses Universitaires de France, 1971.
8. S. Freud, *Inhibition, symptôme et angoisse* (1926), Paris, Presses Universitaires de France, 1973.
9. *Ibidem.*
10. Sobre isso, ver: M. Foucault, *Naissance de la clinique, op. cit.*; M. Foucault, *La volonté de savoir. Histoire de la sexualité, op. cit.*; vol. I, G. Rosen, *Da polícia médica à medicina social*, Rio de Janeiro, Graal, 1978.
11. S. Freud, *Inhibition, symptôme et angoisse, op. cit.*
12. S. Freud, "Esquisses d'une psychologie scientifique" (1895), *in La naissance de la psychanalyse, op. cit.*
13. J. Baudrillard, *La société de consomation*, Paris, Denöel, 1970.
14. J. Baudrillard, *La société de consomation, op. cit.*
15. S. Freud, "Pour introduire le narcissisme", *in La vie sexuelle, op. cit.*
16. Sobre isso, ver: J. Laplanche, J.B. Pontalis, *Vocabulaire de la psychanalyse*, 4ª edição, Paris, Presses Universitaires de France, 1973; J. Rouart, *Agir et processus psychanalytique*, Paris, Presses Universitaires de France, 1967.
17. J. Birman, *Enfermidades e loucura. 2ª parte, op. cit.*
18. S. Freud, *Inhibition, symptôme et angoisse, op. cit.*
19. S. Freud, "Au-de-là du principe de plaisir" (1920), *in Essais de psychanalyse, op. cit.*

20. *Ibidem*.
21. E. Kraepelin, *Introduction à la psychiatrie clinique*, Paris, Navarin, 1984.
22. K. Abraham, "Préliminaires à l'investigation et au tractement psychanalytique de la folie maníaco-depressive et des états voisins" (1912), *in Rêve et mythe. Oeuvre complètes*, Paris, Payot, 1973, vol. I.
23. S. Freud, "Deuil et melancolie" (1917), *in Métapsychologie, op. cit.*
24. Sobre isso, vide: J.B. Pontalis, (org.), *Nouvelle Revue de Psychanalyse. Figures du vide* n° 11, Paris, Gallimard, 1975.
25. R. Sennett, *A corrosão do caráter*, Rio de Janeiro, Record, 1999.
26. A. Ehrenberg, *La fatigue d'être soi. Dépresion et société*, Paris, Odile Jacob, 1998.
27. M. Foucault, *Les mots et les choses, op. cit.*
28. G. Canguilhem, "Qu'est-ce que la psychologie?", *in Études d'histoire et de philosophie de la science*, Paris, Vrin, 1969.
29. J. Lacan, "Au-delà du principe de realité" (1936), *in Écrits, op. cit.*
30. R. Descartes, "Méditations" (1641), *in Oeuvres et lettres de Descartes, op. cit.*
31. G. Canguilhem, "Qu' est-ce que la psychologie", *in Études d'histoire et de philosophie de la science, op. cit.*
32. J. Lacan, "Au-delà du principe de realité", *in Écrits, op. cit.*
33. E. Kant, *Critique de la raison pure, op. cit.*
34. E. Kant, *Critique de la faculté de juger*, Paris, Vrin, 1995.
35. M. Heidegger, *Kant et le problème de la métaphysique*, Paris, Gallimard, 1953.
36. S. Freud, "Pulsions et destins des pulsions" (1915), *in Métapsychologie, op. cit.*
37. S. Freud, "L'inconscient" (1915), *in Métapsychologie, op. cit.*
38. S. Freud, *Trois essais sur la théorie de la sexualité* (1905), *op. cit.*
39. J.P. Sartre, *A imaginação*, São Paulo, Difusão Europeia do Livro, 1967; J.P. Sartre, *L'imaginaire*, Paris, Gallimard, 1990.
40. J.P. Sartre, *Esquisse d'une théorie des émotions*, Paris, Hermann, 1963.
41. S. Freud, "L'inconscient", *in Métapsychologie, op. cit.*
42. S. Freud, "Le moi et le ça" (1923), *in Essais de psychanalyse, op. cit.*
43. S. Freud, *Trois essais sur la théorie de la sexualité, op. cit.*
44. S. Freud, "Au-delà du principio de plaisir", *in Essais de psychanalyse, op. cit.*
45. C. Lasch, *The culture of narcissism, op. cit.*
46. M. Foucault, *La volonté de savoir, op. cit.*
47. M. Foucault, *Il faut defendre la societé* (1976), Paris, Gallimard/Seuil, 1997.
48. G. Agamben, *Homo saccer. Le pouvoir souverain et la vie nue, op. cit.*
49. *Ibidem*.
50. J.L. Nancy, *La création du monde ou la mondialisation*, Paris, Galilée, 2002.
51. J.F. Mattei, *A barbárie interior*, São Paulo, Unesp, 2001.
52. J. Lacan, "Fonction et champ de la parole et de langage en psychanalyse" (1953), *in Écrits*, Paris, Seuil, 1966.

2. Reviravoltas na soberania*

---

* Este texto foi escrito a partir das notas que me orientaram na conferência de fechamento da II Jornada do Espaço Brasileiro de Estudos Psicanalíticos, realizada no Rio de Janeiro em maio de 2002, intitulada "Soberanias".

SINGULAR E PLURAL

A problemática escolhida para este encontro foi a de *soberanias*. Essa proposta de trabalho foi lançada, para todos nós, como uma provocação atraente, para a qual se espera um desenvolvimento teórico. É o que pretendo realizar aqui de maneira concisa, trabalhando nas fronteiras, sempre móveis e porosas, entre a psicanálise e a questão do poder. Para isso, vou considerar as novas formas de mal-estar na atualidade como fio de prumo, para caminhar nos confins dos territórios discursivos acima enunciados.

O primeiro comentário a ser aqui empreendido diz respeito ao título escolhido para este encontro. Isso porque tal título foi enunciado de maneira sugestiva e eloquente, já que proposto no *plural* e não no *singular*. Estamos acostumados, com efeito, a falar em soberania, no singular, como um conceito proveniente da filosofia política, e não em soberanias, no plural. É nesse contraste ostensivo entre o singular e o plural que se inscreve a originalidade da problemática entreaberta para este debate. É aqui que se delineia seu centro de urgência maior, o seu ponto de sensibilidade máxima e de viragem, na medida em que é por esse pequeno viés que podemos antever os confins onde se encontram os territórios da psicanálise e do poder. É justamente entre o singular e o plural, deslocando-nos agora dos registros da soberania para o das soberanias, que se impõe a problemática das novas formas de mal-estar hoje.

Assim, vejamos. A soberania remete inequivocamente aos discursos sobre o poder e a autoridade política, que se condensam no exercício daquela pelo *Estado*. Porém, remete também ao conceito de *povo*, formulado na modernidade ocidental. Nesta, com efeito, o povo seria o fundamento do Estado, pois a soberania popular é que estaria na base da soberania do Estado. Os registros do povo e do Estado se plasmam na modernidade, portanto, na constituição da soberania. Seria então o povo soberano o que deveria fundar a sua *representação* no campo do Estado, estando então no polo do povo o poder constituinte propriamente dito.[1] Por isso mesmo, no registro estritamente político, a modernidade ocidental foi identificada com a república e a democracia, pois nestas seria o povo enquanto tal quem deveria deter efetivamente a soberania, isto é, o poder.

Nos séculos XVI, XVII e XVIII, na aurora dos tempos modernos, a soberania do Estado não se fundava na soberania popular. Com efeito, no Estado absolutista seria Deus que estaria no fundamento da soberania e do poder do rei, de maneira que a soberania teria uma fundação eminentemente teológica. Se a modernidade ocidental implicou a morte de Deus, isso quer dizer que a condição de possibilidade daquela foi a constituição de um outro fundamento para o Estado e para o poder, que não fosse mais teológico, apoiando-se agora na soberania popular.

Realizou-se aqui, então, um deslocamento crucial entre os polos constitutivos do poder político e da autoridade, da figura de Deus para a do povo. A secularização do poder foi instituída. Com isso, o poder mudou seu *centro* de referência, é claro, mas continuou a se ordenar ainda em torno de um centro. O povo estaria agora no centro do poder do Estado, mas o poder continuava ainda a ser representado nos termos da centralidade. O Estado passou então a representar o lugar de exercício dessa centralidade, condensando agora em si a soberania que lhe foi atribuída pelo povo, como poder constituinte propriamente dito.[2]

No entanto, ao se enunciar hoje a problemática das soberanias, agora no plural, o que está em causa é justamente a centralidade do poder. Falar em soberanias é aludir, com efeito, ao *descentramento* do poder. Isso implica enunciar que não existiria mais na atualidade um centro único e apenas um polo do poder, mas que este se caracterizaria agora pela *multiplicidade* e *pluralidade*. Essa é a questão primordial a ser aqui bem delineada, antes de mais nada, como resultante que é do contraste entre o singular e o plural na problemática da soberania. É por esse viés que se pode depreender uma série de reviravoltas no campo da soberania.

O que significa dizer, afinal das contas, que o poder foi hoje descentrado, marcado que seria agora pela pluralidade e multiplicidade? Isso implica enunciar, antes de mais nada, que o poder não se restringe mais ao Estado-Nação, mas que aquele foi redistribuído para a totalidade do espaço social, não se confinando apenas ao registro da sociedade política, mas disseminou-se também no campo da sociedade civil.

Enuncia-se assim, pois, na relativização do poder da sociedade política e no incremento do poder conferido para a sociedade civil, uma heterotopia do poder. Esta implica, é claro, uma outra leitura do que seja efetivamente a democracia, na medida em que enfatiza mais do que antes o poder dos movimentos sociais e relativiza bastante o peso atribuído à representação política. As densidades e os pesos específicos desses diferentes registros se redistribuem de outra maneira e se equilibram agora em outras bases.

Tudo isso se articula com o que se convencionou denominar de despolitização na sociedade contemporânea, principalmente nos países do Primeiro Mundo, onde, na inexistência de voto obrigatório, os níveis de participação da população nas eleições não apenas é muito baixo, como também decresce a cada pleito. Porém, se isso indica a perda de apoio dos cidadãos à reprodução da sociedade política, isto é, a referida despolitização, evidencia ainda a crise da representação no campo estritamente político.

Em contrapartida, a politização se realiza agora ostensivamente no registro da sociedade civil, na qual os movimentos sociais são investidos de poder pelas diferentes comunidades que os sustentam. Com efeito, do movimento feminista ao *gay*, passando pelos movimentos de ação afirmativa e dos multiculturalismos, o que se revela é a crescente politização no registro da sociedade civil, que ultrapassa em muito a dos antigos movimentos sociais voltados apenas para os interesses particulares de grupos e segmentos sociais, que se centravam principalmente em reivindicações sobre a questão do trabalho.

Foi justamente a isso que quis me referir inicialmente ao formular a problemática do descentramento da soberania, pois agora a dita soberania popular se difrata em diferentes polos de poder, que estabelecem entre si diferentes formas de relação, seja de aliança, seja de rivalidade. As amizades e as inimizades se configuram, então, entre esses diversos polos descentrados de poder. Ao lado disso, evidencia-se ainda a pluralidade e a multiplicidade de campos de poder a que aludi acima. Tudo isso indica, enfim, a construção de outros espaços de poder, evidenciando a heterotopia deste na atualidade, ao lado das reviravoltas na soberania.

GLOBAL E REGIONAL

Enunciar, portanto, a problemática das soberanias é evocar esse conjunto de remanejamentos do poder que estão hoje em processo de produção. Porém, a questão em pauta indica ainda a existência de outras transformações cruciais, que precisam ser aqui devidamente destacadas.

Assim, o remanejamento atual nas formas de soberania existentes no Ocidente há pelo menos duzentos anos atinge de maneira particular e frontal o estatuto de soberania do Estado-Nação. O processo de globalização da economia, do qual todos participamos e que já é uma realidade hoje no contexto da gestão neoliberal da economia internacional, provoca uma evidente relativização da soberania dos Estados-Nação. Estes passaram a ser regulados, de maneira progressiva, pelos fluxos dos capitais internacionais, que estabilizam e desestabilizam os governos em função de seus interesses. As fronteiras dos Estados passaram então a ficar porosas, permeadas pela circulação de capitais voláteis e pela incidência das redes de telecomunicação. As decisões do Estado são agora marcadas pela presença avassaladora dos interesses econômicos internacionais, que subtraem assim parcela significativa da soberania anteriormente detida pelo Estado-nação.

Para se defender disso e procurar manter ainda a sua soberania, os Estados-Nação passaram a constituir relações em rede, que podem se restringir ao registro econômico ou, então, atingir limiares mais ousados de associação, caminhando, além disso, para uma unificação política propriamente dita. Assim, se a Comunidade Econômica Europeia, constituída no final dos anos 1950, foi um exemplo seminal da primeira alternativa, a recente constituição da União Europeia é um exemplo eloquente da segunda. Da mesma forma, a recente construção de um espaço econômico comum entre os Estados Unidos, o Canadá e o México é um outro exemplo importante de uma rede de relação econômica de países no continente americano. O Mercosul é outro exemplo destacado desse movimento e um contraponto ao que se realizou no norte, reunindo os países do sul da América Latina. O mesmo processo realizou-se em alguns países da América do Sul, da costa do Pacífico, no Pacto Andino, e entre alguns países asiáticos, que organizaram um mercado preferencial. O projeto de construção da Alca, que unificaria todo o mercado do continente americano, de norte a sul, é outro exemplo que vai na mesma direção.

A unificação econômica é um processo bem mais simples do que a política, é claro, na medida em que encontra menos resistência de cada um dos Estados-Nação envolvidos. Isso porque a unificação regional de seus mercados possibilitaria uma proteção maior para cada um dos mercados diante do mercado global, de maneira a melhor preservar a soberania política de cada Estado-Nação. Por isso mesmo, o atual projeto político da União Europeia é um desafio crucial, pois a soberania política de cada Estado-Nação participante vai ser necessariamente colocada em questão de diferentes maneiras.

Porém, mesmo a constituição dos mercados regionais é também problemática. Isso porque os diversos países que aí se agrupam têm densidades econômicas e políticas diferentes, podendo, assim, as nações mais ricas e poderosas imporem seus interesses sobre as mais fracas. Os atuais impasses para a construção da Alca se centram justamente nisso, já que o poder e a riqueza da economia norte-americana podem dominar as demais, que são bem mais frágeis, como já acontece hoje nas relações entre os Estados Unidos e o México, no mercado comum que constituíram com o Canadá.

UNIVERSALISMO, COSMOPOLITISMO, INTERNACIONALISMO

De qualquer maneira, se a globalização econômica é inevitável, sem dúvida, isso não significa que não se tenha que estabelecer aqui limites aceitáveis. Não se trata de ser contra ou a favor da globalização como um todo, mas que se estabeleçam regras aceitáveis, para que se possa regular devidamente seu processo, impondo obstáculos seguros e consistentes para o domínio ostensivo das nações mais ricas sobre as mais pobres. É aqui que se inscreve a dimensão propriamente política dessa questão, que vai delinear os desdobramentos futuros do processo de globalização.

Assim, os diversos movimentos antiglobalização que pulularam pelo mundo, nos anos 1990 e no início do século XXI, de Seattle a Praga, passando por Gênova e Porto Alegre, não sustentavam apenas a oposição sistemática e irrestrita ao processo de globalização, mas clamavam também pela elaboração de um conjunto de regras, jurídicas e políticas, que o regulassem. O cerne da discussão se encontra justamente aqui, pois, se todos os países poderosos desejam a globalização econômica, isso se faz também comumente com a manutenção de políticas protecionistas em face dos seus produtos menos competitivos, que prejudicam ostensivamente tanto os países emergentes quanto os do Terceiro Mundo. Os Estados Unidos fazem isso abusivamente, baseados no seu poder político e econômico de retaliação às nações mais pobres e frágeis, da mesma forma que a União Europeia no que tange ao protecionismo de seus produtos agrícolas. O Brasil e os demais países da América Latina, assim como os africanos, são ostensivamente prejudicados pelas políticas protecionistas, que vão numa direção oposta às regras efetivas da globalização. Nesse contexto, a Organização Mundial do Comércio, que deveria ser o árbitro imparcial desses embates, nem sempre atua devidamente, sofrendo as pressões das nações poderosas e cedendo a estas.

As práticas protecionistas se articulam certamente com a soberania dos diferentes países, indicando a resistência destes a se lançar no processo irrestrito da globalização, pois isso de alguma maneira afetaria as suas soberanias. Daí o paradoxo presente na globalização enquanto tal, no qual se opõem os polos político e econômico do processo em questão.

A importância deste tópico é crucial não apenas por razões econômicas mas também políticas. Isso porque a tradição das esquerdas, desde o século XIX, sempre foi internacionalista e crítica, portanto, das políticas nacionalistas. A incorporação do nacionalismo como ideologia pelo Estado soviético, no contexto stalinista dos anos 1930, representou uma mudança de rota no movimento socialista internacional. O discurso sobre a pertinência do socialismo num só país e a crítica à proposição da revolução permanente, que colocou, nesse contexto, Stalin e Trotski em campos políticos opostos, com as consequências nefastas que todos conhecemos, foi uma derrota flagrante para o internacionalismo socialista diante do nacionalismo.

Assim, a globalização indica efetivamente uma tendência universalista, mas que precisa ser reconhecida nos seus pressupostos, não apenas econômico, mas também político e ético, pois nos lança numa perspectiva internacionalista e antinacionalista. É a soberania do Estado-Nação que está aqui em causa. Não é um acaso, certamente, que os Estados Unidos, que estão no centro nevrálgico do novo império, após a queda do Muro de Berlim e a derrota do bloco soviético, se contraponham ostensivamente ao universalismo e ao internacionalismo exigidos pelo processo de globalização. O que está em pauta aqui é a soberania do Estado-Nação. É claro. Com efeito, da oposição à constituição do Tribunal Penal Internacional à aceitação plena do multilateralismo nas questões internacionais, passando por suas políticas protecionistas e pela recusa a acatar as decisões sobre o protocolo de Kyoto para a proteção ambiental do planeta, os Estados Unidos representam, hoje, o maior obstáculo ao universalismo e ao internacionalismo nos registros ético e político, nas relações internacionais.

Em decorrência disso, os Estados Unidos representam na atualidade indubitavelmente, nos seus menores detalhes, a condição de ser um Estado de *exceção* na cena internacional. Isso representa de fato a afirmação ostensiva e literal da soberania norte-americana, que não aceita a relativização da sua soberania no novo contexto internacional. Vale dizer, os Estados Unidos representam hoje, no que é fundamental, a condição de um *rogue state*.[3]

A maneira pela qual o Iraque foi invadido, contrariando não apenas a ONU como também o maior movimento pacifista organizado no mundo nas últimas décadas, indica não apenas o unilateralismo presente nas decisões políticas norte-americanas, mas a condição de exceção que os Estados Unidos pretendem ocupar hoje na cena internacional. É aqui que se coloca, na atualidade, a ameaça maior para a reorganização do campo da soberania e do poder político, pois impede a construção de uma outra cartografia entre os Estados no cenário internacional.

Tudo isso nos indica que a defesa dos princípios do internacionalismo hoje, no contexto da globalização neoliberal, como contraponto a certos pressupostos dessa, implica não apenas a crítica da ideologia política do nacionalismo, mas também dar o devido destaque ao que se opõe sistematicamente a isso, qual seja, o cosmopolitismo. Com efeito, o que de positivo já se enuncia na atualidade, nas críticas simultâneas da globalização e do nacionalismo, é o discurso do cosmopolitismo, que unifica a todos em movimentos transnacionais, não obstante suas diferenças em torno de pautas específicas.

Nessa perspectiva, o feminismo é não apenas um movimento cosmopolita que transcende as fronteiras estritas dos Estados-Nação, unificando as mulheres de diferentes latitudes do planeta e de diversas tradições, mas redefine as relações entre os gêneros sexuais, como também o movimento *gay*. Da mesma forma, os discursos centrados no reconhecimento das singularidades étnicas assumem na atualidade uma evidente dimensão cosmopolita.

Esse cosmopolitismo dos dias de hoje é a contrapartida política e ética da globalização do capital, que nos lança a todos, cidadãos de diferentes lugares e proveniências do planeta, no mesmo barco e que nos obriga coletivamente a redirecionar nosso destino. Seria isso o que nos oferece na atualidade uma nova interpretação da categoria de *multidão*, cunhada por Spinoza, na versão desenvolvida por Negri e Hardt, no *Império*.[4] Com efeito, a multidão assume hoje uma dimensão eminentemente cosmopolita, relançando em outras bases o universalismo e o internacionalismo, configurando então as novas condições de possibilidade para o poder constituinte.[5]

SOBERANIA E SUBJETIVIDADE

O registro da subjetividade, no entanto, foi radicalmente transformado pelo conjunto desses processos. Não ficou, portanto, incólume a isso. As novas *formas de subjetivação*,[6] que se disseminaram e são cantadas em prosa e verso na atualidade pelos diferentes saberes sobre o psíquico, são um efeito eloquente dessa transformação em curso. Em relação a isso, não parece haver muita dúvida, não obstante as formas parciais e limitadas de leitura, realizadas pela psiquiatria biológica e pela psicanálise.

Esses discursos disputam, como se sabe, quem é o detentor do melhor esquema teórico para explicar as novas modalidades de sofrimento existentes. É a luta pela hegemonia do campo dos saberes da *psique* que está aqui em jogo. Assim, a psiquiatria supõe ter encontrado finalmente, no discurso das neurociências, não apenas a possibilidade de ser, de fato e de direito, uma especialidade médica no sentido amplo do termo, mas também acredita que seu esquema teórico oferece as melhores possibilidades de regulação do mal-estar contemporâneo. Em contrapartida, a psicanálise está numa posição de franco desprivilégio hoje, após ter ocupado a hegemonia do campo durante décadas, quando a psiquiatria se orientava pelos cânones psicanalíticos.

Parece-me, contudo, que não é possível interpretar devidamente as novas formas contemporâneas de mal-estar nas perspectivas epistemológicas estritas da psicanálise e da psiquiatria biológica. Isso porque as transformações radicais que hoje estão em pauta produzem uma mudança *antropológica* crucial na forma de ser da subjetividade, que precisa ser devidamente reconhecida e apreendida, até mesmo para que se compreenda melhor o maior prestígio social conquistado hoje pela psiquiatria biológica em face da psicanálise. É para essa transformação crucial que devemos ficar agora bem atentos, para destacarmos o que está de fato em pauta e não dormirmos mais no ponto.

Assim, a perda de referência no campo da soberania, no registro estrito do Estado-Nação e do descentramento do poder, teve o efeito de provocar a perda do suporte sobre o qual se realizava a ordenação da subjetividade, de maneira que com isso as individualidades se viram então lançadas numa condição de *desalento* significativo. As formas de mal-estar hoje dominantes têm no desalento psíquico uma marca fundamental, que revela uma perda nos processos de simbolização como o seu correlato.

É preciso, no entanto, não confundir o *desamparo*[7] com o desalento, na medida em que estes evidenciam a presença de contextos e processos psíquicos bastante diferenciados. Com efeito, se no desamparo a subjetividade colocada no grau zero das formas de subjetivação pode contar ainda com a referência a um polo de poder e de alteridade que a organize, no caso do desalento é justamente tal polo que se mostra ausente. Pode-se então enunciar que, na modernidade, a subjetividade podia contar com um polo de poder e de alteridade que a constituía, enquanto na pós-modernidade é justamente esse polo que se encontra ausente. É a *alteridade* que está em questão aqui, lançando as subjetividades ao desalento.

Isso implica dizer que a soberania, sempre aqui no singular e ocupando uma posição central no imaginário da modernidade, oferecia o polo de poder a que me referi acima. No entanto, com o descentramento e a multiplicação dos polos de poder, a subjetividade não sabe bem onde se apoiar na sua organização, provocando então seu desmapeamento ostensivo e falhas nas suas relações com o outro. As diferentes modalidades de mal-estar hoje existentes indicam todas, de diversas maneiras, falhas nos processos alteritários.

O polo soberano do poder tinha na figura do *pai* o seu agenciador fundamental, na ordenação da subjetividade. Aquela figura possibilitava ainda a construção da subjetividade na modernidade, sendo em torno daquele centro que a subjetividade girava e se organizava. Na pós-modernidade, no entanto, evidencia-se a sua queda como instância crucial para a constituição do psiquismo, pela multiplicação dos polos de poder e pelo descentramento deste. O desprestígio que incide sobre a figura do pai hoje é o correlato da desconstrução do poder centrado na soberania. As falhas nos processos alteritários, a que me referi acima, aqui se inscrevem.

Isso implica, é claro, a transformação correlata da *ordem familiar*, na qual a figura do pai deixa de ocupar o lugar central e o poder que detinha anteriormente, tendo que partilhar agora o seu poder com a figura da mãe. É o patriarcado que chega finalmente ao seu término, após sua longa história no Ocidente, iniciada na tradição grega.[8] Os gêneros sexuais passaram a estabelecer entre si relações mais igualitárias, num processo que tende a romper com a *hierarquia* e a *assimetria* entre as figuras do homem e da mulher, que foi a marca insofismável da tradição do patriarcado.

O movimento feminista, que se disseminou pelo mundo desde os anos 1960, foi o operador político desse processo, subvertendo de ponta-cabeça as relações entre os gêneros sexuais e sustentando a maior paridade entre estes. As figuras do pai e do marido, que condensavam a soberania dos homens, perderam a superioridade hierárquica sobre a figura da mãe, que era o símbolo por excelência da inferioridade hierárquica das mulheres.

Em decorrência disso, o movimento *gay* também se construiu e ganhou força, tendo também no patriarcado o seu alvo. O que está em questão aqui, com efeito, é a soberania da figura do pai e o seu correlato, qual seja, a ordem familiar centrada na soberania paterna. Foi o *pater* poder, enfim, que foi tocado e atingido por esses dois movimentos, certamente os inauguradores da pós-modernidade.

As falhas dos processos alteritários, que marcam fundamentalmente o mal-estar na atualidade, são decorrência dessa quebra da soberania e do seu descentramento. É esse o eixo, político e simbólico, que pode nos orientar na leitura das novas formas de subjetivação na contemporaneidade. Todas as modalidades de mal-estar em questão colocam sempre uma mesma problemática de base, qual seja, como é possível para a individualidade ordenar-se psiquicamente sem contar com a presença e a referência de um polo único e central de poder?

Ao enunciar essa condição para a leitura do mal-estar na atualidade, estou propondo, ao mesmo tempo, um *método* para a interpretação das novas formas de subjetivação, pelo qual o *outro* é constitutivo da subjetividade. Vale dizer, não existe uma subjetividade que seja autossuficiente e fechada em si mesma, que possa ser produzida pela auto*poiesis*. Para se constituir, com efeito, a subjetividade depende do outro, sem o qual não poderia ordenar-se de maneira solipsista.

Esse pressuposto é freudiano, na medida em que, na "Psicologia das massas e análise do eu", Freud colocou o outro na posição fundamental de catalisador para a produção da subjetividade.[9] Por isso mesmo, pôde enunciar que, na perspectiva psicanalítica, não existiria diferença entre a psicologia individual e a psicologia coletiva, justamente porque o outro estaria sempre presente na cena psíquica, seja como aliado ou oponente, isto é, seja como amigo e inimigo, ao mesmo tempo.[10] É pela presença do outro no horizonte psíquico, discreta ou ostensiva, que o discurso freudiano pode empreender aqui uma leitura sobre a "psicologia das massas" propriamente dita e enunciar seus desdobramentos para um discurso sobre a política.

Assim, a figura de soberano teria o dom de transformar uma massa amorfa e dispersa numa *unidade* propriamente dita, pelas insígnias de poder que apresenta e de que a massa quer participar. Da mesma forma, cada indivíduo que faz parte da massa quer participar de algo que seja maior do que ele próprio e ser então reconhecido como tal pelos demais participantes. Seria, pois, a demanda de amor e de reconhecimento que conduziriam à aglutinação das individualidades. Esse processo produziria, no entanto, a identificação recíproca dessas individualidades, sempre sustentadas, é claro, pelo valor emblemático assumido para elas pela figura do soberano. A *sedução* e o *fascínio* exercidos por esta e pelo seu discurso, isto é, aquilo que aquele promete, é a condição de possibilidade para a unidade da massa enquanto tal, já que isso possibilitaria a identificação entre si dos membros do grupo.[11]

Porém, essa unidade pode ser rompida a qualquer momento, caso o fascínio e a sedução do soberano e do seu discurso não mais se mantenham para as individualidades participantes da massa. Nesse contexto, as identificações tecidas entre essas individualidades se quebram, produzindo, então, a dispersão em debandada da massa, já que cada um vai procurar a direção que puder e mais lhe interessar. Antes disso, contudo, instala-se o *pânico* na massa, sendo esse o signo privilegiado que anuncia que as individualidades não acreditam mais no poder do soberano.[12] Este perde inequivocamente assim o seu carisma. Seria a *angústia do real*, enfim, que evidenciaria a ruptura dos *laços sociais* e da *crença* no poder do soberano.

Esse é um momento crucial para a subjetividade, certamente, pois, confrontada com o seu desamparo originário, poderia estabelecer outras modalidades de laços sociais que não passassem mais pela verticalidade e pela hierarquia presentes na soberania. Com efeito, no esquema delineado por Freud, para a organização da massa, as relações *horizontais* entre os membros dessa passam obrigatoriamente pela relação *vertical* com o líder carismático. Seria então a perda da verticalidade, construída pelo poder soberano, o que provocaria a angústia do real e o pânico nas individualidades, como Freud descreveu devidamente.

Entretanto, se esse momento é crucial, é porque indica uma encruzilhada fundamental para as individualidades, já que podem procurar então um outro soberano para apaziguar seu pânico, por não suportarem a experiência do desamparo, instalando-se efetivamente no desalento. Ou, então, construírem laços sociais horizontais, tecendo novas modalidades de alteridade. Se pela primeira alternativa a subjetividade se torna anônima e homogênea, indiferenciada dos demais componentes do grupo, pela segunda poderia, contudo, singularizar-se e diferenciar-se seja em face do soberano, seja diante dos demais participantes da referida massa. Para isso, é claro, teria a individualidade que assumir a radicalidade de sua condição de desamparo e de sua *singularidade*.

Pode-se dizer que as transformações no registro da soberania, que ocorreram na modernidade e na pós-modernidade, colocaram em cena essas diferentes alternativas, para as subjetividades, de diversas maneiras. Tanto numa quanto na outra, ambas as alternativas foram acionadas, em proporções bem diferentes.

Assim, a manutenção da centralidade da soberania, referida ao Estado, mas fundada na soberania popular, possibilitou na massa uma ilusão no poder do soberano, que poderia ser sempre reiterado e evocado, mesmo que o poder deste estivesse fundado de fato na soberania popular e fosse então apenas virtual. Os totalitarismos que atravessaram o século passado, que tiveram no nazismo, no fascismo e no stalinismo o seu apogeu e a sua hipérbole, foram as construções extremas das individualidades e das coletividades para encontrar uma figura autoritária do soberano e do pai, a fim de não se defrontar efetivamente com o seu desamparo. A massificação das individualidades foi o contraponto maior disso, sua resultante mais eloquente.

No entanto, com a derrocada da centralidade e da unicidade da soberania, com a multiplicação dos polos de poder, um vácuo aqui se produziu, provocando um impasse fundamental. Isso porque as subjetividades teriam que tecer agora laços sociais horizontais, que exigiam um confronto efetivo com o seu desamparo. Porém, diante dessa impossibilidade, passaram seja a verticalizar o campo das relações horizontais, transformando em soberano o que não era soberano, em busca sempre de proteção, seja a conviver com o pânico diante da ausência de referência soberana para poderem organizar-se enquanto tal. A resultante disso tudo foi o desalento e o mal-estar que passaram a permear as relações com o outro, como já enunciei acima.

Tudo isso nos indica que o outro, como polo constitutivo da subjetividade, não pode ser apenas considerado como o *Outro*, no sentido do registro *simbólico* enunciado por Lacan,[13] nem como o *outro*, no sentido do registro *imaginário* também formulado por Lacan.[14] Existe aqui uma outra dimensão, referida ao poder enquanto tal, que não se restringe aos registros da linguagem e da captura especular. É justamente para falar disso que estou propondo esta interpretação e esta perspectiva metodológica de leitura, para me aproximar do que há de inédito nas modalidades contemporâneas de mal-estar, que o discurso psicanalítico vigente não consegue devidamente decifrar e de que o discurso psiquiátrico procura dar uma explicação biológica.

Contudo, antes de levar um pouco adiante tal hipótese interpretativa, vou apresentar de maneira sumária alguns dos traços mais destacados que caracterizam o mal-estar na atualidade.

CARTOGRAFIA DO MAL-ESTAR

Para esboçar as linhas fundamentais que delineiam as formas de subjetivação na atualidade, vou destacar como se caracteriza o mal-estar hoje, tal como se descreve nos discursos psicanalítico e psiquiátrico. A partir dessas descrições é possível desenhar devidamente os traços cruciais que caracterizam as novas formas de subjetivação. Esse seria o método escolhido para a interrogação que aqui se realiza.

O que se pretende retirar dessas descrições, no entanto, são as *categorias* antropológicas que as orientam. O que se quer é realizar um mapeamento das ditas categorias que fundamentam as novas modalidades de subjetividade hoje, pois isso nos possibilitaria um trabalho *comparativo* com o que a antecedeu historicamente. Essa comparação é crucial, pois nos permitiria captar a especificidade presente nas formas atuais de subjetivação. Além disso, pretendo realizar uma leitura metapsicológica dessas novas formas do mal-estar, para indicar os impasses presentes nas formas de subjetivação hoje. Aqui também a leitura comparativa ocupa um lugar fundamental para a interpretação que vou sugerir posteriormente.

Dessa maneira, o mal-estar na atualidade se enuncia positivamente nos registros do *corpo*, da *ação* e do *sentimento*. Estariam aqui as categorias antropológicas que fundam as descrições da subjetividade contemporânea, delineando as novas formas de subjetivação. Estas são as invariantes em questão. Tais registros antropológicos podem aparecer de maneira isolada ou articulados com os demais nos discursos psiquiátrico e psicanalítico. Neste último caso, no entanto, os registros não se opõem e funcionam de maneira complementar.

A *positividade* dessas categorias nesses discursos, no entanto, evidencia a *negatividade* de outras. O que se destaca aqui é a ausência e a fragilidade da categoria de *pensamento* nas descrições das novas formas de subjetivação. Disso deriva a fragilidade dos processos de *simbolização* e o empobrecimento da linguagem e do discurso nas subjetividades atuais, ao lado da pregnância assumida pela categoria de *espaço* em detrimento da categoria de *tempo* nos processos psíquicos.

Delineando então a *cartografia* do mal-estar na atualidade e as categorias antropológicas que se destacam nas novas formas de subjetivação, assim como as que se negativizam, o trabalho comparativo permitirá a construção da leitura metapsicológica.

Retomarei agora de forma sucinta o que descrevi de maneira mais detalhada no ensaio anterior, para desdobrar o discurso numa outra direção interpretativa.

CORPO

Antes de mais nada, o mal-estar se revela no registro do corpo. Está sempre no primeiro plano das narrativas psicopatológicas e psicanalíticas, como uma queixa fundamental. Assim, a subjetividade está permanentemente lançada numa experiência na qual o corpo pode falhar a qualquer momento. O *risco* se coloca sempre de maneira iminente para as individualidades, que vivenciam a fragilidade de existir no registro corporal, polarizadas entre a vida e a morte.

Da denominada síndrome da fadiga crônica à síndrome do pânico, as descrições psicopatológicas se multiplicam. É sempre a vida que está na condição de risco e o corpo em causa. A tensão é permanentemente referida para explicar tais perturbações inespecíficas e camaleônicas do somático, de maneira que o *estresse* foi transformado na causa maior do mal-estar atual, revelando então o desequilíbrio instaurado nas relações da subjetividade com o meio ambiente.

O corpo em causa, contudo, não se expressa de maneira simbólica. Por isso mesmo, não é um corpo falante, como ocorre na histeria, mas apenas o lugar para a descarga das excitações.[15] Isso porque não se delineia facilmente uma cena fantasmática, no imaginário do sujeito, que seja a condição de possibilidade de tais manifestações. Evidencia-se aqui, portanto, a existência de um processo de *somatização* e não uma *conversão* histérica propriamente dita.[16] Esse é o canteiro de obras para a disseminação das perturbações psicossomáticas.

É ainda em função disso que passamos a ser usuários de práticas e discursos aparentemente opostos, mas que atribuem ao corpo uma posição destacada. Refiro-me aqui tanto à medicalização maciça de que somos objeto hoje quanto ao naturismo exótico que nos envolve a todos e que marca nossa existência na atualidade. Assim, consumimos quase todos os suplementos vitamínicos e antioxidantes, para manter a boa saúde e prolongar a vida, pelo risco de morte que nos assalta permanentemente. Ao lado disso, a dieta alimentar passa pela vigilância estrita dos nutricionistas e esteticistas, para que seu equilíbrio saudável seja também produtor de beleza. Sem falar, é claro, das caminhadas e dos exercícios diários, com tempo cronometrado, para administrarmos a boa saúde e a bela forma física. É nesse contexto que as academias de ginástica se transformaram num dos templos do mundo pós-moderno, aonde vamos cotidianamente, como num culto. Não existe aqui, portanto, nenhuma oposição entre o naturismo e o naturalismo médico, que se associam nessa empreitada heroica para afastar os riscos possíveis que experimentamos no registro do corpo.

Tudo isso porque o envelhecimento foi efetivamente transformado também numa enfermidade. Contrapomo-nos a isso, custe o custar, pois a vulnerabilidade corpórea remete não apenas à possibilidade da morte iminente e ao culto da boa saúde, mas também para evitar o envelhecimento. Ser saudável, belo e não envelhecer se transformaram hoje nos nossos imperativos, moral e estético.

Por isso mesmo, acompanhamos com volúpia as novas pesquisas biológicas sobre a reprodução, dentre as quais se destaca a clonagem. Isso porque esta, nas suas versões terapêutica e reprodutiva, nos promete a *imortalidade*. Esse é o efeito mais destacado das biotecnologias no imaginário contemporâneo, sem querer com isso entrar no mérito de suas pretensões científicas. Porém, o desejo de imortalidade é o contraponto, no imaginário, da presença de risco na experiência psíquica contemporânea, não podendo, pois, ser separados esses diferentes polos no campo do mal-estar na atualidade.

AÇÃO

Porém, o mal-estar contemporâneo se evidencia também no registro da ação. Existimos hoje numa permanente hiperatividade, isto é, numa excitabilidade elevada que se transforma em *excesso* e que transborda como ação. Vale dizer, a inquietude que nos acossa hoje não se contém no campo das representações, mas transborda seja para o corpo seja para a ação.

Essa hiperatividade é a condição de possibilidade de um de nossos maiores males na atualidade, a *violência*. Esta perpassa a cena do social nos seus menores detalhes, manifestando-se frequentemente como delinquência, mas não se restringindo a esta. Porém, isso já coloca para nós a questão dos limites daquela, pois as fronteiras não são bem delimitadas entre *agressividade* e violência, considerando que a primeira é constitutiva do psiquismo.

A ação se manifesta ainda, contudo, de forma privilegiada sob a forma da *compulsão*. Esta caracteriza efetivamente as subjetividades contemporâneas. Assim, das drogas, passando pelo álcool, cigarro e a comida, as compulsões inscrevem-se de maneira fundamental no campo do mal-estar contemporâneo. Sem esquecer, é claro, do consumo, que se realiza hoje de maneira compulsiva, já que a noção do que alguém precisa se ampliou de tal forma que essa imprecisão delineia a dimensão compulsiva assumida pelo ato de consumir.

A compulsão às drogas ocupa um lugar privilegiado no campo do mal-estar na atualidade, ao lado da síndrome do pânico, das perturbações psicossomáticas e das depressões. A compulsão às drogas não se restringe ao campo das drogas ditas pesadas e comercializadas pelo narcotráfico, mas envolve também as drogas ditas legais e medicamentosas, legitimadas pela medicina. Dos tranquilizantes aos antidepressivos, passando pela heroína, a cocaína e o *ecstasy*, vivemos intoxicados e compelidos a nos drogar.

É claro que o uso compulsivo de drogas é uma estratégia de que se vale a subjetividade para regular sua inquietude. Busca-se realizar, assim, uma *descarga* de excitabilidade, que, caso não se empreenda pela via da ação, iria transbordar para o corpo. Pode-se depreender disso que, diante do excesso em pauta, a subjetividade prefere agir sob as formas das descargas da compulsão a descarregar sobre o corpo. Isso se deve a uma tática de proteção do corpo, regulada pela economia do narcisismo.[17] Para não implodir o corpo, com efeito, a subjetividade prefere explodir pela ação, pelas diversas modalidades acima referidas.

Entretanto, é preciso caracterizar devidamente a modalidade da ação que está em pauta. Valendo-nos do discurso psicanalítico, podemos dizer que existe a diferença entre a *atuação* (*acting out*) e a *passagem ao ato*. Enquanto na primeira existe uma exteriorização de algo inscrito como representação no psiquismo, na segunda ocorre uma descarga de excitabilidade que, pela sua inespecificidade, não segue as linhas de uma cena simbólica. Com efeito, se na atuação existe a dramatização em ato de uma cena psíquica, na passagem ao ato o que ocorre é pura descarga sem simbolização.[18]

Assim, nas diversas manifestações pela ação que caracterizam o mal-estar contemporâneo, o que está em causa é a passagem ao ato e não a atuação, pois o dito mal-estar se caracteriza pela pequena e até mesmo nula presença de formas de simbolização. Pode-se depreender a *equivalência* com que se processa no registro do corpo, na medida em que enunciamos acima que neste o que estava em pauta era a somatização e não a conversão, marcada que seria a primeira pelo pequeno poder de simbolização em contraposição à segunda. Portanto, no sujeito pós-moderno o psiquismo procura livrar-se do excesso de excitabilidade que lhe perpassa, lançando mão principalmente da somatização e da passagem ao ato. No sujeito moderno, em contrapartida, o psiquismo realizava sobretudo as operações da conversão e da atuação, porque o psiquismo tinha então maiores possibilidades de simbolização do que na atualidade.

SENTIMENTO

Porém, o mal-estar se evidencia também como sentimento. Isso porque o excesso se manifesta imediata e inicialmente no registro do sentir. É nesse registro que as intensidades se inscrevem, antes de mais nada, para se disseminarem, em seguida, nos registros do corpo e da ação.

Deve-se destacar inicialmente as *distimias*. A subjetividade atual é frequentemente caracterizada pelas súbitas variações de humor, polarizada que é entre a apatia e a irritabilidade. É nesse campo que as distimias se inscrevem, modelando as implosões e as explosões súbitas. O que disse acima sobre a agressividade, a violência e as compulsões se articulam intimamente com as variações distímicas. Isso porque a irritabilidade súbita é a condição de possibilidade para as ações agressivas e violentas, assim como para as compulsões em geral. Da mesma maneira, a apatia é o fundo comum que conduz a múltiplas compulsões, já que estas seriam ações que também visam a retirar a subjetividade do horror da morte provocado pela apatia.

Porém, a condição psíquica para a subjetividade de estar possuída por intensidades que a assaltam, sem ter como lidar com isso, provoca uma experiência de *despossessão de si* que a caracteriza na atualidade. Por isso mesmo, para não se perder de tudo e não se perder de si mesmo, o sujeito se agarra ao que pode. Tudo isso, é claro, para não se perder completamente no *vazio* que o marca. É tal abismo que deve ser evitado, custe o que custar.

É nesse contexto que se inscrevem as *depressões* hoje. Diferente das clássicas descrições das depressões, realizadas por Kraepelin no campo das psicoses maníaco-depressivas[19] e retomadas posteriormente por Abraham e Freud na oposição entre luto e melancolia,[20] o que está em pauta agora é o vazio e não mais a *culpa*, justamente porque remete para a despossessão de si a que aludi acima.

Além disso, se para Freud a melancolia era a exceção em questão, em oposição ao processo normal de luto, indicando a impossibilidade de perda de um objeto pela subjetividade moderna que se realizaria regularmente no luto, as posições se invertem agora. Isso porque a disseminação da despossessão de si e do vazio como seu correlato se devem justamente aos impasses de realizar efetivamente o trabalho de luto e de perda. Com isso, a depressão assume hoje uma feição marcadamente melancólica.

Assim, o sujeito atual se agarra viscosamente aos objetos para não se precipitar no abismo do vazio, carente que é de polos de sustentação de si próprio. Não pode perder nada, nunca. Por isso mesmo, se agarra a tudo que lhe permita tamponar seu vazio, como ocorre em todas as compulsões acima recenseadas, que deveria ser paradoxalmente, no entanto, a condição de simbolização. A subjetividade atual se enche pletoricamente de coisas, mas sem se preencher de fato, reproduzindo seu vazio fundamental. A despossessão de si, assim, se alimenta sem cessar, pois a subjetividade não pode realizar o trabalho de simbolização.

O que se impõe agora para nós é a exigência de realizar algumas considerações metapsicológicas sobre o que está em pauta.

ESPAÇO E TRAUMA

Enunciamos acima, sem entrar no entanto numa hipótese sistemática de trabalho, alguns traços do mal-estar hoje, nos diferentes registros antropológicos que foram destacados. Seria pela pressão do excesso, num contexto de frágil simbolização, que a descarga se impõe no psiquismo, nos diversos registros antropológicos que foram enunciados. Estes se hierarquizam, como vetores que são para a eliminação do excesso. Com efeito, se o sentimento é o campo inaugural para o impacto deste, seria a partir desse campo que o excesso seria disseminado para os registros do corpo e da ação, numa economia regulada pelo imperativo do narcisismo. Este regularia a explosão do excesso como ação, enfim, para impedir que a implosão se realize no registro corporal.

Porém, se as intensidades se incrementam em demasia, devendo, pois, ser descarregadas, isso se deve à precariedade das regulações simbólicas. Isso é incontestável. O que existe de problemático aqui é justamente a fragilidade de tais regulações, pois impedem que as intensidades se inscrevam como trilhamentos no campo psíquico.[21] Nesse contexto, a descarga se impõe de maneira brutal, como distimia, somatização e passagem ao ato. Como sugeri acima, uma diferença crucial se impõe aqui entre as subjetividades moderna e pós-moderna, pela qual a primeira teria maiores possibilidades de simbolização do que a segunda, delineando então diferentes economias do mal-estar.

Desdobrando agora o que está sendo formulado, podemos dizer que o mal-estar na atualidade assume características eminentemente traumáticas. A vulnerabilidade psíquica ao *trauma* pode nos indicar as linhas de fratura presentes nas subjetividades contemporâneas. Com efeito, estamos expostos hoje a traumas regulares, em decorrência da fragilidade dos mecanismos simbólicos que poderiam nos proteger disso.

Como se sabe, Freud formulou a diferença existente entre *angústia-sinal* e *angústia traumática*, afirmando que a primeira seria aquilo que nos protegeria efetivamente da experiência traumática.[22] Assim, a angústia-sinal seria um signo de antecipação do perigo que se constituiria psiquicamente pelo reconhecimento da fragilidade fundamental que nos marca, qual seja, a condição originária de desamparo.²³ Pelo reconhecimento dessa condição teríamos que lançar mão da antecipação do perigo pela angústia-sinal, para evitarmos o pior, qual seja, a morte. Nesses termos, o trauma se produz quando a subjetividade não teve a possibilidade de antecipação do perigo e foi então pega de surpresa, provocando a experiência psíquica de morte.²⁴

Dito isso, é preciso considerar agora que o movimento antecipatório da angústia-sinal supõe, como evidencia literalmente a palavra antecipação, a marca da *temporalidade* no psiquismo. É pela temporalização do futuro, isto é, daquilo que é ainda *ausência* no real mas *presença* no imaginário, que podemos nos proteger do que é catastrófico, evitando o suposto encontro traumático. Essa temporalização pressupõe, no entanto, o funcionamento dos processos de simbolização, já que o tempo é uma categoria psíquica eminentemente simbólica, que funciona pela oposição entre presença e ausência.

Assim, se na atualidade existe no psiquismo uma fragilidade na antecipação do futuro, isso implica reconhecer a existência de uma falha dos processos de temporalização e de simbolização. Vale dizer, a experiência psíquica assume uma dimensão eminentemente espacial. O trauma, como marca fundamental do mal-estar contemporâneo, seria então engendrado pela impossibilidade na temporalização, restringindo o psíquico à dimensão do *espaço*.

Portanto, não é um acaso que a regulação das intensidades se realize hoje pela somatização e pela passagem ao ato, já que a espacialidade sem temporalização é a marca desses processos psíquicos. Além disso, se a síndrome do pânico se destaca no mal-estar pós-moderno, isso se deve às falhas existentes no mecanismo da angústia-sinal, evidenciando então sua marca essencialmente traumática. Como nos disse ainda Freud, sobre a neurose de angústia, com efeito, o que está em pauta é a falha nos processos de simbolização, isto é, de representação das intensidades, que em consequência disso se descarrega diretamente no corpo, provocando a certeza da morte iminente.²⁵

Porém, se a simbolização falha e é limitada no seu campo de ação, isso implica uma extensão quase ilimitada do campo do traumático no psiquismo.

Por isso mesmo, as compulsões atuais não conseguem suturar as fendas entreabertas pelos traumas, pois, de maneira diferente do trauma descrito por Freud,[26] na modernidade a compulsão à repetição não funciona efetivamente, já que as frentes a serem suturadas se ampliaram muito em comparação com o passado. Com isso, as compulsões são ações coartadas que se restringem à descarga, colocadas em ação para evitar o pior, não oferecendo nenhuma possibilidade de simbolização.

Além disso, a simbolização se fragiliza não apenas porque a compulsão à repetição se encontra diante de múltiplas frentes a serem suturadas, mas também porque a colagem do psíquico aos objetos se incrementou enormemente. Isso porque ninguém quer nunca perder nada, dadas as condições atuais de insegurança e imprevisibilidade. É preciso agarrar-se ao que se tem, custe o que custar, diante da incerteza daquilo que pode ser colocado no seu lugar. Em decorrência disso, a melancolia se dissemina, na medida em que o trabalho de luto se torna então quase impossível, já que implica a perda do objeto para que a simbolização se torne possível.

As diferentes formas de compulsão revelam justamente essa adesão excessiva aos objetos e a impossibilidade de perder qualquer coisa. As compulsões são, assim, a busca desesperada para se manter sempre colado a algo que ofereça alguma forma de segurança. Porém, como ações coartadas que são, sem a contrapartida da simbolização as compulsões não oferecem nenhuma sutura possível para o que está em causa. Daí sua reiteração frenética, que caracteriza o compulsivo enquanto tal.

Se a melancolia é hoje a marca mais eloquente dessa colagem aos objetos pela subjetividade, isso se dá porque o trabalho de luto se tornou quase impossível, já que esse supõe a perda do objeto. No entanto, a perda deste supõe certas condições de possibilidade que existiam na modernidade e que hoje não mais existem. A perda e a descrença na soberania nos indicam que estamos defrontados, hoje, com algo inédito na nossa tradição, pois aquela nos oferecia a proteção ilusória em face do desamparo, e que na ausência disso o desalento se dissemina.

Devemos hoje então inventar nosso destino valendo-nos das relações horizontais de poder, em vez de ficarmos entregues ao pânico das massas que perderam a proteção da figura do soberano e da centralidade vertical do poder. Falar em soberanias, no plural, implica, pois, a assunção positiva da horizontalidade das relações de poder pelas individualidades, para que possamos sair da condição anônima de massa e podermos efetivamente nos singularizar no campo da multidão.[27] Isso implica a assunção da soberania pelas *singularidades*, enquanto *potência* de ser e de agir, como uma efetiva força de *afirmação*, em vez de atribuir a soberania a um outro, para que este nos proteja, seja essa atribuição realizada sob a forma da representação e da centralidade, como se deu na tradição ocidental. O que está em pauta aqui, portanto, é a retomada da soberania pelas individualidades, para que essas possam de fato singularizarem-se.

No que concerne a isso, a leitura do mal-estar na atualidade indica os impasses para a realização dessa operação de retomada, já que conduz frequentemente as individualidades a tratar as relações horizontais de poder segundo a lógica de verticalidade, no contexto histórico de quebra da soberania centralizada. Não é um acaso o fato de hoje se disseminarem as relações sadomasoquistas, demarcadas que são pelo assujeitamento e a servidão, nas quais a figura sádica representa o polo horizontal que foi verticalizado pela figura do masoquista que demanda sempre proteção. Empreende-se, assim, a reprodução da figura do soberano, inscrito agora num outro registro e posição, para evitar o pânico e a fragilidade do existir para a subjetividade, diante da queda do soberano, que se condensam na despossessão de si mesmo.

O que nos é imposto agora é o esboço teórico de um desenvolvimento metapsicológico e político desse impasse, para que se possa desdobrar então o horizonte das soberanias. É o que se fará a seguir.

VIDA NUA, BIOPODER E MASOQUISMO

Se o pânico e o risco de morte experimentado no corpo se impõem hoje com tanta pregnância, isso revela a desproteção subjetiva que a todos afeta, provocada pela perda da soberania centralizada. Isso produz a adesão aos objetos e coisas que conduz frequentemente à melancolia diante da perda de qualquer coisa. As compulsões são operações voltadas para manter essa adesão pletórica aos objetos, que evitam assim a perda e o trabalho de luto. A moral do *ter*, que se dissemina no contemporâneo, seria então disso decorrente, sendo pois a condição de possibilidade do consumo.

O desamparo seria assim sistematicamente evitado pelas subjetividades. É o desamparo que fica a céu aberto na economia psíquica pela queda da soberania centralizada. É a evitação daquele que conduziria ao desalento, referido no início desse percurso teórico. Porém, se o desamparo remete ao *masoquismo erógeno*, condição de possibilidade que é da erogeneidade e da sublimação no psiquismo, seu evitamento conduz ao masoquismo *feminino* e *moral*,[28] pelos quais a servidão se dissemina nas relações sadomasoquistas, no eixo horizontal investido agora de maneira verticalizada, como já disse acima.[29] Evita-se, assim, a *dor de existir*, condição da soberania para a singularidade e para a afirmação de si.

O desamparo e o seu correlato, isto é, a dor de existir, seriam as fontes de potência e de soberania para as subjetividades, pois implicariam a afirmação de alguma suficiência sobre o fundo de uma insuficiência fundamental. Esta última evidencia a marca originária da *feminilidade* que nos funda, homens e mulheres, que não se encobrem no seu ser pelas imagens do *falo* que tampona a nossa insuficiência de base. Seria essa feminilidade que nos conduz ao erotismo e à sublimação, polos pelos quais a pulsão de vida regula a pulsão de morte e permite afirmação de si no contexto desamparado da dor de existir.[30]

Nessa condição originária, a subjetividade estaria confrontada com aquilo que Agamben denominou de vida nua, retomando a oposição grega entre *vida nua* (zoe) e *vida qualificada* (bios). A soberania, como marca do poder, sempre ameaçou as individualidades de lhes retirarem suas vidas qualificadas e colocá-las diante do horror de suas vidas nuas, indicando assim o soberano o poder de vida e de morte que tinha sobre os demais. Enfim, a figura do soberano detinha o poder de matar de forma legítima,[31] sendo justamente isso a marca fundamental da soberania.

Na modernidade, no entanto, com a perda do *poder soberano* e a constituição do *poder disciplinar* e do *biopoder*,[32] o Estado passou a promover a vida e a evitar a morte, considerando que sua fonte maior de riqueza estaria na *qualidade de vida de sua população*.[33] A microfísica do poder passou a fundar-se no imperativo da *norma* e não mais no da *lei*, como ocorria anteriormente.[34] A medicalização do social foi a resultante desse novo pacto do poder, que procurava realizar a promoção da vida nua, disseminando a saúde como norma social fundamental e estendendo assim cada vez mais as fronteiras da vida biológica.

Porém, isso foi feito com a *hierarquização* biológica dos viventes. A oposição estabelecida entre o normal e o anormal, assim como a posição privilegiada ocupada pelo patológico,[35] no contexto da sociedade disciplinar, produziu a hierarquia das subjetividades em função de suas possibilidades biológicas. Com isso, as hierarquias sociais anteriores foram caucionadas agora pelo discurso da medicina, mas acompanhadas sempre pela promessa de melhoria da qualidade de vida e de melhores condições sociais para a população.

Isso implicou a gestão sociopolítica da vida nua, é claro, sendo nesse interstício que o poder operava sobre as individualidades, produzindo hierarquias biológicas, morais e sociais. Com isso, o confronto direto com a vida nua foi certamente evitado, no que isso implicava o contato imediato com a morte, pelas promessas de melhores condições de saúde. A figura do soberano não podia mais matar como antes e promovia a vida seguramente pela rede disciplinar, mas tal promoção da vida não implicava, para a subjetividade, a assunção plena de sua potência soberana, pela afirmação do seu desamparo, pois o fantasma do soberano, como figura de proteção das individualidades, estaria permanentemente presente como virtualidade.

No registro psíquico, tudo isso implicou uma modalidade de subjetividade que evitava o desamparo e a feminilidade em troca da proteção disciplinar. Nesse contexto, os masoquismos feminino e moral se disseminaram, marcando as mais diferentes estruturas psicopatológicas, pois aqueles seriam defesas fálicas contra o desamparo e a feminilidade. Em decorrência disso, o *pacto masoquista* se instituiu entre as subjetividades, em nome sempre da qualidade de vida. Porém, a servidão se instituiu largamente sob a moderna forma dos masoquismos.

A construção do supereu feroz e rígido, marca que assumiu a instância psíquica dos interditos morais na modernidade, foi a contrapartida desse pacto masoquista, na medida em que aquele representava a figura de proteção do soberano. O mal-estar na modernidade,[36] com a disseminação das "doenças nervosas",[37] foi uma das resultantes desse processo abrangente. A figura do soberano protetor era ainda quem se insinuava de forma triunfante na instância do supereu e que era buscado ardentemente pelo sujeito, na condição de servidão e do pacto masoquista que se estabeleceu.

Tudo isso se condensou na construção freudiana do fantasma masoquista, enunciado em "Bate-se numa criança".[38] Nesse contexto, a figura do filho se assujeitava servilmente à figura do pai violento, pois isso lhe daria ilusoriamente a garantia de ser mais amado que os demais irmãos, no campo da rivalidade fraterna. Porém, o poder paterno aqui é apenas um *simulacro* de potência, já que submete o filho pela força bruta, não dispondo mais de nenhuma insígnia para fazer valer sua autoridade moral e a marca de sua ancestralidade. Estava condensada aqui, pois, a figura do supereu rígido e cruel a que aludi acima.

Depreende-se disso que, no contexto imaginário da denominada sociedade fraternal moderna, existem os filhos/cidadãos mais e menos amados, mas todos disputam ferozmente a condição de serem os eleitos pela figura do pai/soberano. Por esse viés, a hierarquia moral inscreveu-se entre os filhos/cidadãos, constituindo ao mesmo tempo a servidão como norma em nome da eleição preferencial do pai/soberano e da alquimia cruel do amor. No entanto, a figura do pai/soberano tinha efetivamente o poder de vida e de morte sobre os filhos/cidadãos, caso estes não entregassem obedientemente suas vidas nuas para as normalizações disciplinares. Eram então enviados para as diferentes instituições disciplinares, lançados na periferia e nos limites do campo social, para serem devidamente regulados e até mesmo eliminados, se fosse o caso, na situação-limite de rebeldia absoluta.

Tudo isso supunha, portanto, a crença das individualidades e das comunidades de que o soberano as protegeria. Foi justamente isso que engendrou o assujeitamento de todos, em nome da qualidade de vida e do amor. Essa proteção, no entanto, foi agora retirada com a globalização e o esvaziamento da soberania. A figura do soberano não pode dar mais a sua contrapartida, enfim, no pacto anteriormente estabelecido.

Em decorrência disso, as massas se dispersam e rompem os laços sociais que as mantinham ligadas entre si, através do discurso do soberano, é claro. A certeza de fazer parte de algo que transcendia as individualidades se quebra, e com isso a sensação de *pertencimento*. O pânico, como sentimento que é de ruptura desses laços e certezas, se institui e se dissemina nas subjetividades, de acordo com a lógica descrita por Freud em "Psicologia das massas e análise do eu".[39] É esse pânico justamente que está no centro do mal-estar na atualidade, marcando a quebra da centralidade da soberania.

Nesse contexto, a promessa de gestão da vida nua e o projeto de promoção da qualidade de vida se esvaziam. A luta pela sobrevivência ganha colorações trágicas, pois a iminência da morte e o seu correlato, isto é, a eliminação do espaço social, se impõem imediatamente no horizonte das individualidades. Com a intensificação da rivalidade entre essas, no cenário de quebra dos laços sociais, a violência se dissemina vivamente na sociedade contemporânea. Ao lado disso, o pacto masoquista também se dissemina, na medida em que as individualidades buscam agora também a proteção perdida, inscrevendo no registro vertical da soberania o registro horizontal. Com isso se difundiram os laços sadomasoquistas, que se inscrevem no contexto da existência social.

Entretanto, a translação do eixo que funda o pacto masoquista, do registro horizontal para o vertical, promove a transformação na economia subjetiva dos sentimentos fundamentais. Se anteriormente, com efeito, era a *culpa* em face do soberano/pai o que permeava as subjetividades nas relações de amor e de submissão, agora é a *vergonha* o que as perpassa nos seus pactos horizontais. A perda da autoestima é uma das marcas proeminentes das subjetividades atuais. Por isso mesmo, a vergonha é a contrapartida disso, inscrevendo nas subjetividades contemporâneas um traço eloquente de *indignidade*.

AFIRMAÇÃO, POTÊNCIA E AMIZADE

Poderíamos denominar a isso tudo *barbárie*. Seria essa a decorrência maior do processo, ao mesmo tempo político, social e moral, da globalização. A barbárie seria então a resultante das novas formas de subjetivação que se disseminam na atualidade, se considerarmos esse conceito no contexto teórico dos discursos de Adorno[40] e de Benjamin.[41]

Entretanto, tudo isso pode nos oferecer também uma outra face e contrapartida, se reconhecermos as possibilidades entreabertas hoje para a afirmação da potência e da soberania das individualidades. Isso porque nunca estivemos tão confrontados com o nosso desamparo como hoje, pelo desmoronamento da figura centralizada da soberania. Se numa das linhas de força desse processo o desamparo foi transformado em desalento e se instituiu no registro horizontal das relações sadomasoquistas de poder, tendo no pânico, na melancolia e no masoquismo as suas resultantes maiores, é possível conceber uma reversão disso tudo pela assunção positiva do desamparo pelas subjetividades. Por esse viés, a afirmação da potência de si e da soberania das subjetividades poderia, enfim, acontecer.

Para isso, no entanto, é preciso desconstruir, na subjetividade, a moral da eleição e do amor preferencial, pela construção de uma outra ética da fraternidade, não mais centrada agora no eixo vertical da soberania, mas no eixo horizontal da relação com os outros. Essa outra ética da fraternidade deveria ser então esboçada, sem contar mais com a presença do fantasma do soberano protetor. Uma efetiva ética da *amizade*[42] seria então possível, e poderia projetar para nós um outro destino histórico. Com isso também a construção de um outro poder constituinte seria possível, ancorado agora no campo da nova multidão que se delineia hoje.[43] Assim se tornaria possível a construção efetiva de soberanias no plural e não mais no singular como soberanias propriamente ditas, fundadas que são na afirmação da potência de cada um e de todos. Estaria aqui, enfim, a reviravolta fundamental que se processaria na soberania na atualidade.

Notas

1. A. Negri, *O poder constituinte*, Rio de Janeiro, DP&A, 2002.
2. *Ibidem.*
3. J. Derrida, *Voyous*, Paris, Galilée, 2002.
4. A. Negri e M. Hardt, *Empire*, Paris, Exils, 2000.
5. A. Negri, *O poder constituinte, op. cit.*
6. M. Foucault, *La volonté de savoir, op. cit.*
7. J. Birman, *Cartografias do feminismo*, 2ª edição, São Paulo, Editora 34, 2003.
8. J. Birman, *Gramáticas do erotismo*, Rio de Janeiro, Civilização Brasileira, 2001.
9. S. Freud, "Psychologie des foules et analyse du moi" (1921), *in Essais de psychanalyses, op. cit.*
10. *Ibidem.*
11. *Ibidem.*
12. *Ibidem.*
13. J. Lacan, "Fonction et champ de la parole et du langage em psychanalyse" (1953), *in Écrits, op. cit.*
14. J. Lacan, "Le stade du miroir comme formateur de la fonction du Je" (1949), *in Écrits, op. cit.*
15. J. Birman, *Enfermidade e loucura. Sobre a medicina das inter-relações, op. cit.*
16. *Ibidem.*
17. S. Freud, "Pour introduire le narcissisme" (1914), *in La vie sexuelle, op. cit.*
18. J. Rouart, *"Agir" et processus psychanalytique, op. cit.*
19. E. Kraepelin, *Introduction à la psychiatrie clinique, op. cit.*
20. S. Freud, "Deuil et melancolie" (1917), *in Métapsychologie, op. cit.*
21. S. Freud, "Esquisse d'une psychologie scientifique" (1895), *in La naissance de la psychanalyse, op. cit.*
22. S. Freud, *Inhibition, symptome et angoisse* (1926), *op. cit.*
23. S. Freud, *Malaise dans la civilisation* (1930), *op. cit.*
24. S. Freud, *Inhibition, symptome et angoisse, op. cit.*
25. S. Freud, "Qu'il est justifié de séparer de la neurasthémie un certain complexe symptomatique sous le non de 'névrose d'angoisse'" (1895), *in Névrose, psychose et perversion, op. cit.*
26. S. Freud, "Au-delà du principe du plaisir" (1920), *in Essais de psychanalyse, op. cit.*
27. A. Negri e M. Hardt, *Empire, op. cit.*
28. S. Freud, "Le problème economique du masochisme" (1924), *in Névrose, psychose et perversion, op. cit.*
29. J. Birman, *Mal-estar na atualidade, op. cit.*
30. J. Birman, *Gramáticas do erotismo, op. cit.*

31. G. Agamben, *Homo saccer*, op. cit.
32. M. Foucault, *Surveiller et punir*, op. cit.
33. M. Foucault, *La volonté de savoir*, op. cit.
34. *Ibidem.*
35. M. Foucault, *Naissance de la clinique*, op. cit.
36. S. Freud, *Malaise dans la civilisation*, op. cit.
37. S. Freud, "La morale sexuelle 'civilisé' et la maladie nerveuse des temps modernes" (1908), *in La vie sexuelle*, op. cit.
38. S. Freud, "Um enfant est battu. Contribution à la connaissance du la genèse des perversions sexuelles" (1919), *in Névrose, psychose et perversion*, op. cit.
39. S. Freud, "Psychologie des foules et analyse du moi", op. cit.
40. T.W. Adorno e M. Horkheimer, *La dialectique de la raison*, Paris, Gallimard, 1994.
41. W. Benjamin, "Sobre o conceito de história", *in Obras escolhidas*, São Paulo, Brasiliense, 1986.
42. J. Derrida, *Politiques de l'amitié*, op. cit.
43. A. Negri e M. Hardt, *Empire*, op. cit.

3. Genealogia do assédio*

---

* Este ensaio foi escrito a partir das notas que me orientaram na conferência realizada no colóquio internacional intitulado *La notion de harcèlement: Confusions politiques, considerations sociales, incertitudes juridiques*, organizado pela Université de Cergy-Pontoise — CER: FDP, na França, em fevereiro de 2003.

ENTRE JOGOS DE VERDADE E FORMAS DE SUBJETIVAÇÃO

A palavra assédio ganha hoje franca notoriedade pública. Isso aconteceu bem recentemente na nossa tradição, de forma que passou a designar não apenas novos acontecimentos, mas também situações que eram anteriormente denominadas de maneira diferente nas práticas linguageiras. Em decorrência disso, o significante assédio foi inflacionado no imaginário contemporâneo. Com efeito, nunca se falou tanto em assédio como nos últimos tempos, como se pode reconhecer facilmente não apenas pela leitura de jornais e revistas, sejam populares ou eruditos, como também pela fácil incorporação da palavra no discurso cotidiano, para descrever e qualificar certas experiências presentes no espaço social.

No entanto, o próprio funcionamento dessa lógica inflacionária, que regula sua franca utilização discursiva, provoca, em contrapartida, uma evidente imprecisão no campo semântico da palavra assédio, de maneira que o sentido em pauta se torna quase evanescente e sem fronteiras bem traçadas. Se quase tudo pode ser denominado de assédio, com efeito, fica bastante difícil dizer qual o sentido e o conceito que estão em causa no uso ostensivo desse significante.

Constitui-se, assim, um verdadeiro paradoxo entre o significante e o campo semântico da palavra assédio, que evidencia a imprecisão conceitual no seu uso discursivo. Fala-se muito, e até excessivamente, de algo, mas frequentemente não se sabe muito bem o que se diz. Tudo isso se reflete e se dissemina também no campo das ciências sociais, é claro, que se embaralha claramente na interpretação do conceito. É nesse contexto que se inscreve como imperativo a retomada dessa questão na atualidade.

Nessa perspectiva, proponho inicialmente que a categoria de *jogo de linguagem*, enunciada por Wittgenstein nas "Investigações filosóficas",[1] possa ser um rico instrumento de trabalho para que se possa superar essa disjunção entre a inflação do significante assédio e a suposta imprecisão do seu campo semântico. Isso porque tal direção teórica e metodológica nos permite um desvio do discurso conceitual e epistemológico, no sentido estrito do termo, que nos obriga a considerar assim a leitura do conceito a partir das práticas linguageiras presentes no imaginário social. Pelo destaque conferido aos contextos de produção do enunciado em pauta, nos registros social e histórico, poderíamos melhor apreender os valores em questão na proliferação da palavra assédio, assim como na multiplicação de seu campo semântico.

Em seguida, propondo ainda que a categoria de jogo de linguagem seja considerada no contexto teórico de sua interpretação por Foucault, que cunhou a categoria de *jogo de verdade*.[2] Nessa torção conceitual, Foucault procurou indicar como tais jogos de linguagem são produtores de verdade no espaço social. Isso porque esses jogos se inscrevem efetivamente no campo imantado do confronto de forças, que perpassam os embates de poder presentes no espaço social.[3] Seriam esses confrontos de força, que constituem efetivamente a gramática do poder, que delineariam os contextos histórico e social que regulariam os processos de produção de verdade. Com isso, os jogos de verdade seriam as condições concretas de possibilidade para as novas *formas de subjetivação* que se disseminam nos agentes sociais.[4]

Retomando, agora, o que se disse acima, podemos relançar a nossa questão enunciando que, se o uso da palavra assédio hoje se disseminou a olhos vistos, isso indica seguramente que se constituíram na atualidade as condições histórica e social de possibilidade para a constituição de novos jogos de linguagem sobre aquela. Em decorrência disso, multiplicaram-se os contextos para a disseminação de outros jogos de verdade sobre o assédio. A inflação no uso desse significante e a aparente imprecisão presente no seu campo semântico podem ser mais bem interpretadas assim nesse contexto teórico.

Para isso, no entanto, a problemática do poder deve ser devidamente destacada na sua leitura. Tudo isso se desdobra no destaque a ser conferido na produção de novas formas de subjetivação, que se constituíram como efeitos privilegiados e artefatos dessa retórica, reguladas pelas relações de força que imantam o campo do poder.

Dito isso, necessário agora é a leitura preliminar de alguns jogos de linguagem e de verdade da palavra assédio na atualidade. É o que se fará a seguir.

SEXUAL E MORAL

Assim, é preciso evocar inicialmente que a palavra assédio não é absolutamente nova no vocabulário do Ocidente, como se pode verificar facilmente pela leitura superficial de alguns dicionários. O *Nouveau Le Petit Robert*, dicionário da língua francesa, nos informa que o verbo *"harceler"* existe desde 1493 e que o substantivo *"harcèlement"* desde 1632.[5] O *Dicionário Houaiss da Língua Portuguesa* afirma que a palavra surgiu no português no século XIII, proveniente do latim vulgar.[6] A palavra em questão é, portanto, de origem latina, inscrevendo-se na tradição portuguesa na passagem do final da Idade Média e o início dos tempos modernos.

Apesar de já existir antes nessas tradições, somente nos últimos anos, no entanto, a palavra assédio passou a ocupar um lugar destacado no imaginário contemporâneo, incidindo profusamente sobre a mídia e inscrevendo-se também no contexto da produção teórica, seja das ciências sociais e jurídicas, seja da psicopatologia e da psicanálise. Com isso, seu campo semântico se transformou, de maneira a se produzir novas significações. Em decorrência disso, foram forjados novos jogos de linguagem e de verdade sobre a palavra assédio.

Com efeito, se até há poucos anos a palavra assédio se referia ao registro *sexual*, estando referida aqui precisamente às mulheres — que se queixavam ostensivamente dos homens que se dirigiam a elas com um discurso sexualmente indecente e indecoroso que as humilhavam, por se sentirem reduzidas à condição de objeto sexual —, nos últimos tempos viu alterado seu campo de significação. Neste, o assédio sexual foi reinterpretado e inscrito num outro contexto discursivo. Com isso, reduziu-se seu campo de sentido e sua abrangência anteriores, na medida em que passou a ser considerado um caso particular de categoria mais abrangente de assédio. O que se enuncia hoje como fundamental é a existência do assédio *moral*, no qual alguém é solapado na sua segurança identitária e esvaziado nas suas potencialidades sociais e psíquicas de ser. Tudo isso acontece em diversos contextos sociais, dentre os quais se destaca largamente o espaço social do trabalho. O assédio sexual seria, enfim, um caso particular do assédio moral.

Num recenseamento sumário das queixas de assédio moral em locais de trabalho, uma referência comum se destaca, qual seja, o uso ostensivo da hierarquia funcional. Assim, um superior qualquer se vale de sua posição institucional para atingir e prejudicar um funcionário subalterno, que é minado então nas suas prerrogativas. Este é solapado em suas atribuições e na posição institucional. Além disso, é frequente a participação de outros funcionários subalternos no processo desencadeado pelos superiores, que se associam a estes no esvaziamento da potencialidade institucional da figura do atingido.

Entretanto, o mesmo processo pode se realizar também no nível horizontal e não apenas no vertical. Assim, o assédio moral pode se constituir no escalão superior de uma organização social, nas disputas de poder entre iguais que se valem de táticas escusas para a invalidação do oponente. Da mesma forma, os funcionários subalternos de uma dada organização podem solapar a posição de um colega, pela desestabilização ostensiva de suas condições sociais de trabalho.

Nessas diferentes situações evocadas, os efeitos psíquicos são similares, marcados, contudo, pela presença do *horror*. Isso porque implicam sempre a desestabilização da *identidade* e a perda dos signos de segurança da personagem em questão. A identidade em pauta aqui se refere, é claro, aos registros social e psíquico. Em decorrência disso, produz-se uma transformação crucial na economia psíquica do narcisismo do personagem atingido, que conduz frequentemente a depressões severas e à destruição de sua imagem. Como o processo é geralmente sorrateiro e progressivo, a autoestima do personagem afetado se esvazia pouco a pouco, conduzindo de uma maneira quase inapelável à sua destruição institucional. Não tendo com quem contar e em quem confiar, no contexto do trabalho, aquele pode frequentemente se atribuir, no seu fantasma, toda a responsabilidade pelo que ocorre. Porém, sem ter signos seguros no real para sustentar nada, a personagem em questão é colocada numa experiência-limite, marcada pela incerteza total e pela insuportabilidade psíquicas.[7]

A cena do assédio moral assume então características francamente perversas, na qual a personagem atingida se sente envolvida numa trama diabólica, sem saber muito bem por que foi lançada nisso. É bastante possível que a estrondosa disseminação do significante "teoria da conspiração", na contemporaneidade, se articule com isso, sendo um jogo de linguagem que é derivado do jogo de verdade sobre o assédio. De qualquer forma, a cena do assédio acaba por lançar o personagem numa condição de paralisia mental e à impossibilidade de agir, na medida em que suas reações são esvaziadas de qualquer sentido pelos demais participantes da trama. Não existindo nenhum reconhecimento dos outros pelo que experimenta a personagem visada, esta não sabe mais qual é a fronteira entre o que imagina e o que é real. Em consequência disso, não é incomum que acredite que está enlouquecendo, já que não são evidentes as razões para a perseguição que vivencia. O colapso psíquico, enfim, é a resultante maior dessa experiência inquietante.

Nesse contexto, as licenças de trabalho por motivos de saúde são bastante comuns, destacando-se amplamente as por motivos psiquiátricos. Dentre esses, as depressões e os quadros psicossomáticos são dominantes. É evidente que as licenças psiquiátricas reforçam ainda mais a experiência de destruição social da personagem afetada, confirmando *a posteriori* a desconfiança dos superiores e dos colegas sobre a credibilidade e a competência funcional desta, realimentando no imaginário as ideias da trama diabólica e da "conspiração".

Nos registros ético e social, em contrapartida, é evidente o silenciamento da *solidariedade* como valor, na leitura desse processo como uma totalidade. No que concerne a isso, deve-se sublinhar não apenas a forma pela qual os superiores agem para atingir um subordinado, mas principalmente a colaboração de subalternos, do mesmo escalão e *status*, com a chefia na condução desse processo. Isso revela não apenas o alto nível de competição existente no mercado e nas relações de trabalho na sociedade contemporânea, mas o *medo* que se dissemina como uma verdadeira peste nas instituições, no que tange à possibilidade de perda de emprego pelos trabalhadores.[8] O medo de perda do trabalho, portanto, produz a quebra dos laços de solidariedade entre os subalternos, no contexto da atual economia neoliberal, sendo ainda as condições sociais de funcionamento dessa que alimentam a onipotência dos superiores hierárquicos em face de seus comandados.

A problemática que se impõe é a razão pela qual essa palavra se popularizou tanto e inflou desmesuradamente, transformando-se mesmo numa queixa frequente na sociedade contemporânea. Isso não é algo evidente, revelando mesmo a existência de um enigma a ser decifrado pelos teóricos que disso se ocupam. Vale dizer, minha indagação crucial agora é sobre a condição concreta de possibilidade da inflação assumida hoje por esse jogo de verdade do assédio, que define um campo trivial de queixas e de interpretações comuns que se encontram presentes nas relações sociais e sobretudo no contexto do trabalho, quando antes tal jogo de verdade não se destacava de modo ostensivo no campo do discurso e tinha um uso coloquial relativamente restrito.

O que se pretende agora é delinear os solos social e histórico sobre o qual foram renovados os jogos de linguagem e de verdade em torno do assédio.

DO REGISTRO POLÍTICO AO MORAL

A leitura dos dicionários indica algo bastante interessante sobre a palavra assédio. Com efeito, se essa palavra se inscrevia originalmente nos registros *político* e *militar*, sendo um significante cristalizado num campo semântico voltado para estratégias de domínio político e de práticas de guerra, foi apenas posteriormente que assumiu significações nos registros *moral* e *psíquico*, como "atormentar", "fustigar", "importunar", "molestar", "perseguir" etc.[9,10] Este último campo semântico do assédio é mais familiar para nós do que o primeiro, que é mais distante de nossas representações sociais.

Assim, quando nos referimos aos assédios sexual e moral, o que se coloca para nós imediatamente é algo da ordem da ofensa ética e do ataque à identidade psicossocial, inscrevendo-se então nos registros moral e psíquico. A articulação dessas experiências num contexto político é algo bem mais distante para nós, exigindo, pois, um esforço interpretativo bem mais sutil, para que se possa efetivamente enunciar a presença de algo que se inscreve no registro político propriamente dito. O discurso feminista, é claro, procurou realizar tal apelo ao inscrever o assédio sexual no registro político, subsumindo para isso o registro moral ao político. Da mesma forma, o assédio moral, no campo social contemporâneo das relações de trabalho, pôde ser traduzido para o registro político, indicando a articulação entre os dois registros em pauta.

Dessa maneira, pode-se supor aqui, como uma hipótese inicial de trabalho, que a passagem do primeiro registro para o segundo se realizou na modernidade, na passagem do século XVIII para o século XIX. Com isso não quero dizer que o primeiro registro semântico tenha deixado de existir, mas que foi colocado numa posição subalterna e latente em face do segundo, que então se inflacionou. Em contrapartida, é o sentido originário da palavra que funciona como regulador dos registros moral e psíquico do assédio, como sustentarei aqui numa segunda hipótese de trabalho. Em decorrência disso, os assédios sexual e moral puderam também ser interpretados historicamente no registro político, como indiquei acima.

Vale dizer, a palavra assédio se constituiu nos registros político e militar no final da Idade Média, expandindo-se no Renascimento e nos primórdios dos tempos modernos. Portanto, esse jogo de verdade originário sobre o assédio é a contrapartida discursiva da ética do humanismo e da constituição do Estado como instância de *soberania* política. As fronteiras do Estado absolutista tinham que ser mantidas incólumes pelos exércitos do rei, para que o território do Estado não fosse assediado pelos inimigos e ameaçado então na sua soberania.

Portanto, a problemática da soberania é fundamental para a interpretação dos jogos de verdade sobre o assédio. É justamente pela alusão à soberania do poder político que o sentido originário da palavra assédio funcionou como regulador latente dos novos sentidos, moral e psíquico, que a palavra veio a assumir, e que se inflacionou posteriormente, mas este se constitui apenas na modernidade propriamente dita.

Do estrito ponto de vista político, a modernidade foi caracterizada seja como república seja como democracia, contrapondo-se sempre ao absolutismo anterior. Nessa passagem, constituiu-se a figura política da *cidadania* e o seu correlato, qual seja, o discurso dos direitos do cidadão. Estes se articulavam no conceito de Estado do direito e do cidadão, isto é, do Estado que deveria garantir os direitos do cidadão. Nessa viragem histórica, o campo semântico da palavra assédio foi infletido nos registros moral e psicológico, na medida em que o desdobramento desses registros foi a contrapartida da figura política do cidadão, como portador de direitos inalienáveis, que deveriam ser garantidos pelo Estado.

Na perspectiva antropológica, a modernidade foi caracterizada pela constituição do *individualismo*, como enunciou Dumont.[11] Forjou-se aqui o conceito do indivíduo como *valor*, que se enunciou nos parágrafos iniciais das constituições oriundas da Revolução Americana e da Revolução Francesa. Vale dizer, se o conceito de indivíduo como empiricidade existia desde a Antiguidade, apenas na modernidade o indivíduo como valor foi transformado na unidade básica da sociedade, isto é, no seu fundamento político e ético. Com efeito, a sociedade passou então a ser concebida como uma *associação* de indivíduos. Com isso, o Ocidente foi transformado de ponta-cabeça, deslocando-se de um paradigma holista para outro que era agora individualista.[12]

Parece-me então que a transformação do sentido da palavra assédio, a que já fiz alusão, inscreve-se nessa mudança sociopolítica radical. Nesse contexto, a palavra ganha não apenas um sentido outro nos registros moral e psicológico, como também o assédio é ainda negativamente denotado. Isso porque "importunar", "molestar" e "perseguir" alguém consubstancia uma ação moral nefasta e negativa, se considerarmos o ideário dos direitos inalienáveis do cidadão, que devem ser sempre resguardados e protegidos pelo soberano. Além disso, é a soberania inalienável do indivíduo, como valor supremo, que teria que ser sempre mantida, custe o que custar, contra a invasão do território inviolável de sua privacidade.

Assim, na aurora da modernidade o indivíduo como cidadão foi transformado no fundamento da sociedade, de forma que não reconhecê-lo e protegê-lo enquanto tal, como valor, é atingir fatalmente o fundamento desta. Caberia ao Estado, como soberano, a função de salvaguarda dos direitos do cidadão. Portanto, o sentido moral e psicológico do assédio, que se enunciou nesse contexto, remete, de maneira latente, à soberania do Estado, como garantia que este deve ser para a manutenção dos direitos dos cidadãos como indivíduos. O que nos revela ainda como é o jogo inicial de verdade sobre o assédio que regula, de maneira implícita, o jogo de verdade posteriormente constituído, mas indicando, ao mesmo tempo, o deslocamento e o reordenamento do seu campo semântico.

Tudo isso nos indica que a universalidade dos direitos se enunciou aqui como um *ideal* a ser atingido pelos cidadãos, dada a existência de uma flagrante *hierarquia social* nas sociedades ocidentais e nas relações entre os Estados-Nação no cenário internacional. A hierarquia, como realidade de *fato* existente no Ocidente, opunha-se ao ideário igualitário do *direito*, como pressuposto da modernidade política. Tais hierarquias se fundavam em mecanismos de poder e de dominação política existentes no campo das relações sociais reais, mas nos quais essas coexistiam com o ideário igualitário. Este era, em contrapartida, o que agenciava os movimentos sociais, que demandavam sempre a ampliação da igualdade e a redução das hierarquias.

A construção do Estado de bem-estar social foi um dos pontos de chegada dessa longa marcha rumo à igualdade, forjado no continente europeu no final da Segunda Guerra Mundial. Da mesma forma, as revoluções socialistas, que marcaram o século XX, pretendiam realizar a quebra das hierarquias sociais e a promoção do ideário igualitário. Nesses diferentes contextos, a soberania de cada Estado-Nação deveria realizar a gestão dos ideais igualitários e ser a garantia para o cumprimento dos direitos dos cidadãos.

De qualquer maneira, isso nos mostra como a soberania do Estado é que deveria ser a garantia de igualdade e de universalidade dos direitos para os cidadãos. A implicação evidente do Estado nas estratégias de dominação, no entanto, era a condição concreta de possibilidade das hierarquias sociais, como se sabe. Com isso, o Estado não podia realizar o que se esperava dele e o que ele deveria de fato fazer. Por isso mesmo, as estratégias revolucionárias socialistas, que dominaram o cenário do Ocidente no século passado, pretendiam assumir o controle do aparelho do Estado, para que este pudesse finalmente realizar o ideário igualitário que o Estado capitalista e burguês não poderia empreender. Enfim, mesmo aqui, a soberania do Estado jamais foi colocada em questão, mas deveria funcionar de outra maneira, para que a garantia dos direitos dos cidadãos e o ideário igualitário pudessem de fato existir.

Porém, como a soberania do Estado não foi colocada em questão pelos movimentos sociais na modernidade, como garantia que deveria ser dos direitos dos cidadãos, o jogo de verdade do assédio se enunciava nos registros moral e psicológico, mantendo os registros político e bélico no nível latente. Assim, qualquer indivíduo deveria ter o direito à privacidade e à intimidade, mantendo, além disso, suas garantias como cidadão no sentido amplo do termo, não podendo ser invadido no território sagrado de seu valor como sujeito. Por isso mesmo, não poderia ser "molestado", "atormentado" e "perseguido", já que assim não estaria sendo reconhecido como indivíduo propriamente dito, pois perderia seu valor como sujeito moral e psicológico.

GÊNEROS E JOGOS DE VERDADE

No entanto, nos anos 1960, algo de fundamental foi subvertido, de maneira frontal, na tradição ocidental. Refiro-me à condição social da mulher. Isso porque a condição hierárquica inferior atribuída à figura da mulher, na sua relação opositiva com a do homem, foi radicalmente colocada em questão pelos movimentos feministas. Iniciando-se nos Estados Unidos, disseminando-se em seguida para a Europa e demais continentes, a relação hierárquica entre os gêneros foi efetivamente subvertida pelo feminismo.

A construção social da figura da mulher, forjada em torno da função da maternidade e da governabilidade do espaço privado e familiar, em oposição à figura do homem, centrada na função econômica e na governabilidade do espaço público,[13] não era então mais aceitável pelas mulheres, tal como tinha sido instituída no final do século XVIII, com o argumento de que seu destino seria infalivelmente a maternidade, em decorrência da especificidade de sua constituição biológica e moral. No contexto histórico e social do discurso da igualdade de direitos dos cidadãos, forjada no século XVIII, os gêneros sexuais deveriam ter sido equiparados, rompendo com a longa tradição patriarcal constituída desde a Antiguidade. No entanto, a hierarquia foi mantida entre os gêneros, com a formulação de que existiam identidades biológicas e morais diferenciadas que destinavam as mulheres à maternidade e ao espaço familiar.[14]

É claro que foi atribuída uma outra modalidade de poder às mulheres, no contexto dessa subtração, desde o século XVIII, não obstante a manutenção da hierarquia presente na tradição patriarcal. Por isso mesmo, referi-me acima à governabilidade do espaço privado e familiar, que foi atribuída então às mulheres.[15] Como nos disse Foucault, nesse contexto histórico que foi o solo para a constituição do *biopoder* e da *bio-história*, a figura da mulher como mãe foi um instrumento e um aliado fundamental do poder médico, no processo de medicalização do social que então se empreendeu. O projeto político moderno, de que a *qualidade de vida* da população seria a fonte maior de riqueza das nações, foi realizado com a colaboração efetiva da figura da mulher como mãe, que no campo da família possibilitava os novos desenvolvimentos sociais dos poderes médico e pedagógico.[16]

Como se sabe, o argumento diferencial e que ainda mantinha a tradicional hierarquia entre os gêneros sexuais foi forjado pelos pensadores mais eminentes do final do século XVIII e do início do século XIX, sendo ainda devidamente construído e sancionado pela medicina.[17,18,19] Com efeito, de Rousseau a Hegel e Comte, passando por Kant, os mais prestigiosos filósofos de então sustentaram o argumento diferencial e se opuseram à efetiva igualdade entre os gêneros sexuais. Foi mantida assim, em outras bases agora, a hierarquia entre os gêneros constituída desde a Antiguidade grega.[20,21]

Porém, isso contrariava o ideário igualitário forjado pela Revolução Francesa. Com efeito, as mulheres foram colocadas numa subalternidade hierárquica em relação aos homens, reduzidas que foram à condição de ser de *natureza* e não de *cultura*. Pela marca diferencial que as caracterizava, em que as potencialidades afetivas eram bem mais poderosas que as intelectuais, as mulheres estavam fadadas ao acolhimento maternal.[22] Por isso mesmo, não podiam ter acesso a certos direitos, usufruídos apenas pelos homens. Alguns dos direitos dos cidadãos não lhe foram atribuídos, como o direito do voto e o de acesso ao mercado de trabalho. Em decorrência disso, os movimentos feministas buscavam estabelecer a igualdade de direito entre os gêneros, desde o século XIX, procurando romper assim com a hierarquia estabelecida pela antiga tradição do patriarcado e que teve finalmente nos anos 1960 a sua ruptura mais significativa.

Constituiu-se aqui a revolução mais radical do século passado, segundo alguns autores, dentre as muitas que aconteceram. Isso porque, de acordo com a fórmula ao mesmo tempo incisiva e sintética enunciada por Castoriadis, aquela se realizou no exíguo espaço familiar, delineado entre o quarto e a cozinha, dilacerando assim o fundamento territorial e funcional da longa tradição do patriarcado. Porém, essa desconstrução de uma dimensão bastante precisa do espaço social teve o poder de subverter este na sua totalidade, já que relançou as cartas do jogo dos gêneros sexuais, que estava codificada até então pela oposição entre as governabilidades privada e pública. Empreendeu-se aqui, pois, uma revolução em intenção e em extensão, de maneira que a figura da mulher pôde se assumir plenamente então e exigir seu reconhecimento como sujeito do direito, já que até então tais direitos eram relativos e limitados.

Foi somente nesse contexto histórico que se constituiu o jogo de verdade do assédio sexual. Isso porque esse jogo de verdade só pôde ser forjado quando a figura da mulher se enunciou e exigiu ser reconhecida como sujeito pleno do direito. Com efeito, as mulheres passaram desde então a reagir ao serem colocadas na condição de objeto sexual (natureza) pelos homens, respondendo a essa desqualificação identitária em diferentes instâncias sociais e políticas, inclusive no plano jurídico. Milhares de processos judiciais aconteceram desde então, envolvendo as instituições da família, do trabalho e da universidade. As radicais transformações ocorridas nos códigos sexual e conjugal, desde os anos 1960, foram também disso diretamente derivadas.

Tudo isso porque, exigindo ser agora reconhecida como sujeito pleno do direito (cultural), a figura da mulher não mais queria ser tratada como cidadão de segunda categoria (natureza), como ocorria desde a Antiguidade e agora demandava uma outra modalidade de respeito, isto é, o reconhecimento social de sua efetiva condição de igualdade em relação aos homens. Portanto, o jogo de verdade do assédio sexual se materializava então como discurso em toda e qualquer situação na qual a figura da mulher podia ser desqualificada no seu valor, pela simples condição de ser mulher e por não ser acolhida como sujeito do direito.

Esse processo gerou um campo bastante controverso de embates sociais entre os gêneros sexuais, como se sabe, principalmente na sociedade norte-americana. Isso porque qualquer paquera de um homem para com uma mulher e qualquer tentativa erótica de sedução pode ser transformada numa queixa policial e jurídica de assédio sexual. A sedução foi então transformada virtualmente na figura jurídica do crime, no caldo de cultura puritano da ética protestante.

Porém, tudo isso apenas torna mais evidente como o jogo de verdade do assédio sexual apenas se forjou no contexto histórico e político da luta social das mulheres para se transformar plenamente em sujeito do direito, rompendo com a tradição patriarcal e exigindo os mesmos direitos conferidos até então apenas aos homens. Portanto, foi no bojo dessa demanda de reconhecimento que se forjou esse jogo de verdade eminentemente pós-moderno.

Não se pode perder de vista aqui, no entanto, como foi apenas nesse contexto histórico e político de luta pelos direitos realizados pelas mulheres que as conotações originárias do jogo de verdade do assédio foi atualizada e colocada novamente na cena do social. Vale dizer, se os registros político e bélico do jogo de verdade do assédio se deslocou de sua posição latente e virtual, passando a inscrever-se agora de maneira patente no campo do jogo de verdade moderno, constituído pelos registros moral e psicológico, isso indica claramente como é a problemática da soberania e do poder o que está aqui em pauta, regulando secretamente o moderno jogo de verdade do assédio.

Vale dizer, foi apenas quando a figura da mulher se colocou finalmente como sujeito e não mais apenas como assujeitada à figura do homem, rompendo em definitivo com a sua subalternidade hierárquica, que ela passou também a exigir o reconhecimento efetivo de seus novos lugares sociais pelo Estado, como detentor que este era da soberania. O corpo feminino foi assim transformado numa cidadela soberana, a ser defendida com todas as armas possíveis de serem usadas frente ao inimigo, sejam estas políticas ou militares, isto é, nos registros da retórica e da força, de acordo com as circunstâncias sociais em jogo.

A promoção política do jogo de verdade do assédio sexual se desdobrou e implicou também novas formas de subjetivação para os diferentes gêneros sexuais. Desde então, as figuras do homem e da mulher não se representam mais da mesma maneira que antes. Uma outra alquimia entre a passividade e a atividade passou a ser a matéria-prima narcísica e identitária dos diferentes gêneros sexuais, que refundou de outra forma as categorias de governabilidade pública e privada, tal como eram declinadas no moderno jogo de verdade do assédio.

Contudo, o que foi aqui esboçado para a subversão da relação entre os gêneros sexuais não se restringe apenas a esse campo do social. O processo em pauta se realiza também — mantendo as suas especificidades, é claro — em outros campos do social onde a hierarquia é colocada também em questão. É o que vou propor agora, de maneira sumária, no que se segue.

HIERARQUIAS

O que estou querendo enunciar agora é que esse mesmo processo de desconstrução e de subversão de certas hierarquias sociais pode ser generalizado na sua operacionalidade e funcionalidade políticas. O que indiquei até aqui, no que concerne às mulheres, pode ser demonstrado em relação a outros campos de confronto no campo social, nos quais a *naturalização* de uma dada hierarquia social seja colocada em questão. Para que essa desnaturalização aconteça, o que implica sempre o solapamento da hierarquia social estabelecida, o registro moral e psicológico do jogo de verdade do assédio é dilacerado, pois aparece, logo em seguida, o registro político e bélico que estava até então latente e que regulava o registro manifesto. Isso porque o indivíduo se apresenta agora como cidadão propriamente dito, como sujeito político do direito, transcendendo em muito as suas dimensões moral e psicológica.

A esse respeito, o racismo seria um rico exemplo a ser investigado, já que supõe sempre a existência de uma hierarquia natural entre as diferentes raças, principalmente dos brancos em relação aos negros. Autoriza-se, dessa maneira, qualquer modalidade ostensiva de assédio daqueles em face a destes, na medida em que a figura do negro não é reconhecida plenamente como sujeito do direito e como cidadão. Isso acontece tanto em sociedades nas quais o racismo é camuflado e onde existe uma suposta democracia racial, como no caso do Brasil, ou onde é ostensivo, como no caso dos Estados Unidos e da África do Sul. De qualquer maneira, a ruptura com a hierarquia social que foi naturalizada e cristalizada realiza-se sempre de forma violenta, isto é, através de práticas política e bélica, pelas políticas de ação afirmativa. Através destas os negros se enunciam e exigem ser reconhecidos como sujeitos plenos do direito, pelo Estado, como instância detentora que este é da soberania. Com isso, os negros demandam seu reconhecimento, como as mulheres, como seres de cultura e não de natureza, com a mesma igualdade de direitos dos brancos. Procuram contrapor-se, assim, aos preconceitos e ao assédio de que são objeto, nos registros social, político e econômico.

Não abordarei agora esse assunto, pois me desviaria dessa breve genealogia do assédio que pretendo agora desdobrar. De qualquer maneira, o que a problemática racial já indica de maneira eloquente é que o jogo de verdade do assédio sexual se inscreve num jogo de verdade mais amplo que é o do assédio moral. É o que veremos agora, para concluir este ensaio.

SOBERANIA PERDIDA

A constituição do jogo de verdade do assédio moral é bem mais recente no Ocidente. É sempre disso que se fala agora, cada vez mais, quando se enuncia algo sobre o assédio, e é por esse viés que a palavra se inflaciona no nosso vocabulário. Depois das múltiplas intempéries e queixas das mulheres em torno do assédio sexual, é certamente o assédio moral que se inscreve agora na cena da sociedade contemporânea. Na disseminação atual do assédio moral, o assédio sexual inscreve-se como um caso particular daquele.

Entretanto, a condição histórica de possibilidade para a sua emergência é de outra ordem, sendo essa a minha última hipótese de trabalho neste ensaio. Isso porque o que está aqui em pauta é a descrença em relação à soberania, que se mantinha incólume até então, pois se apelava sempre para o poder do Estado soberano para coartar o assédio e defender os direitos do cidadão importunado. Ou, então, quando não se acreditava mais na soberania do Estado, este era tomado de assalto pelos grupos dos desprivilegiados nos seus direitos, num processo revolucionário, com a intenção de instituir finalmente uma soberania que reconhecesse a igualdade de direitos para todos os cidadãos. Porém, é a incerteza radical quanto a isso que se coloca agora com toda a força, de maneira inédita na nossa tradição.

Assim, não se pode separar a inflação relativamente recente do jogo de verdade do assédio moral do amplo, geral e irrestrito processo de mundialização que nos envolve hoje como um todo. Isso porque este implica, antes de mais nada, a desconstrução ostensiva da soberania do Estado-Nação. Em seguida, essa desconstrução acarreta ainda a perda de autonomia do registro político, que passa a ser imediatamente regulado pelo registro da economia. É este que passa a dar agora as cartas dos jogos do poder, de maneira que o mercado e os fluxos voláteis do capital colocam na berlinda a soberania das nações e dos Estados.

O Estado, como garantia para o reconhecimento do cidadão e do sujeito do direito, se quebra de maneira progressiva, não podendo mais as individualidades contarem com isso de maneira incondicional para lhes oferecer um suporte efetivo. Em nome da produtividade e da eficácia, isto é, em nome da acumulação e disseminação do capital transnacional, tudo é passível de acontecer, não contando mais as individualidades com as garantias que o Estado-Nação até então lhes outorgava. Como o capital não tem fronteiras e se regula apenas pela sua multiplicação e disseminação, não existem mais obstáculos tangíveis capazes de impedir seu fluxo na economia neoliberal atual. Em decorrência disso, as fronteiras do Estado-Nação se tornam porosas, na medida em que os territórios das nações passaram a ser redesenhados em função da circulação do capital e das redes de comunicação.

A incerteza e a imprevisibilidade passam a marcar a existência das individualidades, já que não existem mais para estas suportes absolutos onde se apoiar, para preverem as suas vidas no futuro. Com as perdas das garantias e da segurança, no que se refere ao mercado de trabalho, pela gestão neoliberal da economia, o Estado do bem-estar social começa a ser progressivamente desmantelado. Tanto na Europa quanto na América Latina, passando por outros pontos do planeta, o mesmo processo social se realiza. A segurança das pessoas nos postos de trabalho que ocupam não tem mais salvaguardas jurídicas consistentes, já que podem ser cortadas de seus empregos a qualquer momento, por razões de produtividade e de equilíbrio orçamentário das empresas. A insegurança se institui então em escala planetária. Com isso, o fantasma de perda do lugar social se expande em escala global, não apenas nos países onde o Estado de bem--estar social era uma referência fundamental, mas em toda parte.

Foi pela leitura acurada desse novo contexto social, no que concerne às condições atuais do mercado de trabalho, que Sennett formulou o conceito de *corrosão do caráter*, como marca original que seria da individualidade contemporânea. Esta, com efeito, não pode mais construir para si programas e estratégias de longo prazo para a sua existência, fundados numa ética consistente. Isso porque a individualidade contemporânea, marcada pela incerteza e pela imprevisibilidade, deve sempre improvisar e adaptar-se às rápidas transformações das regras do jogo para sobreviver, sem contar com garantias jurídicas e institucionais sólidas.[23] Constituiu--se, assim, uma outra forma de subjetivação, na qual o caráter de uma dada individualidade, que se evidenciava pela presença de uma invariante que permeava a totalidade de sua existência, passa a ser substituído por normas funcionais e contextuais.

Foi justamente nesse contexto histórico, político e social que o jogo de verdade do assédio moral foi construído com todas as suas peças, remetendo à insegurança radical das individualidades, ameaçadas que são de perda de seu lugar social. Tudo isso coloca o fantasma da morte social no primeiro plano da cena política contemporânea. Por isso mesmo, a problemática da identidade ocupa uma posição tão fundamental na experiência social e psíquica das pessoas que são objeto e alvo do assédio, pois a quebra da identidade se refere drasticamente aqui à perda da noção de *pertencimento* ao corpo social e à exclusão do indivíduo do espaço social. É a ideia de cidadania e do seu correlato, isto é, o discurso dos direitos do cidadão, o que está aqui em pauta.

Ao lado disso, a competição entre os indivíduos atinge limiares espetaculares, já que é a luta pela sobrevivência no mercado de trabalho o que está em questão nessa disputa. Com isso, a solidariedade como valor ético e político tende ao desaparecimento, como indiquei no início deste ensaio, sendo tal perda de solidariedade uma outra maneira de se falar na atual corrosão do caráter, enunciada por Sennett.

Porém, a lógica que sustenta a totalidade desse processo é a perda progressiva da soberania pelo Estado, que fica entregue aos interesses dos fluxos do capital em escala internacional. Com isso, o Estado como figura de *mediação*, posição que ocupava no espaço social da modernidade e que oferecia formas variadas de proteção para os cidadãos, começa a ser ostensivamente desconstruído. É a perda desse poder de mediação o que permite que os superiores de uma empresa se autorizem a fazer o que querem e bem entendem com os subalternos, num evidente abuso de autoridade. É também por causa disso que os demais subalternos se aliam ao chefe e não ao colega assediado, já que, não podendo mais acreditar e confiar na mediação do Estado para limitar tal abuso de autoridade, preferem associar-se ao superior para manterem seu lugar institucional e não serem assim excluídos definitivamente também do espaço social.

Assim, como enunciou Beck, se estamos inscritos hoje numa *sociedade de risco*,[24] isso é certamente a contrapartida da perda progressiva da soberania do Estado e do seu poder de mediação, que lança o conjunto dos indivíduos numa condição social original, marcada pela imprevisibilidade, incerteza e insegurança. O assédio moral, como jogo de verdade e prática de poder da sociedade contemporânea, é uma das resultantes maiores dessas articulações sociopolíticas. Por isso mesmo, como jogo de verdade o assédio moral se dissemina e se inflaciona no imaginário da sociedade contemporânea.

Na atualidade, portanto, o sentir-se "molestado", "perseguido" e "importunado" nos seus direitos sociais como cidadão perde sua anterior caracterização moderna, eminentemente moral e psicológica, remetendo à sua significação originária, na medida em que os registros da política e da guerra se fazem novamente presentes, sendo estes relançados no mercado de bens simbólicos. Cada individualidade agora deve se defrontar com a sua soberania radicalmente, pois sua cidadela privada não pode mais ser protegida pelo Estado. Isso porque seu corpo, como território de sua privacidade e intimidade, precisa ser defendido na sua materialidade e nas suas fronteiras, custe o que custar, contra a ameaça da *morte real* e da *morte simbólica*. Esse é, enfim, o ponto de chegada trágico da individualidade contemporânea, pelo lugar incerto e imprevisível em que o cidadão foi lançado hoje pela sociedade de risco.

Tudo isso nos indica que, quando na modernidade, a soberania do Estado garantia a segurança de seus cidadãos, baseado no discurso universal dos direitos, mesmo num horizonte social marcado pelas hierarquias sociais, o assédio era um jogo de verdade que se restringia aos registros moral e psicológico. A figura da individualidade se mantinha então incólume. Quando a soberania do Estado foi colocada em questão, no entanto, os registros político e bélico do assédio passaram a revelar-se de maneira ostensiva e brutal no seu jogo de verdade, como nos acontece hoje de maneira flagrante, nesses tempos sombrios de salve-se quem puder.

Notas

1. L. Wittgenstein, "Investigations philosophiques", *in Tractatus logico-philosophicus suivi de investigations philosophiques, op. cit.*
2. M. Foucault, "Les techonologies de soi-même", *in Dits et écrits, op. cit.*, vol. IV.
3. M. Foucault, *Surveiller et punir, op. cit.*
4. M. Foucault, *La volonté du savoir, op. cit.*
5. *Le Nouveau Petit Robert. Dictionnaire de la langue française*, Paris, Dictionnaires Le Robert, 1994, p. 1071.
6. *Dicionário Houaiss da língua portuguesa*, Rio de Janeiro, Objetiva, 2001, p. 319.
7. M.F. Hirigoyen, *Le harcèlement moral*, Paris, La Découverte et Syros, 1998.
8. C. Dejours, *Souffrance en france, La banalisation de l'injustice sociale*, Paris, Seuil, 1998.
9. *Le Nouveau Petit Robert, op. cit.*, p. 1071.
10. *Dicionário Houaiss da língua portuguesa, op. cit.*, p. 319.
11. Sobre isso, ver: L. Dumont, *Essais sur l'individualisme. Une perspective anthropologique sur l'idéologie moderne, op. cit.*; L. Dumont, *Homo aequalis I. Genèse et épanouissement de l'idéologie économique, op. cit.*
12. *Ibidem.*
13. J. Birman, *Gramáticas do erotismo, op. cit.*
14. T. Laqueur, *La fabrique du sexe*, Paris, Gallimard, 1992.
15. J. Birman, *Gramáticas do erotismo, op. cit.*
16. M. Foucault, *La volonté du savoir, op. cit.*
17. E. Badinter, *L'un et l'autre*, Paris, Odile Jacob, 1986.
18. S. Koffman, *Respect de femme*, Paris, Galilée, 1972.
19. S. Koffman, *Aberrations. Le devenir femme d'Auguste Comte.* Paris, Aubier-Flammarion, 1970.
20. E. Badinter, *L'un et l'autre, op. cit.*
21. T. Laqueur, *Fabrique du sexe, op. cit.*
22. J. Birman, *Gramáticas do erotismo, op. cit.*
23. R. Sennett, *A corrosão do caráter. Consequências pessoais do trabalho no novo capitalismo, op. cit.*
24. U. Beck, "A reinvenção da política", *in* A. Giddens, U. Beck e S. Lash, *Modernização reflexiva*, São Paulo, Unesp, 1995.

4. Arquivo da biopolítica*

---
* Este ensaio foi escrito a partir das notas que me orientaram na conferência realizada em Paris, na Université Paris VII, na École Doctorale Psychanalyse et Médicine, em janeiro de 2006.

MODERNIDADE E MEDICALIZAÇÃO

A *biopolítica* está decididamente na moda. No que concerne a isso, não existe dúvida. Mesmo que essa palavra mágica não seja sempre enunciada — como deveria, aliás —, o conceito, em contrapartida, está sempre lá, colocado em pauta na cena social, circulando por toda parte na atualidade. Onde? Em quais registros? Pode-se afirmar, sem pestanejar, que o conceito em questão se inscreve nas mais diversas políticas de Estado e nas mais diferentes plataformas dos movimentos sociais, em todo o mundo. Isso sem falar, é claro, da produção acadêmica e das publicações científicas, nas quais a palavra se declina com o seu conceito, de maneira precisa e triunfante. Portanto, se a mídia oferece hoje toda visibilidade possível à biopolítica, isso pressupõe efetivamente a produção de múltiplos discursos sobre a biopolítica no campo social, em escala internacional. Quanto a isso, enfim, a mídia apenas reflete e sublinha o que ocorre nos interstícios do espaço social.

Assim, dos transgênicos às novas tecnologias reprodutivas, passando pelas pesquisas sobre o genoma e as neurociências, até atingir as novas inquietações sobre a filiação e sobre as novas modalidades de organização familiar, a biopolítica é uma das características maiores da contemporaneidade. O espantoso e perturbador em relação a isso é a marca de novidade com que se faz referência à biopolítica, como se fosse algo histórica e politicamente recente na tradição ocidental. Nada mais enganoso, no entanto.

A biopolítica enquanto tal, com efeito, é constitutiva da nossa tradição social há pelo menos duzentos anos, sendo a matriz epistêmica e política que delineou todo o processo de *medicalização* do Ocidente, confundindo-se mesmo com a *modernização* deste, iniciada na virada do século XVIII para o XIX. É isso que precisa ser devidamente destacado, antes de mais nada, para que se possa traçar devidamente as linhas de forças constitutivas do arquivo da biopolítica.

Devemos a Michel Foucault, sem dúvida, a invenção desse conceito. Em 1976, com a publicação de *A vontade do saber*,[1] volume inaugural da *História da sexualidade*, Foucault forjou os conceitos de *biopoder* e de *bio-história*, para indicar a importância destes nas leituras sobre a *vida* e a *sexualidade*, na emergência da modernidade no Ocidente. No seu curso do Collège de France, de 1977-8, intitulado "Segurança, território, população",[2] voltou a insistir nisso, enunciando agora o conceito de biopolítica. Começou a esboçá-lo no seu curso do ano seguinte, de 1978-9, no Collège de France, intitulado justamente "Nascimento da biopolítica",[3] que é, aliás, uma genealogia do neoliberalismo.

Porém, é preciso evocar ainda que a problemática em questão já estava presente na obra de Foucault desde os seus primórdios, em 1963, com a publicação da obra intitulada *Nascimento da clínica*.[4] Nesse contexto, a medicalização foi colocada em foco. Em seguida, em muitos textos e conferências, publicados nos anos 1960 e início dos anos 1970, a mesma problemática foi perseguida por Foucault de maneira sistemática,[5] como veremos ainda neste ensaio.

Porém, antes de falarmos sobre isso, é preciso circunscrever um pouco mais o sentido do conceito de biopolítica. O que é a biopolítica, afinal de contas? Como o prefixo *bio* salienta, na palavra biopolítica, o que está em causa é a ordem da vida, num duplo registro de referência. Antes de mais nada, trata-se de uma nova forma de conceber a questão da *vida*. Em seguida, o que está em pauta é uma outra modalidade de *controle e regulação* social dos corpos. Se, pelo primeiro registro, o que se visa efetivamente é a *produção de riqueza*, pelo segundo, em contrapartida, o que se pretende é a *normalização* das individualidades. Evidentemente, esses registros são complementares, não existindo nenhuma dissonância entre eles.

Dupla inserção do discurso da biopolítica, portanto, mas que se articulam intimamente, no entanto. Tais registros não podem então ser separados, o que seria não apenas artificial, mas também formal, já que o que está sempre em pauta na biopolítica é o manejo insistente e infinito das fontes da vida, para a produção de riqueza material e para a regulação dos laços sociais. São estes, enfim, os horizontes e as condições de possibilidade concreta dessa problemática.

Contudo, enunciar que é a vida o que está em pauta e que é o alvo da biopolítica implica dizer que é a *biologia*, no sentido mais amplo do termo, o instrumento por excelência da biopolítica. Biologia nas suas múltiplas derivações, bem entendido, que encontra no campo da *medicina* o seu espaço por excelência de operacionalização, de disseminação e de catalisação no espaço social. Daí, portanto, a importância estratégica assumida pela medicalização da vida na constituição e no desenvolvimento da biopolítica no Ocidente, na aurora da modernidade. Não se pode jamais, pois, perder de vista esses signos discursivos para uma leitura da biopolítica.

Porém, se a biologia é o instrumento por excelência da biopolítica, já que é a ordem da vida o que está sempre colocado aqui no primeiro plano, a palavra instrumento tem que ser compreendida num duplo sentido, quais sejam, ao mesmo tempo nos registros *científico* e *tecnológico*. É o que se verá agora, no que se segue.

DESSACRALIZAÇÃO DA NATUREZA

Assim, se desde os tempos arcaicos da nossa civilização a técnica, como instrumento por excelência de domínio da natureza, sempre foi uma das características salientes dos homens, que construíram através dela um *meio ambiente* e um *mundo*, apenas no século XIX a técnica foi submetida à racionalidade dos discursos científicos. Isso não quer dizer, bem entendido, que antes disso a técnica fosse marcada pela irracionalidade. Pelo contrário, a técnica sempre foi racional, como a arqueologia e a antropologia física nos ensinam. Porém, apenas no século XIX foi que a sua racionalidade passou a ser modulada e sistematizada pelo discurso da ciência; o que a transformou no seu uso e na sua operacionalidade, evidentemente, em decorrência da fundamentação científica que então adquiriu.

Porém, para que esse enlace e fundamentação pudessem de fato ocorrer, necessário foi a emergência histórica das revoluções científicas nos séculos XVII e XVIII, que não apenas subverteram o Ocidente, mas também produziram uma ruptura radical entre a gramática civilizatória ocidental e as demais gramáticas civilizatórias. Com isso, a ideia da existência de uma natureza hierárquica e circular, que evidenciava sempre o eterno retorno do *mesmo* na sua ausência de fraturas, presente nos imaginários da Antiguidade e da Idade Média, foi inteiramente subvertida de ponta-cabeça. Em decorrência disso, os tempos modernos foram sempre marcados pelos desafios e questionamentos, insistentemente recomeçados, aliás, sobre a imutabilidade da ordem natural. Foi justamente a insistência desses desafios o que caracterizou os ditos tempos modernos, tanto na sua vertente inicial, ocorrida nos séculos XVII e XVIII, quanto na sua vertente posterior, ocorrida no século XIX. Se, na primeira vertente, os discursos das ciências se desenvolveram sem tangências significativas com os da técnica, na segunda vertente, no entanto, tal articulação se realizou de maneira coerente e progressiva. Foi nesse contexto que se constituiu a Revolução Industrial, que pressupõe na sua extensão e ruptura a costura dos registros da ciência e da técnica, sob a forma de produção de máquinas que subverteram, desde então, a produção de riqueza.

É claro que, por aquele desafio insistente à ordem inamovível da natureza a que me referi acima, se torna já presente a sua efetiva dessacralização, que conduziu ao progressivo desencantamento do mundo, conforme o célebre enunciado de Weber,[6] sobre o processo da modernidade ocidental. Foi nesse contexto histórico que a figura do homem começou a forjar o projeto de ser como Deus, ter a mesma estatura deste, isto é, criar o mundo à sua imagem e semelhança. Para isso, necessário foi desafiar a figura de Deus com insistência, para enunciar então o *logos* numa outra retórica, que não fosse nem metafísica nem teológica. O discurso da ciência foi justamente a materialização desse desafio e a positivação dessa nova retórica de *logos*. Podemos pontuar essa transformação histórica progressiva, mas insistente, pela evocação da produção mítica no Ocidente, que marcou tanto a dessacralização da natureza quanto o desencantamento do mundo. O seu contraponto foi a emergência do discurso da ciência, que evidenciava o novo poder do homem sobre o mundo e a natureza.

Inicialmente, o mito de *Prometeu*. Não obstante sua origem na Antiguidade, na civilização grega, o mito de Prometeu começou a ser ativamente recuperado no Renascimento, depois de ter sido esquecido na Idade Média. Isso porque foi justamente no Renascimento que a racionalidade, como forma de domínio do homem sobre a natureza começou a ser novamente destacada. Além disso, foi no Renascimento que se processou a redescoberta e a retomada da Antiguidade. Assim, foi Prometeu quem roubou o fogo de Zeus e entregou-o aos homens, transgredindo então, pela primeira vez, com a posse do saber pela figura divina. Em decorrência disso, com o domínio agora do fogo, a figura do homem poderia começar a dominar também o mundo.[7] Não é um acaso, portanto, que os historiadores costumem designar o início dos tempos modernos, que começaram justamente com o Renascimento, como prometeico.

Em seguida, o mito de *Fausto*. O processo de dessacralização se aprofundou aqui mais ainda e se tornou ainda bem mais evidente. Isso porque, aqui, a personagem fundamental faz um pacto com a figura do diabo, em nome da aquisição da ciência, rompendo então a aliança intemporal existente até então com a figura de Deus. Estamos aqui decididamente na Alemanha, no século XVI, enquanto que com Prometeu estávamos ainda no Renascimento italiano. Portanto, a ruptura da aliança estabelecida dos homens com o Deus benevolente e protetor começa efetivamente a se positivar nesse pacto com o diabo, em troca do saber científico.[8]

Finalmente, o mito de *Frankenstein*, enunciado agora na aurora do século XIX, na Inglaterra, pelo romance de Mary Shelley. No contexto então da literatura romântica, a figura do homem começa a desafiar um novo território de Deus, até então bem preservado e nunca antes ousado. Com efeito, com Frankenstein o homem acredita que pode ter acesso à produção da vida, o que era considerado, até então, um privilégio divino.[9] Com essa produção mítica estamos decididamente lançados já no novo mundo, no qual a medicalização e a biopolítica começaram a se perfilar de maneira substantiva. Porém, como espectadora privilegiada do processo em franca gestação, Mary Shelley denuncia já a sua dimensão de *monstruosidade*, marca maior do desafio humano à retórica de Deus, pela produção de um discurso científico sobre o domínio da origem da vida. Monstruosidade esta que se inscreve nos registros ético e estético, bem entendido, com todos os horrores que isso foi capaz de engendrar nas subjetividades.

Contudo, se a marca imaginária da monstruosidade foi o ponto culminante da dessacralização da natureza e do desencantamento do mundo então forjados, a monstruosidade do processo que estava em pauta foi logo esquecida e descartada pela secularização que então se impôs. Isso porque a medicalização do social e a biopolítica se impuseram como um imperativo, sem limite e com toda a pompa, de maneira triunfante. Tudo isso, é claro, sempre em nome do ideal do *progresso*, isto é, da nova religião criada pelo homem, resultante da sua ruptura com o *logos* divino.[10]

Porém, num outro registro teórico, que perpassa e é correlato do citado registro mítico, o processo em pauta se enuncia também com bastante clareza e evidência. Com efeito, no discurso filosófico o que estava em pauta, desde os primórdios do século XVII, era a articulação entre os registros do *saber* e do *poder*. Tanto em Descartes quanto em Bacon, que estão no fundamento filosófico da discursividade científica, que se consubstanciaram nas revoluções científicas de então, a aquisição de saber sobre a natureza implicava efetivamente a assunção correlata de poder sobre a natureza pelos homens. É isso o que ecoa em surdina na quebra da aliança destes com a retórica divina e na consequente dessacralização da natureza. É justamente aqui que se inscreve a então nova discursividade científica.

SABER SOBRE O VIVENTE

Assim, se as ciências do inorgânico — como a física, primeiro, e a química, logo em seguida — detiveram inicialmente a vanguarda teórica desse processo histórico-social, as ciências da vida foram progressivamente se impondo no cenário pelo qual se delineava a modernidade, desde o século XVIII. Com efeito, se a *máquina* como conceito e como metáfora interpretativa da natureza se enunciou desde o início do século XVII, através da filosofia e da ciência forjadas por Descartes, o conceito de *homem-máquina* foi formulado logo em seguida. Descartes constituiu as condições teóricas de possibilidade para isso, ao esboçar uma leitura maquínica do organismo, mas foi sem dúvida La Mettrie que enunciou o conceito, ao se deslocar do registro do vivente para o do homem enquanto tal.

Porém, se com Descartes e La Mettrie estamos ainda no registro da *estática* dos corpos, com Leibniz, no entanto, somos lançados diretamente no registro da *dinâmica* destes. Se a estática dos corpos descrevia o equilíbrio das forças em ação, num certo contexto, com efeito, a dinâmica entreabria o discurso para os mistérios do movimento e dos possíveis desequilíbrios das forças em questão.

Certamente, foi pelo viés da dinâmica dos corpos que uma nova reflexão sobre o vivente começou a ordenar-se nessa tradição. Isso porque foi pela dinâmica dos corpos que se enunciou o conceito de *trabalho*, por um lado, e de *força vital*, pelo outro. Ao lado disso, o conceito de *mônada* possibilitou não apenas uma outra aproximação da individualidade, mas também da composição do vivente, num esboço preliminar do registro micropolítico, não obstante o horizonte teológico-político presente na concepção leibniziana do melhor dos mundos possíveis criado por Deus.

Portanto, foi pela mediação dos conceitos de força vital e de mônada que uma outra concepção sobre a vida começou a esboçar-se no plano discursivo, no campo da dinâmica dos corpos. Foi por esse viés que a diferença entre os registros do inorgânico e do orgânico começou também a impor-se progressivamente, de forma a evidenciar a especificidade do vivente em face da natureza física.

Assim, se a natureza física se caracterizava pela regularidade de seus mecanismos e de suas operações, numa previsibilidade sempre delineada pela mecânica dos corpos, seja esta do registro da estática seja da dinâmica, a natureza da vida já se evidenciava agora como muito mais complexa, na medida em que a maior irregularidade e imprevisibilidade aqui presentes já se destacavam. Imprevisibilidade e irregularidade, é claro, do ponto de vista da mecânica, no sentido estrito. A decorrência maior disso foi a matematização dos enunciados da física e a impossibilidade de fazer o mesmo com o discurso sobre o vivente. Em consequência, colocava-se sempre uma interrogação sobre a possibilidade de existir efetivamente uma ciência do vivente sem tal matematização.

No entanto, a dinâmica de Leibniz possibilitou uma reflexão renovada sobre o vivente, apesar da não matematização inicial, pelo viés sempre do conceito de força vital. Isso porque a irredutibilidade do vivente ao modelo do mecanicismo se esboçou, já aqui, de forma a opor-se então de maneira cortante os registros do orgânico e de inorgânico. Foi por esse viés que as noções de *irritabilidade* e de *excitabilidade* do vivente começaram a ser desenvolvidas de forma paulatina, como marcas inconfundíveis da matéria orgânica em oposição estrita à matéria inorgânica.

Dessa maneira, a constituição de um terceiro registro do ser tornou-se então possível. Assim, não existiriam apenas os registros do espírito e do corpo, mas ao lado destes se enunciava também o do vivente, com suas características próprias. Com efeito, se o primeiro tinha no pensamento e nas demais faculdades anímicas o seu campo de referência e se o segundo tinha no corpo maquínico o seu paradigma,[11,12] o vivente tinha na vitalidade a sua especificidade. Portanto, nem *res cogitans* nem *res extensa*, pois o vivente seria regulado pela sua lógica específica, fundada agora na força vital.

Por essa linha de construção teórica foi que a vida, como objeto do conhecimento biológico, se constituiu na sua especificidade, sendo enunciada como discurso pela constituição filosófica e científica do *vitalismo*, nos séculos XVIII e XIX. Foi no interior dessa tradição teórica que a fisiologia como ciência do organismo se constituiu posteriormente, no século XIX, tendo em Claude Bernard sua referência paradigmática. Foi por esse viés também que se tornou possível a constituição da medicina científica, fundada que esta também passou a ser na medicina experimental, pela mediação da fisiologia.[13]

A medicina científica se forjou aqui em estrita consonância com esse movimento de autonomização epistemológica da vida como objeto teórico do saber, sempre em oposição estrita aos registros do espírito e da natureza inanimada. É claro que a constituição da química como discurso científico, com Lavoisier, possibilitou também a construção de um outro código de interpretação do vivente, ao enunciar as transformações presentes na natureza, na qual não existiria mais nem perda nem criação. Enfim, o registro das reações químicas possibilitou a leitura fina da ordem do vivente, sem que este ficasse assim apenas restrito às regularidades mecânicas da matéria inanimada.

Porém, se essa cartografia esquemática da construção epistemológica da ordem da vida nos indica certamente a constituição da biologia como ciência e da medicina científica como a sua derivação maior, ela nos impede de aceder à constituição da biopolítica. Isso porque coloca entre parênteses e em estado de suspensão a importância crucial que teve a medicina, como prática e como discurso teórico, na própria cristalização da biologia como discurso científico sobre o vivente.

Para destacar então o lugar estratégico ocupado aqui pela medicina, é preciso evocar que, bem antes de se forjar como medicina científica, a medicina já ocupava um lugar de destaque na gestão dos corpos no espaço urbano. Seria por esse viés, portanto, que o processo de medicalização se articularia efetivamente à biopolítica, possibilitando, então, a governabilidade dos viventes, de maneira inédita no Ocidente. Estamos aqui, pois, no limiar da medicina moderna, que passou a inscrever-se no espaço social de forma original e delineando, assim, outras modalidades de gestão dos viventes.

CLÍNICA E MORTE

Assim, o que caracteriza a moderna medicina é o seu duplo registro de inserção discursiva, isto é, nos registros individual e coletivo, ao mesmo tempo. Foi como *medicina clínica* e *medicina social*, com efeito, que a medicina se constituiu historicamente na passagem do século XVIII para o XIX, instituindo o processo de medicalização no Ocidente, pelo qual o espaço social na sua totalidade passou a ser regulado pelo dito processo. O que implica dizer que a *cura*, como valor, passou a ocupar o lugar antes ocupado pelo ideário da *salvação*.[14]

Da salvação à cura, como projeto de regulação política do espaço social, deslocamo-nos decididamente da Idade Clássica à modernidade. Ao mesmo tempo, o que passou a estar em causa foi a dessacralização do mundo por meio da regulação pelo discurso da medicina. Para isso, esta se fez intervencionista, articulando os registros do saber e do poder, para promover a gestão efetiva dos viventes no espaço social.

A medicina clínica possibilitou o estudo sobre a particularidade do doente e de suas queixas, que inexistia no quadro da medicina das espécies da Idade Clássica.[15] Para isso, necessário foi a exploração do *olhar* sobre a superfície do corpo, para mapear exaustivamente os diversos registros onde se cristalizavam os sinais e sintomas das enfermidades. Fundamentada nisso, foi então possível para a medicina a constituição de uma *sintaxe* da dor, que se enunciava como discurso.[16]

Para isso, no entanto, foi preciso articular a leitura semiológica da superfície corpórea com a leitura profunda da composição do corpo, constituído que passou a ser este, desde então, por diferentes tecidos. Em decorrência disso, os órgãos corpóreos perderam sua enigmática opacidade e passaram a ser interpretados pela sua constituição tecidual, que revelava agora a sua arquitetura íntima.[17]

Portanto, dupla semiótica em questão: a dos sintomas e sinais da superfície corporal, que realizava a cartografia insistente da dor e da queixa, por um lado; a da composição dos órgãos, num olhar agora ousado de profundidade, que constituía uma leitura dos tecidos, pelo outro. Vale dizer, a sintaxe dos sinais e dos sintomas se acoplava agora a uma sintaxe dos tecidos, de maneira que o olhar de superfície passou a conjugar-se intimamente com um certo olhar de profundidade.

Isso implica dizer que a enfermidade se inscrevia agora efetivamente no corpo, isto é, que se incorporava, de forma que o corpo seria agora o lugar e a sede da enfermidade. Um corpo constituído por órgãos, é claro, mas onde estes seriam sempre permeados por diferentes tecidos específicos a certos órgãos. Porém, os mesmos tecidos se faziam presentes em diferentes órgãos, apesar das especificidades. Em decorrência disso, a semiótica profunda do corpo se fazia agora possível, pela distribuição regular e disseminada dos tecidos em diferentes órgãos.[18]

A articulação da dupla semiologia se realizou no discurso da *lesão*, que como positividade visível na materialidade do cadáver possibilitava a costura entre a sintaxe do olhar, centrada sobre o sintoma, e a sintaxe fundada no corpo. Foi com a anatomopatologia, com efeito, que a clínica pôde se fundamentar, pela conjugação estrita entre o olhar de superfície e o olhar de profundidade, pelo qual a *anatomoclínica* se constituiu efetivamente.[19]

Portanto, pela mediação da lesão foi a *morte* que se tornou efetivamente uma presença incontornável na nova experiência do olhar médico. Foi a morte que se materializou então como o fundamento e o horizonte da clínica, o seu suporte e positividade permanentes, a quem seriam sempre enviados os discursos dos sintomas e dos sinais. Por isso mesmo, a clínica foi denominada de anatomoclínica, pela referência contínua da sintaxe do sintoma ao discurso da anatomia patológica.[20]

Porém, a anatomia em questão foi explorada agora pela via dos cortes teciduais, de maneira sistemática. Foi a histologia, enfim, que se constituiu pelos cortes precisos de Bichat, que nos revelaram a regularidade presente na distribuição corporal dos tecidos,[21] isto é, a sua sintaxe e a sua gramática.

Foi a anatomia, portanto, quem conferiu positividade efetiva à clínica, e não a fisiologia. Primeira retificação crucial, pois, que uma *arqueologia* do olhar médico realiza sobre uma leitura epistemológica da medicina. A fisiologia, com efeito, se constituiu posteriormente como uma derivação secundária do discurso da anatomoclínica, que precedeu em muito os discursos da medicina científica. O experimento médico, regulado pelos invariantes e pelas variáveis enunciados pela fisiologia, teve na experiência clínica sua condição concreta de possibilidade. Foi com Bichat, enfim, que a clínica se positivou com a anatomia patológica e a histologia, e não na fisiologia e na medicina experimental de Claude Bernard.

Essa oposição entre os registros da morfologia orgânica e da fisiologia marcou o imaginário médico desde a segunda metade do século XIX, quando se perguntava de modo incessante sobre o que era aqui primordial, isto é, o órgão ou a função. Vale dizer, a indagação insistentemente enunciada era se o órgão delineava de fato o ser da função. Ou, ao contrário, se era a função que constituía o ser da morfologia corporal. A resposta a essa questão foi sempre variável, certamente, de acordo com as linhas de forças presentes em certos contextos históricos e epistemológicos da medicina. Porém, a dominância tendeu, sem dúvida, para o polo da fisiologia, na medida em que isso poderia conferir aura de cientificidade ao discurso médico, que poderia impor-se então pelo paradigma científico da experimentação.

Porém, se essa hierarquia e oposição entre os saberes em pauta — anatomia e histologia, de um lado, e fisiologia, do outro — é crucial, isso se deve não apenas a uma especulação sobre as relações entre a vida e a morte, mas principalmente porque remete a algo de mais fundamental, qual seja, a oposição entre *normatividade* e *normalização* no campo da medicina. Seria justamente isso que estaria efetivamente aqui em questão, delineando duas perspectivas opostas para o horizonte da prática médica. Dois cenários podem ser então esboçados, que se contrapõem nos seus menores detalhes, como se verá agora.

NORMALIZAÇÃO E NORMATIVIDADE

Assim, enfatizar a posição estratégica ocupada pela fisiologia no discurso médico implica a assunção triunfante do vitalismo, assim como a prioridade conferida ao registro da vida sobre o da morte para conceber a clínica, como se empreendeu de maneira sistemática e magistral na leitura de Canguilhem sobre a medicina.[22] Nesse contexto, o organismo, na sua relação constante com o meio ambiente, seria produtor de *normas vitais*, que seriam sempre variáveis e não poderiam jamais ser padronizadas de maneira rígida. Isso porque, se as circunstâncias ambientais são variáveis, o organismo constitui novas normas vitais, que sempre variam segundo as condições diferenciais do meio ambiente.

Nesses termos, as enfermidades e as patologias seriam também normativas, reguladas igualmente por normas, como nas condições de saúde. O que não quer dizer, evidentemente, que as normas vitais sejam as mesmas na doença e na saúde. Em contrapartida, o que se pretende afirmar é que existem sempre normas orgânicas em ação nesses diferentes contextos. Vale dizer, a doença não seria uma *ausência* de normas vitais no organismo, uma *anormalidade*, pois, mas revelaria ainda a presença da normatividade.[23]

Para Foucault, ao contrário, a *norma* não seria algo inerente à ordem da vida, não existindo, pois, uma normatividade que regularia internamente o organismo no seu ser. Com efeito, a norma seria sempre algo produzido pela ordem social para *disciplinar* os corpos e realizar então a gestão dos viventes no espaço social. Portanto, a norma seria produzida e instituída por uma nova modalidade de poder, denominado disciplinar.[24] Trata-se de uma forma de poder que se estabeleceu na modernidade e que se contraporia ao poder *soberano*, existente na Idade Clássica.[25] O que estaria então aqui em pauta, portanto, com a medicina moderna e a clínica, seria a normalização dos corpos no espaço social, e não a normatividade ontológica do vivente.

Nessa perspectiva, Foucault pôde enunciar, com Bichat, que "a vida é o conjunto de forças que lutam contra a morte",[26] para sublinhar então que é a morte quem ocupa a posição primordial, em oposição estrita a uma concepção homeostática e autorregulada do organismo, pela qual a vida ocupa sempre a posição primordial. A vida seria então sempre *insistência*, portanto, contra a morte, que estaria sempre anunciada nas entrelinhas pelo poder disciplinar. A disciplina seria então uma *mortificação* dos viventes, empreendida sempre pelo poder disciplinar. O que implica dizer, enfim, que o vitalismo se enunciou como discurso sobre um fundo de *mortalismo*, que definiu o seu tom, os seus acordes e o seu estilo narrativo.[27]

Se no tempo do poder soberano a figura do potentado podia fazer morrer, mas deixava viver os seus súditos, pelo poder absoluto que detinha sobre a vida e a morte,[28] com o poder disciplinar o soberano faz viver, mas agora deixa morrer os cidadãos, pela normalização dos corpos que agora promove, pela mediação dos diferentes discursos disciplinares.[29] Portanto, viver, desde então, passa a ser um imperativo inquestionável do poder, que empreende assim a gestão social dos viventes.

É a biopolítica que entra então triunfalmente na cena da história do Ocidente, inscrevendo-se, pois, como biopoder e como bio-história. É a qualidade de vida da população que está agora em pauta de maneira triunfal, como condição concreta de possibilidade de riqueza das nações.[30] Foi a *população*, enfim, que se transformou agora no objeto e no alvo do novo poder, na medida em que aquela seria a fonte privilegiada para a produção e a reprodução da riqueza.[31]

Por isso mesmo, não seria possível conceber a emergência histórica da medicina clínica sem articulá-la ao seu outro e ao seu contraponto, qual seja, a constituição da medicina social, na viragem do século XVIII para o século XIX. Por medicina social deve-se entender aqui o esforço sistemático de regulação sanitária do espaço social, com a intenção de promover as melhores condições de produção e de reprodução de sua população. Portanto, foi a medicalização dos corpos e dos laços sociais que foi então promovida em larga escala, de forma a tornar possível, na modernidade, a substituição do ideário da salvação pelo da cura.

Se, inicialmente, a medicina social se realizou como *polícia médica*, sobretudo na Alemanha, no século XVIII,[32] que se baseava em estatísticas sobre a população e sobre o corpo social, logo em seguida, no entanto, isso se desdobrou numa medicina do espaço urbano, que passou a regular ativamente a higiene dos corpos e dos espaços sociais das cidades. Assim, a totalidade do espaço urbano passou a ser esquadrinhada meticulosamente, na sua geografia e distribuição populacional, para definir as melhores intervenções higiênicas sobre o espaço social e sobre as populações. Dos rios aos pântanos, passando pela regulação dos excrementos e pela circulação do ar, até se preocupar com as concentrações populacionais, a arquitetura urbana foi totalmente reconfigurada pela então nova medicina social.

O nascimento e a morte passaram a ser então regularmente quantificados, assim como as diferentes enfermidades, para definir as melhores políticas de higiene pública. A vigilância sanitária se instituiu, pois, como uma ação sistemática do Estado para a regulação dos corpos dos viventes, alçados agora à condição primordial de fonte de riqueza das nações.

Portanto, a cidade foi então totalmente partilhada e policiada pelo esquadrinhamento em pauta, delineada em diferentes espaços, em íntima relação com a concentração e o deslocamento populacionais. Esse esquadrinhamento era inteiramente regulado pelas categorias do *normal*, do *anormal* e do *patológico*, que qualificavam os espaços e as populações ao mesmo tempo. Essas categorias, no entanto, foram todas forjadas na intercessão entre os registros da medicina clínica e da medicina social, numa articulação íntima entre os corpos, os espaços sociais e as populações.

Contudo, a categoria do anormal se destacava na tríade em questão, na medida em que seria o alvo privilegiado que ordenava e colocava sempre em ação as políticas de higiene social. Com efeito, seria o anormal que tinha aqui uma prioridade valorativa, já que, como matriz da diferença, possibilitava engendrar as ações públicas com vistas a instituir o suposto normal e para impedir, ao mesmo tempo, que o registro do patológico se implantasse em definitivo. O anormal, pois, seria o fio de prumo regulador entre o normal e o patológico, matéria-prima por excelência destes, numa perspectiva disciplinar e normalizante.

Foi essa configuração dos viventes, esquadrinhados agora como população entre os territórios da normalidade, da anormalidade e da patologia, a condição de possibilidade para a constituição das ciências humanas na segunda metade do século XIX, já que todas essas se fundaram no *solo* do espaço social permeado pela medicalização.[33] Por isso mesmo, tais categorias marcaram a ferro e fogo a produção de conceitos dessas novas disciplinas.

Isso implica enunciar que a medicina moderna e o correlato processo de medicalização foram a *matriz antropológica* das ciências humanas,[34] que se constituíram tendo sempre aquelas como a sua referência arqueológica, todas orientadas pelas categorias do *anormal*, do *normal* e do *patológico*.

Porém, a esse respeito, é preciso evocar ainda uma outra vertente, intimamente articulada à anterior. A medicina clínica foi a primeira forma de saber, constituída no Ocidente, fundada sobre o *particular* e não mais sobre o *universal*, contrariando e rompendo assim com a tradição filosófica constituída na Grécia clássica. Com efeito, desde Aristóteles se sustentava que não poderia jamais existir ciência do particular, mas apenas do universal. A clínica foi então uma primeira *técnica de exame*, fundada no particular, que se constituiu no Ocidente.[35] Foi também enquanto tal que constituiu as categorias do *normal*, do *anormal* e do *patológico*. Na conjugação dessa dupla vertente é que a clínica foi a matriz antropológica das diversas ciências humanas que se constituíram também como técnicas de exame do particular.

POPULAÇÃO E SEXUALIDADE

Da medicina às ciências humanas, a derivação teórica foi então seguramente empreendida, inscritas no mesmo solo categorial e configurando assim diversas particularidades no espaço social. Porém, se a medicalização foi o vetor fundamental da totalidade do processo em pauta, isso se deve à constituição da população como objeto e campo de riqueza das nações, na viragem do século XVIII para o XIX. A invenção da população, como alvo fundamental da tecnologia política e como novo campo de governabilidade,[36,37] foi a condição de possibilidade para que se conferisse à medicina a posição estratégica que passou a assumir na gestão dos corpos e dos viventes. Em decorrência disso constituiu-se a biopolítica. Foi esse o seu solo e o seu alvo, como matriz de novas modalidades de governabilidade e de outras tecnologias de poder. O biopoder aqui se enunciou, entreabrindo o horizonte desde então para bio-história.[38]

Tudo isso implica dizer que, com a biopolítica, os processos de produção e de reprodução social supõem agora também os de produção e de reprodução biológica, na medida em que se condensa na qualidade de vida da população a possibilidade de riqueza das nações. Por isso mesmo é que a *sexualidade* foi transformada em alvo primordial do poder disciplinar e da biopolítica, pois seria pela regulação biológica dos cruzamentos dos corpos que as novas filiações e as futuras genealogias deveriam ser concebidas e planejadas. Essa seria agora a única possibilidade eficaz para a produção de corpos saudáveis na população, garantia que isso daria supostamente para a produção de riqueza.

Foi nesse contexto histórico que a sexologia se constituiu na nossa tradição, configurando-se como um *saber específico sobre o sexual* e que se contrapunha nos seus menores detalhes à *arte erótica*. Se esta se faz ainda presente em outras gramáticas civilizatórias, pela qual se realiza a transmissão da experiência cultural sobre o erótico, apenas na modernidade do Ocidente constituiu-se uma efetiva ciência do sexual.[39] Isso porque seria agora pela mediação da ciência do sexual que o campo erótico poderia de fato ser regulado e controlado, em nome sempre do corpo saudável e higiênico, garantia das boas condições de reprodução biológica e da saúde da população.

Disso decorreram outras produções discursivas que tiveram incidências e outros desdobramentos no campo das tecnologias de poder. O discurso sobre a *raça* daqui se constituiu, assim como o da *eugenia*, como ideal e como prática de regulação da boa qualidade de vida das populações. Se com o nazismo a eugenia como ideário atingiu seu apogeu e se a pregnância assumida pela raça no projeto político nacional-socialista se materializou de forma bárbara, não se pode deixar de destacar que o racismo e a eugenia inscreveram-se como discursos biopolíticos desde o início do século XIX. Isso porque a qualidade de vida da população era o foco privilegiado para o exercício da governabilidade. O eugenismo e o racismo empreendidos pelo nazismo indicam apenas a que limites se pôde chegar com os pressupostos da biopolítica no Ocidente. Porém, tanto um quanto o outro estão sempre lá presentes, de maneira incontestável, no fundamento da biopolítica.

Foi nesse contexto histórico também que se constituiu o discurso médico da *degeneração*, que como uma teoria psiquiátrica sobre as doenças mentais hierarquizava os corpos e as mentes, em termos de suas impossibilidades e possibilidades evolutivas.[40] Essa concepção foi também disseminada, logo em seguida, para o campo da medicina somática, assim como serviu de instrumento de leitura para a hierarquia biológica dos diferentes povos existentes no planeta, numa perspectiva antropológica.

A política colonialista nisso se fundou, em estrita conjugação com os discursos da eugenia e da raça, para realizar o processo de dominação das potências europeias sobre os países pobres, em nome da promoção do processo civilizatório.⁴¹ Uma tríade articulou-se aqui, costurando os registros da raça, da eugenia e da degeneração para a promoção de uma população saudável, em escala planetária.

Porém, a colonização biopolítica de outros povos articulou-se também com a colonização interna das denominadas *classes perigosas* da população, com a mesma finalidade de tornar esta de melhor qualidade e ainda impedir a desordem social. A *loucura* e a *criminalidade* foram dois alvos preferenciais da biopolítica desde o final do século XVIII, visando seja a excluí-las do espaço social e submetê-las a práticas disciplinares, seja a impedir os cruzamentos biológicos que impossibilitassem a existência de uma população de má qualidade biológica e moral.

Finalmente, o que se convencionou denominar de *darwinismo social*, que, como discurso sobre a sobrevivência dos mais fortes e mais capazes sobre os demais cidadãos considerados como mais fracos e incapazes, nada mais foi que uma outra ideologia oriunda da biopolítica. Legitimava-se assim, fundada num discurso biológico, a competição feroz existente na sociedade liberal e de mercado, que conduzia a uma depuração seletiva da população e à melhoria de sua qualidade biológica.

FILIAÇÃO E GENEALOGIA

Entretanto, se o campo da biopolítica assume hoje certas direções francamente privilegiadas, como a do genoma e das novas tecnologias voltadas à reprodução, dentre as quais se destacam as clonagens terapêutica e reprodutiva, não se pode perder de vista que nos encaminhamos na atualidade para novos desdobramentos, que são espetaculares, sem dúvida, mas que se inscrevem na mesma matriz constituída no século XIX. Dos discursos sobre a cura de certas doenças degenerativas do sistema nervoso (Alzheimer e Parkinson) aos que se referem a outras anomalias genéticas, toda uma outra perspectiva preventiva e preditiva se delineia no novo horizonte histórico. Porém, a finalidade de produção de uma população mais saudável, como fonte maior que é de riqueza da nação, permanece incólume. Certamente, o discurso da eugenia assume agora novas facetas e outras possibilidades inéditas, fundado que é nos novos saberes sobre o vivente, principalmente a genética.

Da mesma forma, as novas tecnologias reprodutivas impõem-se agora também com a finalidade de promover a constituição de novas populações saudáveis. Assim, os casais estéreis podem agora aceder à procriação e constituir uma filiação, o que era até então impossível e mesmo impensável. Porém, isso ainda não é tudo, no que tange à biopolítica no campo reprodutivo. O que se impõe agora também é a construção de novas formas de *filiação* e de *familiarismo*, que se realizam nas comunidades homossexuais e no imenso contingente populacional das mulheres ditas emancipadas e independentes.

No que tange a isso, no entanto, não se pode perder de vista que, se o acasalamento e a filiação *gay*, assim como a emancipação feminina com as novas modalidades de conjugalidade que isso também produziu, se tornaram possíveis, apesar das resistências morais óbvias ainda existentes, isso se deve ao efetivo reconhecimento de que a tradição ocidental resolveu fundamentalmente o problema que obceca qualquer sociedade, qual seja, o da sua reprodução social. Como isso implica a reprodução biológica, necessário foi garantir esta para que a reprodução social fosse então possível.

As sociedades do Ocidente sempre temeram seu desaparecimento efetivo quando as taxas de mortalidade ultrapassavam as de natalidade. Essas relações sempre foram incertas ao longo de nossa história, de forma que o cristianismo definiu as regras estritas do casamento monogâmico para melhor controlar a natalidade e possibilitar então a reprodução biológica.

Foi apenas com a inversão definitiva entre as taxas de natalidade e a mortalidade, em meados do século XVIII, que a questão do controle da natalidade se impôs efetivamente no século XIX. A formulação de Malthus, de que a população crescia em proporção geométrica enquanto a produção alimentar crescia em proporção aritmética, impunha uma política de controle da natalidade, em nome sempre de constituição de uma população saudável. Como se sabe a Igreja a isso se opôs e ainda se opõe, mas o controle da natalidade instituiu-se efetivamente como estratégia triunfante da biopolítica.

Porém, se com tudo isso o terror escatológico e apocalíptico do fim possível da sociedade foi apaziguado, pois a reprodução biológica estava finalmente assegurada, a invenção de técnicas biológicas de controle da reprodução sexual entreabriu um novo horizonte para as mulheres se relacionarem com a reprodução de uma outra maneira. Isso porque, pela mediação dessas técnicas, seria possível para as mulheres separar definitivamente a realização do desejo erótico e a reprodução biológica. O amplo movimento social de emancipação das mulheres, que se disseminou no Ocidente desde os anos 1960, encontra aqui uma das suas condições concretas de possibilidade. Novas conjugalidades se fizeram então possíveis, assim como novas modalidades de filiação.

A mesma questão se colocou também para os homossexuais. Se o acasalamento e a filiação entre os homossexuais se tornaram hoje possíveis, isso se deve ao reconhecimento efetivo de que a questão da reprodução biológica foi resolvida na nossa tradição. Se anteriormente os *gays* eram considerados degenerados e perversos, que agiam sexualmente de forma antinatural, isso se devia ao imperativo político e social de reprodução biológica, como condição incontornável de possibilidade da reprodução social. Como isso hoje se resolveu, os *gays* não incomodam mais ninguém, perdendo a negatividade moral que os acossava e perseguia.

O que se impõe hoje para biopolítica são outras preocupações, no que tange ainda à produção da população saudável como fonte de riqueza das nações. Os desafios, os impasses e as inquietações se colocam na atualidade nas formas pelas quais a gestão desses laços sociais vai se realizar efetivamente. Como se constituirão as novas filiações e as novas genealogias, capazes de aumentar o capital populacional e simbólico das nações e possibilitar ainda a sua riqueza efetiva? É por esse tênue interstício que a biopolítica se realiza hoje no campo da sexualidade. É a isso que devemos ficar atentos, pois é por esse viés que as novas formas de governabilidade vão se constituir, preocupadas com as filiações e as genealogias que serão então engendradas.

Notas

1. M. Foucault, *La volonté de savoir, op. cit.*
2. M. Foucault, *Securité, territoire, population*, Paris, Gallimard/Seuil, 2004.
3. M. Foucault, *Naissance de la biopolitique*, Paris, Gallimard/Seuil, 2004.
4. M. Foucault, *Naissance de la clinique, op. cit.*
5. Sobre isso, ver: M. Foucault, *Dits et écrits, op. cit.*, vols. I e II.
6. M. Weber, *L'éthique protestante et l'esprit du capitalisme, op. cit.*
7. D. Lecourt, *Prométhée, Faust, Frankenstein. Fondements imaginaries de l'éthique, op. cit.*
8. *Ibidem.*
9. *Ibidem.*
10. Sobre isso, ver: P. Rossi, *Naufrágios sem espectador. A ideia de progresso*, São Paulo, Unesp, 1995; P. A. Taquieff, *Les sens du progress. Une approche historique et philosophique*, Paris, Flammarion, 2004.
11. R. Descartes, "Discours sur la méthode", *in Oeuvres et lettres, op. cit.*
12. R. Descartes, "Méditations", *in Oeuvres et lettres, op. cit.*
13. G. Canguilhem, *Études d'histoire et de philosophie des sciences, op. cit.*
14. M. Foucault, *Naissance de la clinique, op. cit.*
15. *Ibidem.*
16. *Ibidem.*
17. *Ibidem.*
18. *Ibidem.*
19. *Ibidem.*
20. *Ibidem.*
21. *Ibidem.*
22. G. Canguilhem, *Le normal et le pathologique*, Paris, Presses Universitaires de France, 1960.
23. *Ibidem.*
24. M. Foucault, *Surveiller et punir, op. cit.*
25. *Ibidem.*
26. M. Foucault, *Naissance de la clinique, op. cit.*
27. *Ibidem.*
28. M. Foucault, *Surveiller et punir, op. cit.*
29. *Ibidem.*
30. M. Foucault, *La volonté de savoir, op. cit.*
31. M. Foucault, *Securité, territoire, population, op. cit.*
32. G. Rosen, *Da polícia médica à medicina social, op. cit.*
33. M. Foucault, *Naissance de la clinique, op. cit.*

34. *Ibidem.*
35. *Ibidem.*
36. M. Foucault, *Sécurité, territoire, population, op. cit.*
37. M. Foucault, *Naissance de la biopolitique, op. cit.*
38. M. Foucault, *La volonté de savoir, op. cit.*
39. *Ibidem.*
40. M.A. Morel, *Traité des dégenéréscences physiques, intellectuelles et morales de l'espècie humaine et des causes qui produisent ces varietés maladives, op. cit.*
41. Sobre isso, ver: Z. Bauman, *Modernity and Holocaust*, Oxford, Polity Press, 1996; E. Traverso, *La violence nazie*, Paris, La Fabrique, 2002.

5. Saberes do psíquico e criminalidade*

---

* Este texto foi escrito a partir das notas que me orientaram na conferência realizada na I Jornada de Estudos Transdisciplinares: Criminologia e Subjetividade, na Universidade Cândido Mendes, em 24 de outubro de 2003.

LINHAS DE FUGA

Para situar devidamente as relações entre os saberes do psíquico e a criminalidade, é preciso realizar um longo percurso, teórico e histórico, para destacar os seus pontos nodais, na perspectiva que pretendo sustentar. No que concerne a isso, as problemáticas do *poder*, da *lei*, da *punição*, da *norma* e do *saber* estarão inscritas aqui de forma privilegiada.

Assim, para interpretar as relações entre saberes do psíquico e criminalidade, é necessário indicar como foi através da transformação do lugar da lei e do estatuto da punição, na passagem do Antigo Regime para a modernidade, que aqueles saberes foram não apenas cada vez mais convocados pelo Poder Judiciário, como também foram se impondo como autoridade simbólica no campo do direito penal, para mediar as decisões deste poder. É por esse viés que é possível destacar o encontro fatal que se realizou entre psiquiatria e direito penal, desde os primórdios do século XIX. Desde então, esse encontro foi se tornando não apenas mais complexo, como também mais entrelaçado e íntimo, de tal forma que se pode afirmar que a criminologia e o direito penal não podem mais prescindir dos saberes do psíquico.

A totalidade desse processo implicou as diversas transformações que ocorreram nas relações de poder instituídas no Ocidente, de acordo com a interpretação genealógica empreendida por Foucault.[1] Com efeito, a passagem do poder *soberano* para o *disciplinar* foi decisiva nesse processo, na medida em que implicou valores diferentes atribuídos à vida e à morte na economia simbólica desses poderes. Ao lado disso, valores diversos foram também conferidos à *normalidade*, à *anormalidade* e à *patologia*,[2] nos contextos desses poderes. Tudo isso implicou ainda a constituição do *biopoder*,[3,4,5] na passagem do século XVIII para o XIX, no qual a *saúde* como imperativo passou a ocupar a posição anteriormente atribuída à *salvação*. A medicina, com efeito, passou a ocupar o lugar que antes era da religião, constituindo o espaço social propriamente dito.[6]

Além disso, na interpelação das relações entre os saberes do psíquico e criminalidade, é preciso considerar ainda o estabelecimento do Estado penal na contemporaneidade, que implicou um remanejamento de posição entre as instituições disciplinares. Com isso, a problemática da *segurança* foi transformada num ponto crucial da agenda política. O mundo globalizado foi o cenário decisivo dessas transformações. Para inscrever-se no campo destas, os saberes do psíquico foram remanejados nas suas incidências sobre o discurso do crime.

Minha intenção neste ensaio é salientar alguns dos pontos cruciais desse processo, tendo sempre em perspectiva as relações entre saberes do psíquico e criminalidade na atualidade. Para isso, no entanto, o meu fio condutor serão as relações entre *loucura* e *verdade*, na medida em que é esta problemática que nos possibilita melhor interpretar a incidência e os remanejamentos dos saberes do psíquico no campo da criminalidade. Serão estas, enfim, as linhas de fuga que me orientarão nesse processo.

LOUCURA E OBRA

A exposição e o ciclo de conferências intitulado "Ordenação e vertigem", realizada em São Paulo no Centro Cultural Banco do Brasil, em outubro de 2003, teve o mérito e a coragem de destacar a importância da obra de Arthur Bispo do Rosário para as formas de arte produzidas recentemente no Brasil.[7] Aquele foi assim colocado numa posição ímpar, qual seja, a de artista-sol para a nova geração de criadores da brasilidade contemporânea, cuja obra é uma referência permanente, seja de forma implícita ou explícita. Se esse empreendimento implicou a glória mundana para o referido artista, que já conta, aliás, com um museu dedicado à sua obra, evidencia, em contrapartida, algo muito maior do que isso. O que está aqui em pauta é o reconhecimento da obra do artista-louco para a cena social brasileira.

Pode-se enunciar, sem nenhum exagero, que estamos diante de um *acontecimento* no sentido estrito do termo, isto é, de alguma coisa que representa um efetivo divisor de águas na nossa tradição, uma descontinuidade, pois se reconhece na loucura a possibilidade concreta de produção de *obra*. Isso indica uma outra ruptura no horizonte de nossa compreensão das relações entre loucura e obra no Ocidente.

Digo outra ruptura de maneira proposital, já que o que ocorreu com a produção de Bispo foi o reconhecimento cabal, mas num tempo segundo, da importância assumida pela loucura para a constituição de obra no Brasil. Isso porque esse processo histórico já tinha sido iniciado com o trabalho anterior, realizado por Nise da Silveira, que foi engendrado numa perspectiva diversa. Porém, teve o efeito crucial de constituir um arquivo original, o Museu do Inconsciente,[8] cujo acervo surpreendeu e encantou o público que participou da exposição "Brasil 500 anos".

Se nesses empreendimentos as relações entre loucura e obra foram não apenas meticulosamente tecidas mas sedimentadas, as suas diferenças saltam aos olhos. Precisemos então quais as diferenças aqui em causa, já que são bastante significativas e de longo alcance, não apenas cultural, mas também social e político.

Assim, Bispo passou sua existência num hospital psiquiátrico, submetido à ausência total de cuidados, sem contar com laços familiares e excluído totalmente do espaço social. Perdeu então todos os seus liames com este, restrito que ficou aos maus-tratos da instituição asilar. Para não sucumbir a isso, passou a colher os mais rudes materiais que encontrava em torno de si, que eram aliás limitados — pedaços de papel, jornais, palitos, pontas de cigarro etc. —, com os quais passou a realizar composições plásticas que foram inscritas na tradição pictórica, seja da pintura, seja da escultura. Sua produção passou a ser reconhecida além-muros como uma obra propriamente dita. Enfim, isso possibilitou a exposição de seus trabalhos, nos níveis nacional e internacional.

É fácil reconhecer que é a *precariedade* que está na base da obra de Bispo. Isso porque do quase nada compõe alguma coisa e enuncia o seu desejo de dizer algo, não apenas sobre si mesmo, mas também sobre as brutais condições do mundo em que vive, isto é, a opressiva situação asilar. Foi sobre essa precariedade que Bispo pôde compor uma obra admirável, apesar de todos os obstáculos existentes. Ao realizar essa obra, pôde superar o registro da simples sobrevivência animal e não sucumbir ao terror asilar. Pode-se afirmar, enfim, que a precariedade é parte constituinte de sua obra, que não pode dessa ser abstratamente separada e colocada entre parênteses.

Reside justamente nisso a importância da obra de Bispo para os novos artistas populares brasileiros, isto é, a sua exemplaridade e seu valor paradigmático. Isso porque estes como aquele constroem suas obras a partir da precariedade enquanto tal, transformando o *resto* em obra de arte. Para Lacan, qualquer criação artística teria sempre essa origem pouco nobre, já que seria literalmente na merda que os criadores iriam sempre buscar sua matéria-prima inventiva.[9] Porém, o resto fantasmático não é exatamente da mesma ordem de consistência que a precariedade do real. O que está em pauta é a reutilização do que sobra como lixo dos dejetos humanos, em valor de troca, para que alguém se possa enunciar então como sujeito e como autor, expressando algo sobre o mundo em que se inscreve.

O empreendimento de Nise da Silveira se caracteriza por um outro comprimento de onda. Com efeito, trabalhando como psiquiatra na assistência pública brasileira, nos asilos psiquiátricos, aquela constituiu um método terapêutico através da prática artística, pelo qual procurava reconstituir o universo despedaçado dos loucos através da arte. Para isso se fundou no discurso psicanalítico, na versão enunciada por Jung. Organizou assim ateliês de pintura no Centro Psiquiátrico Pedro II, situado no Rio de Janeiro, forjando uma versão original do que seria a terapêutica ocupacional. Com isso, revelou alguns grandes artistas, cujas obras são tão significativas quanto a de Bispo.

Da mesma forma, a precariedade está em questão nas condições de trabalho empreendidas por Nise da Silveira, pois operava com a escassez de recursos existentes na assistência pública. Porém, a precariedade em pauta não é da mesma ordem da que se encontra presente na experiência de Bispo. Isso porque os pacientes daquela puderam se valer dos materiais de um ateliê de pintura, mesmo que fosse de forma limitada, dada a pobreza material dos hospitais psiquiátricos, enquanto Bispo tinha que criar a partir dos objetos do real.

Isso não retira absolutamente o valor do trabalho realizado por Nise da Silveira, é claro. Toda a produção de seus pacientes passou a integrar o Museu do Inconsciente, que dispõe de um acervo ímpar em escala internacional. Não existe no mundo, com efeito, nada parecido com o conjunto das obras pertencentes a esse museu brasileiro. Nem em quantidade, nem em qualidade.

A sociedade brasileira teve a possibilidade de conhecer esse acervo magnífico na exposição "Brasil 500 anos", deixando a todos espantados com a qualidade pictórica dos artistas revelados pela iniciativa de Nise da Silveira. Antes disso, Leon Hirszman realizou um documentário memorável, de longa duração, em que mostrou a construção da obra de três dos mais importantes artistas revelados por Nise da Silveira, indicando a relevância, não apenas do trabalho desta, mas dos artistas em questão, para a cultura brasileira.

Porém, o fato de que se tenha inscrito o acervo do Museu do Inconsciente na exposição "Brasil 500 anos" e agora a referência a Bispo na exposição "Ordenação e vertigem" indica que se reconhece não apenas que a loucura é condição de obra, mas também que esta se inscreve de fato e de direito na cultura brasileira. Isso é o que há de mais significativo para a problemática aqui em causa, pois se reconhece não apenas teoricamente a relação existente entre loucura e obra, mas que isso foi também transformado num verdadeiro acontecimento, nos registros político e institucional.

É para isso que devemos ficar bem atentos no que se segue, interpelando as novas relações entre loucura e obra na contemporaneidade, assim como a incidência disso no campo da criminalidade.

TRADIÇÃO CRÍTICA E TRADIÇÃO TRÁGICA

Na leitura que nos propõe Foucault, a civilidade ocidental se constituiu pela oposição entre os registros da *razão* e da *desrazão*, estabelecida na Idade Clássica, no início do século XVII.[10] Em decorrência disso, tudo aquilo que era regulado pela razão poderia ser reconhecido e valorado, enquanto que a desrazão nas suas diversas manifestações era lançada nas margens da ordem estabelecida e francamente excluída. Pode-se rastrear esse acontecimento crucial, numa leitura arqueológica,[11] nos registros institucional e filosófico.

Assim, no nível institucional, foram constituídos os hospitais gerais para onde eram enviados todos os transgressores, que eram então marginalizados por decreto do rei, dentre os quais se inscreviam os loucos. Condensava-se aqui todo o *mal* do Antigo Regime, cujo critério de classificação se organizava em torno da categoria de desrazão. No entanto, não se propunha aqui nenhuma prática de recuperação e de tratamento dos transgressores, mas a pura e simples exclusão social.[12]

No nível do discurso filosófico, foi enunciada a diferença radical existente entre razão e desrazão, com a filosofia de Descartes. Com a formulação do *cogito*, que se enunciava pelo "penso, logo existo", a garantia e a certeza da existência passaram a ser concebidas pelo registro do pensamento, que lhe oferecia o fundamento irrefutável.[13] Portanto, a razão calculadora e científica passou a ser a marca do sujeito propriamente dito. Em contrapartida, a incerteza, no que tange ao pensamento, se desdobraria inequivocamente na inconsistência do existir e do ser.

Não obstante suas diferenças, que foram se fazendo progressivamente presentes na experiência institucional, com relação aos criminosos, blasfemadores, maridos infiéis e transgressores sexuais, a loucura como desrazão foi se delineando como sendo exemplar no campo do hospital geral. Isso porque naquela a desrazão se condensava com todos os seus atributos negativos, possibilitando explicitar o que se encontrava presente nas demais figuras constituintes do campo do mal. Entre a desrazão e o mal, a reversibilidade foi assim sendo paulatinamente estabelecida, com efeito, possibilitando fundar então a positividade cognitiva e moral da ordem da razão.

Na leitura arqueológica proposta por Foucault, produziu-se aqui uma fratura de alcance imprevisível, na medida em que como desrazão a loucura foi então inscrita no horizonte da não-verdade, já que destituída da certeza do pensamento. Com isso, sua existência seria inconsistente. A formulação de que não existiria obra na loucura, portanto, se constituiu aqui de maneira originária.[14]

Rompeu-se, assim, com a tradição anterior, existente no Renascimento, na qual se reconhecia a loucura como forma privilegiada de dizer a verdade. Com efeito, tanto na literatura quanto na dramaturgia de então, a loucura era uma das maneiras de dizer o verdadeiro, de forma inesperada e até mesmo paradoxal.

Nesse contexto histórico constituiu-se a *tradição crítica* sobre a loucura, que passou a se opor à *tradição trágica*. Enquanto aquela afirmava que a loucura como desrazão se inscrevia no registro da não-verdade, esta enunciava não apenas que existia verdade na experiência da loucura, mas também que nessa existia produção de obra.[15]

Iniciando-se, pois, com a exclusão social da loucura no século XVII, forjando uma distância e uma desconfiança em relação a esta, a dita tradição crítica foi triunfante no Ocidente. A psiquiatria, como suposto saber científico sobre a loucura e como instituição de cuidados, foi a sua resultante na viragem do século XVIII para o XIX, fundando assim um dos signos maiores da modernidade. Acabou por conduzir à separação institucional entre loucos e não loucos, com a argumentação de que aqueles seriam doentes e deveriam então ter cuidados médicos, como os demais doentes. Constituiu-se, enfim, a loucura como alienação mental e os seus correlatos, quais sejam, o alienista e o asilo psiquiátrico.[16]

A tradição trágica insistiu e persistiu, em contrapartida, inscrevendo-se nas margens e nas sombras do espaço social. Nessa outra tradição a loucura se enunciava como potência de obra e se materializava como efetiva criação cultural. Assim, da poesia (Holderlin) à dramaturgia (Artaud), passando pela pintura (Van Gogh) e pela filosofia (Nietzsche), a loucura como forma trágica de dizer a verdade insistiu.[17] Inscrevia-se sempre nas bordas do espaço social, no entanto, provocando a desconfiança e o ceticismo sobre o valor do que era enunciado nessas produções pela tradição crítica. Isso porque, para a razão calculadora, essa produção trágica era fonte de polêmica no que tange ao enunciado da verdade.

NORMALIZAÇÃO

A constituição da psiquiatria foi o triunfo da tradição crítica, que se identificou com o humanismo moderno, centrado na ideia e no valor do progresso. Isso porque a psiquiatria apostava na terapêutica possível da alienação mental, sustentando assim a conversão da figura da alienação mental num sujeito das normas sociais.

Para sustentar esse projeto terapêutico, necessária foi a constituição de uma outra concepção de razão, de forma que a *razão cartesiana* foi transformada na *razão dialética*. Nesse contexto, a oposição entre os registros da razão e da desrazão não foi abolida, mas nuançada e relativizada, de forma que passou a ser concebida a reversibilidade efetiva entre razão e desrazão. Para Hegel, com efeito, a alienação era parte constituinte da economia simbólica da razão, que se alienava nos diferentes níveis pela dialética do sujeito e do objeto, para poder se afirmar, então, como razão e finalmente como espírito absoluto.[18,19]

Com isso, a tese sobre a curabilidade da loucura foi sustentada filosoficamente. Hegel saudou a psiquiatria nascente, justamente porque reconheceu nela a confirmação e legitimidade do seu discurso filosófico.[20] Assim, a loucura seria então a figura do sujeito alienado que teria ficado parado e suspenso numa das diferentes passagens constitutivas do próprio processo dialético da razão. Enfim, a curabilidade da loucura passava pela retomada da reversibilidade da razão dialética.

No entanto, na leitura da loucura como alienação mental, o que passou a caracterizá-la foi o delírio, conferindo assim à psicose a posição de destaque na psiquiatria. Na Idade Clássica, em contrapartida, era a demência que ocupava a posição fundamental na tradição crítica. Por isso mesmo, a loucura não era curável, já que, uma vez perdida a razão na noite eterna da desrazão, a reversibilidade desta para aquela não mais seria possível. Se Kant enunciou os impasses da loucura como demência,[21] enfim, Hegel foi o arauto indiscutível da reversibilidade da loucura como alienação mental.

Reconhecer essa reversibilidade implica a afirmação de que existiria saber na loucura e que esta seria capaz de dizer a verdade. Nem sempre e mesmo quase nunca a psiquiatria se manteve ligada no enunciado dessa tese filosófica, após o momento heroico da sua fundação. No campo dos saberes do psíquico, apenas a psicanálise, desde Freud, sustentou sempre essa possibilidade teórica, ao enunciar que o delírio era uma tentativa de cura.[22] Não foi um acaso, certamente, o fato de Lacan ter retomado a filosofia de Hegel para fundar o discurso psicanalítico, justamente porque queria também sustentar a presença da verdade na experiência da alienação mental.[23]

A progressiva biologização do discurso psiquiátrico retirou da loucura qualquer inscrição no universo da produção de saber e de verdade, sublinhando naquela a impossibilidade de obra. Tudo isso se deveu aos impasses do tratamento moral e à assunção pela psiquiatria da causalidade biológica proveniente da medicina.[24] Foi por esse viés que o discurso da degeneração acabou por se impor na segunda metade do século XIX na psiquiatria, lançando a recuperação da alienação mental num projeto mais amplo de restauração civilizatória. Fomos aqui lançados ao campo do biopoder, no qual psiquiatria e criminologia vão trabalhar em conjunto, como ainda veremos adiante.

No entanto, a estreita colaboração entre psiquiatria e criminologia foi iniciada nos primórdios da modernidade, de maneira progressiva mas sempre decisiva. Os efeitos efetivos dessa colaboração, no entanto, só se fizeram perceber pouco a pouco nas décadas subsequentes, tanto no século XIX quanto no século XX, com o discurso do biopoder.

Não se pode perder de vista, contudo, que a constituição do asilo psiquiátrico e da prisão foram as resultantes da transformação da leitura da razão a que aludi acima. Isso porque loucura e crime passaram a ser considerados no registro das individualidades e não mais como entidades, como na Idade Clássica. Desalienar o louco e recuperar o criminoso para a existência social se transformaram nas palavras de ordem das instituições psiquiátrica e prisional, respectivamente.

Se a humanização do asilo psiquiátrico e da prisão foram resultantes de uma outra leitura da razão, isso implicou ainda a colonização da ordem da lei pela psiquiatria, de maneira progressiva mas inequívoca. A constituição da criminologia como um campo específico de saber é um dos monumentos dessa transformação.

Para isso, contudo, foi necessário o deslocamento da categoria de *lei* para a de *norma* e a constituição correlata das instituições disciplinares, como marca da modernidade. A matéria-prima fundamental para o asilo psiquiátrico e a prisão eram os anormais, que deveriam ser normalizados pelas práticas asilares e prisionais. Foi por esse viés que a criminalidade e a punição foram encaradas numa perspectiva de normalização psiquiátrica, que passou a colonizar a instituição prisional.

Porém, as relações entre a vida, a morte e o poder foram aqui radicalmente transformadas. É o que se verá a seguir.

SOBERANIA, DISCIPLINA E BIOPODER

Na leitura genealógica que Foucault nos propõe,[25] a passagem da Idade Clássica para a modernidade foi mediada por uma transformação na economia do poder, em que este, de soberano, se transmutou em disciplinar.[26]

Na soberania, o rei tinha o poder de vida e de morte sobre as populações que ocupavam seus territórios. "Fazer morrer e deixar viver" é o enunciado que sintetiza a máxima que perpassa o poder soberano, no qual o imperativo da morte se impõe com toda a sua pompa e arrogância sobre os súditos. No registro da punição, isso se revelava nos grandes suplícios a que eram submetidos os criminosos e infratores, realizados sempre em praça pública, para que servissem de exemplos a todos que ousassem desafiar a soberania absoluta.[27] No registro religioso, a Inquisição funcionava igualmente segundo os mesmos pressupostos da soberania, exercendo a tortura como procedimento regular do inquérito penal e que fazia morrer como um imperativo da religião.

A modernidade, no entanto, implicou a transformação do poder soberano em disciplinar, na medida em que neste o imperativo maior se enunciava agora como "fazer viver e deixar morrer". Promover a vida passou então a inscrever-se no primeiro plano do novo projeto político e civilizatório, orientando assim as linhas de força do espaço social para outras direções.

Para isso, contudo, necessário seria constituir as melhores condições possíveis para promover a *qualidade de vida* da população, já que seria esta a fonte decisiva para a riqueza do Estado.[28] Fundamental seria então promover a saúde e a educação da população, signos maiores da qualidade de vida.

Em decorrência disso, foi constituído o biopoder, agenciador maior que seria do "fazer viver e deixar morrer" e da qualidade de vida da população, na virada do século XVIII para o XIX. A medicalização do social foi se instaurando progressivamente desde então, de maneira a disseminar-se hoje por toda parte, sem deixar fresta desocupada.

Constituiu-se então a medicina moderna, nos registros coletivo e individual, isto é, a medicina social e a medicina clínica, como estratégias complementares da biopolítica. Foi também nesse contexto histórico que a psiquiatria se constituiu. Esta funcionava igualmente como prática social e prática clínica, promovendo a higiene moral das individualidades nos registros terapêutico e preventivo.[29]

Assim, o discurso médico produzia normas para circunscrever a saúde e a doença, de maneira a esquadrinhar as populações nos territórios da normalidade, da anormalidade e da patologia, nos registros individual e coletivo. Constituiu-se então, com a clínica, um saber centrado no *exame* da individualidade, de forma a tornar possíveis, na modernidade, o que era impensável desde Aristóteles e a Antiguidade grega, qual seja, um saber sobre a particularidade e não apenas sobre a universalidade.[30]

Em decorrência disso, a medicina transformou-se no modelo para as demais ciências humanas, que, fundadas no imperativo da norma e orientadas pelo exame, passaram a esquadrinhar o espaço social em outras dimensões. Portanto, o processo de normalização disseminou-se mais ainda pelo espaço social, apoiando-se em múltiplas discursividades e em outras positividades.

É desse limiar crítico que se pode entender devidamente a confluência entre psiquiatria e direito penal, através da constituição desse saber eminentemente moderno denominado criminologia. Isso porque foi pela exigência de normalização que os territórios do social e as populações marcadas pela anormalidade passaram a ser ativamente recenseadas pela polícia. A partir dessas populações é que se constituíram as classes perigosas, os delinquentes e os criminosos, matéria-prima por excelência da criminologia.

FALHA MORAL E CRIMINALIDADE

Com a relativização e a colonização do discurso da lei, de início pela psiquiatria e depois pelos discursos das ciências humanas, a psiquiatria assumiu uma posição destacada não apenas no campo do direito penal, mas também no do direito civil. Entretanto, foi no campo do direito penal que essa penetração foi mais ostensiva, em função da importância assumida pela criminalidade e a delinquência com o advento da modernidade.

Assim, a psiquiatria era importante na avaliação da pena não apenas porque era necessária a avaliação da responsabilidade efetiva do criminoso, que era relativizada ou mesmo abolida de acordo com seu estado mental, mas principalmente porque, com o moderno direito penal, novas práticas prisionais foram definidas. Com efeito, um deslocamento crucial era agora delineado, pois o que mais importava era a figura do *criminoso* e não mais a do *crime*, como ocorria na Idade Clássica.[31]

Vale dizer, ao se voltar para o projeto de promover a qualidade de vida da população, que caberia agora ao direito penal orientar as condições prisionais para a recuperação do criminoso, para que este pudesse ser reinserido no espaço social. Não se pretendia mais agora a simples eliminação exemplar do criminoso, como nos grandes sacrifícios públicos, nem a sua exclusão social ilimitada. O que se propunha agora era a recuperação dos criminosos para a existência social. A criminologia, enquanto saber específico sobre o crime, constituiu-se então nesse contexto, tendo aqui suas condições concretas de possibilidade.

Em decorrência disso, a cartografia psicopatológica do criminoso foi esboçada nos seus menores detalhes, sendo então delineadas diferentes figuras que se inscreveram decididamente nessa galeria de horrores. O que se destacava sempre aqui era a *falha moral* presente nesses personagens, isto é, aquilo que especificava o criminoso na sua particularidade. Seria em função dessa falha que este se autorizaria a retirada da vida de um outro, sem nenhum escrúpulo. Portanto, a ausência de *culpa* seria a marca fundamental que se faria presente na experiência criminal.

Por essa leitura o criminoso se inscreveria no registro da degeneração, tal como foi trabalhada por Morel desde a segunda metade do século XIX. A pesquisa de Lombroso sobre criminalidade e loucura insere-se também nesse paradigma. O desdobramento imediato disso foi a constituição da categoria de *moral insanity*, na tradição inglesa, para caracterizar os criminosos. Em seguida, a tradição alemã forjou a categoria de *psicopatia* para descrever mentalmente os criminosos e os delinquentes em geral.

A tradição psicanalítica empreendeu a crítica sistemática do conceito de degeneração, desde Freud,[32] realizando sua desconstrução teórica ao privilegiar o conceito de pulsão. Com isso, a criminalidade foi inserida no campo da perversão e da economia sexual. Contudo, a inexistência de interditos morais continuou sendo também destacada nessa tradição teórica, na qual se sublinhava a fragilidade da estrutura edipiana e dos processos psíquicos de normalização.[33,34]

Não obstante essas diferenças conceituais, a exigência de recuperação do criminoso atravessou os diferentes discursos psicopatológicos, do organicismo psiquiátrico à psicanálise. A aposta na transformação moral do criminoso prevaleceu com maior vigor quando o discurso psicanalítico era utilizado nas práticas prisionais, é claro. No último pós-guerra, a presença da psicanálise passou a se fazer mais efetiva, no contexto do Estado do bem-estar social. Isso porque se afirmava vigorosamente, em contraponto à experiência nazista dos campos de concentração, o respeito aos direitos humanos e sociais nas prisões. O direito à saúde, enfim, se enunciou aqui com veemência.

ESTADO PENAL

Não se pode perder de vista, no entanto, que tudo o que foi dito se inscrevia numa história de longa duração, bem precisa, qual seja, a história do capitalismo internacional, no qual as instituições disciplinares foram constituídas e reproduzidas como forma de manter o *exército de reserva dos trabalhadores*. Assim, nos períodos de crise do capital, nos quais aumentavam as dispensas de trabalho e o desemprego, as instituições penal e psiquiátrica inflacionavam suas populações de internos para cuidar da mão de obra excedente, para relançá-la posteriormente no espaço de trabalho quando a crise era por fim ultrapassada. Portanto, as instituições disciplinares eram as responsáveis pela manutenção e cuidado do exército de reserva dos trabalhadores, pelo controle social que assim realizavam.

Depreende-se disso que, nos períodos de crise social e de desemprego, se produz o incremento do mal-estar psíquico[35] das populações concernidas, que, fragilizadas pela sua subsistência e duvidando de seu valor como subjetividades, acabam por perder o equilíbrio de sua economia psíquica. Em decorrência disso, as perturbações psíquicas, a delinquência, a violência e a criminalidade se incrementam marcadamente nesses contextos sociais, de forma que as individualidades aqui concernidas passaram a ser reguladas pelas disciplinas psiquiátrica e prisional. Tudo isso para manter o funcionamento da ordem social, é claro, pela mediação dessas instituições de controle social.

Entretanto, foi justamente isso que se transformou na contemporaneidade. A ascensão do *Estado penal* na atualidade implica não apenas a tendência à privatização das instituições prisionais — nas quais os presos pagam pela sua estada nestas e onde existem lucros empresariais com a prisão —, como também o incremento da repressão nas práticas prisionais. Isso porque a concepção de que as prisões deveriam funcionar para a manutenção do exército de reserva caiu por terra. Tal transformação inscreve-se na fase atual do capitalismo avançado, no tempo da globalização da economia.

Com efeito, nas novas condições de trabalho engendradas pela globalização há um excesso de trabalhadores que não podem ser absorvidos pelo sistema produtivo e que devem ser definitivamente descartados pelo mercado. A construção do Estado mínimo e a privatização das empresas, em nome da rentabilidade do capital, lançam diariamente na marginalidade milhares de trabalhadores que não têm condições de se inserir novamente no mercado de trabalho. Estes não têm para quem apelar, diante da fragilização das instâncias de mediação política.

A resultante maior nas subjetividades é o incremento do mal-estar psíquico, que se manifesta de maneira inédita hoje, se comparado com o existente no século XIX e no século XX, até os anos 1970. Com efeito, se antes as perturbações psíquicas se centravam no conflito, polarizado entre as exigências das pulsões e dos interditos, agora se evidenciam por baixo grau de subjetivação. Vale dizer, as ditas perturbações se manifestam nos registros do corpo, da ação e da afetação, indicando um marcante empobrecimento dos registros da linguagem e do pensamento.[36]

O dito mal-estar enuncia-se na atualidade principalmente como *dor* e não mais como *sofrimento*, indicando com isso o incremento da experiência solipsista nas individualidades, em detrimento da experiência alteritária. Estaria justamente aí a pobreza dos processos de subjetivação em pauta. Isso seria a resultante da miséria psíquica a que foram reduzidas as subjetividades, lançadas agora na mais absoluta precariedade num mundo sem instâncias de mediação institucional e política. A subjetividade estaria lançada então no *desalento* e não mais no *desamparo* que a caracterizou na modernidade.

Esse desalento e precariedade evidenciam que o incremento da *vida nua* e a restrição da *vida qualificada*, característica do biopoder, atingiram agora seu apogeu.[37] As subjetividades são reduzidas assim brutalmente ao somático, caminho mais fácil para sua eliminação do espaço social. Com efeito, a eliminação das pessoas se instituiu em larga escala, quando não são simplesmente mortas pela precariedade de suas condições sociais e econômicas.

Essa massa humana fica então num estado de errância, mas sem nenhum destino. Porém, é preciso controlá-la socialmente, conjugando o impossível, qual seja, administrando sua precariedade mas sem nada prometer. É essa massa desolada que será enviada para a instituição prisional e psiquiátrica, mais para aquela do que para esta, hoje, para obstruir o seu potencial de violência e de desordem. Não existe, na atualidade, no entanto, nenhum investimento para aprimorá-la e recuperá-la, pois não há outros destinos sociais para essa massa que não seja sua eliminação e o silêncio.

Foi nesse contexto histórico que os medicamentos psicofarmacológicos e as novas promessas das neurociências eclodiram no mercado das biotecnologias, como instrumentos fundamentais para a regulação do mal-estar. Isso porque permitem regular a dor em estado puro, sem que seja necessário nenhum compromisso com a subjetivação das individualidades. Além disso, permitem também o controle da violência de forma eficiente. É a vida nua que é assim administrada de maneira terrorífica, pois mantém incólumes o desalento e a precariedade.

Suponho que o futuro das instituições prisionais estará na estrita dependência desses instrumentos de controle social do mal-estar. A violência será então regulada pela magia entorpecedora das drogas medicinais promovidas pela psiquiatria biológica.

Por meio dessas drogas a tradição crítica sobre a loucura atinge também seu apogeu e sua glória, pois, quando se acredita que o mal-estar psíquico e social se funda nas variações bioquímicas dos neuro-hormônios cerebrais, a loucura como potência de obra existe cada vez mais de forma marginal e tende ao desaparecimento nessas camisas de força bioquímicas. É ao silêncio do não dizer que é lançada a loucura na atualidade, perdendo assim qualquer aura de ser potência de obra.

DESPOSSESSÃO DE SI *VERSUS* SUBJETIVAÇÃO

Diante disso, só nos cabe resistir, afirmando efetivamente loucura e mal-estar como fonte de obra, isto é, como positividades desejantes e não como negatividades semânticas. Para isso, é preciso restaurar novas instâncias institucionais de mediação política, para que os processos de subjetivação possam finalmente se estabelecer e se contrapor em ato à *despossessão de si* engendrada pelo biopoder.

A obra de Bispo é um monumento desse desejo de resistência, na medida em que se produziu a partir da precariedade quase absoluta de recursos. Outros artistas populares brasileiros, que seguem as suas trilhas e rastros, indicam hoje que é possível sustentar tal desejo da resistência.

Para que esse processo se potencialize, é necessária a construção de novas redes de poder no registro *horizontal* e não mais *vertical*, como ocorria antes, já que os processos de subjetivação não podem mais ter hoje a soberania como referência. É nesse sentido que tanto Negri[38] quanto Derrida[39] nos propõem, de diferentes maneiras, novas formulações de como tecer essas redes. Com efeito, se o primeiro investe na constituição das *multidões* e o segundo na *amizade*, insistindo Negri no registro político e Derrida no registro ético, o que está em pauta para ambos é a horizontalidade, não mais a verticalidade do registro do poder. As novas formas de subjetivação poderiam então ser engendradas para se contrapor à despossessão de si produzida pela biopolítica.

Notas

1. M. Foucault, *Surveiller et punir*, op. cit.
2. M. Foucault, *Naissance de la clinique*, op. cit.
3. M. Foucault, *La volonté de savoir*, op. cit.
4. M. Foucault, "*Il faut défendre la société*", Cours au Collège de France, 1976, op. cit.
5. M. Foucault, "*Les anormaux*", Cours au Collège de France, 1974-5, Paris, Gallimard/Seuil, 1999.
6. G. Deleuze, "L'ascension du social", *in* J. Donzelot, *La police des familles*, Paris, Minuit, 1977, p. 213-20.
7. J. Almeida e J. Anthonio e Silva (curadores), *Ordenação e vertigem*, São Paulo, Centro Cultural Banco do Brasil, outubro de 2003, vols. I e II.
8. N. Silveira, *Imagens do inconsciente*, 3ª edição, Rio de Janeiro, Alhambra, 1981.
9. J. Lacan, "Lituraterre", *in Autres écrits*, Paris, Seuil, 2001.
10. M. Foucault, *Histoire de la folie à l'âge classique*, primeira parte, Paris, Gallimard, 1972.
11. M. Foucault, *L'archéologie du savoir*, op. cit.
12. M. Foucault, *Histoire de la folie à l'âge classique*, primeira parte, op. cit.

13. *Ibidem.*
14. M. Foucault, "La folie, l'absence d'oeuvre", *in Histoire de la folie à l'âge classique*, *op. cit.*
15. M. Foucault, *Histoire de la folie à l'âge classique*, primeira parte, *op. cit.*
16. M. Foucault, *Histoire de la folie à l'âge classique*, segunda parte, *op. cit.*
17. *Ibidem.*
18. G.W.F. Hegel, *La phénomenologie de l'esprit* (1809). Paris, Aubier, 1941, vols. I e II.
19. G.W.F., Hegel, *Encyclopédie des sciences philosophiques en abrégé* (1830). Paris, Gallimard, 1970.
20. *Ibidem*, p. 375-377.
21. E. Kant, *Anthropologie du point de vue pragmatique*, Paris, Vrin, 1964.
22. S. Freud, "Remarques psychanalytiques sur l'autobiographie d'un cas de paranoia (*Dementia paranoides*) (Le presidente Schreder)", *in Cinq psychanalyses*, Paris, PUF, 1975.
23. J. Lacan, *Écrits*, *op. cit.*, parte II.
24. J. Birman, *A psiquiatria como discurso da moralidade*, *op. cit.*
25. M. Foucault, *Surveiller et punir*, *op. cit.*
26. *Ibidem.*
27. *Ibidem.*
28. M. Foucault, *La volonté de savoir*, *op. cit.*
29. J. Birman, *A psiquiatria como discurso da moralidade*, *op. cit.*
30. M. Foucault, *Naissance de la clinique*, *op. cit.*
31. M. Foucault, *Surveiller et punir*, *op. cit.*
32. S. Freud, *Trois essais sur la théorie de la sexualité* (1905), *op. cit.*
33. J. Lacan, "Introduction théorique aux functions de la psychanalyse en criminologie", *in Écrits*, *op. cit.*
34. J. Lacan, "Premisses à tout devéloppement de la criminologie", *in Autres écrits*, *op. cit.*
35. S. Freud, *Malaise dans la civilization* (1930), *op. cit.*
36. J. Birman, "Dor e sofrimento num mundo sem mediação", *in Cultura Vozes*, n° 5, ano 97, vol. 97, Rio de Janeiro, Vozes, 2003.
37. G. Agamben, *Homo saccer*, *op. cit.*
38. A. Negri e M. Hardt, M. *Império*, *op. cit.*
39. J. Derrida, *Politiques de la amitié*, *op. cit.*

6. Psicanálise e a tradição do patriarcado: o feminino e o sentido*

---

* Conferência realizada no Colóquio de Cerisy-la-Salle sobre "Les sentiments et le politique", que ocorreu entre 15 e 21 de setembro de 2005, na França.

SUBJETIVAÇÃO, JOGOS DE LINGUAGEM E JOGOS DE VERDADE

Nos últimos anos, uma questão se destacou e se coloca ainda em certos segmentos do movimento psicanalítico, principalmente aqueles orientados pelo discurso lacaniano. Porém, como esse discurso é hegemônico em certos quadrantes do movimento psicanalítico internacional, como é o caso da América Latina, suas indagações e perplexidades acabam também por incidir em outros segmentos do dito movimento. Dessa forma, passa a disseminar a sua inquietação de maneira abrangente, transformando essa numa questão crucial, tanto para a teoria quanto para a experiência clínica dos analistas.

Em decorrência disso, é preciso empreender uma leitura crítica sobre o que está em pauta na construção do discurso psicanalítico, de forma a enfatizar não apenas a lógica conceitual inerente a esse discurso, mas também as coordenadas presentes nos registros histórico, social, político e ético, para explicitar devidamente o que está em causa naquele discurso, numa perspectiva eminentemente genealógica.[1] Vale dizer, é preciso deslocar-se de um quadro teórico de referência centrado na epistemologia e na história das ciências para se voltar decididamente para uma perspectiva genealógica. Isso porque o que a psicanálise descreve como campos do sujeito e do psiquismo pode ser enunciado também como *formas de subjetivação*,[2] que podem ser então interpretadas pelas categorias de *jogos de linguagem*,[3] como nos disse o último percurso da filosofia de Wittgenstein, e de *jogos de verdade*,[4] como interpretou Foucault o filosofema daquele. É justamente essa perspectiva teórica e metodológica que me orientará nesta leitura sobre os impasses da psicanálise na atualidade.

METÁFORA PATERNA E EXCEÇÃO

Do que se trata, afinal de contas, no que tange a esses impasses? Quero me referir ao esvaziamento da *metáfora paterna* na contemporaneidade, pois é essa questão que inquieta uma importante parcela do campo psicanalítico. Isso porque as novas modalidades de dor e de sofrimento, que se disseminam explosivamente na contemporaneidade, interpelam os analistas de forma frontal. Questão crucial, repito, pois desnorteia algumas linhas de força fundantes desse campo, na medida em que a dita metáfora constituiria aquilo que Lacan denominou de registro do *simbólico*. A metáfora paterna seria assim o operador fundamental para o estabelecimento desse registro. Se a psicanálise é o campo da fala e da linguagem, com efeito, no qual o simbólico ocupa uma posição estratégica em contraposição aos registros do *imaginário* e do *real*, a metáfora paterna seria então fundante do psiquismo e do sujeito,[5,6] nessa leitura teórica.

Por esse viés, o célebre "retorno a Freud" foi vigorosamente empreendido por Lacan, desde os anos 1950, com a definida intenção teórica de refundação do discurso psicanalítico, que teria, sempre segundo este, perigosamente saído de seus trilhos, não apenas na tradição norte-americana, mas também na inglesa. Tanto a psicologia do ego quanto a teoria kleiniana, com efeito, teriam esvaziado o legado freudiano do que lhe era crucial, arrancando-o do seu solo, qual seja, a relação do sujeito com a linguagem e a verdade. Dessa forma, o discurso psicanalítico se teria entreaberto para os registros das relações de objeto e do imaginário, transformando-se efetivamente numa psicologia do desenvolvimento, de cunho pedagógico. A concepção de pulsão (*Trieb*) foi enunciada numa retórica biológica, de forma que a noção de "crescimento" (*Growth*) passou a permear a totalidade do discurso psicanalítico.

Nesse contexto, o complexo de Édipo passou a ser destacado no seu polo materno, e em decorrência o polo paterno foi esmaecido. As relações precoces mãe-bebê passaram assim a inscrever-se no centro da cena psíquica, numa linha de investigação que se desdobrou posteriormente no discurso teórico de Winnicott e na crescente importância conferida pelos analistas anglo-saxões à observação de bebês, que domina a atualidade do campo psicanalítico.

Na crítica então formulada por Lacan, seria fundamental não apenas estabelecer um corte contundente com o modelo biológico vigente em psicanálise e propor a legitimidade do modelo linguístico — nos rastros delineados por Lévi-Strauss no campo da antropologia social, inaugurando assim o método estruturalista[7] —, enunciando que aquela não era nem uma modalidade de psicologia do desenvolvimento nem uma forma de psicologia cognitiva, como também restabelecer as prerrogativas do polo paterno na cena psíquica. Para isso, o Édipo passou a ser enunciado como uma *estrutura* e não apenas como um *complexo* (Freud), na qual o *falo* e o *Nome-do-pai* passaram a ocupar posições estratégicas no campo da dita estrutura. Nessa perspectiva, a moderna ordem familiar esboçada como nuclear, desde a passagem do século XVIII para o XIX, passou a ser interpretada numa dimensão transgeracional, de forma que o falo e o Nome-do-pai passaram a ter uma inscrição histórica na construção do sujeito.[8,9,10,11,12]

A interrogação inicial que se impõe aqui é a razão pela qual a leitura de Lacan insistiu tanto na posição estratégica do Nome-do-pai e do falo no discurso psicanalítico, quando historicamente o campo analítico de então assumia um estilo francamente maternal. A resposta para isso é que Lacan considerava que o mal-estar na modernidade, que se consubstanciava nas formas-limite da loucura e do crime, seria a consequência da fragilização da figura do pai nesse contexto histórico.[13] Portanto, com a dita fragilização, o imperativo da *autoridade* tendia ao desaparecimento, assim como as relações entre os sexos se tornaram bastante complexas, marcadas que estariam pela rivalidade mortífera e pela luta de prestígio.[14,15]

Essa leitura de Lacan é inaugural de sua entrada na psicanálise, pois desde 1938 ele enunciou tais proposições no seu ensaio sobre a família. Com efeito, seria a fragilização e a humilhação da imago paterna o que impossibilitaria a presença de um princípio de *mediação* no psiquismo, que fosse a condição de possibilidade para a ruptura do infante com as imagos materna e fraterna. As perturbações psíquicas seriam disso decorrentes, assim como as sociais, principalmente no que tange ao crime.[16]

Ao lado disso, as relações entre os sexos também se degradariam, pela fragilização desse princípio de mediação.

Em decorrência dessa interpretação, a função da psicanálise seria a de tornar presente e fortalecer a imago paterna no sujeito, maneira privilegiada de este contrapor-se à pregnância das imagos materna e fraterna. Isso porque a imago paterna realizaria a mediação do sujeito com o mundo, retirando-o do campo *especular* da relação dual, presente e disseminada que esta seria no campo daquelas outras imagos. A imago paterna possibilitaria assim uma relação triangular para o sujeito, lançando-o no espaço social das trocas com os outros. O Édipo se condensaria por esse viés decisivo, realizando uma função de *normalização* social.

Em 1953, no entanto, Lacan transformou a sua retórica conceitual, ao deslocar-se de uma tópica centrada no imaginário para a que se fundava agora no simbólico. Com isso, a dita função da mediação passou a ser enunciada no registro da linguagem, que realizaria o corte decisivo da relação do infante com a mãe, retirando-o do registro especular do imaginário. Concebido agora como uma estrutura, o Édipo seria o lento mas progressivo processo de arrancamento do infante do corpo materno, para inscrevê-lo nos campos social e cultural, fundados que estes seriam pela *interdição do incesto*. Se para Lévi-Strauss essa interdição definiria a passagem do registro da *natureza* para o da *cultura*,[17] em Lacan esta passagem implicaria um deslocamento do infante do polo materno (natureza) para o paterno (cultura e linguagem). Nessa translação decisiva, o infante deixaria a condição originária de *ser* para a de *ter* o falo. Enfim, a experiência da castração seria o signo eminente dessa translação, pela qual a onipotência infantil se evaporaria então e o sujeito finalmente se constituiria.[18]

Portanto, mesmo ao se deslocar do registro do imaginário para o do simbólico, a função do analisar se manteve como uma invariante no pensamento de Lacan, fundada na função paterna como o representante da lei. Porém, essa função se enunciava agora pela mediação operatória do Nome-do-pai, através do qual o falo, como significante do *gozo*, se deslocaria decisivamente do registro do ser para o de ter. Seria apenas por este deslocamento que o sujeito do *desejo* se constituiria efetivamente.

Para o que me interessa discutir aqui, o que importa destacar é que ao significante Nome-do-pai foi concedida uma condição de *exceção* na cadeia de significantes, constitutiva que essa seria do inconsciente e do desejo. É essa posição do Nome-do-pai como significante de exceção que denota algo fundamental, na qual a *diferença* entre os sexos seria marcada não apenas pela óbvia diversidade existente entre estes e também pela diversidade entre as funções materna e fraterna, mas principalmente pela *hierarquia* existente entre as condições masculina e feminina.

É preciso então retirar as consequências, explicitando seus pressupostos, na medida em que a tese sustentada pelo discurso de Lacan concede fundamento teórico para a lógica, a ética e a política do patriarcado, pela qual a figura do pai, como signo de exceção e representante da *lei*, confere uma *aura* de superioridade hierárquica da figura do homem em relação à da mulher. Em decorrência disso, Lacan pôde enunciar incisivamente que *a mulher não existe* e, de forma correlata, que *não existiria relação sexual*.

PATRIARCADO EM QUESTÃO

Em decorrência dessa construção teórica, isomorfa que seria à lógica do patriarcado, o discurso lacaniano entra em flagrante dissonância com o que ocorre na atualidade. Com efeito, num mundo onde o discurso feminista inicialmente e o *gay* em seguida romperam radicalmente com os pressupostos do patriarcado, no qual as mulheres passaram a demandar a igualdade de direitos com os homens e os homossexuais pretenderam legitimar a sua condição homoerótica, o discurso lacaniano fica mal das pernas, tendendo a interpretar como signos discutíveis de barbárie e de patologia certas reivindicações advindas desses discursos.

No que concerne ao Pacto Civil de Solidariedade, não resta dúvida de que o discurso lacaniano assume posições francamente opostas às demandas dos homossexuais e de outros movimentos libertários que se associam a estes nas suas reivindicações sociais e políticas. No que se refere ao movimento dos transexuais e às demandas das cirurgias de transgenitalização, é ainda o discurso lacaniano que assume posições francamente contrárias, aludindo aqui à presença irrefutável de marcas psicóticas naqueles que demandam mudar de sexo[19,20] enunciando a presença de convicção delirante em tais demandas de harmonização entre o corpo e a subjetividade.

Ao lado disso, as novas formas de subjetivação que se apresentam na atualidade, com as novas modalidades de sintomas que portam, indicam claramente que o Nome-do-pai está em evidente processo de liquidação. Portanto, os analistas que escutam seus analisantes, com esse quadro teórico de referência, ficam assim desorientados quando não francamente perdidos, na medida em que a alusão à metáfora paterna não funciona mais como outrora e o sistema de signos não circula mais segundo os eixos dessas coordenadas. Enfim, os processos de simbolização funcionam de outra maneira na atualidade.

O *mal-estar* na psicanálise estabelece-se então e se dissemina, já que algo nesse discurso rateia efetivamente. O que se evidencia aqui é que o isomorfismo existente entre o discurso teórico de Lacan e os pressupostos fundamentais do patriarcado foi a condição de possibilidade para o estabelecimento dessa importante dissonância com a nossa atualidade, quando efetivamente as coordenadas fundamentais do patriarcado começaram a desfazer-se a olhos vistos na contemporaneidade.

Resta saber então como tal isomorfismo se constituiu na tradição psicanalítica e se alguma outra proposição teórica foi enunciada para esse impasse no discurso psicanalítico e na história da psicanálise. É o que me proponho a fazer depois, ainda neste ensaio, pela leitura crítica dessa problemática no discurso freudiano. Antes disso, no entanto, é preciso que realizemos uma genealogia sumária das relações entre os sexos no Ocidente, na tradição patriarcal, para indicar a inscrição e a diferença introduzida pelo discurso freudiano no campo desta tradição.

SEXO ÚNICO E DIFERENÇA SEXUAL

Em *A fábrica do sexo*, o historiador Laqueur propõe a existência de dois diferentes paradigmas sobre as relações entre os sexos, que foram forjados pelo Ocidente, da Antiguidade até a modernidade. O primeiro paradigma, esboçado por Aristóteles e desenvolvido posteriormente por Galeno na sua forma definitiva, enunciava a existência do *sexo único*, que perdurou até o século XVIII. O segundo, constitutivo da modernidade, foi formulado ao longo do século XVIII e enunciou o conceito da *diferença sexual*.[21] Nesse contexto, o discurso da igualdade de direitos entre os cidadãos foi a condição concreta de possibilidade para a construção desse segundo paradigma.

O que caracterizava o modelo do sexo único era a inexistência de diferenças anatômicas entre os sexos, na medida em que os órgãos presentes em cada um dos sexos eram correspondentes aos que existiam no outro. Assim, o que variava era a exteriorização da genitália masculina e a interiorização da genitália feminina, em decorrência da menor presença do humor quente no corpo feminino. Com isso, a genitália feminina seria invaginada e a masculina, projetada para fora, numa diferença eminentemente espacial e posicional.

Essa diferente espacialidade e posição das genitálias indicaria a superioridade masculina diante da feminina, de forma que tal paradigma é eminentemente *hierárquico*. Com efeito, a figura do homem seria marcada pela *perfeição*, enquanto a da mulher, pela *imperfeição*. Daí por que aquele se inscreveria no espaço exterior da luminosidade, enquanto esta estaria imersa na obscuridade do espaço interior do corpo. A oposição grega entre luz e sombra, de origem platônica, fundamentaria assim a relação hierárquica entre os sexos, nas suas relações com a perfeição e a verdade. Além disso, a marca da perfeição masculina se evidenciaria pela sua *atividade*, enquanto a imperfeição feminina seria marcada pela *passividade*.

Não obstante o fato óbvio de que a reprodução se faria pela mediação do corpo da mulher, o que esta ofereceria seria a causa *material* da fecundação, enquanto o homem ofereceria a causa *formal*, como nos disse Aristóteles.[22] Como a causa formal seria superior à material, a humanidade ontológica do novo ser passaria necessariamente pelo polo masculino. A perfeição masculina estaria também plasmada no próprio ato da geração, na medida em que o homem, por sua eminente atividade, produziria o novo ser pelo corpo passivo da mulher.

Porém, como o sexo era único, existiria sempre a possibilidade de a mulher ser transformada em homem, desde que o humor quente se fizesse presente no corpo daquela e a mulher atingisse assim a mesma condição deste. Isso porque, na concepção hierárquica presente no cosmos da Antiguidade, a imperfeição poderia ser sempre alçada à perfeição. O contrário seria impossível, contudo, na medida em que, pela lógica da hierarquia cósmica, o perfeito não poderia jamais ser transformado em imperfeito. Um exemplo tardio dessa possibilidade nos foi transmitido por Montaigne, no século XVI, quando narrou a transformação de uma jovem num homem, após a travessia de um rio.[23]

Esse modelo hierárquico do sexo único era tão pregnante no imaginário social que, apesar de as dissecções anatômicas do corpo terem sido banalizadas desde o Renascimento, os livros de anatomia eram sempre construídos sobre o corpo masculino, já que o saber e o ensino se fundariam no ideal da perfeição masculina, verdade decisiva a ser evidenciada pela anatomia. Portanto, apenas posteriormente uma anatomia diferencial e comparada dos sexos foi instituída, podendo então ser plasmada nos atlas anatômicos.[24]

Para isso, no entanto, necessário foi que o paradigma da diferença sexual fosse estabelecido, rompendo definitivamente com o paradigma do sexo único. Apenas no século XVIII o paradigma aristotélico-galênico foi definitivamente descartado, não obstante a crítica progressiva de que já era objeto desde o século XVI. O decisivo aqui teria sido que o discurso iluminista, que culminou na Revolução Francesa, enunciando a igualdade dos direitos dos cidadãos, não poderia mais ser condizente com o paradigma hierárquico do sexo único. Existiria, assim, uma incongruência ética e política entre o discurso ostensivamente hierárquico e o da igualdade de direitos.[25]

O que fazer diante desse impasse? Necessário seria então poder conjugar a hierarquia existente entre os sexos com o discurso da igualdade de direitos, de forma que a *naturalização* da diferença sexual foi a solução encontrada para esse impasse crucial. Foi então enunciado que o homem e a mulher teriam naturezas biológicas diferentes, das quais derivariam características morais também diversas. Com isso, a dominação masculina foi restabelecida, mas de forma mais doce, permanecendo as mulheres ainda na subalternidade por um longo tempo.[26] O não direito ao voto pelas mulheres foi o signo mais patente dessa subalternidade, dentre muitos outros, é claro.

Assim, a conformação anatomofisiológica do corpo feminino destinava as mulheres inequivocamente à *maternidade*, de forma que, como polo da natureza, as mulheres estariam fadadas à reprodução, ao calor e ao afeto, que as conduziam à amamentação e aos cuidados da prole. Com isso, teriam um menor desenvolvimento das faculdades intelectuais, o que lhes conferia uma imaturidade essencial que justificava a sua subalternidade em face dos homens. Estes, em contrapartida, representavam a cultura pelos traços evidentes de sua racionalidade e pelo domínio que faziam de sua afetividade pela razão, e que lhes destinava à ação no espaço público.[27]

Essa leitura diferencial das faculdades morais, derivada da conformação biológica dos diversos sexos, conduziu a uma inequívoca divisão de poder entre estes, pela qual às mulheres foi concedida a *governabilidade* do *espaço privado*, enquanto aos homens foi mantida a do *espaço público*.

Evidentemente, o poder social das mulheres foi em muito incrementado na modernidade, se comparado com toda a história anterior do Ocidente. Não há dúvida no que concerne a isso. Isso porque, para o exercício da governabilidade privada, as mulheres foram as mediadoras entre as instituições *familiar, médica* e *pedagógica*, para a realização efetiva dos cuidados dos filhos. Portanto, as mulheres foram as operadoras do *biopoder* nessa articulação com vistas a transformar o corpo das crianças em saudáveis, dóceis e domesticados, com a finalidade estratégica de promover a qualidade de vida da população que, segundo Foucault,[28] seria a nova fonte de riqueza das nações, desde o final do século XVIII e o início do XIX. Enfim, o corpo das crianças passou a ser um objeto valorizado no projeto civilizatório da modernidade, pois adviria dele o futuro, isto é, a riqueza das nações.

Por isso mesmo, Freud, em 1908, em "A moral sexual civilizada e a doença nervosa dos tempos modernos",[29] dizia que as mulheres pagaram um preço bem mais alto do que os homens para a construção do projeto civilizatório moderno, justamente por esse exercício da governabilidade privada. Porém, pelas restrições ao erotismo que isso inequivocamente implicou e pela subtração do campo da governabilidade pública, as mulheres pagaram por isso com o incremento das perturbações psíquicas, como a histeria e o masoquismo.

Porém, as mulheres resistiram a isso, é claro, de diversas formas. Ao longo do século XIX, contudo, a rebeldia feminina foi objeto de diferentes formas de regulação social, na medida em que realizavam a *resistência* contra sua restrição à condição materna, insistindo no exercício do erotismo, questionando então frontalmente o paradigma da diferença sexual. Entretanto, a medicina legal, a higiene pública e a psiquiatria forjaram diferentes categorias nosográficas para domesticar o furor da resistência das mulheres.

Quais eram essas figuras sociais? Antes de mais nada, a *prostituta*, que vivia do comércio do amor e do sexo. Em seguida, a *infanticida*, que matava ou abandonava seus filhos logo ao nascer. Finalmente, a *ninfomaníaca*, que era insaciável no seu gozo. Em todas essas figuras emblemáticas da resistência feminina, o que se destacava era a afirmação do erotismo contra a camisa de força da maternidade, de forma que a patologização empreendida pela psiquiatria era a mediação para regular a criminalização de que tais figuras eram objeto no espaço social.

Ao lado disso, a extirpação cirúrgica do clitóris se tornou uma prática médica bastante disseminada ao longo do século XIX. Visava-se, assim, a cortar o órgão do gozo das mulheres, mais inquietas e indóceis, para tornar seu corpo dócil e disciplinado para a assunção plena da sua natural condição materna.

Porém, uma quarta figura se destacou ainda no imaginário social e médico do século XIX, que condensava os traços das três figuras anteriores. Refiro-me agora à figura da *histeria*, que tinha os traços da prostituta, da infanticida e da ninfomaníaca, porque queria afirmar seu erotismo contra o ideal maternal, questionando então o modelo da diferença sexual. A noção da bissexualidade psíquica de que Freud passou a se valer a partir de Fliess visava justamente a esse modelo, da mesma forma que a sua leitura da crise histérica que seria a materialização da bissexualidade.[30,31] Porém, enquanto as figuras da prostituta, da infanticida e da ninfomaníaca passavam ao ato no seu questionamento da maternidade, pela afirmação do erotismo, a histeria não passava ao ato, mas mantinha sua resistência ao dito modelo no registro do imaginário.

O mérito teórico de Freud foi ter aberto a caixa-preta da histeria, no final do século XIX, com a constituição da psicanálise, na medida em que aquela tinha marcado no seu imaginário o que havia de problemático e catastrófico no paradigma moderno da diferença sexual. Entretanto, se esta caixa-preta foi aberta, isso se deu porque a histeria se transformou num problema social e político na segunda metade do século XIX — devem-se evocar aqui as grandes epidemias histéricas ocorridas então na Europa —, de forma que o campo da psicopatologia se voltou para a investigação sistemática da histeria, desde Charcot.

FEMINILIDADE ORIGINÁRIA

O que nos interessa destacar aqui inicialmente é como Freud conjugou, na sua leitura da sexualidade, os dois paradigmas anteriores, introduzindo, no modelo da diferença sexual, características fundamentais do modelo do sexo único. Um amálgama desses dois modelos foi aqui forjado. A centralidade atribuída ao *falo*, no inconsciente sexual enunciado por Freud, foi aqui fundamental, na medida em que esse, na sua relação de identidade e de diferença com o pênis, seria então a marca indelével do sexo único no campo do discurso freudiano.

Porém, na articulação original desses paradigmas promovidos pelo discurso freudiano, foram enunciadas duas soluções para a nossa problemática. Pela primeira, que perdurou ao longo desse discurso, a figura do masculino estaria sempre na *origem* e seria, além disso, o signo da perfeição, como em toda a tradição do patriarcado. Pela segunda, no entanto, enunciada apenas no final daquele discurso, a *feminilidade* estaria na origem, invertendo, pois, a tradição do patriarcado. Nesse contexto, as figuras do masculino e do feminino seriam defesas articuladas em torno do falo contra a feminilidade originária, de maneira que a feminilidade estaria no fundamento do erotismo e seria a forma básica de subjetivação.

Examinemos agora esses dois modelos, de forma sumária.

No primeiro, a figura do masculino é sempre a origem, tanto para o menino quanto para a menina. A sexualidade perverso-polimorfa seria marcada pela atividade,[32] de maneira que o gozo clitoridiano seria similar ao gozo peniano. Na fase fálica, contudo, o menino e a menina descobririam que um tem algo que faltaria ao outro, de forma que quem tivesse o falo/pênis se vangloriaria disso, e quem não tivesse o falo-rei invejaria quem o detivesse. A inveja do pênis seria então a marca eloquente da condição feminina, ao lado, é claro, do ressentimento disso decorrente.[33] Com efeito, Freud incorporou sistematicamente na sua interpretação toda a tradição maldita sobre a mulher constituída ao longo do século XIX, pela qual as mulheres, em decorrência dessa inveja e de não terem mais o que perder, pois já seriam castradas, poderiam então desafiar abertamente o mundo. Com isso, a instância moral do supereu não seria nelas desenvolvida o bastante, o que produziria, ao lado disso, um menor poder de sublimação e de simbolização[34,35,36,37] nas mulheres, em oposição aos homens.

Nesse contexto, Freud delineou três diferentes destinos psíquicos para as meninas, quando essas se defrontavam com a ausência do falo/pênis: a *inibição sexual*, a *virilização* e a *maternidade*. Assim, decepcionadas com a desvalorização do erotismo clitoridiano, algumas mulheres se inibiriam sexualmente. Ao lado disso, outras passariam a assumir uma reivindicação fálica permanente, querendo ser homens a todo custo. Manter-se-iam então na posição ativa. Finalmente, pela maternidade as mulheres passariam da posição ativa à passiva, aceitando perder o gozo clitoridiano em troca do gozo vaginal.[38]

É importante evocar aqui que, na leitura de Laqueur, o gozo vaginal foi uma invenção de Freud, pois, desde que o anatomista Columbus descobriu o clitóris no Renascimento, ficou estabelecido, no Ocidente, que este era o órgão do gozo feminino.[39] Porém, ao deslocar o gozo feminino do clitóris para a vagina, o que Freud realizou foi justificar e legitimar a passagem do gozo feminino da posição ativa para a passiva, de forma que, pela aceitação da posição castrada, a figura da mulher poderia finalmente identificar sua condição de mulher com a figura da mãe.

Porém, a pretensão ao falo continuaria presente no desejo feminino, mas se deslocaria agora da figura do pênis para a do filho, que restauraria então o falo, sobretudo se o filho for do sexo masculino. Através disso é que se poderia entrever como a figura do filho, como signo eloquente do biopoder e da governabilidade privada, se transformaria então no signo por excelência da potência feminina.

No entanto, em "Análise com fim e análise sem fim", o discurso freudiano assumiu uma outra direção de leitura, na qual a feminilidade passaria a inscrever-se agora na origem. Com efeito, a feminilidade seria uma forma de sexo originário, diferente, pois, do masculino e do feminino, um outro sexo, justamente porque não seria marcado pelo falo. Por isso mesmo, homens e mulheres construídos pela lógica fálica repudiariam e teriam horror da feminilidade. Vale dizer, as condições masculina e feminina seriam sempre fálicas em oposição à feminilidade repudiada.[40]

Nessa outra leitura, portanto, o discurso freudiano propõe outra possibilidade de interpretação para o inconsciente e o sexual, além de uma outra direção teórica para a psicanálise, em oposição agora à tradição do patriarcado. Com efeito, se a feminilidade repudiada se transformou ostensivamente em objeto de horror para as figuras do homem e da mulher, isso se deve à sua condição imperfeita e obscura, aviltada que sempre foi pela tradição ocidental, em nome da perfeição fálica. Esse repúdio não é de ordem biológica nem apenas psíquico, mas se funda numa longa tradição simbólica, que tomou literalmente corpo na história política e social do patriarcado. O funcionamento psíquico se ancoraria aqui, então, nessas outras coordenadas, que o fundamentariam na sua dinâmica e nos seus fantasmas.

Foi desse fundo originário da feminilidade que algumas novas figuras se destacaram na cartografia do inconsciente e que foram então delineadas pelo discurso freudiano no seu desdobramento teórico final. Cabe destacar aqui a do *desamparo*[41] e a leitura do *masoquismo erógeno*, em oposição ao *masoquismo moral* e ao *masoquismo feminino*,[42] pela qual o primeiro seria a contrapartida da feminilidade e os outros seriam formas fálicas em defesa contra a emergência da feminilidade.

Nessa outra leitura de Freud, somos lançados, assim, inequivocamente na contemporaneidade, na medida em que necessário é superar a aura conferida ao falo como signo da tradição patriarcal, para que possamos adentrar num outro recomeço pós-patriarcal, no campo da relação entre os sexos, como nos sugere essa feminilidade originária. Com isso, quem sabe possamos, homens e mulheres, nos reconciliar com a condição originária da feminilidade, gerando, assim, a ruptura com a hierarquia e a luta de prestígio entre os sexos, anulando então a figura da exceção representada pelo Nome-do-pai.

Porém, para concluir, quero dizer ainda que, se a leitura inicial de Freud foi efetivamente falocêntrica, marcada pela moral do patriarcado — leitura esta que foi, aliás, bastante radicalizada por Lacan —, o que ambos revelaram foi como o inconsciente, tal como a psicanálise o vivenciou, foi permeado pelos valores fundamentais do patriarcado. É preciso destacar que o inconsciente sexual, tal como descrito pela psicanálise, foi historicamente construído, de forma que é preciso retirá-lo agora de sua a-historicidade pretensamente universalista, para submetê-lo, sob a forma de uma genealogia, a uma *desconstrução* conceitual, ética e política, como nos indicou o discurso freudiano no fim do seu percurso.

Nessa perspectiva, a circulação dos signos no campo dos sexos passaria a ser refundada em novos alicerces, possibilitando outras produções de sentido, pois a feminilidade como origem nos defrontaria a todos com uma outra relação com o falo, esvaziado que este seria de qualquer marca de perfeição.

Notas

1. M. Foucault, *Surveiller et punir*, op. cit.
2. M. Foucault, *La volonté de savoir*, op. cit.
3. L. Wittgenstein, "Investigations philosophiques", *in Tractatus logico-philosophicus suivi de investigations philosophiques*, op. cit.
4. M. Foucault, "Les technologies de soi-même", *in Dits et écrits*, op. cit., vol. IV.

5. J. Lacan, "Le symbolique, l'imaginaire et le réel" (1953), *in Des noms-de-père*, Paris, Seuil, 2005.
6. J. Lacan, "Fonction et champ de la parole et du langage em psychanalyse" (1953), *in Écrits, op. cit.*
7. C. Lévi-Strauss, "Anthropologie structurele", Paris Plon, 1958.
8. J. Lacan, "La chose freudienne" ou "Sens du retour à Freud en psychanalyse" (1955), *in Écrits, op. cit.*
9. J. Lacan, *"L'instance de la lettre dans l'inconscient ou la raison depuis Freud"*, *in Écrits, op. cit.*
10. J. Lacan, "D'une question préliminaire à tout traitement posible de la psychose", *in Écrits, op. cit.*
11. J. Lacan, "La signification du phallus", *in Écrits, op.cit.*
12. J. Lacan, "Subversion du sujet et dialectique du désir dans l'inconsciente freudien", *in Écrits, op. cit.*
13. J. Lacan, *Les complexes familiaux* (1938), Paris, Navarin, 1984.
14. J. Lacan, "Le stade du miroir comme formateur de la fonction du Je" (1949), *in Écrits, op. cit.*
15. J. Lacan, "L'agressivité en psychanalyse" (1948), *in Écrits, op. cit.*
16. J. Lacan, "Introduction theorique aux fonctions de la psychanalyse em criminologie", *in Écrits, op. cit.*
17. C. Lévi-Strauss, *Les structures elémentaires de la parenté"* (1948), *op. cit.*
18. J. Lacan, "Fonction et champ de la parole et du langage en psychanalyse", *in Écrits, op. cit.*
19. M. Frignet, *Le transsexualisme*, Paris, Desclée de Brouwer, 2000.
20. M. Czermak e M. Frignet, *Sur l'identité sexuelle. À propos du transsexualisme*, Paris, Association Freudienne Internationale, 1996.
21. T. Laqueur, *La fabrique du sexe, op. cit.*
22. Sobre isso, ver: Aristóteles, *De la génération et de la corruption*, Paris, Belles Lettres, 1967; Aristóteles, *La Métaphyique*, Paris, Vrin, 1964, vol. 1.
23. M. Montaigne, *Essais*, I, cap. XXI, *in Oeuvres complètes, op. cit.*
24. L. Schlebinger, *The mind has no sex? Women on the origin of modern science*, Cambridge/Harvard University Press, 1989.
25. T. Laqueur, *La fabrique du sexe, op. cit.*
26. *Ibidem.*
27. J. Birman, *Gramáticas do erotismo, op. cit.*
28. M. Foucault, *La volonté de savoir, op. cit.*
29. S. Freud, "La morale sexuelle 'civilisée' et la maladie nerveuse des temps modernes" (1908), *in La vie sexuelle, op. cit.*

30. S. Freud, "Les fantasmes hystériques, et leur relation à la bisexualité" (1908), *in Névrose, psychose et perversion, op. cit.*
31. S. Freud, "Considérations génerales sur l'attaque hystérique" (1908), *in Névrose, psychose et perversion, op. cit.*
32. S. Freud, *Trois essais sur la théorie de la sexualité* (1905), *op. cit.*
33. *Ibidem.*
34. S. Freud, "La fin du complexe d'Oedipe" (1924), *in La vie sexuelle, op. cit.*
35. S. Freud, "Quelques conséquences psychiques de la différence anatomique entre les sexes" (1925), *in La vie sexuelle, op. cit.*
36. S. Freud, "La sexualité féminine" (1931), *in La vie sexuelle, op. cit.*
37. S. Freud, "La feminité", *in Nouvelles conferences sur la psychanalyse* (1932), Paris, Gallimard, 1932.
38. S. Freud, "Quelques conséquences psychiques de la différence anatomique entre les sexes", *in La vie sexuelle, op. cit.*
39. J. Laqueur, *La fabrique du sexe, op. cit.*
40. S. Freud, "L'analyse avec fin et analyse dans fin" (1937), *in Résultats, idées, problèmes, op. cit.*, vol. II.
41. S. Freud, "Malaise dans civilisation" (1930), *op. cit.*
42. S. Freud, "Le problème economique du masochisme" (1924), *in Névrose, psychose et perversión, op. cit.*

PARTE III Desejo de resistência

1. Genealogia da resistência*

---
* Este ensaio foi escrito a partir das notas que me orientaram na conferência de fechamento do III Colóquio do Espaço Brasileiro de Estudos Psicanalíticos, em 2004, no Rio de Janeiro, tendo como tema "Resistência ao desejo e desejo de resistência".

DESEJO DE RESISTÊNCIA?

Neste ensaio pretendo construir um argumento que seja consistente para o que foi proposto como a problemática central desse encontro, qual seja, a relação existente entre *desejo e resistência*. Se essa problemática foi assim enunciada, creio eu, foi para dar ressonância ao que se passa hoje no espaço social, onde se dissemina um efetivo *desejo de resistência*. Este, com efeito, se inscreve na atualidade em diferentes lugares do campo social e se propaga em diferentes pontos do planeta, nos quais as vozes mais diversas afirmam de maneira eloquente a liberdade de resistir. Nessa afirmação, a liberdade assume a posição crucial de valor supremo. Valor supremo nos registros ético e político, bem entendido, catalisador que é dos valores da igualdade e da fraternidade que, em conjunto, delinearam o horizonte da modernidade.

Assim, das novas relações tecidas entre os gêneros e do reconhecimento das comunidades homossexuais, passando pelas novas modalidades de filiação e de conjugalidade, até o repúdio das condições sociais de existência decorrentes da gestão neoliberal da economia globalizada, o desejo de resistência está em toda parte. É nesses interstícios e dobras que os poderes instituídos são colocados na berlinda, tendo decididamente que se rearticular diante disso. Não obstante o conservadorismo e a perplexidade que caracterizam a contemporaneidade, existe, ao lado disso, um efetivo desejo de resistência, que se afirma certamente de maneira estridente.

Pode-se questionar, é claro, a pertinência da expressão aqui destacada numa perspectiva psicanalítica, qual seja, desejo de resistência. Isso porque, no discurso analítico, existiria sempre a oposição entre os registros da resistência e do desejo. Nessa perspectiva, a resistência seria sempre o outro do desejo, que visaria assim à interdição e à não explicitação deste, de maneira que a resistência não seria algo da ordem do desejo, mas justamente o seu oposto.

O questionamento é pertinente, sem dúvida. Resta saber, contudo, se é bem fundado, pois o que se sugere com o sintagma desejo de resistência é que a resistência pode ser também algo da ordem do desejo, quando é o poder que está efetivamente em causa. Por isso mesmo, a problemática da *reação terapêutica negativa*, enunciada por Freud desde "O eu e o isso",[1] estará no centro do argumento a ser aqui desenvolvido, justamente porque naquela o exercício do poder na experiência analítica passou a se impor como questão fundamental e cristalizou-se como impasse.

Vou iniciar essa incursão, contudo, delineando a problemática da resistência no discurso freudiano, para inscrevê-la, em seguida, num quadro genealógico mais abrangente, para retomar finalmente os impasses presentes na experiência psicanalítica. Será esta a cartografia e principal rota desse percurso.

RESISTÊNCIAS

Pode-se dizer que a oposição absoluta traçada entre desejo e resistência se funda na concepção teórica de que o desejo se inscreve sempre no registro psíquico do inconsciente e de que a resistência se inscreve nos registros do eu e da consciência. Certamente, essa leitura estava presente desde os primórdios da psicanálise. Assim, na "Psicoterapia da histeria" enunciava-se que pela divisão do psiquismo, com a exclusão de certas representações perturbadoras para o sujeito, já que se opunham à lógica reguladora das demais, as forças que empreenderam a exclusão se faziam em seguida presentes no tratamento como resistência.[2] Se, nesse contexto, os operadores da exclusão eram denominados de defesa,[3] posteriormente, contudo, a divisão psíquica foi atribuída ao recalque, que promovia a exclusão de certas representações psíquicas.[4] Em decorrência disso, a resistência se faria sempre presente no analisante desde que a experiência analítica se aproximava do campo do desejo e do recalcado.

Porém, se essa oposição entre resistência e desejo, inscrita nos registros psíquicos do eu e do inconsciente, estava presente na primeira tópica e na primeira teoria das pulsões,[5] aquela foi colocada decididamente em questão nos horizontes da segunda tópica[6] e da segunda teoria das pulsões.[7]

Assim, numa leitura superficial dos escritos tardios de Freud sobre a questão da resistência, em "O eu e o isso"[8] e em "Inibição, sintoma e angústia"[9], aquele enunciava a existência de diferentes modalidades de resistência e que essas não se restringiriam mais ao campo do *eu*. Com efeito, Freud nos fala aqui de três modalidades de resistência do eu, ao lado das resistências do *isso* e do *supereu*. A resistência do isso se evidenciaria pela compulsão à repetição, enquanto que a do supereu se explicitaria pela culpa e pelo masoquismo. Portanto, existiriam resistências outras, presentes no psiquismo, que não se inscreveriam no registro do eu, de maneira que a oposição simplista entre desejo (inconsciente) e resistência (eu) não seria inteiramente pertinente.

Ao lado disso, retomando agora frontalmente a questão do eu no discurso freudiano e na experiência psicanalítica, não se pode dizer que o registro do eu seja desprezível e descartável, isto é, não pode ser concebido como aquilo que, como pura defesa, se oporia à revelação insofismável da verdade do desejo inconsciente em sua pureza. Se o eu é um dos lugares onde se faz presente a resistência, sem dúvida, não se pode permanecer com a concepção simplista de que nele se condensariam o erro, a ilusão e o imaginário, que se contraporiam ao sujeito e à verdade propriamente ditos.

Assim, se o eu resiste, isso implica dizer que representa uma das instâncias psíquicas, ao lado do isso e do supereu, delineadas no contexto de uma concepção descentrada do psiquismo. Tal concepção evidencia a multiplicidade de forças em conflito, mas nenhuma delas tem a soberania sobre o psiquismo. Com efeito, o mais instigante na descoberta freudiana é o fato de nos propor um modelo do psíquico no qual este é atravessado pela conflitualidade, no qual nenhuma instância conseguirá ser soberana sobre as demais. Portanto, cada uma das instâncias psíquicas é o outro do outro, num campo complexo que dissolve a ideia de identidade, e que promove ativamente a ideia de identificação como marca constitutiva do psiquismo.

Assim, afirmar que cada instância psíquica é o outro do outro implica dizer que o psiquismo é atravessado permanentemente por um jogo de forças, que delineia um campo de desejos, de contradesejos e de desejos-contra, que cabe não apenas enunciar e ressaltar, mas principalmente abrir a caixa-preta que isso impõe, para que se possam elucidar devidamente os impasses presentes na experiência analítica.

Ao lado disso, não se pode esquecer ainda que o eu é um dos lugares onde se realizam os processos de subjetivação.[10] Vale dizer, as formas de subjetivação vão passar também pelo eu. Assim, se este resiste ao lado do isso e do supereu, isso implica reconhecer que os polos da conflitualidade e da subjetivação são os reguladores da experiência analítica, que atravessam esses diferentes registros psíquicos.

A reação terapêutica negativa ocorre quando se pretende apagar a dimensão psíquica da conflitualidade, com os desdobramentos inevitáveis que isso terá sobre as formas de subjetivação. Por isso mesmo, meu objetivo teórico aqui é indicar as relações existentes entre resistência e reação terapêutica negativa, não apenas numa perspectiva negativa, mas também positiva. Para isso, a problemática do poder na experiência analítica deverá ser enfatizada.

Porém, para que essa articulação possa ser feita numa direção renovada, é preciso situar devidamente a emergência e a constituição do conceito de resistência, numa perspectiva genealógica. Como logo se verá, tal conceito é estritamente moderno, marcando, pois, a constituição do sujeito na modernidade.

ANTIGO E MODERNO

Qual o sentido da palavra resistência? O que significa resistir? Uma consulta superficial aos dicionários logo nos indica os múltiplos sentidos assumidos pelas palavras resistência, resistir e resistente. Esses sentidos são classificados então em diferentes categorias de pensamento e interpretados segundo os códigos de diversos saberes. No que tange a isso, as palavras em questão passam pelo pente-fino da física, da química, da engenharia, da biologia, da farmacologia, da microbiologia, da medicina, da política e da guerra.[11,12] O leque de possibilidades é bastante amplo e variado, como se pode depreender disso, nas suas ramificações regionais e particulares. Entretanto, é preciso saber se é possível encontrar um sentido comum que atravesse essa ampla gama de sentidos regionais.

No sentido mais genérico, as palavras resistência e resistir nos falam de uma força que se opõe a outra que ataca do exterior um certo território. Assim, se a primeira força assim se opõe, isso se realiza sempre em nome da proteção de um dado espaço de pertencimento, que supõe ser objeto de agressão e de intrusão da parte de algo que lhe é exterior. Portanto, as palavras resistência e resistir pressupõem a presença, no seu campo semântico, de dois eixos para a organização dos seus sentidos, quais sejam, a *oposição de forças* e a delimitação de *espaços de pertencimento*, onde se opõem o *interior* e o *exterior*. Enfim, pela resistência e pela ação de resistir, um campo de materialidade qualquer visa a imobilizar uma força que o ameaça do exterior, para assegurar então seu espaço de existência e de pertencimento.

Assim, dos materiais que se opõem à ação dos agentes mecânicos, físicos e químicos, até a capacidade de resposta imunológica dos organismos aos agentes agressores do meio ambiente, passando pela reação dos organismos aos fármacos, as palavras em questão se inscrevem também nos registros da política e da guerra. No que tange ao registro da política, fala-se comumente do direito de resistência dos cidadãos à opressão dos seus governantes, enquanto que no da guerra se enuncia o direito de resistência de uma população à invasão do seu território por povos estrangeiros.[13,14]

Contudo, é preciso sublinhar que essa concepção de resistência, que já nos é habitual, é estritamente moderna. O que implica dizer que não existia nem na Antiguidade, nem em grande parte da Idade Média. Com efeito, a palavra em pauta apareceu apenas no latim tardio, no século XV, como "resistência", "resistença" e "resistencya".[15] A palavra resistência e as suas variações — resistir e resistente — se constituíram apenas na Alta

Idade Média, indicando que ocorreu aqui uma transformação crucial da ordem do pensamento. É isso que precisa ser devidamente explicitado, para que se possa ter acesso à problemática em questão.

AÇÃO, PAIXÃO, REAÇÃO

Para delinear essa problemática, é preciso aproximar agora as palavras resistência e resistir não apenas das palavras *reagir* e *reação*, mas também da palavra *agir*. Essas diversas palavras delineiam um campo diferencial, que evidencia uma transformação fundamental do pensamento e do discurso, que deve ser agora destacada.

Assim, estamos habituados a pensar desde a aurora do mundo moderno que a reação é justamente o oposto e o simétrico da ação.[16] Portanto, a reação tem a mesma intensidade da ação a que se opõe, sendo então simétricas. Não existiria nenhuma assimetria entre ação e reação, como enunciou Newton na terceira lei da gravitação universal: "A toda ação corresponde uma reação de igual intensidade e de sentido contrário".[17] Seriam justamente essas ações e reações que perpassariam o universo como um todo, de maneira a regulá-lo nos seus menores detalhes.[18]

Essa concepção de Newton, contudo, supõe a constituição do conceito de *universo* como diferenciado do conceito de *cosmos*. Assim, se este é *finito* e *fechado*, aquele é *infinito* e *aberto*. Nessa perspectiva, o universo é um espaço infinito atravessado por partículas materiais, dotadas todas de força, que agem e reagem entre si pela intensidade das forças em presença.[19] Com isso, a física e a astronomia modernas se opõem à física e à cosmologia antigas nos seus menores detalhes, na medida em que para aquelas não existiria mais diferença entre o mundo lunar e o mundo sublunar, tal como estava enunciado na física e na cosmologia aristotélicas.[20]

Seria em função dessas diferenças, na Antiguidade e na Idade Média, que a palavra ação não se opõe aqui à palavra reação. Não existia então a oposição diferencial ação/reação, que se constituiu apenas posteriormente. Com efeito, na Antiguidade e na Idade Média a contrapartida da ação era a *paixão*, isto é, o padecer de um corpo pela ação de um outro corpo, inscrito que estaria numa instância superior, e incorporá-la então passivamente. Portanto, o que existia era a oposição entre ação e paixão, com os sentidos de passividade e de padecimento que isso implica.[21]

Essa leitura pressupõe ainda uma concepção *hierárquica* do cosmos, em que o mundo lunar, caracterizado pelo movimento circular perfeito, comandaria o mundo sublunar. Do ponto de vista ontológico, essa concepção supunha a existência de um primeiro motor, caracterizado pela mobilidade imóvel, que transmitiria finalisticamente a sua mobilidade aos demais corpos, que a padeciam então de modo passivo. O primeiro motor enuncia e inscreve, é claro, o lugar de Deus no cosmos.[22]

Em decorrência disso, constituiu-se o conceito de *movimento*, enunciado pela física de Aristóteles, que se manteve constante na tradição helenística e na Idade Média. Assim, o movimento era o retorno de um corpo à sua posição inicial no cosmos, abolindo, então, o desequilíbrio momentâneo e restabelecendo o equilíbrio dos seres no cosmos, sem que isso implicasse qualquer transformação efetiva tanto no agente quanto no paciente.[23]

Foi apenas na Alta Idade Média que a palavra reação se constituiu e apareceu no vocabulário, como oposto agora da palavra ação, fazendo desaparecer então a antiga oposição entre ação e paixão.[24] Foi fundamentado nesse novo solo semântico que Galileu inicialmente e Newton depois conceberam o universo atravessado pela cadeia de múltiplas ações e reações, constituindo assim a nova física em íntima articulação com a nova astronomia.

Vale dizer, as revoluções científicas dos séculos XVII e XVIII tinham também como pressuposto uma revolução semântica e categorial, na qual o mundo foi inteiramente transformado de ponta-cabeça. Tal revolução da ordem do pensamento foi acompanhada também de uma profunda transformação política, como se verá adiante.

Nesse contexto, os corpos seriam materialidades caracterizadas pelas suas possibilidades de agir e reagir, nas quais a cada ação corresponderia a existência de uma reação de igual intensidade e de sentido contrário. Além disso, o universo seria constituído por corpos materiais quantificáveis, isto é, permeados por forças que agem e interagem, de maneira contínua e infinita. Por isso mesmo, a linguagem matemática passa a caracterizar a física e a astronomia modernas, com a finalidade de *calcular* e *mensurar* as ações e reações regulares entre os corpos. A *extensão* passou assim a ser devidamente quantificada e mensurada,[25] na medida em que esta seria agora um espaço também atravessado por múltiplas forças, que agem e reagem de maneira permanente.

Essas forças e corpos materiais, que agem e reagem de maneira contínua e infinita, constituem o fundamento da nova concepção da natureza, que receberá diferentes inflexões metafísicas. As interpretações sobre isso vão variar, certamente, mas o pano de fundo da problemática em questão se manteve aqui, sempre invariável e incólume.

Assim, se Spinoza opôs os registros da natureza constituinte e da natureza constituída, para conceber a cartografia do universo e do ser para enunciar o conceito de *desejo*,[26] Leibniz se baseou nessas materialidades para conceber o universo atravessado por mônadas.[27] Estas seriam caracterizadas pela individualização estrita e fechadas sobre si mesmas, com efeito, mas o plano de conjunto do universo seria regido por Deus, que teria nos oferecido o melhor dos mundos possíveis. Newton também enunciou a existência de um Deus regulador do relógio do universo, de forma que a nova física se articulava também com uma nova teologia, permeada pelo racionalismo.[28] Porém, na passagem do século XVIII para o XIX, esta articulação da ciência com a teologia foi definitivamente rompida com a concepção do *determinismo universal*, enunciada por Laplance, para quem não existia mais necessidade de Deus no seu sistema.[29]

Do ponto de vista epistemológico, os saberes foram inscritos então no *paradigma do mecanicismo*, que caracterizou os primórdios da ciência moderna. Esse paradigma não se restringiu ao campo da física, bem entendido, mas foi transposto também para o dos viventes. Uma fronteira foi então ultrapassada, na passagem do registro inorgânico para o orgânico, possibilitando a universalização do paradigma em pauta.

Assim, se o universo era perpassado pela oposição entre ação e reação, representadas como forças e corpos materiais, seria possível enunciar o conceito de *força* vital que caracterizaria a ordem da vida. Enunciado por Leibniz no contexto teórico do deslocamento da *estática* para o da *dinâmica* dos corpos, o conceito de força vital está na origem do *vitalismo* que caracterizou os discursos sobre o vivente, nos séculos XVIII e XIX.[30] Seria isso que marcaria a diferença fundamental entre a matéria inorgânica e a matéria orgânica, não obstante esta ser também permeada pela cadeia infinita de ações e reações. Além disso, a categoria de mônada foi a configuração inicial do futuro conceito de célula, unidade mínima que seria do vivente.

No entanto, nessa completa dissolução moderna do cosmos, da Antiguidade e da Idade Média, os espaços social e político passaram também a ser concebidos de outra maneira. É o que se verá agora.

GOVERNABILIDADE

Foi então, nesse novo quadro do universo, composto agora pela multiplicidade de ações e reações, que dissolveu progressivamente a hierarquia presente na cosmologia antiga, que a questão da *governabilidade* passou a ser também concebida numa outra perspectiva, oposta à da Antiguidade. O que se delineou agora foi a possibilidade de os súditos reagirem à ação dos governantes. Aqueles poderiam resistir a estes, com efeito, que foram assim retirados da condição de serem intangíveis. A arte de governar passou então a supor que os governantes passassem também a considerar estas possibilidades de reação e de resistência dos seus súditos como condição de possibilidade para a eficácia da gestão do poder.

A leitura inaugural de Maquiavel sobre o campo da política se fundava nessa nova concepção sobre o espaço social, pela qual o governante deveria estar sempre atento às forças existentes neste para que a governabilidade pudesse ser possível. Uma ruptura radical se constituiu aqui com o pensamento anterior sobre a política, que marcou a tradição ocidental desde a Grécia clássica, voltada que essa era para a elaboração do que seria o melhor regime e o mais adequado para a pólis.[31] Essa concepção pressupunha a existência do cosmos finito e hierárquico, que estava agora decididamente em questão com a concepção de um universo infinito e homogêneo. Neste, os corpos dos súditos resistem e se opõem à ação dos governantes, não padecendo passivamente, pois, à ação desses.

Foi nesse contexto que Maquiavel enunciou a categoria de *virtude*, em oposição à de *fortuna*, como a marca insofismável que deveria caracterizar o príncipe no exercício da governabilidade.[32] A virtude supõe um *cálculo estratégico* do príncipe, que deveria sempre basear-se agora nos movimentos dos agentes presentes no espaço social. Seria preciso sempre agir, com efeito, levando em consideração as possíveis reações dos súditos, de maneira a prever as reações e as resistências desses. Por isso mesmo, o príncipe não poderia perder de vista o *momento crucial* para agir e relançar as relações de força presentes no espaço social, senão correria o risco de ser atropelado pelos acontecimentos. Foi nesse sentido que Maquiavel se valeu repetidamente da metáfora da raposa, que, pela astúcia, deveria caracterizar o príncipe no exercício da sua virtude.[33]

Tudo isso, é claro, se opõe à antiga crença na fortuna, como marca que era da ação do príncipe. Isso porque não bastaria ao moderno *condottiere* ter apenas uma boa fortuna, no novo espaço social delineado pelo Renascimento, acreditando na Providência divina e na regularidade do cosmos, pois os corpos agora resistem e não apenas padecem. Seria preciso então que o príncipe tivesse a virtude para se antecipar estrategicamente, para fazer a fortuna trabalhar a seu favor.[34]

Foi também nesse contexto histórico que a *violência* começou a inscrever-se positivamente nos discursos filosófico e ético, pela nova leitura da cena da política. A violência passou a ser assim legitimada, como marca da condição humana, nos confrontos políticos existentes entre os diferentes agentes sociais. Do governante aos governados, numa nova ordem caracterizada agora por ações e reações, a violência passou a ser reconhecida na sua positividade e pertinência.

Rompeu-se assim decididamente com a construção existente na Antiguidade e na Idade Média, quando a violência e a crueldade eram consideradas marcas negativas da condição humana. Com efeito, tanto em Aristóteles[35] quanto em Sêneca[36] a violência e a crueldade seriam marcas anômalas da condição humana. Contudo, no Renascimento italiano, a positividade de ambas passou a ser reconhecida no campo estrito da política.

A violência e a crueldade foram também legitimadas no discurso filosófico de Hobbes, como marcas da condição humana na sua permanente luta pela vida. Entretanto, como a disputa e rivalidade legítimas pelas fontes da vida fariam parte da condição humana, necessário seria que cada um abrisse mão do seu exercício, em nome agora da afirmação vital e do evitamento da morte Para isso, era necessário constituir um Estado poderoso, em nome dos direitos naturais, que se fundaria na despossessão de todos os súditos do uso direto da força. Enfim, o Estado seria então o detentor único da força, para regular devidamente a vida dos súditos.[37]

Porém, na concepção de Hobbes foi legitimado também o direito de resistência dos governados, quando o Estado se mostrasse aquém daquilo que prometeu quando se constituiu. A resistência como reação legítima foi então reconhecida, diante de uma ação violenta, seja dos outros súditos seja do Estado, em nome sempre da manutenção da ordem da vida.[38]

Contudo, a violência deslocou-se depois do registro estritamente político e inscreveu-se em todos os outros registros da existência, na passagem do século XVIII para o XIX. Foi então legitimada e positivada, como uma das marcas fundamentais da condição humana, com o advento da modernidade. Pode-se registrar facilmente esse deslocamento crucial tanto nos discursos teóricos de Sade e de Schopenhauer quanto nos de Nietzsche, Freud e Artaud.

Assim, com Sade, a violência e a crueldade se inscrevem na economia da vida pelas vias do gozo e da dominação. O exercício da crueldade pelo sujeito seria uma maneira de afirmação de si e da constituição do poder sobre o outro.[39] Afirmação de si e dominação do outro seriam a cara e a coroa da mesma moeda. O registro da natureza começa então a se autonomizar, perpassado agora pela crueldade e pelo imperativo do gozo.

Em seguida, a dimensão de natureza presente na condição humana foi retomada e sistematizada por Schopenhauer, que destacou então a importância da vontade como imperativo da afirmação do sujeito e da vida. Por esse viés a violência como crueldade se naturalizou, em nome sempre da manutenção da vida.[40] Nietzsche retomou as trilhas e os rastros entreabertos por Schopenhauer, de forma que a sua genealogia da moral pode ser considerada como uma leitura genealógica da crueldade.[41]

Da mesma forma, a crueldade foi positivada na dramaturgia de Artaud,[42] sem esquecer, é claro, a positivação do sadismo e do registro pulsional[43] na condição humana, com Freud, que se aproximou das formulações de Schopenhauer e Nietzsche.

Tudo isso nos evidencia que a problemática da resistência é estritamente moderna e se articula intimamente à ideia de reação, como o oposto e o simétrico da ação nesse contexto histórico. Com isso, a paixão deixa de ser o oposto da ação, como ainda ocorria na Antiguidade e na Idade Média. Para isso, no entanto, necessária foi a dissolução da concepção antiga de cosmos hierárquico no Renascimento e a construção da ideia de universo, marcada que seria pela infinitude e homogeneidade. Em consequência, a natureza passou a ser concebida como um conjunto de corpos materiais e de igual valor, capazes de agir e de reagir incessantemente entre si, sob as formas de movimento e de resistência.

Essa nova ontologia se inscreveu também no discurso político, delineando uma outra concepção de governabilidade, pela qual os súditos passaram a deter também a possibilidade de agir e de reagir, isto é, de resistir ativamente ao governante. A violência e a crueldade passaram então a ser positivadas, marcas que seriam da capacidade de reação e de resistência presentes na condição humana.

INCONSCIENTE E COMPULSÃO À REPETIÇÃO

É preciso enunciar então, antes de mais nada, que a palavra resistência foi introduzida na psicanálise em estrita ressonância com essa longa genealogia. Esse seria o solo de fundação do conceito de resistência em psicanálise. Portanto, resistir é agir *contra* as intenções do outro, que mobiliza forças para colocar em questão o território de pertencimento do sujeito. Este reage, então, para manter a integridade do seu território.

Como já disse inicialmente, o conceito de resistência enunciou-se no discurso freudiano em 1895, no ensaio sobre a "Psicoterapia da histeria".[44] Assim, quando o analista tentava aproximar-se do campo das representações dolorosas, o analisante resistia a isso, opondo-se à retomada e ao reconhecimento de tais representações. Freud formulou então que a intensidade da resistência seria equivalente à força que produziu inicialmente a divisão psíquica. Enunciou ainda que a transferência seria uma modalidade de resistência, pois desviaria o paciente do processo de elucidação dos sintomas, que passaria pela experiência da dor.

Porém, se a transferência era inevitável, não poderia ser desconsiderada, contudo, sob o risco de suspensão da experiência analítica,[45] Freud passou a conceber a diversidade presente no campo transferencial. Existiriam, assim, as transferências positiva e negativa, isto é, aquela que ia na direção da elucidação do sintoma e a que a isso se contrapunha.[46]

No entanto, com a construção do conceito de inconsciente, no sentido sistemático,[47] Freud enunciou uma outra concepção da resistência, relacionada agora diretamente com a natureza do recalcado. Este se oporia assim a qualquer penetração no seu território. Portanto, o recalque originário, isto é, o núcleo do recalcado, se oporia sempre a qualquer intrusão do outro e ao próprio trabalho analítico.

Assim, se a primeira noção de resistência tem uma dimensão eminentemente *tática*, a segunda tem uma dimensão decididamente *estratégica* e metapsicológica. Se a primeira é passível de ser superada, a segunda impõe-se como uma impossibilidade radical, pois seria fundante do psiquismo. De qualquer maneira, essas duas noções convivem no discurso freudiano, lado a lado, assumindo a segunda novas formas no desdobramento desse discurso.

Com efeito, na sistematização das resistências, realizada em "Inibição, sintoma e angústia",[48] a resistência inerente ao recalcado enunciou-se agora como resistência do *isso*. Porém, tal resistência seria agora da ordem da *compulsão à repetição*. Como se sabe, foi em torno do trabalho insistente sobre a repetição e a pulsão de morte que Freud passou a centrar a experiência analítica, desde a viragem dos anos 1920.[49]

A repetição aqui, contudo, reenviaria a algo da ordem do trauma e que, por isso mesmo, não poderia ser imediatamente simbolizado.[50] A experiência analítica implicaria então a repetição insistente do traumático, que se realizaria em ato na transferência, para que a simbolização pudesse enfim acontecer.[51] Porém, isso não seria algo líquido e certo, na medida em que desde então a *imprevisibilidade* passou a marcar a experiência analítica, distante que esta seria de qualquer determinismo.

O que estaria agora em pauta, com efeito, seria um complexo jogo de forças entre pulsão e defesa, ou, então, entre trauma e simbolização. Isso conduziu Freud a conceber a experiência analítica como um embate de forças *indecidível*, isto é, que não seria garantido nos seus resultados e desdobramentos, *a priori*, já que venceria o embate quem tivesse mais forças disponíveis.[52] A metáfora aqui utilizada é a da guerra, pela qual seriam os exércitos mais poderosos que venceriam o confronto contra os mais fracos. Nesse contexto, a figura do analista seria uma força a mais que se inscreveria na cena desse conflito, mas sem nenhuma garantia de poder conduzir o embate para a solução que considerasse melhor para a figura do analisante.

Ao lado disso, o discurso freudiano enunciou ainda uma outra dimensão da resistência, que se articularia às duas anteriores, por derivação. Quero me referir agora à resistência da cultura à psicanálise, que seria por todos cultivada. Isso porque, pelo descentramento do psíquico que a psicanálise produziu, a soberania do eu do indivíduo sobre si próprio foi colocada em questão, enviando a dinâmica psíquica para os registros do inconsciente e da pulsão. A invenção da psicanálise teria sido assim a terceira ferida narcísica da humanidade, que teria se seguido às revoluções copernicana (descentramento da Terra no sistema solar) e darwinista (inscrição estrita do homem na escala animal).[53]

Se o psiquismo foi então transformado num permanente embate de forças, numa conflitualidade generalizada e imprevisível nos seus desdobramentos, as ações e reações se disseminariam em espiral. Nesse contexto, não caberia mais ao analista apenas interpretar, como se passava nos primórdios da psicanálise, mas deveria realizar fundamentalmente um trabalho sobre a repetição no campo da transferência, para que a simbolização pudesse finalmente se empreender.[54] Nesse contexto o conceito de construção foi enunciado,[55] diante da impossibilidade da interpretação.

Porém, colocar a ênfase agora na simbolização possível da compulsão à repetição implica efetivamente deslocar a problemática da experiência analítica. Não se trataria mais da descoberta de uma verdade oculta e imanente ao psiquismo, pela mediação do deciframento, como se realizava ainda na descoberta inaugural da psicanálise, mas aquela experiência deveria se voltar agora para algo de ordem prospectiva, isto é, num *vir a ser* da subjetividade em análise. Esse deslocamento supõe uma implicação maior do analista na experiência em pauta, é claro. Vale dizer, a figura do analista passou a ser uma dimensão fundamental da experiência analítica.

Daí por que a analisibilidade da figura do analista tornou-se uma questão crucial para a sustentação do desdobramento da experiência analítica. Ao lado disso, o imperativo de neutralidade daquele passou a ser dificilmente sustentável, constituído que foi no contexto teórico do modelo interpretativo. Parece-me que a tese de Lacan, de que, em última instância, a resistência é do analista, se inscreve precisamente nesse novo horizonte teórico.[56]

LEGITIMIDADE DO NÃO

Contudo, nesse contexto enunciou-se um outro conceito no discurso freudiano, que acabou por se confundir de maneira indelével com o de resistência. Quero me referir ao conceito de reação terapêutica negativa, isto é, de uma imobilização efetiva da experiência analítica, baseada num suposto sentimento inconsciente de culpa, de forma que o analisante não poderia se curar porque não mereceria isso, pela punição que se infligiria.[57]

Desde esse momento, contudo, a resistência e a reação terapêutica negativa formaram uma dupla indissociável no campo psicanalítico. Tanto uma quanto a outra passaram a ser concebidas como variações da transferência negativa e do efeito mortífero da pulsão de morte no psiquismo, como se depreende facilmente no percurso teórico de Melanie Klein. Foi nesse contexto que a pulsão de morte se viu reduzida à dimensão de pulsão de destruição.

Para se confrontar diretamente com tal problemática e com os impasses psíquicos colocados pela compulsão à repetição, o modelo interpretativo foi então renovado. Com efeito, diante da impossibilidade de rememoração do analisante, o analista passou a enunciar a existência de fantasmas precoces daquele para superar a resistência e a transferência negativa, sem que se considerasse devidamente que a ausência de rememoração se inscrevia justamente no registro compulsão à repetição. O conceito de construção,[58] enunciado tardiamente por Freud, possibilitou essa renovação da estratégia hermenêutica, que assumiu então uma dimensão cada vez mais violenta, com o intuito de se contrapor à suposta destrutividade da pulsão de morte e dos fantasmas arcaicos.

Nesse contexto, a figura do analista assumia não apenas uma evidente posição ativa, mas também a de quem sabia muito mais sobre o psiquismo do analisante do que este mesmo. A *intrusão* do analista no psiquismo do analisante tomou corpo e forma drásticos, de maneira que o direito à resistência se aboliu e se suspendeu efetivamente. O *não* do analisante perdeu assim qualquer pertinência e legitimidade, evidenciando-se apenas como marca negativa do sujeito, devendo ser então culpabilizado como uma outra astúcia da resistência.

Pode-se depreender disso que a denominada reação terapêutica negativa foi uma produção efetiva do dispositivo psicanalítico, que reinventou o modelo interpretativo diante da questão *real* que então se impunha, qual seja, a da compulsão à repetição, que não poderia ser rememorada e decifrada, mas apenas acolhida pelo analista na transferência, para ser perlaborada numa experiência insistente, indecidível e imprevisível.

A relação do analista com o analisante foi então transformada numa relação de *poder* do primeiro sobre o segundo, na qual o primeiro acreditava saber mais sobre o psiquismo do analisante do que este. A reação terapêutica negativa seria assim uma maneira de o analisante dizer decididamente *não* ao analista e impor sua resistência legítima em face da intrusão violenta e cruel do analista.

Nas finas narrativas clínicas de Pontalis, reunidas no livro intitulado *Perder de vista*,[59] pode-se reconhecer como a experiência mortífera de intrusão materna se repetiria na experiência analítica, e que estaria justamente aqui a fonte primordial da dita reação terapêutica negativa. Por isso mesmo, Pontalis pôde enunciar o direito ao não, duas vezes não, dirigido agora não apenas à mãe, mas também ao analista invasor, que pretende, com a suposta superioridade do seu saber, fazer o curto-circuito da resistência e da transferência negativa do analisante. Com isso, o poder se inscreve efetivamente na relação analítica, com as consequências nefastas que já se conhece.

A reação terapêutica negativa é a resultante de uma relação intrusiva de poder que se estabelece na experiência analítica, quando a figura do analista pretende colocar-se numa posição de *exceção* na economia das trocas intersubjetivas. Portanto, é preciso que o analisante possa dizer não ao analista para colocá-lo no seu devido lugar, afirmando em ato a legitimidade e o direito à resistência. Enfim, a resistência se transformaria assim em desejo, enunciando-se então de forma eloquente como desejo de resistência.

Notas

1. S. Freud, "Le moi et le ça" (1923), *in Essais de psychanalyse, op. cit.*
2. S. Freud, "Psychotherapie de l'hystérie" (1895), *in* S. Freud e J. Breuer, *Études sur l'hystérie, op. cit.*
3. *Ibidem.*
4. S. Freud, *L'interpretation des rêves* (1900), cap. VII, *op. cit.*
5. S. Freud, *Trois essais sur la théorie de la sexualité* (1905), *op. cit.*
6. S. Freud, "Le moi et le ça" (1923), *in Essais de psychanalyse, op. cit.*
7. S. Freud, "Au-delà du principe du plaisir" (1920), *in Essais de psychanalyse, op. cit.*
8. S. Freud, "Le moi et le ça" (1923), *in Essais de psychanalyse, op. cit.*
9. S. Freud, *Inhibition, symptome, angoisse* (1926), *op. cit.*
10. M. Foucault, *La volonté de savoir, op. cit.*
11. *Novo Aurélio. O dicionário da língua portuguesa. Século XXI*, Rio de Janeiro, Nova Fronteira, 1999, p. 1.752.
12. *Dicionário Houaiss da língua portuguesa*, Rio de Janeiro, Instituto Antonio Houaiss/Objetiva, 2001, p. 2.438.
13. *Novo Aurélio, op. cit.*, p. 1.752.
14. *Dicionário Houaiss da língua portuguesa, op. cit.*, p. 2.438.
15. *Novo Aurélio, op. cit.*, p. 1.752.
16. J. Starobinski, *Ação e reação*, Rio de Janeiro, Civilização Brasileira, 2002.
17. *Ibidem.*
18. *Ibidem.*

19. A. Koyré, *Du monde clos à l'univers infini*, op. cit.
20. *Ibidem*.
21. J. Starobinski, *Ação e reação*, op. cit.
22. A. Koyré, *Du monde clos à l'univers infini*, op. cit.
23. A. Koyré, *Études galiléennes*, Paris, Hermann, 1966.
24. J. Starobinski, *Ação e reação*, op. cit.
25. A. Koyré, *Études galiléennes*, op. cit.
26. B. Spinoza, *Éthique*, Paris, Vrin, 1983.
27. Leibniz, "Monadologie", *in Discours de métaphysique suivi de monadologie*, Paris, Gallimard, 1995.
28. I. Newton, *Newton. Textos, antecedentes, comentários*, Rio de Janeiro, Contraponto/ Editora UERJ, 2002, partes 6, 7 e 8.
29. J. Starobinski, *Ação e reação*, op. cit.
30. *Ibidem*, cap. III.
31. E. Barker, *Teoria política grega*, Brasília, Universidade de Brasília, 1978.
32. N. Maquiavel, "Le prince", *in Oeuvres complètes*, Paris, Gallimard (Pléiade), 1952.
33. *Ibidem*.
34. *Ibidem*.
35. Aristóteles, *Éthique de Nicomaque*, Paris, Garnier-Flammarion, 1965, livro II, cap. V.
36. Sêneca, *Colère et clemence*, Paris, Arléa, 1990.
37. T. Hobbes, *Léviathan* (1651), Paris, Sirey, 1971.
38. *Ibidem*.
39. Marquês de Sade, *La philosophie dans le boudoir*, op. cit.
40. A. Schopenhauer, *Le monde comme volonté et représentation*, Paris, PUF, 1966.
41. F. Nietzsche, F. *Généalogie de la morale*, op. cit.
42. A. Artaud, "Le theatre et son double", *in Oeuvres complètes*, Paris, Gallimard, 1978, vol. IV.
43. S. Freud, *Trois essais sur la théorie de la sexualité* (1905), op. cit.
44. S. Freud, "Psychothérapie de l'hystérie" (1895), *in* S. Freud e J. Breuer, *Études sur l'hystérie*, op. cit.
45. S. Freud, "Fragment d'une analyse d'hysterue" (Dora), *in Cinq Psychanalyses*, Paris, PUF, 1954.
46. S. Freud, "La dynamic du transfert" (1912), *in La technique psychanalytique*, Paris, PUF, 1972; S. Freud, "Remémoration, répétition et elaboration" (1914), *Ibidem*.
47. S. Freud, "L'inconscient" (1915), *in* S. Freud, *Metapsychologie*, Paris, Gallimard, 1968.
48. S. Freud, *Inhibition, symptôme et angoisse* (1926), op. cit.
49. S. Freud, "Au-delà du principe du plaisir" (1920), *in Essais de psychanalyse*, op. cit.

50. *Ibidem*.
51. *Ibidem*.
52. S. Freud, "Analyse avec fin et analyse sans fin" (1937), *in Résultats, idées, problèmes, op. cit.*, vol. II.
53. S. Freud, "Une difficulté de la psychanalyse" (1917), *in Essais de psychanalyse appliquée*, Paris, Gallimard, 1933.
54. S. Freud, "Constructions en analyse" (1937), *in Résultats, idées, problèmes, op. cit.*, vol. II
55. *Ibidem*.
56. J. Lacan, "Fonction et champ de la parole et du langage em psychanalyse" (1953), in *Écrits, op. cit.*
57. S. Freud, "Le moi et le ça" (1923), *in Essais de psychanalyse, op. cit.*
58. S. Freud, "Constructions en analyse", *in Résultats, idées, problémes, op. cit.*, vol. II.
59. J. B. Pontalis, "Non, deux fois non", *in Perdre de vue*, Paris, Gallimard (Folio), 1988.

2. Nas bordas da transgressão*

---

* Este ensaio foi escrito a partir das notas que me orientaram na conferência pronunciada na I Jornada de Estudos do Espaço Brasileiro de Estudos Psicanalíticos sobre as transgressões, realizada no Rio de Janeiro, em maio de 2001.

ILEGALISMOS E DIREITOS HUMANOS

A problemática da transgressão sublinha o que está em evidência na ordem do dia. Basta um rápido passar de olhos pela primeira página dos principais jornais brasileiros para se constatar isso com facilidade. É claro que estou me referindo aqui aos grandes jornais do país, aqueles considerados sérios e que informam relativamente bem aos seus leitores. Não considero aqui os diários populares e os que se dedicam à publicação de escândalos com a finalidade de vender jornais. Portanto, é patente como os nossos principais jornais indicam de forma eloquente como os ilegalismos e a rasura dos princípios dos direitos humanos ocupam as suas manchetes. A corrupção em diferentes níveis do poder, a morte de crianças e das populações mais desfavorecidas socialmente, a violência indiscriminada das forças policiais e de grupos outros da sociedade civil, nas cidades e nas regiões rurais, associados à depredação dos dispositivos sanitários e educacionais do país, se destacam com insistência nessas manchetes.

Com efeito, a cada dia se apresentam novas notícias escabrosas que nos revelam, de imediato, o quanto tudo isso passou a povoar o nosso cotidiano. Parece até que só acontece isso, que não temos nunca boas notícias, na medida em que aquelas são predominantes. Se nos deslocamos, contudo, das páginas de abertura dos jornais e adentramos as matérias propriamente ditas, tudo isso fica ainda mais escandaloso. Os ilegalismos e os ataques aos fundamentos dos direitos humanos são descritos com sutileza de detalhes, que tem sempre o poder de surpreender e até mesmo nos chocar. Ficamos frequentemente de orelha em pé, quase sem acreditar no que estamos lendo. A escatologia salta literalmente aos olhos, não exigindo então dos leitores nenhum esforço de interpretação para captá-la por pequenas indicações nas entrelinhas do texto. Tudo está dito de maneira brutal, enfim, tal como aquilo que é descrito como notícia.

É verdade que a repetição incansável desses fatos diversos pela mídia acabou por diminuir enormemente os efeitos de horror e de espanto. Acostumamo-nos com tudo isso, infelizmente. Criamos talvez uma camada de proteção contra o que há de horroroso nisso tudo, uma carcaça mineralizada em vez de uma pele, para repelir o que existe de traumático na dor que tudo isso nos provoca. Quem sabe? Assim, não nos horrorizamos mais tanto com os milhares de meninos de rua que estão abandonados à própria sorte nas nossas grandes cidades. Da mesma forma, a corrupção e a violência indiscriminada se transformam em práticas cotidianas na sociedade brasileira, de maneira que tendem a naturalizar-se no nosso imaginário. Habituamo-nos com todo esse lixo, passando a considerar natural o que existe de horroroso nisso tudo.

Alguém poderia afirmar que esse espetáculo escabroso seria apenas uma particularidade brasileira, não existindo em outras sociedades, sobretudo nas do primeiro mundo. Isso não corresponde aos fatos. A mídia, europeia e norte-americana, nos informa regularmente sobre um rosário de ilegalismos e de rasuras dos princípios básicos dos direitos humanos, que se avolumaram numa escala inquietante nos últimos anos. Com efeito, de filhos de presidentes respeitáveis, envolvidos com tráfico de armas, até presidentes e primeiros-ministros de grandes potências envolvidos com práticas ilegais, a lista de ilegalismos é infindável e enfadonha na sua mesmice. Isso sem falar em ministros e altos assessores políticos desses países, implicados em atos francamente criminosos. Não me refiro aqui, atentem bem para isso, ao que se passa na América Latina, na Ásia e na África, pois a listagem seria ainda mais escabrosa.

Portanto, os ilegalismos e as práticas de escárnio em face dos direitos humanos estão em toda parte, não se restringindo ao Brasil, nem aos países do terceiro e do quarto mundos. O que pode fazer diferença na comparação entre o que acontece nos países ditos avançados e os periféricos não é a existência daqueles horrores *versus* a sua inexistência, mas como os diversos países fazem frente aos ilegalismos e às rasuras dos princípios dos direitos humanos. Com efeito, entre nós e os demais países periféricos são comuns a impunidade e a tolerância infinita diante de tais crimes, o que já não acontece com tanta facilidade nos países avançados, nos quais a ordem jurídica tem um valor incontornável.

Pode-se ainda dizer que não é rigorosamente verdadeiro que no Brasil a impunidade e a tolerância com tudo isso sejam práticas corriqueiras. Isso é uma norma válida apenas para as classes dominantes e para as elites em geral. Com os demais, os cães da ordem — isto é, a polícia — cometem atos bárbaros. Ou, então, a lei é cumprida à risca. Com efeito, para as classes populares a lei atua de maneira implacável e até frequentemente injusta, indicando a inconsistência da ordem jurídica no Brasil, que já conta, aliás, com uma longa tradição na nossa história.

Assim, os ilegalismos e os ataques aos direitos humanos se inscrevem no mundo contemporâneo de forma abrangente. A globalização, na sua versão neoliberal, teve o poder de incrementar aqueles de maneira vertiginosa, na medida em que colocou em questão a soberania das nações, tal como existiu nos séculos XIX e XX. Assim, a soberania foi relativizada justamente porque os Estados passaram a ser regulados pelos fluxos do mercado mundial. Com isso, a ordem política foi lançada no caldeirão da economia, passando a se pautar então pelos ditames do mercado. A redistribuição da autoridade política incidiu sobre a ordem jurídica, que se fragilizou diante dos novos ilegalismos que se constituíram nesse contexto.

Não obstante, existe uma evidente tendência internacional em pauta, qual seja, a que busca na ordem jurídica um suporte para se contrapor à fragilização do político, procurando situá-la num plano superior no campo da sociedade contemporânea. Como se o registro jurídico pudesse ser o contraponto seguro para o desinvestimento do registro político. Ao lado disso, o apelo para a constituição de cortes e tribunais internacionais se disseminou, pelo qual se procuram constituir novas instâncias de arbitragem para as recentes modalidades de ilegalismo que se inscrevem na cena social contemporânea, decorrentes da globalização neoliberal.

Existe algo de novo nesses ilegalismos? A descrição destes evidencia certamente modalidades inéditas, de maneira que novas formas de ilegalismo podem então ser bem caracterizadas. Porém, afirmar isso é uma banalidade, na medida em que qualquer período histórico, principalmente os marcados pela ruptura e pela definição de novos rumos, se caracteriza pela produção de novas modalidades de ilegalismo. O novo talvez seja a forma pela qual o poder se confronta com os ditos ilegalismos na atualidade, destoando então das maneiras pelas quais a modernidade fez frente a isso.

Com efeito, o modelo que se constitui hoje para combater os ilegalismos tem na punição penal o seu caminho privilegiado. A condenação e o aprisionamento das pessoas crescem vertiginosamente na sociedade contemporânea. Não me refiro apenas aos países periféricos, mas aos Estados Unidos e aos países europeus. Nestes, as populações carcerárias crescem e se perdem de vista.[1] Ao lado disso, a pena de morte aumentou drasticamente nos últimos anos, sendo visível a diferença diante do que se convencionou denominar de modernidade. A ordem penal se dissemina, assim, como a via preferencial, assumida pela sociedade pós-moderna, para lidar com os denominados desviantes sociais. Estes são geralmente enviados para a prisão na atualidade, onde cumprem longas penas, quando não são diretamente condenados à morte.

O que se forja na pós-modernidade, portanto, é uma transformação importante nas formas pelas quais a sociedade contemporânea se defronta com os desviantes sociais. Estes são encaminhados agora de preferência para a instituição penal, que os exclui socialmente por longos períodos, quando não os condena diretamente à morte.

Pode-se depreender disso que a posição estratégica atribuída agora à ordem penal, no campo específico do desvio social, é a contrapartida do lugar também estratégico investido na ordem jurídica no imaginário contemporâneo. Nos vazios produzidos pela retração do registro da política, a instância jurídica passa a inscrever-se de maneira fundamental no espaço social, redirecionando seus pontos de referência e sua geografia institucional. A ordem jurídica se avoluma, enfim, em contrapartida à expansão do mercado no espaço social e ao adelgaçamento do registro propriamente político.

Ao lado disso, é evidente também que aqueles levados às práticas de desvio social provêm sobretudo das populações dos excluídos sociais, produzidos pela globalização neoliberal. Assim, esta exclui ativamente enormes contingentes populacionais que, na desconstrução e na diminuição da máquina estatal em nome da rentabilidade econômica, não têm mais onde se apoiar para sobreviver. A quebra do Estado do bem-estar social, modelo instituído no Ocidente desde o fim da Segunda Guerra Mundial, condena esses contingentes à miséria e à morte. Nesse contexto, o desvio social, nas suas diversas modalidades, quase se impõe como destino, quando a morte não arrasa antes parcelas substantivas dessas populações. Para os que sobrevivem, a prisão se coloca agora como o espaço preferencial para administrar tal exclusão social, para a qual não se coloca mais no horizonte a possibilidade de inserção social dessas individualidades abandonadas e deixadas por sua própria conta.

A morte e a prisão: estes são os atuais destinos terríveis dos que são socialmente excluídos na ordem do neoliberalismo. Os desviantes terão sempre na ordem penal o lugar preferencial para o seu recolhimento. Porém, a transformação desses por práticas disciplinares[2] não se coloca mais com tanta ênfase, na medida em que a possibilidade de retornarem futuramente ao mercado de trabalho se coloca cada vez menos, no contexto das novas condições econômicas e sociais.

Isso indica uma transformação crucial no campo dos ilegalismos, assim como nos atuais processos de regulação do desvio social. Nesse contexto, as disciplinas se remanejam nas suas formas de funcionamento e nos seus alvos privilegiados. Retomemos assim o conceito de disciplina, tal como elaborado por Foucault para empreender a leitura da modernidade.[3]

DISCIPLINAS

Foucault demonstrou com bastante argúcia como os ilegalismos se inscreviam no fundamento do espaço social da modernidade. Aqueles não eram apenas efeitos superficiais do funcionamento deste, mas se produziam e se reproduziam nos alicerces da modernidade. Com efeito, ao mesmo tempo que nesta se forjaram formas mais doces de punição em comparação com as terríveis práticas de suplício da Idade Média, delineando-se um deslocamento da figura do *crime* para a do *criminoso* no final da Idade Clássica, constituíram-se na modernidade ilegalismos que envolviam os próprios agentes da ordem legal, isto é, a polícia, a justiça e o próprio Estado no seu sentido mais amplo. O que implica dizer que as diversas figuras do ilegalismo seriam produções efetivas da modernidade.

O que significa isso, afinal de contas? Não se quer enunciar com isso, evidentemente, que no mundo pré-moderno os ilegalismos não existiam, passando a acontecer apenas na modernidade. Formular isso assim seria uma grande bobagem, pois é claro que aqueles existiam na pré-modernidade. Porém, o que a modernidade constituiu como inovação foi a produção de dispositivos punitivos fundados na disciplina. Com isso, remodelou completamente todo o campo do ilegalismo, pela produção de figuras originais e pela releitura das figuras antigas, de maneira que aquele virou de ponta-cabeça, isto é, foi subvertido nos seus fundamentos.

De que maneira a disciplina foi a condição concreta de possibilidade dessa subversão? É isso que precisa ser bem respondido, aqui e agora. Ao se fundar na norma, a disciplina constitui, ao mesmo tempo, um ideal de ser e uma forma de regulação, que seria constitutivo da individualidade enquanto tal. Assim, o indivíduo seria então forjado pela disciplina, pela mediação de normas. Em decorrência disso, passa também a ser descrito tudo aquilo que se afasta dessas como desvios e que exigem, em contrapartida, uma operação de correção. Constituem-se dessa maneira, portanto, a anomalia e a anormalidade, pelo gesto instituinte da norma enquanto tal. A totalidade desse processo pode ser denominada de *normalização* do social, sendo através desta que se constituiu a sociedade disciplinar na aurora da modernidade.[4]

A disciplina condensa a totalidade desse processo, indicando que seria através dela, pela mediação da norma enquanto tal, que as anomalias e anormalidades seriam produzidas. O que implica dizer que a produção dessas é o correlato e a contrapartida da instituição das normas, não antecedendo aquelas a estas, nem no sentido ontológico, nem no histórico. A resultante disso seria a construção da individualidade propriamente dita, que teria nas normas o seu fundamento e seu critério de valor.

Estamos lançados aqui no registro ético, com implicações imediatamente políticas. Assim, as disciplinas seriam constitutivas do discurso ético e de dispositivos de ação prática que regulariam o espaço social. Os saberes fundam as disciplinas, mas não é apenas nesses que estas se legitimam. Longe disso, aliás. O que estaria em pauta aqui seria a constituição de dispositivos de poder, nos quais a produção de saber estaria diretamente implicada. Nesses termos, o saber implica poder e vice-versa.[5]

É preciso reconhecer aqui a virtude teórica do conceito de disciplina, na medida em que nos possibilita a interpretação devida do conceito de norma e de seus desdobramentos, isto é, as anomalias e anormalidades como positividades. Ao lado disso, permite-nos apreender a genealogia dos dispositivos de poder. Com efeito, com o poder agora concebido como voltado para a produção de individualidades, mediante as múltiplas formas de vigilância e de panoptismo, as anomalias se multiplicam e se constituem pelos instrumentos normativos.[6] Estes não se restringem apenas à polícia, como formas que são de controle social, mas se disseminariam pelas diferentes modalidades de exame realizadas pelas ciências humanas.[7] Tendo na clínica a sua matriz antropológica e na polícia médica o seu paradigma de normalização do social,[8] os diferentes saberes se inscreveram então nos dispositivos disciplinares.

Como nos indicou Deleuze, num belo ensaio certamente inspirado no pensamento de Foucault, o campo social, tal como o conhecemos na atualidade, seria uma invenção da modernidade. Com efeito, o campo social teria se constituído no século XVIII, pela mediação de disciplinas e de práticas de controle social.[9] O social se ordenaria pela conjugação de dispositivos disciplinares, que forjariam uma complexa rede de produção normativa. Em contrapartida, os ilegalismos, as anomalias e as anormalidades seriam constituídos pelo processo infinito e interminável de normalização das individualidades. Em decorrência disso, todos aqueles passaram a ser positivados e legitimados pelos saberes que autorizavam sua correção ortopédica mediante políticas sociais, práticas pedagógicas e terapêuticas.[10]

RISCO E MORTE

Deslocamo-nos, assim, de uma leitura centrada apenas nos ilegalismos e na rasura dos princípios fundamentais dos direitos humanos para outra, na qual a transgressão, enquanto problemática teórica, ética e política, se inscreve na boca de cena. O discurso crítico de Foucault sobre a sociedade disciplinar nos indica que o embate fundamental no qual foram lançadas as individualidades se centraria agora na oposição entre a normalização e a resistência a esta. Vale dizer, o poder disciplinar se exerce pelo enunciado de normas que se inscrevem sempre em dispositivos que visam a normalizar as individualidades. Estas resistem ao assalto do poder de diferentes maneiras, de maneira tal que serão consideradas, pela lógica normalizadora das disciplinas, como seres anormais e até mesmo francamente patológicos. Em decorrência disso, os dispositivos disciplinares vão exercer ações de correção, para inscreverem no campo do normal tudo aquilo que penetrou nos territórios interditos da anomalia e da patologia.

Nessa perspectiva, a transgressão seria a maneira pela qual a individualidade poderia resistir ao imperativo da normalização e da disciplina. Evidentemente, a transgressão implicaria uma *ultrapassagem de limites* e uma tentativa de *traçar novas fronteiras* para a individualidade, já que existiria sempre no gesto transgressor um questionamento do território delineado pelas normas. Porém, tudo isso supõe combate para a individualidade implicada na experiência da transgressão, na medida em que encontrará seguramente obstáculos, tanto para a ultrapassagem dos limites estabelecidos quanto para o traçado de novas fronteiras. Vale dizer, essa experiência seria marcada pela conflitualidade, já que os agentes e as instâncias da norma se opõem ativamente ao gesto transgressor.

Portanto, existiriam dor e sofrimento para a individualidade na experiência da transgressão, o que quase nunca é reconhecido pelas instâncias de normalização, que a interpretam como algo sempre proveniente do campo do mal e que, por isso mesmo, exigiria um corretivo disciplinar.

Isso nos evidencia a representação instituída da palavra transgressão. No vocabulário comum, esta tem sempre um sentido negativo, do ponto de vista dos valores estabelecidos. Não obstante o fato evidente, citado no início deste ensaio, de algumas modalidades de transgressão serem cada vez mais naturalizadas na tradição ocidental, a transgressão continua a ser considerada de maneira negativa no imaginário coletivo. O que evidencia um paradoxo. Porém, é pelo destaque conferido ao que é moralmente negativo que os jogos de linguagem[11] sobre a transgressão foram historicamente constituídos.

Nessa perspectiva, a transgressão foi progressivamente considerada no discurso psicanalítico como sendo uma perversão. A história da psicanálise, desde os anos 1930, evidencia isso com bastante clareza, mesmo que diferentes autores fizessem críticas a isso. Não obstante, a versão instituída na psicanálise é a de que a transgressão seria uma evidência da perversão. Com efeito, aquela seria sempre a resultante de um ato perverso, no qual se realizaria uma ultrapassagem indevida de limites. Isso porque seria uma modalidade de ação que se faria por um curto-circuito na subjetividade, na qual não existiria nenhuma dimensão de simbolização em causa. Seria assim sempre o gozo que estaria em pauta, em estado quase puro.

A indagação que isso coloca é se essa seria a única leitura possível para a ideia de transgressão no discurso psicanalítico. Ou, dito de uma outra maneira, a transgressão não poderia ter uma acepção outra, pela qual a ultrapassagem de limites acontece e deve ser reconhecida enquanto tal, mas em que isso não implique algo necessariamente deplorável do ponto de vista ético. Além disso, é preciso que se considere o que se quer dizer com a atribuição moralmente negativa a uma ação qualquer.

Digo isso porque, no contexto sociopolítico atual, se existe uma valoração moralmente negativa sobre uma série de acontecimentos terríveis, ocorre também, em contrapartida, uma evidente naturalização destes.

Esse é o paradoxo em causa colocado por tal modalidade de transgressão. Isso porque a repulsa e a censura moral desta convivem com a sua naturalização, lado a lado, como se um dos enunciados em jogo não tivesse o poder crítico de desalojar o outro. Por isso mesmo, acaba por conviver com ele, reconhecendo-o, de alguma maneira, na sua validade e pertinência.

A decorrência disso é que a avaliação negativa inicial progressivamente se esfumaça, não resistindo à operação de naturalização. O cinismo, como postura moral, acaba por se instituir em larga escala na contemporaneidade. As pessoas acabam por acreditar que as coisas são assim mesmo, sempre foram, aliás, apesar de deverem ser diferentes. Este "dever ser", no entanto, é impotente para revirar tal estado de coisas. Daí por que o cinismo e a impotência acabam por impor-se nesse cenário macabro.

Porém, quando se propõe aqui uma discussão sobre as transgressões, já se estaria aludindo à existência de outras possibilidades de transgressão, além da que foi acima referida. Daí o plural. Essa outra modalidade de transgressão aponta para diferenças cruciais presentes nessa experiência, que deveriam receber uma leitura acurada.

Com efeito, nessa outra modalidade de transgressão, essa seria também uma ultrapassagem de fronteiras, mas o que estaria agora em jogo seria o risco e até mesmo o risco maior, qual seja, a morte. Além disso, o risco de morrer se colocaria como decorrência do questionamento daquilo que está instituído, sem que isso seja feito em nome da destruição ou mesmo do simples desafio, mas apenas da expansão das possibilidades existenciais das individualidades nisso implicadas. Vale dizer, viver ou morrer aqui podem ser as consequências do risco assumido pelo gesto transgressor, sem que se queira dizer com isso que a subjetividade esteja buscando a morte, mas apenas a realização de algo que lhe seja existencialmente mais condizente. Enfim, algo da ordem da afirmação do desejo estaria aqui em causa.

Retomo, assim, a concepção de Bataille, pelo qual existiria sempre na experiência transgressiva uma dimensão de risco e mesmo de risco de vida.[12] Foucault retomou tal leitura de Bataille, dando-lhe um novo alento teórico nos anos 1960.[13] O desenvolvimento da pesquisa de Foucault, a que nos referimos anteriormente, foi o desdobramento sistemático dessa outra maneira de conceber a transgressão. Essa seria, portanto, uma forma de resistência diante do processo social de normalização, pelo qual a subjetividade quer afirmar o que é ao não se submeter aos imperativos desse. Ultrapassa, assim, os limites instituídos e forja outras fronteiras, para se expandir de maneira inventiva. Portanto, nessa concepção outra da transgressão existiria uma evidente implicação ética que lhe fundaria como experiência, entreabrindo-se, então, para a subjetividade um outro horizonte de inscrição no mundo.

Seria justamente essa marca ética que não se encontra presente na primeira modalidade de transgressão, hoje instituída. Isso porque nessa não existiria nenhum risco em jogo para os seus agentes. Ao contrário, esses apenas fazem uso daquilo que é virtualmente possível no estado de coisas instituído, mesmo que isso não seja legalmente autorizado. As normas instituídas é que são utilizadas pelos agentes, mesmo que eivadas de ilegalismos. Estes, como vimos com Foucault, são legitimados como práticas sociais. Por isso mesmo, o público pode horrorizar-se com tais práticas, mas acaba por se reconciliar com isso pela sua naturalização. Se o horror provocado remete à representação da ordem legal, a naturalização denota, em contrapartida, um reconhecimento implícito das normas em pauta. Daí por que o cinismo e a postura de impotência se conjugam como resultantes disso tudo.

FRONTEIRAS

Assim, as fronteiras e os limites da transgressão têm nas normas o seu ponto crucial de referência. A transgressão propriamente dita visaria sempre ao sistema normativo, propondo a possibilidade de outras maneiras para regular as relações das subjetividades entre si e com o mundo. Por isso mesmo, o seu gesto implica um risco para a subjetividade, fundando-se sempre no registro ético. A outra modalidade de transgressão enunciada não funciona do mesmo modo, na medida em que o sistema normativo se mantém incólume e é utilizado pelo sujeito para aumentar seu poder no espaço social.

O que enuncio aqui é o traçado de uma fronteira entre transgressão e perversão, como sendo dois registros que não se confundem nem se superpõem. Estes se referem às duas modalidades de gestos transgressores acima indicados, que podem ser enunciados segundo jogos diferentes de linguagem.

A transgressão propriamente dita funciona colocando em questão o sistema normativo, propondo outras maneiras possíveis para a regulação da subjetividade e que conduzirão esta de maneira inapelável a novas formas de subjetivação.[14] Isso implica certamente risco e se funda numa ética. Seria a singularidade, na sua diferença, que estaria sempre aqui em pauta. Em decorrência disso, a descontinuidade e a ruptura seriam as marcas inconfundíveis da experiência transgressiva.

A perversão, em contrapartida, opera sempre visando à reprodução do sistema de normas instituído, não existindo aqui nenhum risco em jogo. Ao contrário, o agente aqui busca o incremento do seu poder pessoal, com escaramuças marcadas sempre pelo cálculo. Avalia-se sempre quais são os ganhos possíveis e as eventuais perdas. O que implica dizer que a continuidade a caracteriza inteiramente.

É preciso evocar aqui, dando-lhe o devido destaque, o moralismo que caracteriza as individualidades perversas. Não obstante os seus atos escabrosos, o perverso se submete à moral vigente, frequentemente de maneira servil. Isso se deve à sua obediência em face do sistema normativo, não obstante seus ilegalismos. Portanto, se na transgressão encontramos uma subjetividade fundada no registro *ético*, na perversão o seu agente se inscreve no registro *moral*.

Em decorrência disso, a subjetividade na perversão é excessivamente apegada ao eu, existindo de maneira *centrada em si própria*. Por isso mesmo, cultua o poder pessoal e se alimenta dos signos de prestígio, exaltando-se com essa expansão. Na transgressão, em contrapartida, o descentramento do eu é a sua marca. Daí por que pode colocar em questão o sistema normativo e se pauta pela referência ao registro ético, enquanto que na perversão é sempre a moral que está em jogo.

Se essas pressuposições se mostram coerentes, pode-se dizer que na transgressão existe sempre a busca da invenção do novo e da criação, enquanto na perversão o que está em pauta é a reprodução do instituído. Por isso mesmo, a primeira visa ao *outro*, regulando-se pela alteridade, enquanto a segunda se refere sempre ao *mesmo*.

Tudo isso se desdobra no reconhecimento de marcas ética e estética na experiência transgressiva, pela abertura de fronteiras que possibilitam o sujeito nesses registros, o que é discutível na perversão, no seu compromisso com a moral estabelecida e na sua exaltação estetizante do eu. Enfim, novos limiares de simbolização são entreabertos pela transgressão, o que não acontece na experiência perversa.

É preciso que se examine agora a pertinência dessa oposição no discurso psicanalítico. De que maneira esses registros, assim delineados, podem existir nesse discurso? De que forma se conjugam e se contrapõem no psiquismo, constituindo modalidades diversas de subjetivações? É o que se verá agora.

TRANSGRESSÃO E NORMALIZAÇÃO

A psicanálise será considerada aqui pela leitura do discurso freudiano. Este será delineado aqui como um sistema de pensamento, regulado que é por lógicas específicas, ainda que sujeito a rupturas e descontinuidades conceituais ao longo do seu percurso histórico. Por isso mesmo, referi-me a lógicas, no plural e não no singular, pelo reconhecimento das rupturas que marcaram aquele discurso. Vale dizer, o discurso freudiano é transgressivo, pois rompe com si próprio em função de certos imperativos teórico, ético e clínico, superando assim sua mesmidade.

A alusão à ideia de um sistema de pensamento foi aqui realizada para diferenciar devidamente essas lógicas, que regulam os diversos campos conceituais no discurso freudiano, das opiniões e até mesmo dos preconceitos emitidos pelo homem Freud, aqui e ali, ao longo de seus escritos. Digo isso porque, no que tange à transgressão, encontraremos frequentemente opiniões de Freud que contrariam os pressupostos patentes em seus escritos. Com efeito, as opiniões de Freud sobre Dostoiévski, assim como a sua repulsa ao surrealismo e às vanguardas artísticas no seu apego aos cânones estéticos do classicismo, são exemplos evidentes disso. Portanto, a leitura que estou me propondo a realizar aqui se refere à psicanálise como um discurso permeado por certas lógicas conceituais e problemáticas teóricas, nas quais transgressão e perversão ocupam posições privilegiadas. É para isso que pretendo me voltar no que se segue.

A emergência histórica do discurso psicanalítico realizou-se pelo reconhecimento, por Freud, da existência da subjetividade como sendo dividida por uma *Spaltung* fundamental, na qual diferentes registros psíquicos se opunham numa permanente conflitualidade. Isso implica dizer que, não obstante as aproximações e até mesmo as transcrições que se realizam entre os diferentes registros, a divisão e a diferença entre estes permanece como uma marca fundante da subjetividade.

Assim, se inicialmente o discurso freudiano estabeleceu a tal divisão entre os registros do inconsciente e do pré-consciente/consciência, no que se convencionou denominar de primeira tópica,[15,16] logo em seguida a oposição se daria entre o isso, o eu e o supereu, no que se intitulou segunda tópica.[17] Em ambas as versões teóricas, a subjetividade seria marcada não apenas pela fragmentação, mas também sempre descentrada dos registros do eu e da consciência. A ruptura freudiana com a tradição da filosofia do sujeito se situaria justamente aqui, no reconhecimento insofismável desse descentramento, realizado tanto pelos críticos dessa tradição[18] quanto pelos que a essa se vinculavam.[19]

Além disso, o discurso freudiano teve o mérito teórico de indicar que a subjetividade que descrevia, ao mesmo tempo fragmentada e descentrada, era sempre permeada pela potência da transgressão. Esta marcaria sempre o funcionamento do psiquismo, nos seus menores detalhes e particularidades. A conflitualidade, como fundamento que seria da subjetividade, indica a existência de um polo transgressor, por um lado, e um polo instituído pelas normas, pelo outro. O psiquismo seria então cadenciado e regulado por isso, por essa permanente polarização.

Para se referir ao polo transgressor, o discurso freudiano forjou diversos conceitos para enunciá-lo, tais como desejo,[20] perversão polimorfa infantil,[21] fantasma[22] e pulsão.[23] Em contrapartida, para se referir ao polo normativo, aquele discurso considerou que os registros do eu e da consciência seriam os seus representantes maiores, tendo, contudo, na censura,[24] na consciência moral e no supereu os seus agentes privilegiados.[25]

Nesse contexto, o retorno do recalcado seria sempre o vetor pelo qual o polo da transgressão se expressaria e tomaria corpo, manifestando-se nas diferentes formações do inconsciente, quais sejam, os sonhos,[26] os lapsos,[27] os atos falhos,[28] os sintomas[29] e as piadas.[30] Porém, o recalque se contraporia a esse retorno, sendo o eixo pelo qual o polo normativo se instituiria enquanto tal.[31] O conceito de formação de compromisso[32] foi forjado para dar conta da resultante que se produziria no embate sempre recomeçado entre esses polos, que se materializaria no psiquismo pelas ditas formações do inconsciente.

Além disso, o polo transgressor seria sempre regulado pelo prazer, buscando obtê-lo de toda forma. O princípio do prazer o conduziria então nos seus percursos imprevistos, tendo no fantasma a sua cartografia de ação e o seu imperativo.[33] Em contrapartida, o polo normativo se pautaria pelo princípio da realidade,[34] que exigiria certos requisitos para a implementação do prazer ansiado.

Não estou afirmando aqui, por ora pelo menos, que o polo transgressor representa o bem enquanto valor e que o polo normativo é a representação do mal. Ou vice-versa. Bem entendido. O que estou formulando *ipsis litteris*, até agora, é que no discurso freudiano a transgressão, não apenas como possibilidade mas também como efetividade, estaria no seu fundamento. É isso que precisa ser bem reconhecido aqui, antes de mais nada, para que se interpretem devidamente as problemáticas da conflitualidade, da fragmentação e do descentramento como cruciais naquele discurso.

Nesse contexto, a angústia[35,36] indicaria sempre a iminência da experiência da transgressão. Seria sempre pela mediação daquela que esta, como possibilidade efetiva, seria sinalizada pelo psiquismo nos registros do eu e da consciência, através das instâncias de interdição, quais sejam, a censura e o supereu. Pela mediação da angústia-sinal, o eu evitaria que a totalidade do psiquismo fosse tomada de assalto pelo polo transgressor, pela mobilização ativa de um manancial de operações de proteção, denominadas propriamente de mecanismos de defesa do eu.[37] Com isso, a angústia-real não se faria mais presente no psiquismo,[38] deixando o eu impotente em face da efetividade da transgressão, impedindo, então, que essa se transformasse finalmente de intenção em gesto. Em decorrência disso tudo, enfim, o fantasma não tomaria corpo e se faria ato no campo da realidade.

Se o eu evita assim ser tomado decididamente de assalto pela transgressão, no entanto, isso se deve ao fato de que esta incide sobre as normas socialmente instituídas e estabelecidas. O eu seria então o agente privilegiado do sistema normativo e a sua resultante maior no psiquismo. Por isso mesmo, os registros do eu e da consciência são os cenários destacados nos quais a conflitualidade se materializa e o embate dos polos oponentes toma corpo, na medida em que pelo domínio desses territórios o combate entre estes seria efetivamente decidido.

Por que isso, afinal de contas? Para que a realidade seja atingida e tocada pelo polo transgressor do psiquismo, necessário é que isso se faça pelos registros do eu e da consciência, já que são esses que entreabrem as portas de acesso para o mundo compartilhado da realidade social. O discurso freudiano se referiu a isso frequentemente com a alusão a um ato motor, metáfora através da qual enunciou a efetividade de um gesto e de um ato que incidiriam sobre o que denominou de realidade material.[39] Seria preciso, enfim, perfurar os registros do eu e da consciência, permeados que são pelos enunciados do sistema normativo, para que a transgressão como fantasma fosse transformada em gesto, incidindo assim na tessitura do mundo como ato.

Pode-se depreender disso, com facilidade, aliás, como a experiência da transgressão é marcada também pelo sofrimento que a perpassa, além, é claro, do prazer que a coloca em movimento, como já se viu. A angústia produzida pela iminência da transgressão indica bem isso, com pertinência e rigor, na medida em que a angústia torna presente a ameaça que passa a pairar sobre a subjetividade, pela contrariedade que pode provocar pela realização de uma demanda transgressiva. O mundo, isto é, a dita realidade material, não apenas vai se opor a esse gesto, como também certamente culpará a subjetividade pelo seu ato. Vale dizer, existe sempre um preço a pagar pelo gesto transgressor, não sendo este algo que saia de graça para o sujeito implicado. Daí o risco que essa experiência sempre coloca para a subjetividade, como já vimos acima nas referências de Bataille e Foucault sobre a transgressão.

É preciso que nos indaguemos agora a razão pela qual a psicanálise, com Freud, constituiu um paradigma da subjetividade no qual a transgressão estaria no seu fundamento. Essa consideração nos encaminhará para a leitura do desejo e da pulsão no discurso freudiano, na sua articulação com a emergência da modernidade. Isso nos possibilitará também, em contrapartida, realizar uma interpretação desse discurso numa perspectiva histórica, de maneira a destacar como a psicanálise revela a exigência da transgressão como um imperativo da modernidade ocidental. É o que se verá agora.

MODERNIDADE DOS IMPASSES

Como se sabe, o discurso freudiano se construiu pelo enunciado de uma formulação, que se tornou célebre, aliás, que identificava a psicanálise com essa. Assim, segundo essa formulação, o sonho seria uma realização de desejo.[40] Tal formulação foi estendida em seguida para todas as demais formações do inconsciente, de maneira que o aparelho psíquico se fundaria no inconsciente e teria sempre no desejo o seu eixo central de mobilidade. Evidencia-se aqui um dos territórios da transgressão existentes no psiquismo, na medida em que o desejo seria transgressivo, pois se chocaria sempre com defesas poderosas advindas do eu.

Em decorrência disso, o erotismo foi fundado na sexualidade perverso-polimorfa,[41] considerada originária. A construção da sexualidade adulta, isto é, a sua colocação a serviço da reprodução sexual e a sua consequente inscrição na diferença de gêneros que torna possível a reprodução, implicaria a normalização das pulsões perverso-polimorfas.[42] Porém, nem sempre isso se faz a contento para as subjetividades, de maneira que a satisfaçam no seu imperativo de prazer.

Assim, quando isso não é o caso, como geralmente ocorre, aliás, o custo é bastante alto para as subjetividades, nas quais se constituem as perturbações do espírito. As "doenças nervosas dos tempos modernos"[43] seriam disso resultantes, nos disse Freud numa formulação precisa e rigorosa. Isso porque indica como a modernidade ocidental se inscreve nisso de maneira fundamental. Posteriormente, o discurso freudiano enunciou ainda como essa seria a condição de possibilidade para o mal-estar na civilização.[44]

Vale dizer, as subjetividades pagariam muito caro pelas exigências insofismáveis do processo civilizatório, já que a monogamia e a instituição da ordem familiar implicariam uma impossibilidade de realização erótica, pelas restrições impostas à plena expansão da sexualidade perverso-polimorfa.[45] Nesse contexto, os imperativos civilizatórios seriam operacionalizados pelo eu, pela mediação das instâncias interditoras, de forma que este condensaria em si as exigências da normalização erótica.

Porém, a subjetividade sempre resistiria a isso, não querendo abrir mão do prazer que lhe foi subtraído. Procura, assim, restaurar aquilo que lhe foi retirado. Não se conforma com isso de jeito algum. Com efeito, o retorno do recalcado indica o imperativo de retorno daquilo que foi interditado e que a subjetividade pretende ainda fazer prevalecer, sob a forma das formações do inconsciente. O imperativo da realização do desejo se colocaria então em cena, para contrapor-se ativamente às exigências da normalização. As ditas perturbações do espírito e o mal-estar na civilização seriam disso decorrentes, como indiquei acima.

A ordem civilizatória em questão, no entanto, não deve ser considerada como algo que se oponha à ordem da natureza e ao registro da animalidade no sentido lato do termo. Vale dizer, o dito mal-estar na civilização não seria o efeito necessário do processo de aculturação humana, que se produziria sempre de maneira implacável, pelo imperativo colocado para a espécie humana de ser arrancada do registro da natureza e de ser lançada na ordem da cultura. O que se coloca aqui não é, pois, o conflito estrutural e atemporal que fundaria toda e qualquer subjetividade, obrigada que é a abandonar o mundo da natureza e a inscrever-se no mundo da cultura, que se repetiria no percurso trágico de qualquer infante. Não se pode interpretar devidamente o conceito de mal-estar na civilização numa perspectiva estrutural, mas numa leitura histórica. Essa é a minha proposta neste ensaio.

Assim, não se trata aqui de um conflito entre civilização e barbárie, a que já se acostumou uma longa tradição psicanalítica, inicialmente concebido num referencial teórico herdeiro do evolucionismo antropológico e posteriormente do estruturalista.[46] O que estaria então em pauta é a modernidade civilizatória do Ocidente, tal como se constituiu desde o Renascimento e a aurora do século XVII. Foi nesse contexto histórico que o significante civilização se forjou na tradição europeia,[47,48] sendo posteriormente transformado num conceito, pelo então recente discurso antropológico,[49] nos séculos XVIII e XIX. Foi apenas aqui, com efeito, que a oposição entre os significantes civilização e barbárie foi constituída enquanto tal, legitimando, ao mesmo tempo, o projeto colonialista. A normalização da sexualidade tal como a conhecemos, enfim, realizou-se também na passagem dos séculos XVIII para o XIX.[50]

Portanto, o que o discurso freudiano está descrevendo, sob a forma das doenças nervosas dos tempos modernos e do mal-estar na civilização, são os efeitos na subjetividade do processo de normalização sexual, considerando os ideários do familiarismo e da monogamia sexual. A medicalização da família, um dos alicerces para a construção da biopolítica e da bio-história, teve como contrapartida a produção de novas figuras antropológicas, tais como a mulher histérica, o perverso e a criança masturbadora.[51]

Reconhecendo, assim, a pertinência dessa leitura, pode-se enunciar então que a concepção freudiana do psiquismo, fundada na divisão entre transgressão e normalização, é uma interpretação sobre a subjetividade inscrita nas contradições e paradoxos da modernidade. Com efeito, a psicanálise seria então um saber, construído no final do século XIX, voltado para dar voz e corpo ao mal-estar da civilização, na modernidade, reconhecendo assim o alto preço pago pelas individualidades para se adequar ao ideário da modernidade. Em decorrência disso, teve que reconhecer os imperativos da transgressão, que falavam pelos sintomas e pelo corpo sofrente. Daí por que, no momento crucial de sua inauguração, enunciou a fórmula de que o psiquismo buscaria sempre a realização do desejo.

Seria ainda, em consequência disso, que o discurso freudiano encontrou resistências importantes nos seus primórdios, identificado que foi com a promoção do pansexualismo, da anarquia sexual e até mesmo da perversão, na medida em que colocava em questão os princípios da moderna ordem familiar. Existia nisso tudo, bem entendido, o reconhecimento pleno, geral e irrestrito do potencial transgressivo representado pela psicanálise, mesmo que isso tenha sido enunciado de maneira equivocada e moralista.

Assim, o reconhecimento do imperativo do desejo produziu resistências difusas, representadas no campo da subjetividade pelo eu e pelas outras instâncias morais de interdição (censura e supereu). Contudo, o que estaria sempre em pauta aqui seria o imperativo da singularidade, enunciada pela subjetividade, em conflito com as exigências de normalização do social. Enquanto aquele visava a marcar a diferença na subjetividade, produzindo sempre a descontinuidade e a ruptura no campo do eu, este procurava aferrar-se às exigências da continuidade regulada pelas normas. Se o primeiro provocava insistentemente a heterogeneidade no campo psíquico, pelo enunciado ruidoso de outros imperativos para a existência, o segundo buscava sempre restabelecer a homogeneidade, pela articulação das exigências normativas. A resultante disso é o esgarçamento da subjetividade, sua divisão fundamental, com a consequente presença do mal-estar na modernidade.

Reconhecendo essa leitura da psicanálise, pode-se depreender disso como foram as exigências da diferença e da singularidade no sujeito que estavam no seu fundamento, de maneira a enunciar então os seus pressupostos ético e estético. A formulação de que o psiquismo pretende sempre a realização do desejo condensa, numa fórmula concisa, tais pressupostos.

Se essa leitura se mostra assim consistente, devemos nos voltar agora para os desdobramentos finais do discurso freudiano, quando foi enunciado o conceito de pulsão de morte,[52] com a intenção teórica de indicar que, de uma outra maneira, se procurava ainda formular os imperativos da diferença e da singularidade na subjetividade. Seria sempre isso que a moveria no seu polo transgressivo, para se enunciar nos registros ético e estético, na sua oposição permanente ao polo normalizador, na formulação ousada do conceito de pulsão de morte.

PULSÕES E FORMAS DE SUBJETIVAÇÃO

O enunciado do conceito de pulsão de morte indicaria a existência no psiquismo de uma pulsão silenciosa e produtora de fragmentação,[53] que exigiria um movimento de reunião do psiquismo representado pela pulsão de vida.[54] Enquanto a primeira seria a potência da *desordem* e da *fragmentação*, pela ação barulhenta mas não linguageira do psiquismo, a segunda representaria a potência da *ordem*, pela unificação e a totalização empreendidas pelo eu. A pulsão de vida, pelo caminho da unificação do psiquismo contra a fragmentação, seria o agente pelo qual a normalização se realizaria, na medida em que o eu seria ao mesmo tempo o seu cenário de ação e a sua resultante.

Porém, não apenas por isso. A pulsão de vida representaria também o polo do Outro, que empreenderia sempre, pela linguagem e pela organização do circuito pulsional, a transformação da força da pulsão em seus destinos.[55] Em decorrência disso, a força pulsional se inscreveria no campo do Outro através de seus representantes psíquicos, enunciados por Freud como representante-representação e representante afetivo.[56] Os diferentes destinos da força da pulsão — a passagem da atividade para a passividade, o retorno sobre o próprio corpo, o recalque e a sublimação[57] — seriam então transformações da força promovidas pela mediação do Outro.

Assim, enquanto o conceito de força da pulsão foi o enunciado inicial do conceito de pulsão de morte, a regulação processada pelo Outro, transformando a força em seus destinos e constituindo o circuito da pulsão, foi o enunciado inaugural do conceito de pulsão de vida. Portanto, entre ordem e desordem, isto é, entre reunião e fragmentação, o psiquismo oscila e se cadencia no seu funcionamento permanente, regulado que é pelas oposições pulsão de vida/pulsão de morte e força da pulsão/Outro.

De acordo com a leitura metapsicológica de 1915,[58] a pulsão seria não apenas uma força constante, mas também uma exigência de trabalho imposta ao psiquismo em função da articulação deste no corporal. De maneira que a força, pela própria exigência de trabalho que impõe ao psiquismo, tem o efeito de desarrumar este e de exigir a constituição de outras ordens no campo do eu. Dessa maneira, os diferentes destinos da força pulsional e as exigências de reunião provocadas pela pulsão de morte seriam construídos sempre pelo Outro para ordenar a desordem provocada pela insistência da força constante. Os circuitos pulsionais seriam assim ordenados, sempre pela mediação de objetos, que constituiriam então diversas modalidades de experiência de satisfação.

Ao lado disso, o psiquismo se ordenaria segundo diferentes formas de subjetivação,[59] inscritas nas linhas de força dos diferentes destinos das forças pulsionais: passagem da atividade para a passividade, retorno sobre o próprio corpo, recalque e sublimação. Com efeito, o eu real originário,[60] o eu narcísico[61] e o eu realidade definitivo[62] indicam as diferentes formas de subjetivação produzidas no confronto entre os registros da força da pulsão e do Outro.

Ao lado disso, a força da pulsão se inscreveria no campo da representação, que se materializaria como representante-representação e representante afetivo. A totalidade do processo teria então uma dimensão semântica e cognitiva, ao lado de uma outra que seria afetiva. Ambas seriam erotizadas, já que sempre marcadas pela experiência da satisfação e permeadas pela pulsão de vida.

Porém, na medida em que a força da pulsão é constante e o imperativo da pulsão de morte é insistente, isso significa dizer que estes provocam rupturas permanentes nos registros cognitivo, semântico e afetivo estabelecidos no eu. Com isso, pelo imperativo fragmentante da pulsão de morte é promovida a desordem neste, introduzindo-se ruídos e exigências outras de ligação, de maneira que o eu deve rearticular-se segundo outras linhas de força, nos registros semântico, cognitivo e afetivo.

Em função disso tudo, Lacan enunciou que o conceito freudiano de pulsão de morte poderia ser aproximado da categoria de vontade de destruição de Schopenhauer,[63] no sentido em que a força da pulsão destruiria as ligações estabelecidas pelo eu e pela pulsão de vida, exigindo a produção de novas articulações semânticas, cognitivas e afetivas. Assim se constituiria o que denominei de exigência de singularização e de produção de diferença na subjetividade, na medida em que seria através da insistência da pulsão de morte que tudo aquilo que tinha já sido homogeneizado, no registro do eu narcísico pela pulsão de vida, seria novamente fragmentado, exigindo outras formas de enunciados semânticos, cognitivos e afetivos. Seria por esse viés, enfim, que a diferença e a singularidade seriam permanentemente produzidas no psiquismo.

Seria então essa produção singular de diferenças que marcaria a subjetividade nas dimensões ética e estética, que perpassariam sempre os enunciados semânticos, cognitivo e afetivos acima referidos. Com isso, novas formas de subjetivação se tornariam também possíveis, impulsionadas pelo permanente confronto entre os polos transgressor e normalizador do psiquismo. A invenção e a criação seriam então as resultantes maiores desse processo sempre recomeçado, na medida em que pressupõem, como sua condição concreta de possibilidade, a existência de uma subjetividade que possa ser permanentemente inventada e recriada contra um fundo homogeneizado de fixações estabelecidas.

Pode-se aproximar tudo isso da teoria da criação literária e poética formulada por Fernando Pessoa, que buscou numa suposta ciência das sensações o seu fundamento.[64] Numa perspectiva marcadamente antiaristotélica,[65] voltada para a produção de uma obra caracterizada pela singularidade, a criação implicaria sempre para o criador uma experiência crucial, qual seja, desaprender aquilo que foi instituído pela tradição e que teria sido normalizado pela cultura. O trabalho de invenção poética significaria, com efeito, desarrumar os enunciados coagulados e precipitados pela tradição, para dar lugar ao que poderia vir a ser enunciado pelas sensações. Em termos freudianos, a desarrumação dos enunciados instituídos pela tradição e a promoção de outros enunciados a partir das sensações teriam como pressuposto crucial a ação promovida pela pulsão de morte, na medida em que seriam os seus ruídos e silêncios a matéria-prima para a produção de novos enunciados.

DESAMPARO, FEMINILIDADE, ESTRANHO

A experiência transgressiva exigiria que o sujeito pudesse correr o risco de perder momentaneamente as seguranças conferidas pelo sistema normativo, vivendo assim a possibilidade da morte no registro do fantasma. Isso porque o que estaria em jogo aqui seria, nada mais, nada menos, a perda dos gozos já adquiridos pelas fixações constituídas nos diversos circuitos da pulsão. Esses gozos foram forjados por normas instituídas pelo Outro, que reconheceram o sujeito em decorrência disso mesmo. A experiência transgressiva seria então um risco, pois implica uma aposta do sujeito naquilo que é ainda incerto e imprevisível, isto é, uma aventura. A conflitualidade e a dor, sinalizados sempre pela angústia, se produziriam no psiquismo em função disso, na medida em que o eu resiste aos imperativos demandados pelo polo transgressivo do psiquismo.

Por isso mesmo, a experiência transgressiva implicaria necessariamente o desamparo da subjetividade, pela incerteza e imprevisibilidade em que a colocam. Isso porque, como nos disse Freud no "Mal-estar da civilização", o desamparo é uma condição psíquica na qual a subjetividade não pode contar com a proteção da figura do pai.[66] Sentindo sempre a nostalgia da proteção outrora realizada pelo pai, a subjetividade deve transpor um limiar crucial, mas sem contar com o seu amparo, já que a figura do pai é o representante psíquico do sistema normativo instituído. Além disso, a experiência transgressiva implicaria que a subjetividade fosse lançada no registro da feminilidade,[67] já que esta não se regularia mais pela lógica fálica, não tendo também na figura do pai sua referência fundamental.

A transgressão supõe, portanto, para a sua possibilidade e efetividade, que a subjetividade esteja situada nos registros do *desamparo* e da *feminilidade*, na medida em que são estes que colocam o eu num estado de suspensão, desmapeando assim os percursos estabelecidos e os seus operadores. Ao lado disso, a angústia do real se instalaria no psiquismo em decorrência dessa suspensão e desmapeamento, impondo as condições para a produção de outros enunciados, marcados agora pela singularidade e pela diferença.

É nesses registros, permeados todos pelos risco, pela incerteza e pela imprevisibilidade, que se deve inscrever a figura do *estranho* e do sinistro, enunciada no final do discurso freudiano.[68] Isso porque a experiência psíquica do estranho foi neste descrita ao mesmo tempo que se forjou o conceito metapsicológico de pulsão de morte. Com efeito, enquanto a experiência do *Unheimlich* foi descrita no registro teórico das formas de subjetivação, a pulsão de morte foi enunciada no registro pulsional, mas são rigorosamente correlatas no campo conceitual.

Assim, a experiência psíquica do sinistro indicaria a presença sempre ruidosa do outro transgressivo no campo normalizado do eu, incidindo sobre as fronteiras deste e promovendo sua divisão. A angústia do real se produziria, então, pelo desmapeamento provocado no registro do eu. O sujeito entraria decididamente no comprimento de onda da incerteza e da imprevisibilidade, na medida em que não pode mais contar com os seus operadores de regulação. A exigência de trabalho se impõe então como um imperativo para a subjetividade, que deve formular novos enunciados para circunscrever a singularidade e a diferença anunciadas pelo sinistro.

Não foi por um acaso, certamente, que Freud formulou que o estranho seria o caminho privilegiado para a construção de uma estética psicanalítica. Isso porque seria através das suas figurações terroríficas que a singularidade e a diferença iriam sempre se constituir. Essas figurações corresponderiam às sensações, evocadas por Fernando Pessoa, que seriam terrificantes porque romperiam com o registro das representações precipitadas pela tradição, anunciando então o Outro no campo do Mesmo. Seriam, enfim, sempre sensações ruidosas, produzidas pela vontade de destruição, promovida pela pulsão de morte.

O sinistro, enquanto estranho, seria aquilo que se imporia inicialmente ao eu homogeneizado, pelos signos da despersonalização e da desrealização, desmapeando, pois, os enunciados instituídos sobre o sujeito e o mundo. A angústia do real se disseminaria então, nessa desconstrução promovida pela pulsão de morte, num campo psíquico permeado pelo desamparo e pela feminilidade. Em decorrência disso, a invenção e a criação na subjetividade poderiam assim se forjar, tendo na diferença e na singularidade as marcas de seus enunciados, constitutivos de novas formas de subjetivação.

TERRITÓRIOS

Deve-se reconhecer, como desdobramento insofismável dessa leitura, os pressupostos éticos presentes no discurso freudiano. Assim, se a psicanálise destaca os impasses da subjetividade na modernidade e sublinha com eloquência o fundamento transgressivo no psiquismo, disso decorre que a figura do analista deve acolher essa potência de transgressão e abrir para esta as portas para a sua inscrição no mundo. Portanto, a figura do analista não poderia jamais assumir a posição da normalização, apesar de compreender devidamente as razões do eu. Isso seria contrariar os fundamentos da ética psicanalítica, marcados pelos enunciados da singularidade e da diferença, com as implicações estéticas que já assinalamos fartamente nesse percurso.

É preciso dizer ainda, com toda a ênfase, que, se a transgressão não é uma forma de perversão, como já disse acima, a perversão também não é uma modalidade de normalidade. A conjunção entre esta e aquela se realiza, não obstante as suas diferenças, na medida em que ambas são permeadas pela norma como ideal. Assim, se na suposta normalidade a subjetividade se submete servilmente às normas, na sua ordeira obediência a essas, na perversão, em contrapartida, a subjetividade quer sempre impor aos outros o seu sistema normativo, constituído sempre a seu bel-prazer e pelo imperativo incoercitível de dominação. Num e noutro, é o mundo construído pelo sistema normativo que está sempre em jogo, mesmo que os agentes e as instâncias normativas não sejam os mesmos, evidentemente.

Em contrapartida, na transgressão não existiria nem a submissão servil às normas, nem a proposta de um novo sistema normativo para substituir aquele já instituído. O que o gesto transgressivo busca para a subjetividade é a suspensão do sistema normativo, a sua abolição. Seria pura e simplesmente isso que estaria em questão na experiência da transgressão, por mais paradoxal que possa parecer a um olhar inicial, pois sempre se supõe que isso se faça para a subjetividade enunciar um outro sistema normativo no lugar daquele já instituído, isto é, para o gozo daquela e pela sua ânsia de dominação. Por isso mesmo, a transgressão foi sempre identificada, na tradição psicanalítica pós-freudiana, com a perversão, de maneira equivocada.

Porém, a suspensão e a abolição do sistema normativo, buscadas pela experiência transgressiva, procuram criar para a subjetividade as condições de possibilidade para se enunciar de maneira mais condizente com os seus desejos e os seus imperativos pulsionais. O que aquela procura aqui é inscrever-se no mundo, por palavras e atos, sem que isso implique uma nova regulação normativa. Por isso mesmo, o que está decididamente em pauta aqui é uma ética com desdobramentos estéticos, sem implicações morais. O gesto transgressivo seria então um ato ético propriamente dito, pelo qual a subjetividade, como *diferença* e *singularidade*, se enuncia e se materializa no mundo.

Os limites e fronteiras da transgressão estão aqui então bem delineados, tendo na suposta normalidade e na perversão o seu Outro, na medida em que não tem nenhuma conivência e compromisso com o sistema normativo. Essas são as bordas que delimitam o território desta problemática. Em decorrência disso, a transgressão como experiência implica uma ruptura crucial com o poder e a crueldade, na medida em que estas são o fundamento e a forma privilegiada de ação do sistema de normas.

É pela consideração sumária desses pontos que vou agora concluir.

VIDA NUA

Assim, enuncio agora que o sistema normativo implica, para a sua produção e reprodução sociais, instituições nas quais o seu imperativo se exerce. É o poder que se materializa dessa maneira. A ação efetiva deste supõe sempre a crueldade, em alguma medida. A docilidade que o poder pretende produzir nas individualidades se empreende pela utilização e alusão, direta ou indireta, à crueldade. As individualidades se submetem ao poder para evitar justamente os efeitos maiores da crueldade, isto é, a morte real e simbólica dela decorrente. Desta maneira, procuram subtrair-se da condição da *vida nua*,⁶⁹ mediante a qualificação possibilitada pelo sistema normativo. A assunção deste, evidenciada por signos inscritos no eu, impediria a condição da vida nua, assim como a consequente crueldade do poder.

A experiência psicanalítica, ao reconhecer e dar acolhimento ao polo transgressivo do psiquismo, é um percurso que implica a presença da vida nua na subjetividade. Convidar a subjetividade a dizer tudo que lhe vem à cabeça, sem censura e suspendendo as obrigações normativas do eu, é inscrever aquela no registro da vida nua. Em contrapartida, a figura do analista deve também inscrever-se nesse registro, pelo efetivo exercício antinormativo da atenção flutuante. A experiência transgressiva supõe, pois, a presença da vida nua, modulando então o que existe de trágico na experiência psicanalítica. Desse gesto inaugural adviria então o que existe de risco numa análise, assim como se enuncia seu fundamento estritamente ético.

A vida nua, na subjetividade, a reenvia para as dimensões desejante e pulsional do psiquismo, para tudo aquilo que estabelece uma relação conflitiva com as normas do eu e da vida qualificada. É para a cena permanentemente recomeçada desse confronto trágico que a aventura psicanalítica convida as figuras do analista e do analisando. É para o que há de rude e tosco na condição humana, marcas que são da vida nua, que a experiência analítica lança as subjetividades sofrentes, para poder enunciar de maneira transgressiva as suas diferenças e singularidades.

Isso implica dar ouvido e corpo aos rangidos da pulsão de morte, naquilo que esta evidencia dos horrores subjacentes à vida qualificada. Por isso mesmo, o desamparo entra aqui diretamente em cena, na medida em que este é a versão freudiana da vida nua. Ao lado disso, a dimensão não fálica presente na subjetividade, evidenciada pelo registro da feminilidade, expõe as nervuras da vida nua em estado puro.

Em nome de que demandar tudo isso, afinal das contas? Para que a subjetividade possa de fato se enunciar e se fazer presença concreta no mundo, num estilo marcado pela diferença e pela singularidade, rompendo, então, com as amarras do sistema normativo e procurando deslocar-se da posição de servidão. Porém, isso implica outras formas de produção erótica e sublimatória, pelas quais o sujeito se fará corpo na sua singularidade e diferença. Isso porque é apenas do registro da vida nua que as novas sensações enunciadas por Pessoa podem enfim advir, materializações que são da ação da pulsão de morte, no contexto crucial em que desamparo e feminilidade entreabrem as portas do mundo para a presença do sinistro na sua estranheza radical.

Notas

1. S. Bauman, *Mal-estar na pós-modernidade*, op. cit.
2. M. Foucault, *Surveiller et punir*, op. cit.
3. Ibidem.
4. Ibidem.
5. Ibidem.
6. Ibidem.
7. M. Foucault, *Naissance de la clinique*, op. cit.
8. Ibidem.
9. G. Deleuze, "L'ascension du social", in J. L. Donzelot, *Police des familles*, op. cit.
10. M. Foucault, *Surveiller et punir*, op. cit.
11. L. Wittgenstein, "Investigations philosophiques", in *Tractatus logico-philosophicus suivi les investigations philosophiques*, op. cit.
12. G. Bataille, *L'érotisme*, Paris, Minuit, 1957.
13. M. Foucault, "Préface à la transgression" (1963), in *Dits et écrits*, op. cit., vol. I.
14. M. Foucault, *La volonté de savoir*, op. cit.
15. S. Freud, *L'interprétation des rêves* (1900), op. cit., vol. VII.
16. S. Freud, "L'inconscient" (1915), in *Métapsychologie*, op. cit.
17. S. Freud, "Le moi et le ça" (1923), in *Essais de psychanalyse*, op. cit.
18. M. Foucault, *Les mots et les choses*, op. cit.
19. P. Ricoeur, *De l'interprétation. Essais sur Freud*, op. cit.
20. S. Freud, *L'interprétation des rêves*, op. cit., cap. II.
21. S. Freud, *Trois essais sur la théorie de la sexualité*, primeiro ensaio, op. cit.
22. S. Freud, "Formulations sur les deux principes des evénements psychiques" (1911), in *Résultats, idées, problèmes*, op. cit., vol. I.

23. S. Freud, *Trois essais sur la théorie de la sexualité*, primeiro ensaio, *op. cit.*
24. S. Freud, *L'interprétation des rêves*, *op. cit.*, cap. VII.
25. *Ibidem.*
26. S. Freud, *L'interprétation des rêves*, *op. cit.*
27. S. Freud, *Psychopathologie de la vie quotidienne* (1901), *op. cit.*
28. *Ibidem.*
29. S. Freud, *L'interprétation des rêves*. Introdução, *op. cit.*
30. S. Freud, "Jokes and their relation with the unconscious" (1905), *in The Standard Edition of the complete psychological works of Sigmund Freud, op. cit.*, vol. VIII.
31. S. Freud, "Le refoulement" (1915), *in Métapsychologie, op. cit.*
32. *Ibidem.*
33. S. Freud, "Les deux principes des événements psychiques", *in Résultats, idées, problèmes. op. cit.*, vol. I.
34. *Ibidem.*
35. S. Freud, "Le refoulement", *in Métapsychologie, op. cit.*
36. S. Freud, *Inhibition, symptôme et angoisse* (1920), *op. cit.*
37. *Ibidem.*
38. *Ibidem.*
39. S. Freud, *L'interprétation des rêves, op. cit.*, cap. VII.
40. *Ibidem.*
41. S. Freud, *Trois essais sur la théorie de la sexualité*, primeiro ensaio, *op. cit.*
42. *Ibidem.*
43. S. Freud, "La morale sexuelle 'civilisée' et la maladie nerveuse des temps modernes" (1908), *in La vie sexuelle, op. cit.*
44. S. Freud, *Malaise dans la civilisation* (1929), *op. cit.*
45. S. Freud, *Trois essais sur la théorie de la sexualité, op. cit.*
46. J. Lacan, *Écrits, op. cit.*
47. J. Starobinski, "Le mot civilisation", *in Le remède dans le mal, op. cit.*
48. N. Elias, *La civilisation des moeurs, op. cit.*
49. M. Duchet, *Anthropologie et histoire au siècle des lumières, op. cit.*
50. M. Foucault, *La volonté de savoir, op. cit.*
51. *Ibidem.*
52. S. Freud, "Au-delà du principe de plaisir" (1920), *in Essais de psychanalyse, op. cit.*
53. *Ibidem.*
54. *Ibidem.*
55. S. Freud, "Pulsions et destins des pulsions", *in Métapsychologie, op. cit.*
56. S. Freud, "L'inconscient", *in Métapsychologie, op. cit.*
57. S. Freud, "Pulsions et destins des pulsions" (1915), *in Métapsychologie, op. cit.*
58. *Ibidem.*

59. M. Foucault, *La volonté de savoir, op. cit.*
60. S. Freud, "Pulsions et destins des pulsions", *in Métapsychologie, op. cit.*
61. S. Freud, "Pour introduire le narcissisme" (1914), *in La vie sexuelle, op. cit.*
62. S. Freud, "Les deux principes des événements psychiques", *in Résultats, idées, problèmes, op. cit.*, vol. I.
63. J. Lacan, *L'éthique de la psychanalyse*, Paris, Seuil, 1986.
64. F. Gil, *Fernando Pessoa ou a metafísica das sensações*, Lisboa, Relógio d'Água, s/d.
65. *Ibidem.*
66. J. Birman, *Cartografias do feminino, op. cit.*
67. *Ibidem.*
68. S. Freud, "L'inquiétante étrangeté" (1919), *in Essais de psychanalyse appliquée, op. cit.*
69. G. Agamben, *Homo saccer, op. cit.*

3. Freud e a política, entre judaísmo e judeidade

PREÂMBULO

O ensaio *Freud e o não europeu* é resultante de uma longa e erudita conferência pronunciada por Edward W. Said, no Museu Freud, em Londres.[1] A conferência em questão inscreveu-se num cenário solene, na medida em que Said foi apresentado por Christopher Bollas e teve em Jacqueline Rose uma comentadora exemplar, isto é, alguém que não apenas escutou Said com respeito e reconhecimento, mas que também metabolizou o que foi enunciado e lhe entreabriu outras hipóteses adicionais de interpretação sobre o tema em pauta, não obstante a concordância no que é fundamental. Se o primeiro é um importante psicanalista britânico de prestígio internacional, a segunda é professora de língua e literatura inglesa em Queen Mary e Westfield College, na Universidade de Londres, além de ser responsável pela tradução e a divulgação da obra de Lacan na Inglaterra, em companhia de Juliet Mitchell.

O ensaio é uma leitura surpreendente de "Moisés e o monoteísmo",[2] que foi escrito por Freud entre 1934 e 1938, em diferentes etapas, como se sabe, no contexto sociopolítico de ascensão e tomada do poder político pelo nazismo na Alemanha. Vale dizer, a problemática do antissemitismo na Europa se atualizava então de maneira trágica.[3]

O livro foi concluído em Londres, em 1938, onde Freud finalmente se exilou, protegido que foi da Gestapo pela intermediação da prestigiosa princesa Marie Bonaparte, uma de suas importantes discípulas na França.

Digo leitura surpreendente, na medida em que Said nos propõe a retomada do livro de Freud com enorme sabor de atualidade, lançando-o, sem temor, no conflituoso e trágico horizonte da problemática judaica hoje, no contexto bélico entre Israel e o povo palestino. Estaria justamente aqui a audácia maior deste ensaio. Além disso, Said confere o devido reconhecimento à importância teórica do discurso psicanalítico para a interpretação das formações social, política e cultural. Destaca, enfim, o valor teórico das obras de Freud sobre essas formações, não circunscrevendo, pois, o alcance do discurso psicanalítico ao mero registro da experiência clínica.

BIOLOGIA E HISTÓRIA

Ao proceder assim, no entanto, Said se afasta decisivamente de algumas leituras comuns desta obra de Freud, realizadas na comunidade psicanalítica, que se indagaram seja pelas relações entre biologia, psiquismo e história, seja pelo estatuto da construção e do método psicanalíticos. Parece-me que foi nessas duas direções interpretativas que se condensaram principalmente as contribuições dos analistas para a leitura desta obra, salvo umas poucas exceções, é claro.

Assim, uma parcela significativa da comunidade psicanalítica voltou-se para o exame das relações entre os caracteres filogenético e ontogenético, de sabor evolucionista, destacados por Freud em "Moisés e o monoteísmo", na sua incidência sobre o psiquismo. Tudo isso se desdobra, é claro, na leitura sobre os fantasmas originários, na medida em que estes — nomeadamente o da cena primitiva, da sedução e da castração — se inscreveriam na fronteira entre filogenia e ontogenia.

Como se sabe, Ernest Jones advertiu Freud repetidamente sobre a impropriedade dessa formulação biológica, que desde que foi enunciada por Haeckel no século XIX manteve ainda algum frescor até o início do século XX, mas que estaria já teoricamente caduca nos anos 1930.[4] Contudo, não obstante os comentários de Jones, Freud assumiu o risco e manteve sua formulação supostamente imprecisa nessa obra decisiva. Digo decisiva porque é uma de suas obras-testamento, escrita pouco antes de sua morte, como é o caso igualmente de "Análise terminável e interminável".[5] Situado tragicamente que está entre a vida e a morte, Freud não tem mais nada a perder, como enuncia numa passagem em "Moisés e o monoteísmo", podendo então dizer o que pensa diretamente e sem muitos rodeios.

Com efeito, se em "Moisés e o monoteísmo" Freud volta a mostrar a pertinência teórica do discurso psicanalítico para a leitura da cultura e da sociedade, assim como para a indagação das relações entre psicanálise e história, em "Análise terminável e interminável" o que é delineado por Freud é o testamento sobre os impasses presentes na experiência psicanalítica, após a invenção do conceito de pulsão de morte.[6]

A insistência de Freud nas relações entre filogenia e ontogenia não é apenas uma teimosia, pois indica o que está em jogo na sua intenção teórica, apesar de ser enunciado numa retórica biológica. Vale dizer que o psiquismo do sujeito não pode ser apenas considerado na temporalidade de uma história individual, mas deve ser também realçado no contexto de uma história mais abrangente, na qual os sistemas de filiação e os códigos simbólicos da tradição em que aquele se inscreve devem ser devidamente destacados. Com efeito, a história de cada um de nós, no que tem de mais íntima e singular, é marcada não apenas pelos traços produzidos pela nossa biografia, estabelecida na temporalidade da nossa existência, mas se abre também para o imaginário coletivo, que como tradição simbólica nos constitui efetivamente.

Tudo isso se articula com a intenção deliberada de Freud, em "Moisés e o monoteísmo", de escrever um "romance histórico".[7] Abandonou depois este título, mas isso indica que queria insistir na dimensão histórica das marcas psíquicas, nos registros individual e coletivo. Foi por esse viés que se encaminharam outras produções psicanalíticas sobre este livro, que enfatizaram a dimensão da construção[8] presente nessas formulações freudianas e que marcaria o método de investigação psicanalítico.[9] Com efeito, a figura de Moisés perfilado por Freud nessa obra é uma construção estabelecida a partir de uma série de registros históricos dispersos, dentre os quais o monoteísmo e o antissemitismo seriam formações discursivas eloquentes, que deveriam ser devidamente consideradas para o estabelecimento da tradição judaica.

Parece-me, então, que a leitura de Said assume esses últimos pressupostos teóricos como um *a priori*, reconhecendo a intenção imanente no livro de Freud. Assim, o inconsciente e as identificações, modelados pelos fantasmas fundamentais, não seriam as resultantes de uma longa evolução biológica, mas os produtos efetivos de uma história, marcada pela incidência dos códigos simbólicos e dos sistemas de filiação. É apenas nesse sentido que a psicanálise, como discurso teórico, pode ser um instrumento crucial para uma teoria da cultura e da sociedade, na medida em que se descola de uma perspectiva teórica restrita a ser um simples biologismo do espírito.

Por isso mesmo, Freud é um autor que sempre interessou Said e que o acompanhou na sua produção teórica como um fantasma, apesar da diversidade de seus campos de pesquisa, mas em que este interesse apenas se atualizou em alguns contextos bem precisos. Com efeito, em "Beginnings",[10] um estudo sobre a gênese da literatura, Said analisou detidamente "A interpretação dos sonhos",[11] de Freud, sublinhando sua importância para os estudos literários.

ÉTICA E RELIGIÃO

É preciso evocar ainda que nos últimos anos o livro "Moisés e o monoteísmo" passou a ser objeto privilegiado de indagação de outros saberes, como a história e a filosofia, saindo do terreno especificamente psicanalítico. É nesse outro conjunto que o ensaio de Said deve ser então inscrito, de fato e de direito. Não obstante a originalidade da hipótese que sustenta, o trabalho de Said é o último no tempo de uma série de estudos recentes sobre o livro de Freud, realizados todos por não analistas. O que está em pauta nesses estudos é a inscrição da problemática do judaísmo, no campo da psicanálise, e em particular a espinhosa questão de a psicanálise ser ou não uma ciência judaica.

Como se sabe, essa questão sempre preocupou Freud, desde os primórdios do movimento psicanalítico. Como este era constituído então quase exclusivamente por analistas de origem judaica, Freud temia pela incidência na psicanálise dos preconceitos e das maledicências sobre o judaísmo, obcecado que ficava com o fato de a psicanálise ser identificada como uma ciência judaica. Por isso mesmo, ficou aliviado com a adesão de Jung ao movimento psicanalítico, na medida em que este era não apenas um psiquiatra importante da escola suíça dirigida por Bleuler, mas com isso a psicanálise também se entreabria para a tradição protestante.[12]

Essa questão foi frontalmente colocada pelo historiador israelense Yerushalmi, em 1991, em *Freud's Moses: judaism terminable and interminable*. Foram examinadas aqui, de maneira rica e complexa, as relações entre *memória* e *história*, isto é, se a história apenas se constitui enquanto discurso quando a memória de uma dada tradição cultural e social se fragiliza efetivamente. Vale dizer, o discurso histórico sobre uma dada tradição seria a suplência e a substituição de uma forma de vida que já se perdera numa experiência comunitária, isto é, que já se teria esvaziado então como memória. Tudo isso foi enunciado num contexto cortante, qual seja, de que apenas recentemente a tradição judaica começou a escrita efetiva de sua história, pois não precisava disso antes, já que sua tradição estava presente na memória coletiva de seu povo.[13]

Pode-se arguir ainda, no que concerne a isso, que a escrita da história implica também a construção de um Estado, inscrito num território específico e devidamente delineado por fronteiras bem estabelecidas. A formulação dessa outra hipótese não anula a acima enunciada, mas a complementa, bem entendido. Assim, a construção recente do Estado de Israel implicou a escrita da história judaica, mas esta tinha também na perda da memória dessa tradição a sua condição de possibilidade.

Entretanto, Yerushalmi não se restringe a isso, mas também analisa uma das hipóteses centrais sustentadas por Freud em "Moisés e o monoteísmo", qual seja, de que Moisés não era judeu mas egípcio. Assim, Yerushalmi não apenas contesta essa tese de Freud, mas enuncia que é o produto da relação ambígua deste com o judaísmo que se teria condensado na leitura que fez sobre o fundador da tradição judaica.[14]

Tal formulação é polêmica. Para encaminhar devidamente sua discussão, é preciso indagar-se sobre o que está em pauta quando o judaísmo é aqui destacado como campo de referência, pois este pode ser considerado como uma tradição *étnica* e como uma tradição *religiosa*, que podem perfeitamente se superpor ou existir como registros separados e autônomos. Parece-me que, quando Yerushalmi fala da ambiguidade de Freud em face do judaísmo, ele se refere à sua não religiosidade, mas não coloca em questão a sua etnicidade. Porém, Freud seria justamente por isso criticável.

Como se sabe, Freud nunca se colocou efetivamente como religioso. Mais ainda, declarava-se ostensivamente ateu, marca indelével de sua inscrição na tradição do Iluminismo. No entanto, o seu *pertencimento* ao judaísmo nunca foi colocado em questão, mas, pelo contrário, sempre foi afirmado por ele alto e bom som.[15] No que concerne a isso, o seu orgulho era patente.

O que estava em pauta aqui era a inscrição de Freud na ética judaica, que se caracterizaria, com o advento do monoteísmo, por ter deslocado a experiência humana do registro da sensorialidade para o da espiritualidade e do pensamento,[16] rompendo com a tradição do paganismo. Seria esta, aliás, a segunda grande tese sustentada por Freud em "Moisés e o monoteísmo". Estaria justamente, nessa ruptura e deslocamento, da percepção para o pensamento, a marca crucial que o monoteísmo constituiu, configurando então com o judaísmo a tradição do verbo. O discurso hermenêutico teria aqui se constituído, enfim, marcando de maneira indelével a civilidade ocidental.

Não obstante tudo isso, a psicanálise traria em si os múltiplos traços da tradição judaica, na leitura de Yerushalmi, apesar das ambiguidades de Freud, bem entendido. Daí o subtítulo polêmico de sua obra: "Judaísmo terminável e interminável".

Derrida estabeleceu também um diálogo com o "Moisés e o monoteísmo", de Freud, e com a leitura deste realizada por Yerushalmi. O seu contexto foi um colóquio internacional sobre a memória e o arquivo, realizado em Londres, no Museu Freud, em 1994, quando Derrida pronunciou a conferência sobre o "Mal de arquivo".[17] Assim, este realizou aqui a desconstrução sistemática de "Moisés e o monoteísmo", de Freud, confrontando as suas teses com o conceito de arquivo enunciado pelo discurso histórico, em que destaca principalmente a contribuição psicanalítica para este conceito, promovida pelo conceito de pulsão de morte.

No que concerne à questão aqui em foco, o que interessa sublinhar é a diferença que Derrida procura traçar entre *judaísmo* e *judeidade*, nas suas presença e ausência no discurso freudiano, procurando responder então às interpelações críticas de Yerushalmi a Freud.

Assim, se Freud era um ateu assumido e não se identificava com a religiosidade judaica, que como as demais religiões era objeto de sua crítica pela leitura psicanalítica, a judeidade estaria presente na sua obra de maneira decisiva, marcando então a ética da psicanálise. A valorização dos registros da linguagem e do pensamento, em oposição ao da sensibilidade, que como já disse é uma tese fundamental de "Moisés e o monoteísmo", estaria no fundamento da judeidade. Para apreender isso devidamente, necessário seria indagar o discurso freudiano não apenas nas suas relações com a tradição científica, mas também com a ética judaica. Com efeito, o Velho Testamento é um dos arquivos cruciais para a constituição da psicanálise como discurso. A Bíblia, na versão de Ludwig Philippson, que Freud recebeu de presente de seu pai, na infância, o inscreveu decididamente na tradição da judeidade, sem que isso implicasse qualquer adesão sua e da psicanálise ao discurso religioso do judaísmo.

IDENTIDADE, IDENTIFICAÇÃO, DIFERENÇA

É desse limiar teórico que é possível examinar a contribuição de Said para o debate. É nesse contexto que sua leitura sobre "Moisés e o monoteísmo" destaca a originalidade da perspectiva freudiana, realçando a sua atualidade por caminhos ao mesmo tempo óbvios e inesperados.

Antes de mais nada, por uma razão de método, essa obra de Freud se destaca pela atualidade. Isso porque levanta questões cruciais sobre a contemporaneidade, de maneira inesperada, na medida em que não era esta a sua intenção deliberada. O que permite retomar a atualidade do texto freudiano é algo central de sua teoria, qual seja, a crítica da concepção de *identidade* e a sua superação por um discurso *diferencial* sobre a *identificação*. Daí a sua obviedade para um leitor habituado com a leitura do discurso freudiano.

Para Said, o discurso freudiano sobre o judaísmo ocupa a mesma posição estratégica da obra literária de Conrad sobre a África.[18] Da mesma forma que a ficção de Conrad ofereceu uma leitura sobre esta que é ainda hoje válida, traçando marcos indeléveis sobre as culturas e as sociedades africanas, a obra de Freud ilumina com vivacidade a problemática da identidade judaica na atualidade.

Para isso, no entanto, é preciso fazer trabalhar o texto de Freud, para indicar devidamente as relações entre as tradições europeia e não europeia na sua tessitura. É preciso reconhecer, antes de mais nada, que, se geralmente na sua obra os comentários de Freud pretendem ser universalistas, sua referência fundamental é sempre a tradição europeia. Se bem que evoque devidamente a oposição entre as sociedades arcaicas e as civilizadas,[19] baseando-se para tal principalmente em Frazer, as referências ao que não era europeu são rarefeitas na sua obra. Não obstante a importância assumida já pela China e pela Índia durante a sua vida, enquanto impérios e fontes de conflitos coloniais, as suas marcas são quase ausentes no discurso freudiano.

Vale dizer, o discurso freudiano não se ocupava da problemática do colonialismo, que já era sintomática e aguda nas primeiras décadas do século XX. Os efeitos psíquicos do processo de colonização passaram ao largo das preocupações de Freud. Posteriormente, alguns autores que se apropriaram do discurso psicanalítico, como Fanon,[20] e que trabalharam bastante sobre a problemática colonial, destacaram os efeitos psíquicos devastadores produzidos pelo processo de colonização.

Esse não foi o caso de Freud, bem entendido. No entanto, a interpretação crítica sobre a civilidade marca o empreendimento freudiano no seu fundamento. O seu universalismo se desdobra, portanto, numa perspectiva ética e política. Estaria aqui a sua contribuição maior para uma teoria da cultura, em que critica sistematicamente qualquer concepção linear no processo de construção da civilização. Indica, assim, a permanente tensão que existiria entre os supostos registros do arcaico e do civilizado, que estaria no fundamento de sua teoria sobre o inconsciente e o recalque. O ensaio de Freud sobre o "Mal-estar na civilização" é a resultante maior dessa crítica da civilidade,[21] indicando como o mal-estar produzido no Ocidente como civilização, na modernidade para ser mais preciso,[22] é o desdobramento inequívoco de nosso modelo civilizatório.

Existiriam, assim, camadas subjacentes de tempos anteriores de civilidade sob os marcos da civilidade atual, que estabeleceriam relações de tensão e de oposição a esta. Pode-se denominar aquelas de *barbárie*, mas é um abuso conceitual, já que correspondem a tempos históricos outros do processo civilizatório, que foram recalcados pelas forças que dirigem o modelo civilizatório atual. Entretanto, os traços excluídos e expulsos tentam impor-se novamente, infiltrando-se pelas brechas e fendas da arquitetura da civilidade atual, sob a forma do retorno do recalcado. A tensão entre as forças em presença define o processo em pauta, de forma que o conflito entre os polos recalcante e recalcado estaria no fundamento desse processo. O mal-estar na civilização seria decorrente então do desequilíbrio entre esses polos, na medida em que tudo aquilo que é repelido do território da civilidade pretende infiltrar-se sob a forma do retorno do recalcado.

Portanto, o sentido do conceito de barbárie se relativiza no discurso freudiano. Deixa assim de ser um *substantivo*, em oposição à civilização, passando a ter um sentido *adjetivo*, produzido que seria por um certo projeto civilizatório, na medida em que este exclui um conjunto de marcas e tendências para se instituir enquanto tal.

Não obstante a presença da ideia de barbárie na Antiguidade, identificada com a noção de *estrangeiro*, isto é, daquilo que existia fora das fronteiras da cidade e do império, não resta dúvida de que o conceito de barbárie é essencialmente moderno. Este foi constituído na viragem do século XVIII para o século XX, no Ocidente, quando se passou a pesquisar as sociedades arcaicas em oposição à moderna.[23] Com efeito, a barbárie, assim como a primitividade, seria tudo aquilo que não teria atingido os limiares de racionalidade e o controle correlato da afetividade que estariam presentes na modernidade. Além disso, a oposição conceitual entre barbárie e civilização era o que legitimava o projeto colonialista, no qual as nações europeias procuravam dominar as nações e continentes periféricos.

Com isso, as figuras da *criança*, da *loucura* e da *feminilidade* materializariam as marcas do arcaico no contexto sociopolítico da modernidade, devendo então ser recalcadas.[24] Representariam, pois, aquilo que deveria ser excluído do projeto e do *ethos* modernos, devendo então ser transformadas para se adequar à matriz dominante de civilidade. Entretanto, o que foi excluído quer sempre retornar e se atualiza na subjetividade como mal-estar. Enfim, as diferentes modalidades de sofrimento psíquico, assim como as diversas formas de violência, indicam o retorno do que foi excluído e revelam a presença fulgurante do mal-estar no contexto da modernidade.

Pode-se depreender disso tudo que o discurso freudiano é uma crítica da modernidade, na medida em que o que se inscreve no seu projeto sociocultural implica a exclusão correlata de outras marcas, que devem ser então recalcadas por forças poderosas. Um projeto civilizatório implica, pois, um conjunto de marcas que se opõem a outras de forma diacrítica, mas que pretendem excluí-las para impor-se como projeto. É o valor diferencial de qualquer projeto social e cultural que está aqui em pauta, no qual a identidade perde qualquer sentido absoluto e substantivo, pois se relativiza num conjunto de marcas identificatórias e diferenciais.

É desse ponto de vista que a leitura de "Moisés e o monoteísmo", de Freud, é rica e nos lança nos conflitos da atualidade. É o que se propõe Said.

OCIDENTE E ORIENTE

Assim, apesar de ser o líder carismático que constituiu a tradição judaica, Moisés não era judeu, mas egípcio. Essa tese, sustentada por Freud, foi formulada por E. Sellin, em 1922, não sendo então uma tese original. Vale dizer, foi um egípcio que constituiu o judaísmo como tradição, retomando o esboço do projeto do monoteísmo já realizado pelo faraó Akenaton, no Egito.

O interessante é ressaltar que Freud funda a construção do judaísmo num campo diferencial de marcas identificantes, retirando aquele de qualquer identidade substancialista e absoluta nas suas origens. Estaria aqui a ousadia de Freud no seu livro, pois coloca em questão a identidade cultural como um bloco monolítico, já que funda a tradição judaica num campo regulado pelas diferenças, egípcia e judaica ao mesmo tempo.

Se pelo exílio e pela diáspora, sustentando sua tradição monoteísta em confronto com outras (cristianismo e islamismo), o judaísmo constituiu uma história europeia, ele se configurou nas suas origens num contexto especificamente não europeu. Existiria algo de não europeu nessa tradição que a colocaria numa relação de identidade/diferença em relação ao Oriente, que deveria ser devidamente reconhecida. O judaísmo estaria então numa encruzilhada entre o Ocidente e o Oriente, estando talvez aqui a sua riqueza.

É essa formulação que Said sustenta no seu ensaio, retirando disso algumas consequências cruciais sobre a atualidade. Assim, esta identidade/diferença da tradição judaica marcaria ainda a diáspora, o fato de nunca terem se enraizado num território, como ocorreu com outros povos. É claro que não foi pelo desejo dos judeus, mas pela perseguição e pelo antissemitismo de que foram objeto no seu exílio. Os judeus trazem no seu psiquismo e no seu corpo as marcas dessa experiência traumática certamente. Contudo, o não enraizamento num território e num Estado, correlatos da diáspora, foi constitutivo da tradição judaica e marcou efetivamente a sua cultura.

Nessa perspectiva, num célebre ensaio publicado em 1968 — O *judeu não judeu* —,[25] Deutscher enunciou que estaria justamente nisso a riqueza da tradição judaica, pois inserida que estaria na *fronteira* e nas *bordas* de diferentes Estados-Nação, não ficaria presa então às suas particularidades e aos nacionalismos disso decorrentes. Poderia então enunciar teses *universalistas*, justamente porque não ficaria restrita aos particularismos nacionais. Daí por que autores cruciais no Ocidente, como Spinoza, Marx e Freud, todos judeus, puderam constituir leituras universalistas, sobre a natureza, o desejo, a história e o inconsciente, que outras tradições culturais não puderam, restritas que ficaram aos seus particularismos. Para Deutscher, enfim, educado que foi para ser rabino e identificado com a etnicidade judaica, a riqueza do judaísmo como tradição estaria justamente aqui.

Portanto, o fato de não estar confinado nas fronteiras de um território e num Estado-nação seria o correlato de uma tradição cultural situada *entre* diferentes tradições. Essa marca diferencial da tradição judaica seria uma crítica ostensiva do substancialismo presente na ideia de identidade, pois colocaria no primeiro plano o conceito de identificação, inscrevendo-o num sistema diacrítico de diferenças. Seria, pois, uma outra maneira de dizer o que Freud assume na sua obra sobre Moisés, qual seja, que este era egípcio apesar de ter sido o criador do judaísmo como tradição, retomando para isso a concepção monoteísta presente na tradição egípcia.

Quando Said retoma essa leitura freudiana, o seu interesse é mostrar como na atualidade a política arqueológica do Estado de Israel busca apagar e silenciar as suas origens não europeias, indicando monumentos e traços arqueológicos que seriam estritamente judaicos desde a sua origem na Palestina. Vale dizer, essa arqueologia se orientaria por uma concepção substancialista da identidade judaica e se contraporia a uma perspectiva diferencial presente nessa tradição.[26]

Essa arqueologia seria então dirigida pelo imperativo de constituição da tríade Estado-Nação-Território que o Estado de Israel pretende estabelecer, para justificar sua legitimidade sobre o território que ocupa. Não reconhece com isso a constituição diferencial da tradição judaica articulada com a tradição oriental, na qual diferentes povos se inscreviam naquele mesmo território. Enfim, aquele território não é apenas israelense, mas pertence a diferentes tradições, de fato e de direito, inclusive a judaica, bem entendido.

A conclusão é simples e polêmica. O projeto político de constituição de um Estado-Nação israelense na Palestina apaga as marcas diferenciais da tradição judaica e se realiza numa direção oposta à que foi concebida por Freud, em "Moisés e o monoteísmo", quando Moisés foi inscrito na encruzilhada entre as tradições judaica e egípcia.

Essa proposição não implica absolutamente, é claro, a formulação de que os judeus não possam existir como tradição e que devem ser aniquilados como um povo, como se enuncia em algumas formulações de grupos palestinos radicais. A formulação de Said vai numa outra direção e perspectiva. Com efeito, o que nos sugere nas entrelinhas é que, na interpretação entreaberta por Freud sobre o judaísmo, o mais pertinente seria a existência de um só Estado com as múltiplas tradições ali presentes, quais sejam, judeus e palestinos ocupando um mesmo território e com um só Estado os regendo. Estaríamos, enfim, nessa perspectiva, mais próximos da concepção diferencial de cultura e tradição, que marcou igualmente tanto a tradição judaica quanto a palestina.

Essa mesma proposta foi enunciada por Hannah Arendt, desde a pré-história do Estado de Israel, sem mencionar Freud e num outro momento histórico.[27] A sua tese é bastante radical, pois se fundamenta no novo estatuto dos *refugiados*, que foram produzidos incessantemente na Europa após a Primeira Guerra Mundial,[28] na qual a nova construção política dos *apátridas* conferia outro significado para a condição judaica. Os apátridas teriam agora uma função emancipatória e de crítica efetiva do Estado-Nação.[29,30] Desde então, a condição dos apátridas e dos refugiados apenas se incrementou em escala global, como se sabe, não existindo mais limite para isso no mundo globalizado, já que estes incluem não apenas os marginais, mas todos os pobres destituídos de direitos nos seus próprios Estados-Nação de pertencimento. São os sem cidadania ou os com cidadania parcial, no que concerne aos direitos sociais, nos seus próprios países de origem e de nascimento.

Na atualidade, contudo, a tragédia em que se transformou o confronto israelense-palestino e a inexistência de um horizonte claro de futuro para o seu desdobramento histórico e político embaralharam as cartas do jogo de tal forma que a única possibilidade real colocada hoje talvez seja a existência de dois Estados-Nação, Israel e Palestina, que possam existir respeitando cada qual a diferença do outro. Isso não implica, no entanto, o silenciamento dos traços diferenciais que marcam ambas as tradições, bem entendido. Isso deve se desdobrar numa outra política arqueológica, que respeite a diferencialidade inscrita nas ruínas e nos antigos sedimentos pesquisados.

Esperamos apenas que o Estado Palestino possa constituir-se e coexistir pacificamente ao lado do já existente Estado de Israel, sem que exista nenhum projeto de dominação e de aniquilamento de um sobre o outro. Essa é a nossa aposta no cenário apocalíptico da atualidade.

Notas

1. E. Said, *Freud and the non-european*, Nova York/Londres, Verso, 2003.
2. S. Freud, "Moses and Monotheism" (1938), *in The Standard Edition of the Complete Psychological Works of Sigmund Freud, op. cit.*, vol. XXII.
3. *Sigmund Freud — Arnold Zweig. Correspondance*, 1927-1939, Paris, Gallimard, 1973.
4. F. Jones, *La vie et l'oeuvre de Sigmund Freud*, Paris, Presses Universitaires de France, 1990, vol. III.
5. S. Freud, "Analyses terminable and interminable" (1937), *in The Standard Edition of the Complete Psychological Works of Sigmund Freud, op. cit.*, vol. XXIII.
6. S. Freud, "Au-delà du principe du plaisir" (1920), *in Essais de psychanalyse, op. cit.*
7. S. Freud e Arnold Zweig, *Correspondance, op. cit.*, p.112.
8. S. Freud, "Construction in analysis" (1937), *in The Standard Edition of the Complete Psychological Works of Sigmund Freud, op. cit.*, vol. XXIII.
9. M. Moscovici, "Le roman secret", *in* S. Freud, S. *L'homme Moise et la religion monothéiste*, Paris, Gallimard, 1986.
10. E. Said, W. *Beginnings: Intention and method*, Nova York, Basic Books, 1975.
11. S. Freud, "The interpretation of the dreams" (1900), *in The Standard Edition of the Complete Psychological Works of Sigmund Freud, op. cit.*, vols. IV e V.
12. J. Birman, "Sobre a correspondência de Freud com o pastor Pfister", *in Religião e Sociedade*, 11(2): 30-53, Rio de Janeiro, Iser/Campus, 1984.
13. J. M. Yerushalmi, *Freud's Moses: Judaism terminable and interminable*, New Haven, Yale University Press, 1991.
14. *Ibidem.*
15. S. Freud, "Address to the society of B'nai B'rith" (1926), *in The Standard Edition of the Complete Psychological Works of Sigmund Freud, op. cit.*, vol. XX.
16. S. Freud, "Moses and monotheism", segundo ensaio, *in The Standard Edition of the Complete Psychological Works of Sigmund Freud, op. cit.*, vol. XXII.
17. J. Derrida, *Mal d'archive. Une impression freudienne, op. cit.*
18. E. W. Said, *Joseph Conrad and the fiction of autobiography*, Cambridge, MA, Harvard University Press, 1966.
19. S. Freud, "Totem and tabou" (1913), *in The Standard Edition of the Complete Psychological Works of Sigmund Freud, op. cit.*, vol. XII.
20. F. Fanon, *The wretched of the Earth*, Nova York, Grove Press, 1968.
21. S. Freud, "Civilization and its discontents" (1930), *in The Standard Edition of the Complete Psychological Works of Sigmund Freud, op. cit.*, vol. XXI.
22. J. Birman, "Sobre o mal-estar, na modernidade e na brasilidade", *in* L. Fridman, *Política e cultura: século XXI*, Rio de Janeiro, Relume Dumará/Alerj, 2002.
23. *Ibidem.*

24. S. Freud, "Totem and tabou", in *The Standard Edition of the Complete Psychological Works of Sigmund Freud, op. cit.*, vol. XXI.
25. I. Deutscher, *The Non-Jewish Jew and Other Essays*, Nova York, Hill and Wang, 1968.
26. N. Abu el-Haj, *Archaeological Practice and Territorial Self-Fashioning in Israel Society*, Chicago, University of Chicago Press, 2002.
27. H. Arendt, *Auschwitz et Jérusalem*, Paris, Deuxtemps, 1991.
28. H. Arendt, *La tradition cachée*, Paris, 10/18, 1987.
29. H. Arendt, *Eichmann em Jerusalém*, São Paulo, Companhia das Letras, 2000.
30. *Ibidem*.

4. Errância, invenção e melancolia: sobre a perda e seus destinos na cultura judaica*

---

* Este ensaio foi escrito a partir das notas que me orientaram na conferência que realizei no Brasa VII (Brazilian Studies Association), realizado no Rio de Janeiro, na Pontifícia Universidade Católica do Rio de Janeiro, em 12 de junho de 2004.

GENÉTICA E MELANCOLIA

No discurso psiquiátrico, sempre foi estabelecida uma relação importante e forte, do ponto de vista estatístico, entre a população judaica e a psicose maníaco-depressiva. Existiriam, assim, taxas de incidência e de prevalência desta naquela população, que se verificariam em diferentes países e tradições culturais, de forma a se pretender transformar essa correlação estatística numa efetiva relação de causalidade. Qualquer livro de clínica psiquiátrica e de psicopatologia clínica enuncia isso de maneira inquestionável, sem deixar sombra de dúvida, como se tal relação pudesse ser estabelecida de forma líquida e certa. Existiriam, enfim, nessa perspectiva, uma correlação estatística e uma relação de causalidade entre a comunidade judaica e a psicose maníaco-depressiva.

Essa proposição axial se desdobra ainda em outros enunciados que lhe são associados. Com efeito, formulam-se também a existência de altas taxas de incidência e prevalência de outras modalidades de depressão na população judaica, mesmo que não seja de ordem psicótica. Delineia-se, com isso, um cenário em que se articula positivamente a presença da depressão na comunidade judaica, que acaba por se enunciar como um lugar-comum científico e que se impõe pela sua obviedade e evidência.

É claro, a população judaica não é a única referida nessa relação positiva com a psicose maníaco-depressiva e com as outras formas de depressão. Outras são também enunciadas pelo discurso psiquiátrico, sempre com a mesma intenção teórica, qual seja, a de estabelecer tanto a correlação estatística quanto a relação causal dessa população com tais perturbações psíquicas.

No que concerne à população judaica, essa tese se enuncia sempre numa perspectiva genética, isto é, como se existisse no genoma judaico uma marca particular que conduzisse essa população às altas taxas de prevalência e de incidência de psicose maníaco-depressiva e de outras modalidades de depressão. Essa tese se sustenta ainda com o argumento teórico de que, como a população judaica não se mistura em geral com as demais populações, mas se mantém isolada em guetos, existiria, então, um reforço dessa infalível marca genética, que seria a condição de possibilidade para a reprodução daquelas perturbações psíquicas naquela comunidade.

Suponho agora que a *descrição* estabelecida pela epidemiologia psiquiátrica e pela psiquiatria clínica é correta, qual seja, pode-se efetivamente constatar altas taxas de incidência e de prevalência daquelas perturbações psíquicas na população judaica. Não pretendo refutar aqui essas estatísticas bem estabelecidas. Não se trata de criar sofismas sobre as evidências epidemiológicas e quantitativas, é claro. Contudo, a explicação genética não me convence absolutamente, para dar conta do que estaria em pauta nessa constatação clínica e epidemiológica.

Trata-se, com efeito, de uma explicação muito fácil e teoricamente inconsistente, pois trabalha com um campo conceitual não apenas restrito mas também simplista. Mesmo quando alude ao não cruzamento da população judaica com outras populações geneticamente diferenciadas, o que reforçaria a hipótese genética, essa formulação teórica é pobre e marcadamente inconsistente, na medida em que exclui do seu horizonte outras possibilidades interpretativas.

É isso justamente que pretendo desenvolver aqui neste ensaio, procurando enunciar outras possibilidades teóricas para interpretar a relação positiva existente entre psicose maníaco-depressiva e outras modalidades de depressão com a comunidade judaica. Para isso, contudo, é preciso deslocar-se decididamente da categoria de *raça*, presente nesses discursos psiquiátrico e genético, para a de *etnia*, procurando inscrever então o judaísmo numa *cultura* e numa *tradição* historicamente constituídas. Pode-se, por esse viés, entreabrir uma outra perspectiva de leitura para o que está aqui em questão, delineando assim um outro campo interpretativo bem mais consistente.

Ao lado disso, essa outra perspectiva de leitura nos possibilitará também pontuar algo sobre o incremento significativo das depressões na atualidade, de maneira secundária, é claro, na economia deste ensaio. Como se sabe, a Organização Mundial da Saúde já considera a disseminação espantosa das depressões hoje como um problema internacional de saúde pública, apontando as altas taxas de incidência e de prevalência daquelas como um dos flagelos contemporâneos. Uma outra interpretação teórica sobre o que se passa na tradição judaica pode permitir-nos também uma outra compreensão do que ocorre na atualidade, no que concerne ao marcante incremento das depressões em escala mundial.

PERDA

O simplismo mais evidente dessa hipótese genética se revela pela não consideração, na história da cultura judaica, de um signo bastante eloquente que é constitutivo dessa tradição e se relaciona intimamente com a depressão. Vale dizer, não se destaca devidamente o impacto particular da experiência de *perda* na tradição judaica, com todas as consequências que isso implica. Com efeito, numa etnia marcada pelo intenso deslocamento e bruscas mudanças de território, como é o caso da judaica, a perda como experiência psíquica assume um valor particular, se comparada com outras etnias caracterizadas pela fixidez e pela permanência num único território.

É claro que o que enuncio aqui como fixidez e deslocamento territoriais não se restringe à categoria geográfica de espaço, mas à ocupação social e cultural de um território. Esta se realiza pela mediação das línguas, de uma ordem sociopolítica, além, é claro, de costumes e de valores. Assim, mudar constantemente de território não implica apenas a perda de uma geografia e de uma paisagem, mas principalmente a perda de uma *forma de vida*, para me valer de um conceito enunciado por Wittgenstein.[1] Perdem-se, com efeito, práticas linguageiras e valores, ao lado de diferentes costumes e práticas culinárias. Estabelece-se, com isso, uma outra relação do sujeito com o *corpo*, pois tudo aquilo que dá sentido à experiência corpórea se transforma com esses deslocamentos e perdas.

Enfim, são o sujeito e o mundo que se transformam decisivamente nesse contexto, subvertendo então as coordenadas psíquicas de forma decisiva.

Evidentemente, refiro-me aqui ao *exílio* e à *diáspora* judaicos, que marcaram a ferro e fogo a história dessa tradição. Com efeito, a experiência da perda em questão foi temperada pela diáspora e pelo exílio, o que lhe confere então uma dimensão eminentemente traumática. Todos esses atributos provocaram marcas éticas e estéticas, que caracterizaram decididamente o horizonte do imaginário judaico.

Assim, desde a mítica saída dos judeus do Egito, sob a liderança de Moisés, a comunidade judaica foi sempre permeada pela migração e pelo exílio, de maneira incessante. Estes, como se sabe, nunca foram decididos pela própria comunidade como sujeito de sua ação. Pelo contrário, os judeus foram sempre obrigados a deixar para trás os lugares onde se inseriram, fosse por discriminações religiosas, fosse por decisões políticas. Não se tratava, pois, de um exílio voluntário, mas de um exílio marcadamente *involuntário*. Esta foi, enfim, a marca mais eloquente da tradição judaica na totalidade de sua história, sem dúvida.

Mesmo com o advento da modernidade, quando a questão judaica na Europa se constituiu enquanto tal, com a Revolução Francesa e a disseminação do pensamento iluminista,[2] a diáspora judaica persistiu. Não apenas agora pelo antissemitismo e pela perseguição religiosa, mas também por razões de ordem econômica. Desde o final do século XIX, com efeito, muitos judeus migraram para o Novo Mundo, para a América do Norte e a América do Sul, advindos da Europa Central e Oriental, fosse por discriminação religiosa e política, fosse por razões de sobrevivência.

Portanto, em qualquer dessas possibilidades, estamos diante de uma experiência involuntária de exílio, na qual este se impõe ao sujeito com toda a sua força, isto é, como um imperativo inescapável. É por esse viés que o exílio se marca pela *dor*, assumindo então uma dimensão eminentemente traumática. Foi nesse contexto sombrio, enfim, que a diáspora judaica assumiu a feição efetiva de perda, marcando profundamente tal tradição étnica.

Pode-se aproximar a diáspora judaica da experiência dos negros, que também foram obrigados a abandonar a África com o tráfico de escravos, desenraizados de sua cultura pela força bruta da colonização. A dimensão do involuntário foi aqui ainda mais poderosa e drástica do que no caso da diáspora judaica, pois, como escravos que eram, os negros tiveram ainda menor poder de decisão sobre seu destino do que os judeus. A dor e o trauma foram então as resultantes mais eloquentes disso, provocando, como se sabe, o proverbial *banzo* nas populações negras exiladas. Enfim, a nostalgia das origens perdidas foi também curtida, com lágrimas e sangue, nos lamentos da diáspora negra.

Portanto, a diáspora judaica, perpassada que é pela perda e pelo trauma, tem marcas melancólicas evidentes. Tais marcas constituem uma história que é constitutiva do imaginário judaico. Por isso mesmo, a consideração dessas marcas históricas presentes nessa tradição exige um paradigma interpretativo que possa dar conta delas, que seja mais consistente do que a hipótese genética, impondo então uma leitura da *memória* judaica por onde se plasmaram tais marcas. É para isso que devemos nos voltar agora, sem tergiversação e delongas.

O discurso psicanalítico nos oferece essa outra possibilidade de leitura, entreabrindo-nos as portas para o imaginário judaico de maneira bem mais sólida. É o que se verá agora.

GRAMÁTICA DA PERDA

Assim, se é a perda que está em causa na diáspora judaica, necessário é indagar-se não apenas sobre os *efeitos* daquela mas também sobre seus *destinos* no psiquismo. É preciso então perguntar-se sobre as ressonâncias traumáticas da perda de algo para determinado sujeito, por um lado, assim como sobre os desdobramentos e as disseminações que este imprime àquilo que foi perdido, pelo outro. Impõe-se, pois, uma leitura meticulosa da experiência da perda nos dois polos que delineiam o seu campo, pelos quais se podem destacar sua porta de chegada, seus impasses e sua resolução possível.

A experiência da perda se articula em três momentos, que constituem, como *temporalidades* diversas, diferentes inflexões dessa experiência no psiquismo.

O primeiro momento se caracteriza pelo violento impacto psíquico da perda de um objeto que é crucial para o sujeito, que provoca sempre dor para este, mesmo que a perda seja esperada e o sujeito já tenha até mesmo se preparado para isso.

O segundo momento se caracteriza pelo confronto do sujeito com o objeto perdido, que se realiza no campo do seu imaginário. Com efeito, o sujeito pode aceitar ou recusar a perda em questão, podendo ser esta e aquela relativas ou absolutas para a subjetividade implicada na experiência. Isso tudo se relacionaria com a *culpa* do sujeito diante do *objeto perdido*, que seria decisiva na avaliação da *responsabilidade* daquele em face do objeto que se perdeu.

O terceiro momento, enfim, seria o da resolução desses impasses psíquicos, o que implicaria sempre a *simbolização* da perda aqui em pauta.

A totalidade desse processo psíquico foi enunciada por Freud num ensaio célebre, publicado em 1917, intitulado "Luto e melancolia".[3] Nesse texto, ao mesmo tempo clínico e metapsicológico, Freud retomou de maneira sistemática o esboço inicial sobre a problemática em questão, enunciada por Abraham, em 1912, num ensaio intitulado "Preliminares para a investigação e o tratamento psicanalítico da loucura maníaco-depressiva e estados vizinhos".[4] Posteriormente, em 1924, Abraham sintetizou o conjunto dessa pesquisa, metapsicológica e clínica, num clássico ensaio psicanalítico intitulado "Esboço de uma história do desenvolvimento da libido baseado na psicanálise das perturbações mentais".[5]

Vou me centrar aqui apenas na leitura do ensaio de Freud, que é suficiente para o que está em questão neste texto, qual seja, o lugar da perda na tradição do judaísmo. Portanto, retomarei agora de forma sumária o ensaio de Freud, destacando então o que é fundamental na experiência da perda. O que o discurso freudiano nos ensina sobre isso?

Antes de mais nada, que a perda em pauta pode ser de um objeto *concreto* ou de um objeto *ideal*. Assim, o sujeito pode perder tanto um ente querido, com a morte e com a separação, quanto algo de ordem ideal, como uma ideologia e um valor qualquer, que incidem sobre ele como algo da ordem da decepção. Em qualquer dessas eventualidades, no entanto, o sujeito sofre uma dor psíquica pela ferida que isso provoca, na medida em que a perda incide sempre sobre a economia do *narcisismo*. É sempre esta que está em questão na perda de algo pelo sujeito, que se confronta então dolorosamente com sua impossibilidade de controlar e de dominar o curso dos acontecimentos da existência.[6]

Portanto, na experiência da perda o sujeito se confronta com o seu *limite*, nos registros do ser e do agir, tendo, pois, que reconhecer os limites do seu poder e de sua potência. Por isso mesmo, é a economia do narcisismo que está sempre na berlinda na cena inaugural da perda de algo para o sujeito, que, a despeito de ser um objeto concreto ou ideal, implica sempre uma perda *real* para aquele. É essa dimensão real da perda que deve, enfim, ser devidamente sublinhada aqui.

O que se coloca, em seguida, para o psiquismo, é que, diante da ferida narcísica provocada pela perda, o sujeito tem que se defrontar inequivocamente com as suas relações com o objeto perdido. Submete-se, pois, no seu imaginário, a uma revisão e avaliação críticas de sua história com o referido objeto que desapareceu. É o tempo mais complicado e complexo da experiência da perda, na medida em que é aqui que o acerto de contas do sujeito com o objeto perdido se realiza de fato.[7] A perda aqui assume uma inflexão decisiva, qual seja, desloca-se do registro estritamente narcísico para o registro *ético*, de forma que é a responsabilidade do sujeito diante do objeto perdido que está agora em causa na sua plenitude.

Com efeito, a culpa inscreve-se então na cena da perda, pois o sujeito indaga-se incessantemente sobre sua responsabilidade na perda do objeto. Assim, o que aquele de fato fez para que a perda ocorresse e o que poderia ter feito para que esta não acontecesse são questões que se impõem dolorosamente agora para o sujeito. Em decorrência disso, as autoacusações se multiplicam e se disseminam no psiquismo de maneira abrangente, provocando, então, efeitos em cascata que são inesperados e estão na estrita dependência da possibilidade do sujeito de reconhecer efetivamente a perda e a sua responsabilidade nisso.[8]

A totalidade desse processo se regula em três registros psíquicos, que circunscrevem o reconhecimento ou não pelo sujeito da perda em questão, assim como os seus efeitos em diferentes instâncias psíquicas. Assim, a *incorporação*, a *introjeção* e a *identificação* do objeto perdido no psiquismo indicam a decantação e a declinação deste pelo sujeito, constituindo, pois, uma efetiva *gramática da perda*. Foi isso que Freud denominou de *trabalho de luto*.[9]

Assim, no tempo inicial desse trabalho o sujeito procura incorporar o objeto no seu corpo, pelo qual pretende então afirmar que este não se perdeu, já que foi inscrito no seu corpo. Em seguida, o objeto inscreve-se no psiquismo sob a forma de imagem, sendo então devidamente introjetado. Por fim, se o sujeito pode reconhecer que o objeto de fato se perdeu, este se transformaria numa marca e num traço que se inscreveriam definitivamente como um *símbolo* no seu psiquismo.

Portanto, a gramática da perda se realiza para o sujeito entre os registros do *ser* e do *ter*, na medida em que, nos tempos da incorporação e da introjeção, o sujeito acredita que é o objeto e que este não se perdeu efetivamente, pois se encontraria ainda no seu corpo e no seu imaginário, enquanto na identificação aquele reconhece que a perda aconteceu e o que detém do objeto perdido é apenas uma marca. Enfim, a gramática da perda e o trabalho de luto se polarizam no sujeito entre a crença de ser o objeto perdido e de ter apenas um traço deste, como um símbolo inscrito no seu psiquismo.

Pode-se enunciar então que, nos tempos da incorporação e da introjeção, isto é, em que o sujeito é o objeto e que aquele não reconhece que este se perdeu, que o objeto não foi efetivamente enterrado pelo sujeito e que permanece então na condição de *morto-vivo*, como um *morto sem sepultura*,[10] para me valer do título de uma célebre peça teatral de Sartre. Portanto, apenas no tempo da identificação, em que a perda foi reconhecida enquanto tal pelo sujeito, é que o objeto pode ser de fato enterrado, adquirindo então uma lápide no psiquismo, como um símbolo e um nome que designam de direito o morto em questão. O objeto perdido se transforma, pois, num objeto morto e devidamente enterrado no psiquismo, eternizando-se, pois, como um símbolo, que permanece para sempre como um traço no sujeito.

Portanto, apenas com a identificação o trabalho de luto pode efetivamente se concluir, tendo como sua resultante maior a *invenção* de um símbolo. O que implica dizer que o trabalho de luto e a gramática da perda que este evidencia constituem um efetivo laboratório de criação simbólica para o psiquismo. Seria preciso perder algo para então se ganhar alguma outra coisa em troca, sob a forma agora de uma invenção simbólica.

Nesses termos, o psiquismo delineado por Freud seria um laboratório efetivo de criação e de invenção simbólicas, constituindo-se então como um aparelho de simbolização. Para isso, no entanto, é preciso que o sujeito consiga acolher e reconhecer as suas perdas, assumindo ativamente sua *responsabilidade* pelas perdas que lhe acontecem. Isso implica a assunção pelo sujeito de seus limites, de forma a poder metabolizar suas feridas narcísicas, de forma a transformar as perdas reais em ganhos simbólicos. Dessa maneira, sua potência se engendra efetivamente pela constituição ativa de símbolos, colocando então num plano secundário a economia do narcisismo, na qual o sujeito não aceita o que há de incontrolável na trama dos acontecimentos reais da existência.

Foi nesse sentido mesmo que, em "O eu e o isso", ensaio escrito em 1923, Freud pôde dizer que o psiquismo se configurava como um cemitério de objetos mortos e devidamente enterrados, na medida em que a existência de qualquer um seria necessariamente marcada por perdas e que estas se transformariam então em símbolos pelo incessante trabalho de luto.[11] Para isso, no entanto, é preciso que o sujeito possa aceitar e reconhecer as perdas, implodindo o autocentramento narcísico do eu, condição de possibilidade para que o sujeito possa se transformar pela invenção simbólica que isso promove.

No entanto, como já indiquei acima, o psiquismo pode não concluir o trabalho de luto, ficando então restrito aos registros da incorporação e da introjeção do objeto. Com isso, este não pode ser efetivamente enterrado, já que não é reconhecido pelo sujeito como perdido, permanecendo então como um morto-vivo na economia psíquica, na ausência efetiva de uma sepultura que possa devidamente simbolizá-lo. Nesse contexto, o sujeito se paralisa, sendo lançado então numa posição psíquica denominada *melancolia*.

Esta se constitui, com efeito, como um *luto patológico*, no qual o sujeito não pode concluir o trabalho de luto, já que não aceita reconhecer sua responsabilidade diante da perda do objeto. Assim, se o sujeito é o objeto, este não se perdeu efetivamente, permanecendo então colado ao seu corpo e ao seu imaginário, obstáculo que é para a potencialidade simbólica. Enfim, com a melancolia e o luto patológico, o sujeito se empobrece simbolicamente, pois não pode transformar a perda real em invenção simbólica.

Portanto, no discurso freudiano a experiência da perda pode ter para o sujeito um duplo destino, sendo polarizada então entre a melancolia e a invenção simbólica. Esses possíveis desdobramentos estão na estrita dependência da conclusão e da inconclusão do trabalho de luto empreendido por aquele.

É isso que precisa ser agora devidamente indicado, no que concerne à tradição judaica. É o que se verá a seguir.

DESTINOS

É claro que, numa tradição cultural como a judaica, marcada que é pelo exílio e pela diáspora, a perda está presente o tempo todo, revelando-se como uma experiência fundamental. Parece-me, pois, impossível realizar qualquer leitura sobre o judaísmo sem que se considerem o peso e os múltiplos efeitos da perda nessa tradição.

Assim, é possível indicar a disseminação da perda na tradição judaica no duplo sentido que já foi acima indicado:

1. Pelo luto patológico e a consequente melancolia disso resultante, que se disseminam fartamente na comunidade judaica, como se sabe. Se a constatação disso, realizada pela psiquiatria clínica, é correta, revelando-se pelas altas taxas de incidência e de prevalência da melancolia na comunidade judaica, sua interpretação genética é questionável e teoricamente inconsistente, como já enunciei acima.

Não insistirei mais nesse ponto, mas apenas evocarei que as perdas cumulativas e transgeracionais que incidem nessa tradição são motivos suficientes para se interpretar a produção dessa perturbação psíquica naquela comunidade numa outra perspectiva teórica. O discurso freudiano nos fornece instrumentos conceituais consistentes para isso.

2. Pela simbolização que o trabalho de luto possibilita, quando este é efetivamente concluído pelo sujeito. Parece-me que a contribuição efetiva da tradição judaica para a história cultural do Ocidente se deve justamente a isso. Com efeito, se a perda pode ser reconhecida pelo sujeito, disso redunda uma rica produção simbólica que se plasma então sob a forma de *obras de cultura*.

Não é um acaso, pois, que a tradição judaica tenha se caracterizado, ao longo de sua história, pela ativa produção intelectual e artística, destacando-se então como uma rica tradição cultural. Tanto nos registros da filosofia e das ciências quanto nos mais diversos campos da criação artística, a contribuição judaica foi decisiva, como se sabe.

Porém, se as coisas aconteceram historicamente dessa maneira, isso não se deve ao fato de que os judeus constituem o "povo eleito", como se diz nas ortodoxias religiosas judaicas que alimentam e colaboram assim para os discursos antissemitas, mas à possibilidade de que parcela do povo judaico teve de realizar efetivamente o trabalho de luto de suas perdas e de transformá-las então em invenção simbólica e obras culturais.

LINGUAGEM E UNIVERSALISMO

Em "O homem Moisés e a religião monoteísta", escrito entre 1934 e 1938, Freud indicou que a invenção do monoteísmo implicou o descolamento dos crentes do registro da imagem para o da linguagem e do espírito, sendo essa a maior contribuição judaica para a história do Ocidente. Com isso, o monoteísmo implicou a ruptura do judaísmo com a tradição do paganismo da Antiguidade, constituindo então a cultura do verbo e da interpretação.[12]

Não seria esse, pois, o enunciado mais eloquente, existente no discurso freudiano, de que, para se constituir efetivamente como tradição cultural, o judaísmo se defrontou desde as suas origens míticas com a perda, tendo então que inventar símbolos e obras de cultura para dar um destino àquelas? O deslocamento do registro da imagem para o da linguagem teria sido, enfim, a contribuição matricial do judaísmo para a cultura ocidental.

É claro que, para Freud, Moisés não era originariamente judeu, mas egípcio, apesar de se ter transformado no patriarca da tradição judaica.[13] Essa tese não é originalmente de Freud, como se sabe, que a retomou de uma obra de E. Sellim, de 1922.[14] Além disso, o esboço primordial do monoteísmo já tinha sido forjado na tradição egípcia, com o faraó Akenaton, tendo sido então Moisés que a trouxe para a constituição da tradição judaica. Contudo, isso não muda em nada a leitura que o discurso freudiano está aqui nos propondo, qual seja, de que o judaísmo se constituiu como tradição cultural ao assumir plenamente os riscos e as possibilidades entreabertas pelo monoteísmo. Com isso, deslocou-se do registro da imagem para o da linguagem, constituindo então uma forma criativa de empreender seu exílio e iniciar a epopeia de sua diáspora.

No ensaio "O judeu não judeu",[15] publicado em 1968, o historiador e militante trotskista polonês Isaac Deutscher retoma a tese da inventividade judaica. Enfatiza então sua contribuição inestimável para a cultura ocidental, mas numa outra perspectiva teórica. Porém, indica sem pestanejar a importância crucial do exílio e da diáspora judaicos para isso, sublinhando então o que houve de positivo nestes para a criação cultural do Ocidente. Não obstante a dor e o trauma sempre presentes, é claro, na experiência da diáspora judaica, essa foi a condição concreta de possibilidade para a produção de algo fundamental na história ocidental, qual seja, o *universalismo*, considerado tanto como valor quanto como estilo de pensamento.

Com efeito, se a diáspora implicou a incessante mobilidade territorial do povo judeu, que teve assim na *errância* a sua característica crucial, aquela provocou, em contrapartida, a possibilidade de não circunscrever os judeus às fronteiras de nenhum Estado-Nação, permitindo-lhes então se mover sempre nas *bordas* e fronteiras de vários Estados-Nação. Com isso, a tradição judaica não teria ficado presa aos particularismos e nacionalismos dos diversos Estados, podendo abrir seu horizonte para delinear o mundo numa perspectiva universalista. Estaria, pois, aqui a sua colaboração decisiva para outro estilo de pensamento, que se materializou em diferentes produções discursivas.[16]

Assim, o universalismo como forma de pensamento estaria presente tanto nos discursos teóricos de Spinoza e Marx quanto no de Freud, que sem a marca daquele não seriam possíveis enquanto tais.[17] Com efeito, aceder ao registro universal da *natureza constituinte* contra os signos superficiais da *natureza constituída*, como o fez Spinoza, assim como aos continentes da *história* e do *inconsciente* como marcas universais que seriam das sociedades e do psiquismo, como fizeram Marx e Freud, implicaria a ruptura decisiva com os particularismos presentes nas demais tradições, que ficariam então restritas às fronteiras dos territórios dos Estados-nação.

As leituras propostas por Freud e Deutscher não se excluem, é claro, mas se complementam, pois ambos enfatizam, por caminhos diferentes, a efetiva contribuição da tradição judaica para a cultura ocidental. É justamente isso o que me interessa destacar aqui. Se o primeiro insistiu na linguagem como universal, que permitiu ao sujeito descolar-se do registro da imagem para o do símbolo, como forma de lidar com a perda e a diáspora judaicas, o segundo insistiu no horizonte de abertura universalista do pensamento possibilitado pela não restrição dos judeus às fronteiras de um Estado-Nação.

É esse mesmo imaginário caracterizado pela perda e pela simbolização, ao lado da abertura de horizonte universalista promovido pela não redução às fronteiras do Estado-Nação, que podemos encontrar ainda em outros criadores de origem judaica. É o que se verá agora, em referência a outros criadores oriundos da tradição judaica.

FORA-DE-LUGAR

Assim, a metáfora da diáspora e da mobilidade judaicas, ao lado da simbolização como contrapartida para a perda, se encontra também presente em diversas produções discursivas realizadas por outros teóricos. É ainda o imaginário cultural judaico, marcado pela perda e pelo exílio, que é a matriz de algumas produções discursivas e conceituais, isto é, uma de suas condições concretas de possibilidade.

É quase impossível pensar na concepção *relativista do tempo* realizada pela física moderna, por Einstein, em oposição à física clássica na qual o tempo e o espaço eram considerados absolutos, no discurso teórico de Newton,[18] sem destacar que a relatividade do conceito de tempo teria que ser enunciado por alguém marcado pelo nomadismo judaico. Certamente, as condições do discurso da física teórica e experimental, no começo do século XX, foram a possibilidade epistemológica efetiva para a invenção conceitual de Einstein. Sem isso, este não poderia nem ter construído a sua teoria, nem ter tido para esta o reconhecimento que teve. Porém, não é um acaso o fato de um judeu ter podido deslocar essa possibilidade histórica e teórica do registro da enunciação para o da formalização matemática, justamente pela presença pregnante da errância judaica no seu imaginário cultural, possibilitando-lhe, assim, enunciar que o tempo e o espaço são conceitos relativos e não absolutos.

Da mesma forma, é quase impossível conceber que um conceito filosófico como o da linguagem, como jogo e que delineia ainda o horizonte de *formas de vida*,[19] não se inscreva na matriz do imaginário judaico, marcado que é pela errância e pela diáspora. Isso porque, na concepção forjada por Wittgenstein, a linguagem não apenas se dessubstancializa e perde qualquer colagem com o mundo das coisas, mas principalmente se relativiza, sendo inventada assim como *jogo de linguagem* em diferentes contextos sociais e históricos. Enfim, é preciso que a errância, como condição histórica de existência, seja assumida na sua positividade e plenitude para que um conceito como este possa ser efetivamente enunciado.

Ao lado disso, é preciso evocar ainda o conceito de *tradução* forjado por W. Benjamin, que revolucionou esse campo teórico no início do século passado, constituindo-se efetivamente na mais importante contribuição para a teoria da tradução até hoje.[20] Isso porque Benjamin inverteu as relações historicamente estabelecidas entre as línguas de chegada e de partida na prática tradutiva, privilegiando nesta, assim, a língua de chegada. Esta poderá até mesmo reinventar o texto inicial, revelando neste dimensões e potencialidades não imediatamente presentes para o autor e o original da obra que foi traduzida. Com efeito, seria apenas a metáfora da errância e da diáspora, com a preocupação voltada pelos judeus para os novos espaços linguísticos a que chegaram e de não ficarem chorando nostalgicamente para os espaços linguageiros de origem e de partida, o que poderia possibilitar essa inversão brilhante na concepção de tradução.

Assim, em todos esses criadores a condição da errância e a da diáspora foram devidamente metaforizadas como conceitos, indicando como a simbolização da perda pelo trabalho de luto foi o que possibilitou as suas construções como conceito. Com isso, o tempo tem que se relativizar em articulação com os novos espaços que se delineiam no horizonte da experiência da perda, deixando então de ser absoluto. Da mesma forma, a linguagem pode ser transformada em jogo nas novas formas de vida em que se apresentam, e a língua de chegada na tradução pode ser considerada, paradoxalmente, bem mais importante do que a língua de origem em que se forjou um texto.

A condição de estar *fora-de-lugar* seria, pois, a condição de possibilidade dessas invenções conceituais, que se inscreve então como metáfora pelo imaginário da errância. Como nos disseram ainda Deleuze e Guattari, foi a condição de estar fora-de-lugar que possibilitou a Kafka, como nômade judaico[21] que era, o seu manejo específico da língua alemã e a sua maneira de habitar essa língua, constituindo assim uma das maiores ficções literárias no século XX.

PRECARIEDADE E DESOLAMENTO CONTEMPORÂNEOS

Poderia multiplicar aqui os exemplos de outros criadores, todos de origem judaica, para indicar como o imaginário delineado pela perda e pela errância foi metaforizado pela criação de obras culturais e de novos conceitos. Assim, poderia evocar como o proverbial humor judaico foi uma das maneiras criativas que essa tradição inventou para lidar com o infortúnio e a imprevisibilidade sobre o seu destino, transformando então dor em alegria, sem dramatizar masoquisticamente sua condição social e psíquica para descobrir outros destinos possíveis para o trauma da perda. Além disso, poderia destacar como foi um judeu, como Freud, que pôde dar toda a sua dignidade ao humor,[22] transformando-o numa das formações do inconsciente. Poderia ainda falar do inconsciente freudiano como uma experiência abissal de errância psíquica, inventando uma outra espacialidade psíquica com o descentramento do eu, ao enfatizar a mobilidade do processo primário no fundamento do psíquico.[23]

Porém, creio que já foi dito o suficiente para demonstrar o que foi a assunção da perda pela tradição judaica, na medida em que foi aquela que lhe possibilitou a realização do trabalho de luto e a invenção de obras de cultura que enriqueceram o Ocidente.

É importante evocar isso na atualidade, quando vivemos num mundo permeado pela depressão, que se apresenta já como um dos flagelos da contemporaneidade, caracterizada que esta é pela globalização. Isso assim acontece em decorrência das múltiplas perdas que incidem sobre as diversas populações, hoje, que são tragicamente lançadas nas margens da existência e da sociedade na mais completa *precariedade* e *desolamento*. O Estado-Nação, desconstruído pelo processo de globalização, esfacela-se e não oferece mais aos cidadãos a proteção de outrora. A mobilidade e a errância passaram a caracterizar então o sujeito na contemporaneidade, que se vê assim lançado à própria sorte, tendo que contar apenas consigo mesmo para sobreviver. É preciso, então, a criação simbólica de novos laços sociais, nesse contexto de precariedade, única forma de não se ficar preso à nostalgia melancólica.

O que a tradição judaica pode oferecer, para os impasses existentes na contemporaneidade, é a possibilidade de constituir novas formas de vida situadas nas bordas e fronteiras dos Estados-Nação, que estão em franco processo de desconstrução pela globalização. Isso porque, como uma das representações eloquentes do fora-de-lugar e do apátrida, a tradição judaica forjou um capital simbólico na sua memória coletiva que tem um rico potencial de ensinamentos para a contemporaneidade, marcada que esta é pela errância e pela diáspora. Enfim, estas se universalizaram hoje, de forma que agora somos todos fadados ao nomadismo e à errância, tendo que nos mover por bordas e fronteiras sempre móveis, como o povo judaico ao longo de sua história.

Notas

1. L. Wittgenstein, "Investigations philosophiques", *in Tractatus logico-philosophicus suivi de investigations philosophiques, op. cit.*
2. H. Arendt, "L'Aufklärung et la question juive" (1932), *in La tradition cachée*, Paris, 10/18, 1987.
3. S. Freud, "Deuil et melancolie" (1917), *in Métapsychologie, op. cit.*
4. K. Abraham, "Préliminaires à l'investigation et au traitement psychanalytique de la folie maníaco-depressive et des états voisins" (1912), *in Oeuvres complètes*, Paris, Payot, 1973, vol. I.
5. K. Abraham, "Esquisse d'une histoire du développement de la libido basée sur la psychanalyse des troubles mentaux" (1924), *in Oeuvres complètes, op. cit*, vol. II.
6. S. Freud, "Deuil et mélancolie", *in Métapsychologie, op. cit.*
7. *Ibidem.*
8. *Ibidem.*
9. *Ibidem.*
10. J. P. Sartre, *Mortos sem sepultura*, Lisboa, Presença, 1961.
11. S. Freud, "Le moi et le ça" (1923), *in Essais de psychanalyse, op. cit.*
12. S. Freud, *L'homme Moïse et la religion monothéiste*, segundo ensaio, *op. cit.*
13. S. Freud, *L'homme Moïse et la religion monothéiste*, primeiro ensaio, *op. cit.*
14. Sobre isso, ver: E. Said, *Freud and the Non European, op. cit.*
15. I. Deutscher, *The Non-Jewish Jew and Other Essays, op. cit.*
16. *Ibidem.*
17. *Ibidem.*
18. A. Einstein e L. Infeld, *A evolução da física*, Rio de Janeiro, Zahar, 1966, cap. III.
19. L. Wittgenstein, "Investigations philosophiques", *in Tractatus logico-philosophicus suivi de investigations philosophiques, op. cit.*
20. W. Benjamin, "La tâche du traducteur" (1923), *in Oeuvres I*, Paris, Gallimard, 2000.
21. G. Deleuze e F. Guattari, *Kafka. Pour une literature mineure*, Paris, Minuit, 1975.
22. S. Freud, "Jokes and their relation to the unconscious" (1905), *in The Standard Edition of the Complete Psychological Works of Sigmund Freud, op. cit.*, vol. VIII.
23. S. Freud, "L'inconscient" (1915), *Métapsychologie, op. cit.*

Referências bibliográficas

Abraham, K. "Esquisse d'une histoire du developpement de la libido basée sur la psychanalyse des troubles mentaux" (1924). *In* _____. *Oeuvres complètes*. Paris: Payot, 1973, vol. II.

_____. "Préliminaires à l'investigation et au traitement psychanalytique de la folie maníaco-depressive et des états voisins" (1912). *In* _____. *Oeuvres complètes*. Paris: Payot, 1973, vol. I.

Abu el-Haj, N. *Archaeological Practice and Territorial Self-Fashioning in Israel Society*. Chicago. University of Chicago Press, 2002.

Adorno, T. W. e Horkheimer, M. *La dialectique de la raison*. Paris: Gallimard, 1994.

Agamben, G. *Homo saccer. Le pouvoir souverain et la vie nue*. Paris: Seuil, 1997.

Alexander, F. e French, T. *Studies in Psychosomatic Medicin*. Nova York: Ronald Press, 1948.

Almeida, J. e Anthonio e Silva, J. (curadores). *Ordenação e vertigem*. São Paulo: Centro Cultural Banco do Brasil, 2003, vols. I e II.

Arendt, H. *Auschwitz et Jérusalem*. Paris: Deuxtemps, 1991.

_____. *Eichmann em Jerusalém*. São Paulo: Companhia das Letras, 2000.

_____. *La tradition cachée*. Paris: 10/18, 1987.

Aristóteles. *Ethique de Nicomaque*. Paris: Garnier-Flammarion, 1965.

Artaud, A. "Le théâtre et son double". *In* _____. *Oeuvres complètes*. Paris: Gallimard, 1978, vol. IV.

Badinter, E. *L'un et l'autre*. Paris: Odile Jacob, 1986.

Barker, E. *Teoria política grega*. Brasília: Universidade de Brasília, 1978.

Bataille, G. *L'érotisme*. Paris: Minuit, 1957.

Baudelaire, C. "As flores do mal". *In* _____. *Poesia e prosa*. Rio de Janeiro: Nova Aguilar, 1995.

_____. "Pequenos poemas em prosa". *In* _____. *Poesia e prosa*. Rio de Janeiro: Nova Aguilar, 1995.

Baudrillard, J. *Amérique*. Paris: Nova Grasset, 1986.

_____. *La société de consomation*. Paris: Denöel, 1970.

Bauman, Z. *Globalisation: The human consequences*. Cambridge/Oxford: Polity Press-Blackwell Publishers, 1998.

_____ . *Mal-estar na pós-modernidade*. Rio de Janeiro: Jorge Zahar, 1998.
_____ . *Modernity and Holocaust*. Oxford: Polity Press, 1996.
Beck, U. "A reinvenção da política". *In* A. Giddens, U. Beck e S. Lash, *Modernização reflexiva*. São Paulo: Unesp, 1995.
_____ . *Risk Society: towards a new modernity*. Londres: Stage Publications, 1992.
Benjamim, W. "Sobre o conceito de história". *In* _____ . *Obras escolhidas*. São Paulo: Brasiliense, 1986.
_____ . "La tâche du traducteur" (1923). *In* _____ . *Oeuvres I*. Paris: Gallimard, 2000.
_____ . "O narrador". *In* _____ . *Obras escolhidas*. São Paulo: Brasiliense, 1986, vol. I.
Birman, J. *O mal-estar na atualidade*. 4ª ed. Rio de Janeiro: Civilização Brasileira, 2002.
_____ . *A psiquiatria como discurso da moralidade*. Rio de Janeiro: Graal, 1973.
_____ . *Cartografias do feminino*. 2ª ed. São Paulo: Editora 34, 2003.
_____ . *Enfermidade e loucura. Sobre a medicina das inter-relações*. Rio de Janeiro: Campus, 1980, 2ª parte.
_____ . *Gramáticas do erotismo*. Rio de Janeiro: Civilização Brasileira, 2001.
_____ . *Les enjeux de l'interprétation en psychanalyse*. Paris: L'Harmattan, 1999.
_____ . *Psicanálise, ciência e cultura*. Rio de Janeiro: Jorge Zahar, 1994.
Borch-Jacobsen, M. "Pour introduire la personalité multiple". *In* I. Stengers (org.). *L'importance de l'hypnose*. Paris: Les Empêcheurs de Penser en Rond, 1993.
Bourdieu, P. *Contrafogos*. Rio de Janeiro: Jorge Zahar, 1998.
Canguilhem, G. "Qu'est-ce que c'est la psychologie?" *In* _____ .*Études d'histoire et de philosophie de la science*. Paris: Vrin, 1969.
De La Boétie, E. *Discours de la servitude volontaire*. Paris: Flammarion, 1983.
Debord, G. *La société du spectacle*. Paris: Gallimard, 1992.
Dejours, C. *Souffrance en France. La banalisation de l'injustice sociale*. Paris: Seuil, 1998.
Deleuze, G. "L'ascension du social". *In* _____ .*La police des familles*. Paris: Minuit, 1977, p. 213-20.
Deleuze, G. e Guattari, F. *Kafka. Pour une literature mineure*. Paris: Minuit, 1975.
Derrida, J. *Mal d'archive. Une impression freudienne*. Paris: Galilée, 1995.
_____ . *Politiques de l'amitié*. Paris: Galilée, 1994.
_____ . *Voyous*. Paris: Galilée, 2002.
Descartes, R. "Discours de la méthode" (1637). *In Oeuvres et lettres de Descartes*. Paris: Gallimard (Pléiade), 1949.
_____ . "Les passions de l'âme". *In Oeuvres et lettres de Descartes*. Paris: Gallimard (Pléiade), 1949.
_____ . "Méditations" (1641). *In Oeuvres et lettres de Descartes*. Paris: Gallimard (Pléiade), 1949.
Deutscher, I. *The Non-Jewish Jew and Other Essays*. Nova York: Hill and Wang, 1968.

REFERÊNCIAS BIBLIOGRÁFICAS

Dicionário Houaiss da língua portuguesa. Rio de Janeiro: Objetiva, 2001, p. 319.
Duchet, M. *Anthropologie et histoire au siècle des lumières*. Paris: Albin Michel, 1995.
Dumont, L. *Homo aequalis I*. Paris: Gallimard, 1977.
_____. *O individualismo*. Rio de Janeiro: Rocco, 1983.
Durkheim, E. *Les règles de la méthode sociologique*. Paris: Presses Universitaires de France, 1966.
Durkheim, E. *Le suicide*. Paris: Presses Universitaires de France, 1967.
Ehrenberg, A. *La fatigue d'être soi. Dépression et société*. Paris: Odile Jacob, 1998.
Einstein, A. e Infeld, L. *A evolução da física*. Rio de Janeiro: Zahar, 1966, cap. III.
Elias, N. *La civilisation des moeurs*. Paris: Fayard, 1994.
Entralgo, P. *Historia de la medicina moderna y contemporanea*. Madri: Cientifico-Medica, 1963.
Fanon, F. *The Wretched of the Earth*. Nova York: Grove Press, 1968.
Foucault, M. "Nietzsche, la génèalogie, l'histoire" (1971). *In* _____. *Dits et écrits*: Paris, Gallimard, 1994, vol. II.
_____. *Dits et écrits*. Paris: Gallimard, 1994, vols I-IV.
_____. *Histoire de la folie à l'âge classique*. Paris: Gallimard, 1971.
_____. M. *Il faut défendre la société*. (1976). Paris: Gallimard, Seuil, 1997.
_____. M. *L'archéologie du savoir*. Paris: Gallimard, 1969.
_____. M. *L'usage des plaisirs*. Paris: Gallimard, 1984.
_____. M. *Le souci de soi*. Paris: Gallimard, 1984.
_____. M. *La volonté du savoir. Histoire de la sexualité*. Paris: Gallimard, 1976, vol. I.
_____. *Les anormaux*. Paris: Gallimard/Seuil, 1999.
_____. *Les mots et les choses*. Paris: Gallimard, 1966.
_____. *Microfísica do poder*. Rio de Janeiro: Graal, 1979.
_____. *Naissance de la biopolitique*. Paris: Gallimard/Seuil, 2004.
_____. *Surveiller et punir*. Paris: Gallimard, 1974.
Freud, S. "Qu'il est justifié de séparer de la neurasthénie un certain complexe symptomatique sous le non de 'névrose d'angoisse'" (1895). *In* _____. *Névrose, psychose et perversion*. Paris: PUF, 1973
_____. "Obsessions et phobies" (1895). *In Névrose, psychose et perversion*. Paris: PUF, 1973.
_____. "Les psychonévroses de défense" (1984). *In* _____. *Névrose, psychose et perversion*. Paris: PUF, 1973.
_____. "Psychothérapie de l'hystérie" (1895). *In* S. Freud e J. Breuer, *Études sur l'hystérie*. Paris: PUF, 1973.
_____. "Lettres à Wilhelm Fliess" (1887-1902). *In* _____. *Naissance de la psychanalyse*. Paris: PUF, 1973.
_____. "Esquisse d'une psychologie scientifique" (1895). *In* _____. *Naissance de la psychanalyse*. Paris: PUF, 1973.

_____. "L'hérédite et l'étiologie des névroses" (1896). *In Névrose, psychose et perversion*. Paris: PUF, 1973.

_____. "L'étiologie de l'hystérie" (1896). *In Névrose, psychose et perversion*. Paris: PUF, 1973.

_____. *L'interpretation des rêves* (1900). Paris: PUF, 1976, cap. VII.

_____. *Psychopathologie de la vie quotidienne* (1901). Paris: Payot, 1973.

_____. *Trois essais sur la théorie de la sexualité* (1905). Primeiro ensaio. Paris: Gallimard, 1962.

_____. "Jokes and their relation to the unconscious" (1905). *In The Standard Edition of the Complete Psychological Works of Sigmund Freud*. Londres: Hogarth Press, 1978, vol. VIII.

_____. "La morale sexuelle 'civilisée' et la maladie nerveuse des temps modernes" (1908). In _____. *La vie sexuelle*. Paris: PUF, 1973.

_____. *Cinq psychanalyses*. Paris: PUF, 1975.

_____. "Les fantasmes hystériques, et leur relation à la bisexualité" (1908). *In* _____. *Névrose, psychose et perversion*. Paris: PUF, 1973.

_____. "Considérations générales sur l'attaque hystérique" (1908). *In* _____. *Névrose, psychose et perversion*. Paris: PUF, 1973.

_____. "Formulations sur les deux principes des evénements psychiques" (1911). In _____. *Résultats, idées, problèmes*. Paris: Presses Universitaires de France, 1984, vol. I.

_____. "La dynamique du transfert" (1912). *In* _____. *La technique psychanalytique*. Paris: PUF, 1972.

_____. "Totem and tabou". Paris: Payot, 1975.

_____. "Remémoration, repétion et elaboration" (1914). *In* _____. *Écrits techniques*. Paris: PUF, 1972.

_____. "Pour introduire le narcissisme" (1914). Primeiro capítulo. *In* _____. *La vie sexuelle*. Paris: Presses Universitaires de France, 1973.

_____. *Métapsychologie* (1915-7). Paris: Gallimard, 1968.

_____. "Considérations actuelles sur la guerre et sur la mort" (1915). *In* _____. *Essais de psychanalyse*. Paris: Payot, 1981.

_____. "L'inquiétante étrangeté" (1919). *In* _____. *Essais de psychanalyse appliquée*. Paris: Gallimard, 1933.

_____. "Sur les transpositions des pulsions plus particulièrement dans l'érotisme anal" (1917). *In* _____. *La vie sexuelle*. Paris: PUF, 1973.

_____. "Un enfant est battu: Contribution à la connaissance de la genèse des perversions sexuelles" (1919). Paris: PUF, 1973.

_____. "Au-delà du principe du plaisir" (1920). *In* _____. *Essais de psychanalyse*. Paris: Payot, 1981.

_____. "Psychologie des foules et analyse du moi" (1921). *In* _____. *Essais de psychanalyse*. Paris: Payot, 1981.

REFERÊNCIAS BIBLIOGRÁFICAS

_____. "Le moi et le ça" (1923). In _____. *Essais de psychanalyse*. Paris: Payot, 1981.

_____. "Le problème économique du masochisme" (1924). In _____. *Névrose, psychose et perversion*. Paris: PUF, 1973.

_____. "La fin du complexe d'Oedipe" (1924). In _____. *La vie sexuelle*. Paris: PUF, 1973.

_____. "Quelques conséquences psychiques de la différence anatomique entre les sexes". In _____. *La vie sexuelle*. Paris: PUF, 1973.

_____. "La sexualité féminine" (1931). In _____. *La vie sexuelle*. Paris: PUF, 1973.

_____. "Moses and monotheism" (1938). In *The Standard Edition of the Complete Psychological Works of Sigmund Freud*. Londres: Hogarth Press, 1976, vol. XXII.

_____. "Address to the society of B'nai B'rith" (1926). In *The Standard Edition of the complete psychological works of Sigmund Freud*. Londres: Hogarth Press, 1976, vol. XX.

_____. "Une difficulté de la psychanalyse" (1917). In _____. *Essais de psychanalyse appliquée*. Paris: Gallimard, 1933.

_____. *Inhibition, symptôme et angoisse* (1926). Paris: PUF, 1973.

_____. "La feminité". In _____. *Nouvelles conferences sur la psychanalyse* (1932). Paris: Gallimard, 1932.

_____. *L'avenir d'une illusion* (1927). Paris: Presses Universitaires de France, 1973.

_____. *Malaise dans civilisation* (1930). Paris: PUF, 1971.

_____. *Nouvelles conférences sur la psychanalyse* (1932). Paris: Gallimard, 1936.

_____. "L'analyse avec fin et analyse sans fin" (1937). In _____. *Résultats, idées, problèmes*. Paris: PUF, 1986, vol. II.

_____. "Construction in analysis" (1937). In _____. *Résultats, idées, problèmes*. Paris: PUF, 1986, vol. II.

Freud, S. e Breuer, J. *Études sur l'hysterie* (1895). Paris: PUF, 1973.

Freud, S. e Zweig A. *Correspondance*, 1927-1939. Paris: Gallimard, 1973.

Frignet, M. e Czermak, M. *Sur l'identité sexuelle. À propos du transsexualisme*. Paris: Association Freudienne Internationale, 1996.

Frignet, M. *Le transsexualisme*. Paris: Desclée de Brouwer, 2000.

Gauchet, M. e Swain, G. *Le vrai Charcot. Les chemins imprévus de l'inconscient*. Paris: Calmann-Lévy, 1999.

Giddens, A. *As consequências da modernidade*. São Paulo: Unesp, 1991.

Gil, F. *Fernando Pessoa ou a metafísica das sensações*. Lisboa: Relógio d'Água, s/d.

Gramsci, A. *Maquiavel, a política e o Estado moderno*. Rio de Janeiro: Civilização Brasileira, 1968.

Habermas, J. *Le discours philosophique de la modernité*. Paris: Gallimard, 1988.

Hardt, M. e Negri, A. *Empire*. Paris: Exils, 2000.

Hegel, G. W. F. *Encyclopédie des sciences philosophiques en Abrégé* (1830). Paris: Gallimard, 1970.

_____ . *La phénomenologie de l'esprit* (1807). Paris: Aubier, 1941, vols. I e II.

Heidegger, M. *Chemins qui ne mènent nulle part*. Paris: Gallimard, 1962, p. 62.

_____ . *Kant et le problème de la metaphysique*. Paris: Gallimard, 1953.

Hesíodo. *Teogonia. A origem dos deuses*. São Paulo: Iluminuras, 1991.

Hill, C. *God's Englishman. Oliver Cromwell and the English Revolution*. Londres: Penguim Books, 1970.

Hirigoyen, M. F. *Le harcèlement moral*. Paris: La Découverte et Syros, 1998.

Hobbes, T. *Léviathan*. Paris: Sirey, 1971.

Jones, F. *La vie et l'oeuvre de Sigmund Freud*. Paris: Presses Universitaires de France, 1990, vols. I, II e III.

Kant, E. *Anthropologie du point de vue pragmatique*. Paris: Vrin, 1964.

_____ . *Critique de la raison pratique*. Paris: PUF, 1943.

_____ . *Critique de la raison pure*. Paris: PUF, 1971.

Koffman, S. *Aberrations. Le devenir femme d'Auguste Comte*. Paris: Aubier-Flammarion, 1970.

_____ . *Respect de femme*. Paris: Galilée, 1972.

Koyré, A. *Du monde clos à l'univers infini*. Paris: Gallimard, 1973.

_____ . *Études d'Histoire de la pensée scientifique*. Paris: Gallimard, 1973.

_____ . *Études galiléennes*. Paris: Hermann, 1966.

Kraepelin, E. *Introduction à la psychiatrie clinique*. Paris: Navarin, 1984.

Kraft-Ebing, R. *Psychopathia sexualis*. Paris: Payot, 1958.

Lacan, J. "Les complexes familiaux dans la formation de l'individu" (1938). *In Encyclopédie française de la vie* mentale. Paris: 1936, vol. VII.

_____ . *Écrits*. Paris: Seuil, 1966.

_____ . *Autres écrits*. Paris: Seuil, 2001.

_____ . *Les psychoses. Le Séminaire de Jacques Lacan*. Paris: Seuil, 1981, vol. III.

Laplanche, J. e Pontalis, J. B. *Vocabulaire de la psychanalyse*. 4ª ed. Paris: Presses Universitaires de France, 1973.

Lasch, C. *The culture of narcissism*. Nova York: Warner Barnes Books, 1979.

La Rochefoucauld. "Réflexions ou sentences et maximes morales". *In* R. Laffont, *Moralistes du XVIIᵉ siècle*. Paris: R. Laffont, 1992.

Lecourt, D. *Prométhée, Faust, Frankenstein. Fondements imaginaires de l'éthique*. Paris: Synthêlabo, 1996.

Le Nouveau Petit Robert. Dictionnaire de la langue française. Paris: Dictionnaires Le Robert, 1994.

Lipovetsky, G. *L'ère du vide*. Paris: Gallimard, 1983.

Lévi-Strauss, C. "Anthropologie structurele". Paris: Plon, 1958.

_____ . *Les structures elémentaires de la parenté* (1948). Paris: Mouton, 1967.

Locke, J. "Segundo tratado sobre o governo". *In Os pensadores.* São Paulo: Abril, 1973, vol. XVIII.

Lyotard, Jean-François. *La condition postmoderne.* Paris: Minuit, 1979.

Maquiavel, N. "Le prince". *In* _____. *Oeuvres complètes.* Paris: Gallimard (Pléiade), 1952.

Marquês de Sade. *La philosophie dans le boudoir.* Paris: 10/18, 1972.

Mattei, J. F. *A barbárie interior.* São Paulo: Unesp, 2001.

Meschomic, H. *Modernité, modernité.* Paris: Gallimard, 1983.

Montaigne "Essais". *In Oeuvres complètes.* Paris: Pléiade, 1962.

Morel, B. A. *Traité de dégenérescences physiques, intellectuelles et morales de l'espècie humaine et des causes qui produisent ces variétés maladives.* Paris: J. B. Baillière, 1857.

Moscovici, M. "Le roman secret". *In* S. Freud, *L'homme Moïse et la religion monothéiste.* Paris: Gallimard, 1986.

Nancy, J. L. *La création du monde ou la mondialisation.* Paris: Galilée, 2002.

Negri, A. *O poder constituinte.* Rio de Janeiro: DP&A, 2002.

Newton, I. *Textos, antecedentes, comentários.* Rio de Janeiro: Contraponto/Editora UERJ, 2002.

Nietzsche, F. *Genéalogie de la morale.* Paris: Flammarion, 1996.

Novo Aurélio. O dicionário da língua portuguesa. Século XXI. Rio de Janeiro: Nova Fronteira, 1999.

Pontalis, J. B. "Non, deux fois non". *In* _____. *Perdre de vue.* Paris: Gallimard (Folio), 1988.

_____. *Nouvelle Revue de Psychanalyse*, n°. 11. Paris: Gallimard, 1975.

Ricoeur, P. *De l'interprétation. Essais sur Freud.* Paris: Seuil, 1965.

_____. *Le conflit des interprétations. Essais d'herméneutique.* Paris: Seuil, 1969.

Rosen, G. *Da polícia médica à medicina social.* Rio de Janeiro: Graal, 1979.

Rossi, P. *Naufrágios sem espectador. A ideia de progresso.* São Paulo: Unesp, 1995

Rouart, J. *Agir et processus psychanalytique.* Paris: Presses Universitaires de France, 1967.

Rousseau, J. J. *Discours sur l'origine et les fondements de l'inegalité parmi les hommes.* Paris: Aubier Montaigne, 1971.

Said, E. W. *Freud and the Non-European.* Nova York/Londres: Verso, 2003.

_____. *Beginnings: Intention and Method.* Nova York: Basic Books, 1975.

_____. *Joseph Conrad and the Fiction of Autobiography.* Cambridge, (MA): Harvard University Press, 1966.

Sartre, J. P. *A imaginação.* São Paulo: Difusão Europeia do Livro, 1967.

_____. *Esquisse d'une théorie des émotions.* Paris: Hermann, 1963.

_____. *L'imaginaire.* Paris: Gallimard, 1990.

_____. *Mortos sem sepultura.* Lisboa: Presença, 1961.

Schlebinger, L. *The Mind Has No Sex? Women on the Origin of Modern Science*. Cambridge: Harvard University Press, 1989.

Schopenhauer, A. *Le monde comme volonté et representation*. Paris: PUF, 1966.

Sêneca. *Colère et clémence*. Paris: Arléa, 1990.

Sennett, R. *A corrosão do caráter. Consequências pessoais do trabalho no novo capitalismo*. Rio de Janeiro: Record, 1999.

Shelley, M. *Frankenstein*. Londres: Penguin Books, 1992.

Shorter, E. *The Making of the Modern Family*. New York: Basic Books, 1975.

Silveira, N. *Imagens do inconsciente*. 3ª ed. Rio de Janeiro: Alhambra, 1981.

Southerland, J. *Evolution of Psychosomatic Concepts*. Londres: Hogart Press, 1965.

Starobinski, J. "Le mot civilisation". In _____ . *Le reméde dans le mal*. Paris: Gallimard, 1989.

_____ . *Ação e reação*. Rio de Janeiro: Civilização Brasileira, 2002.

Taquieff, P. A. *Les sens du progress. Une approche historique et philosophique*. Paris: Flammarion, 2004.

Taylor, C. *Le malaise de la modernité*. Paris: Cerf, 1994.

Traverso, E. *La violence nazie*. Paris: La Fabrique, 2002.

Vattimo, G. *La fin de la modernité*. Paris: Seuil, 1987.

Weber, M. *Éthique protestante et l'esprit du capitalisme*. Paris: Plon, 1966.

Weiss, E. e English, O. *Psychosomatic Medicine*. Filadélfia: W. B. Saunders, 1949.

Wittgenstein, L. "Investigations philosophiques". In *Tractatus logico-philosophicus suivi de investigations philosophiques*. Paris: Gallimard, 1961.

Yerushalmi, J. M. *Freud's Moses: Judaism terminable and interminable*. New Haven: Yale University Press, 1991.

*O texto deste livro foi composto em
ClassGaramond BT, corpo 11/15.*

*A impressão se deu sobre papel off-white
pelo Sistema Cameron da Divisão Gráfica
da Distribuidora Record.*